*Emil Kraepelin*

# Die Melancholie

*Ein Zustandsbild des manisch-depressiven Irreseins*

Verlag
der
Wissenschaften

Emil Kraepelin

**Die Melancholie**

*Ein Zustandsbild des manisch-depressiven Irreseins*

ISBN/EAN: 9783957003584

Auflage: 1

Erscheinungsjahr: 2015

Erscheinungsort: Norderstedt, Deutschland

Hergestellt in Europa, USA, Kanada, Australien, Japan
Verlag der Wissenschaften in Hansebooks GmbH, Norderstedt

Cover: Sandro Botticelli *"Die Verleumdung des Apelles"* (1495)

# Die Melancholie

ein Zustandsbild
des manisch-depressiven Irreseins.

Eine klinische Studie

von

## Dr. Georges L. Dreyfus

vorm. Assistenzarzt an der Psychiatrischen Klinik
der Universität Heidelberg.

**Mit einem Vorwort**

von

Hofrat Professor Dr. **Emil Kraepelin.**

Mit 2 Kurven im Text.

Verlag von Gustav Fischer in Jena.
1907.

Nach Abschluß der vorliegenden Arbeit hatte ich Gelegenheit, Herrn Hofrat Professor Dr. Kraepelin Mitteilung zu machen von meinen Untersuchungen und deren Ergebnissen. Herr Hofrat Kraepelin brachte diesen freundliches Interesse entgegen, zumal mein Material zum allergrößten Teil aus Fällen besteht, die von ihm seinerzeit in Heidelberg beobachtet worden sind. Er hatte die große Liebenswürdigkeit, das nachfolgende Vorwort meiner Abhandlung beizugeben. Es ist mir ein Bedürfnis, auch an dieser Stelle meinen wärmsten Dank hierfür auszusprechen.

Heidelberg, April 1907.

**Georges L. Dreyfus.**

# Vorwort.

Herr Kollege Dreyfus hat sich der ebenso schwierigen wie dankbaren Aufgabe unterzogen, den Schicksalen derjenigen Kranken nachzuforschen, bei denen seit 1892 in Heidelberg die Diagnose der Melancholie gestellt worden ist. Wenn auch nur ein Teil dieser Kranken zur Zeit noch am Leben ist, so hat doch seine Arbeit in geradezu entscheidender Weise die vielumstrittene Frage von der klinischen Bedeutung der Melancholie geklärt. Obgleich ich schon im Laufe der letzten Jahre mich vielfach davon überzeugen konnte, daß Fälle, die wir früher als Melancholie zu bezeichnen pflegten, dem manisch-depressiven Irresein zuzurechnen seien, war ich doch überrascht, aus den Nachforschungen des Herrn Kollegen zu ersehen, daß in fast allen Fällen, die genauer untersucht werden konnten, die früher diagnostizierte Melancholie den Ausgang in Genesung genommen hatte oder doch einem solchen Ausgang entgegen zu gehen schien; allerdings waren die Zeiten, die der Krankheitsverlauf in Anspruch genommen hatte, vielfach ganz außerordentlich lange. Aus diesen Erfahrungen ergibt sich, daß wenigstens für die Hauptmasse derjenigen Kranken, die wir als Melancholische bezeichnet haben, kein zwingender Grund mehr vorliegt, sie vom manisch-depressiven Irresein abzutrennen, zumal sich die verschiedensten Zwischenstufen zwischen mehrmaliger und nur einmaliger Erkrankung im Leben aufweisen lassen. Es erklärt sich aus dieser Feststellung, die allerdings nur für denjenigen überzeugend ist, der das manisch-depressive Irresein in weitem Sinne auffaßt, warum alle die Versuche, das Symptomenbild der Melancholie von demjenigen der zirkulären Depression abzugrenzen, so außerordentlich unbefriedigend ausfielen und immer von neuem wieder zu Täuschungen führten. Ich konnte mich deswegen in München überhaupt noch nicht entschließen, die Diagnose der

Melancholie zu stellen. In dieser Richtung sind von besonderem Interesse die Bemühungen des Verfassers der vorliegenden Arbeit, in den melancholischen Krankheitsbildern gewisse besondere Züge aufzufinden, die wir vom manisch-depressiven Irresein her kennen. Freilich ist es mißlich, nachträglich derartige Feststellungen zu machen, aber es wird uns an der Hand der hier wiedergegebenen Beobachtungen vielleicht gelingen, späterhin auch an solchen Fällen das eigenartige manisch-depressive Gepräge zu erkennen, die wir zunächst geneigt sein würden, der Melancholie zuzurechnen.

Jedenfalls scheint mir durch die wertvollen Ergebnisse der vorliegenden Arbeit die Auffassung eine starke Stütze gewonnen zu haben, daß die Depressionszustände der Rückbildungsjahre vielfach auch dann als manisch-depressive Erkrankungen aufzufassen sind, wenn sie die einzigen Anfälle im Leben bleiben und ausschließlich depressive Färbung aufweisen. Immerhin wird man diesen Formen wegen ihres öfters ungemein schleppenden Verlaufs und wegen der Schwere der Erscheinungen, die uns wiederholt zur Annahme endgültiger Verblödung veranlaßt hat, eine gewisse Eigenart zuerkennen dürfen. Dennoch wird das alte klinische Bild der Melancholie, gewiß eines der ältesten in der gesamten Psychiatrie, voraussichtlich als Krankheitsform gänzlich verschwinden, da es eben in der Hauptsache manisch-depressive Züge umfaßt. Dafür aber werden wir nunmehr unsere Aufmerksamkeit jenen anderen Depressionszuständen der höheren Lebensalter zuzuwenden haben, die wir einstweilen unter den unbestimmten Bezeichnungen der senilen und arteriosklerotischen Depressionen, der Spätkatatonien, der Angstpsychosen usf. zusammenfassen. Liegen auch hier noch eine Reihe ungelöster klinischer Fragen, so dürfen wir doch, wie ich glaube, dem Verfasser der vorliegenden Arbeit dafür dankbar sein, daß er durch die sorgfältigen und gründlichen Erhebungen über die weiteren Schicksale seiner Kranken eine neue und sichere Grundlage für die Erforschung der Geistesstörungen des Rückbildungsalters geschaffen hat. Das von ihm eingeschlagene Verfahren wird sich sicherlich auch auf den Nachbargebieten als fruchtbar erweisen.

München, 4. April 1907.

**E. Kraepelin.**

# Inhaltsangabe.

|  | Seite |
|---|---|
| **Vorwort** von Hofrat Professor Dr. Kraepelin | V |
| I. Kapitel: **Literarhistorischer Abriß** | 1 |
| II. Kapitel: **A. Theoretische Untersuchung der klinischen Stellung der Melancholie** | 20 |
|     I. Die Melancholie nach Kraepelins letzter Fassung | 21 |
|     II. Die Umgrenzung des manisch-depressiven Irreseins | 26 |
|     III. Die senile Depression | 32 |
|     IV. Die Melancholie ein Zustandsbild des manisch-depressiven Irreseins | 32 |
|         1. Besprechung der Kraepelinschen Ausführungen | 32 |
|         2. Besprechung des Thalbitzerschen Aufsatzes „Melancholie und Depression" | 37 |
| **B. Das Heidelberger Material und die Nachuntersuchung** | 40 |
|     I. Das Material der Heidelberger Irrenklinik | 40 |
|     II. Die persönliche Nachuntersuchung der früheren Kranken | 47 |
|         1. Die Schwierigkeiten | 47 |
|         2. Die Art | 50 |
|         3. Die Bedeutung | 51 |
|     III. Die Krankengeschichten | 55 |
|         1. Bemerkungen zu den übernommenen Krankengeschichten | 55 |
|         2. Vorbemerkungen zu der Kasuistik des III. Kapitels | 56 |
| III. Kapitel: **Krankengeschichten** | 61 |

### I.

| | |
|---|---|
| I. **Gruppe** (Fall 1—13). Geheilte Fälle mit einem einzigen im Rückbildungsalter auftretenden Depressionsanfall | 61 |
|     1. Unterabteilung (Fall 1—4). Fälle ohne deutliche Hemmung und ohne extreme Stimmungsschwankungen | 61 |
|     2. Unterabteilung (Fall 5—7). Fälle ohne deutliche Hemmung mit extremen Stimmungsschwankungen | 76 |
|     3. Unterabteilung (Fall 8—11). Fälle mit ausgesprochener partieller Hemmung | 87 |
|     4. Unterabteilung (Fall 12 und 13). Fälle mit ausgesprochener partieller Hemmung und extremen Stimmungsschwankungen | 108 |

## II.

**II. Gruppe** (Fall 14—25). Geheilte Fälle mit mehreren Depressionen ... 119

1. Unterabteilung (Fall 14 und 15). Kranke mit einer Depression vor der Involutionsmelancholie. Keine depressiven Abortivanfälle ... 119
2. Unterabteilung (Fall 16—20). Fälle, welche die erste, im Rückbildungsalter auftretende Depression (Melancholie) in die Klinik führte. Seitdem mehrere leichte oder schwerere depressive Anfälle ... 129
3. Unterabteilung (Fall 21—25). Fälle mit depressiven Abortivoder schwereren Anfällen vor und nach der Involutionsmelancholie ... 155

## III.

**III. Gruppe** (Fall 26—32). Nicht resp. noch nicht genesene Melancholiekranke ... 176

1. Unterabteilung (Fall 26). Keine typischen zirkulären Symptome ... 176
2. Unterabteilung (Fall 27 und 28). Fälle mit ausgesprochenen Stimmungsschwankungen ... 179
3. Unterabteilung (Fall 29—31). Fälle mit ausgesprochener Hemmung, event. auch mit leichten Stimmungsschwankungen ... 188
4. Unterabteilung (Fall 32). Ausgang in Schwachsinn durch Hinzutreten einer arteriosklerotischen Hirnerkrankung ... 214

Anhang (Fall 33 und 34). Fehldiagnosen ... 218

## IV.

**IV. Gruppe.** Nicht nachuntersuchte noch lebende frühere Melancholiekranke (Fall 35—42) ... 222

## V.

**V. Gruppe.** Verstorbene Kranke (Fall 43—81) ... 228

1. Unterabteilung (Fall 43—57). Kranke mit mehreren zeitlich getrennten Depressionen vor oder nach der Involutionsmelancholie ... 228
2. Unterabteilung (Fall 58—66). Kranke, die während der nur einmal auftretenden depressiven Erkrankung des Rückbildungsalters deutliche zirkuläre Symptome zeigten ... 236
3. Unterabteilung (Fall 67—72). Kranke, die während der nur einmal im Rückbildungsalter auftretenden depressiven Erkrankung keine sehr deutlichen zirkulären Symptome zeigten ... 244
4. Unterabteilung (Fall 73—77). Einmal auftretende depressive Erkrankung im Rückbildungsalter. Keine zirkulären Symptome ... 248
5. Unterabteilung (Fall 78—81). Melancholiekranke, die ungeheilt schwachsinnig starben ... 250

## VI.

**VI. Gruppe.** Zweifelhafte Fälle (Fall 82—85) ... 256

## IV. Kapitel: Ergebnisse ... 259

### I. Die klinische Stellung der Melancholie auf Grund der Kasuistik ... 259

1. Die Art der Verwertung der Kasuistik ... 259
2. Die Zugehörigkeit der Melancholie zum manisch-depressiven Irresein bezüglich Vorgeschichte, Zustandsbild, Verlauf und Ausgang ... 260
3. Eigenart der Melancholie ... 263
4. Wichtigkeit der Prognose ... 264

### II. Statistische Ergebnisse ... 265

1. Häufigkeit der Diagnose manisch-depressives Irresein anstatt Melancholie auf Grund der Kasuistik ... 266
2. Zahlenverhältnis der Gesundeten, Gebesserten, Kranken und schwachsinnig Gewordenen ... 268
3. Krankheitsdauer der Nachuntersuchten, nicht Nachuntersuchten und Gestorbenen ... 269
4. Krankheitsdauer der ungeheilt Gestorbenen ... 272
5. Beziehungen zwischen Krankheitsdauer der Melancholie und Alter der Erkrankten ... 273
6. Dauer der Anstaltsbehandlung der einzelnen Kranken ... 276
7. Häufigkeit erblicher Belastung und auslösender Ursache ... 278
8. Beziehungen zwischen erblicher Belastung, auslösender Ursache und Melancholie ... 280
9. Geschlecht, auslösende Ursache und Melancholie ... 282
10. Geschlecht und Melancholie ... 283
11. Zahl der Kranken mit mehreren Anfällen ... 283

### III. Klinische Ergebnisse ... 284

1. Tabellarische Übersicht über die 34 Nachuntersuchten ... 284
2. Die einzelnen typischen zirkulären Symptome bei der Melancholie ... 294
   a) Die Stimmungsschwankungen nach der manischen Seite ... 295
   b) Die Erregbarkeit ... 297
   c) Andere manische Symptome (Mitteilungsbedürfnis, Rededrang, Gedankenflucht, gehobenes Selbstgefühl, Größenideen) ... 298
   d) Das Symptom der Hemmung und die partielle subjektive Hemmung ... 300
3. Kurze Ergänzung der von Kraepelin geschilderten Symptomatologie der Melancholie ... 305
4. Der Ausgang der Melancholie in Schwachsinn ... 309
5. Rezidive der Melancholie. Die depressiven Abortivanfälle ... 313

### Anhang: Fehldiagnosen ... 318
### Literaturverzeichnis ... 323

## 1. Kapitel.

## Literarhistorischer Abriß.

Die Geschichte der Melancholie hieße die Geschichte der Psychiatrie schreiben, so untrennbar ist dieser Name mit der Entwicklung der Psychiatrie verknüpft. Meine Absicht ist, auf den folgenden Blättern eine kurze historische Übersicht zu geben, und dann ganz besonders auf die Entwicklung der Melancholiefrage in der jüngsten Zeit näher einzugehen.

Nirgendwo in den einzelnen medizinischen Disziplinen herrschte und herrscht auch heutzutage noch eine solche Verwirrung der Begriffe, eine so verschiedenartige Nomenklatur, wie auf dem Gebiete der Psychiatrie. Von jeher war es so, daß die einzelnen Psychosen als Krankheitsbilder keine fest umrissenen Grenzen hatten. Fast jeder Autor benannte die Psychose nach seiner eigenen Überzeugung, ohne Rücksicht auf eine frühere Bezeichnung zu nehmen. Die verschiedensten Gesichtspunkte waren und sind für die Nomenklatur maßgebend. Der eine beschrieb das Zustandsbild, der andere hielt sich an besonders in die Augen springende Symptome, ein Dritter an den endlichen Ausgang der Psychose. Daher wurden häufig dieselben Namen für ganz verschiedene Krankheiten resp. Zustandsbilder angewandt, und je nach der verschiedenen Schule verstanden die Psychiater unter dem gleichen Namen toto coelo verschiedene Krankheitsbilder. Diese fehlende Einheitlichkeit der Nomenklatur drückt sich bis zum heutigen Tage in der Umgrenzung des Krankheitsbildes der Melancholie aus.

Hippokrates, der im frühesten Altertum den Grund zur Irrenheilkunde gelegt hat, indem er klar feststellte, daß das Gehirn der Sitz des Verstandes sei, und daß deshalb die Krankheiten des Verstandes Krankheiten dieses Organs seien, benannte mit Melancholie einen Zustand, der sich vornehmlich in unmotivierter trauriger Verstimmung in Verbindung mit Furcht äußerte. Die Alten erblickten den Grund der Melancholie in der Anhäufung schwarzer dicker Galle oder korrodierender Säfte, „die nach dem Gehirn fliegen und, wie der Schleim, das Organ der Denkkraft verdunkeln". Einige glaubten, eine derartige Flüssigkeit sogar im Gehirn gefunden zu haben. Sehr häufig haben die Alten unter der gleichen Benennung sowohl Melancholie als Manie verstanden. Nach ihnen bildete die zu einem hohen Grade entwickelte Melancholie die Vorstufe einer Manie. So kann es uns nicht Wunder nehmen, wenn Aretaeus (1. Jahrh. n. Chr., „De causis et signis morborum") unter Melancholie eine „Manie mit Wut" verstand. Galen nahm die Ideen des Hippokrates wieder an.

Während vieler Jahrhunderte war von einer wissenschaftlichen Psychiatrie keine Rede, sah man doch im Mittelalter, ja selbst bis in die neuere Zeit hinein, in den Geisteskranken nur Besessene. Selbst der große Chirurg Ambroise Paré (gest. 1590) teilte diese Ansicht. Erst um die Wende des 18. Jahrhunderts begannen diese Anschauungen zu verblassen, und Pinel, der den Irren der Salpetrière die Ketten abnahm, darf wohl mit Recht als der erste Vertreter einer neuen Aera, nicht nur in der Behandlung der Geisteskranken, sondern auch in ihrer wissenschaftlichen Beurteilung angesehen werden. Er gebraucht den Namen Melancholie, die charakterisiert wird „durch die Traurigkeit, die Furcht, verbunden mit einem partiellen Delirium, das sich auf einen einzigen Gegenstand oder auf eine Reihe von Gegenständen konzentriert", für das „Délire exclusif" im Gegensatz zu dem „Délire général", das er als Manie bezeichnet.

Rush (Medical inquiries and observations upon the diseases of the mind, Philadelphia 1812) unterscheidet die traurige Melancholie (Tristimanie) und die heitere Melancholie (Amenomanie).

Nach Esquirol, dem Schüler Pinels, ist die Melancholie ein partielles fieberloses chronisches Delirium, das durch eine traurige, schwächende oder deprimierende Leidenschaft unterhalten wird. Er schlägt statt Melancholie den Namen „Lypemanie" vor, eine Benennung, die auch Dagonet (1876) noch in seiner Darstellung der Melancholie braucht. Diese trennt schon Esquirol scharf von der Manie, deren Delirium allgemein ist, von der Monomanie, die als charakteristische Kennzeichen ausschließlich Ideen mit einer expansiven freudigen Leidenschaft hat, von der Verwirrtheit, deren Inkohärenz und Verworrenheit der

Ideen Folgen der Schwächung sind, endlich von der Idiotie und der Hypochondrie. Bei Besprechung der Symptomatologie der Melancholie führt Esquirol alle die Beobachtungen an, die er an Kranken machte, welche an pathologischer Traurigkeit, eventuell verbunden mit Angst litten. Die Melancholie kann heilen, schreibt er, bisweilen geht sie in Manie über, oder sie artet in Verwirrtheit aus und ist dann unheilbar. Recht charakteristisch für die damalige Auffassung ist der Anfang seiner Beschreibung der Melancholie: „Der Melancholische hat einen mageren, schlanken Körper, schwarze Haare, eine bleiche gelbliche Gesichtsfarbe. Die Haut ist braun, trocken und schuppig, während die Nase eine dunkelrote Farbe hat. Die Physiognomie ist stier und unbewegt, die Gesichtsmuskeln konvulsiv gespannt und drücken Traurigkeit, Furcht oder Schrecken aus. Die Augen sind stier gegen die Erde gesenkt. Der Blick ist schielend, unruhig und argwöhnisch. Wenn die Hände nicht abgemagert, braun, erdfarben sind, so sind sie angeschwollen violett."

Die Häufigkeit des Beginns zahlreicher Psychosen unter dem Bilde der Melancholie hat zuerst der belgische Psychiater Guislain (1826) hervorgehoben. In Deutschland beschrieb Zeller (1840) die regelmäßige Aufeinanderfolge von vier Krankheitsstadien: 1. Melancholie, 2. Manie, 3. Moria, 4. Demenz, und stellte den Satz auf, jene Formen seien nicht Krankheitsarten, sondern Stadien des psychischen Krankheitsprozesses. Während Griesinger, der Schüler Zellers, die alten Formen neben ihrer Auffassung als Stadien doch auch als Krankheitsarten anführt (1845), hat Neumann (1859) diese Auffassung zu voller Konsequenz gebracht und behauptet: „es gibt nur eine Art der Seelenstörung, wir nennen sie das Irresein". Selbstredend wurde gegen diese jede Diagnostik nivellierende Auffassung allgemeiner Protest erhoben.

Die Anschauungen Guislains und Griesingers wandelten sich naturgemäß im Laufe der Jahre. Guislain unterscheidet 1854 eine allgemeine Melancholie, bei welcher die Gesamtheit der konstituierenden Elemente zu beobachten ist, und eine spezielle Melancholie, die er in Melancholia sine delirio, hypochondrica, erotica, misanthropica, religiosa, desperatoria, in Angstmelancholie und Nostalgie einteilt, je nach dem Dominieren der einzelnen Symptome.

Leidesdorf, (1865) der die Psychiatrie in Depressions-, Exaltations- und Schwächezustände einteilt, scheidet in der ersten

Rubrik Hypochondrie und Melancholie, die er in weniger Unterabteilungen wie Guislain zerlegt. Er führte den Begriff der Melancholia metamorphosis und der Melancholia cum stupore ein. Diese letztere hat sich bei manchen Autoren noch bis auf den heutigen Tag erhalten. Nach seiner Auffassung ist die Melancholie entweder ein besonderes Krankheitsbild, oder eine Vorstufe anderer Irreseinsformen. Zu dieser Ansicht bekannte sich auch Krafft-Ebing in seiner Melancholiemonographie (1874). Ganz besonders die Melancholia sine delirio findet sich nach seiner Anschauung häufig als einleitendes Stadium des Irreseins und kann in eine andere Psychose übergehen. Er unterscheidet ferner eine Melancholie mit Präkordialangst und eine Melancholie mit Wahnvorstellungen und Sinnestäuschungen (zusammengesetzt aus Melancholia passiva s. c. stupore und Melancholia activa s. agitata). Alle drei Formen können in einander übergehen.

Gegen diese Auffassung, eine in andere Psychosen übergehende Melancholie als selbständiges Krankheitsbild anzusprechen, wendet sich Kahlbaum: „Der festgestellte Tatbestand der Verschiedenheit zweier klinischer Gruppen von Krankheitsfällen je nach Umfang der Störung, Verlauf und endlichem Ausgang macht es zur wissenschaftlichen Pflicht, um Mißverständnissen vorzubeugen, ihm auch einen terminologischen Ausdruck zu geben. Die Fälle von stabiler oder definitiver Melancholie sind von den übrigen melancholischen Zuständen als Initial- oder transitorische Melancholie zu trennen. Bei jenen stabil melancholischen Fällen bedingt die Melancholie den ganzen Charakter der Krankheit, in diesen Fällen bedingt sie nur ein vorübergehendes Stadium. Es empfiehlt sich am meisten, das Wort Melancholie für die Bezeichnung des Stadiums beziehentlich des psychischen Zustandes zu reservieren, für die Fälle mit konstant melancholischem Charakter aber, in welchen alle krankhaften Erscheinungen aus dem gestörten Fühlen abgeleitet werden können, das Wort Dysthymie (nach Flemming) einzuführen". Auch durch die Beschreibung seiner Katatonie suchte Kahlbaum das Gebiet der Melancholie zu verkleinern, indem er zeigte, daß die einleitenden Verstimmungen dieser Krankheit keine selbständige Erkrankung darstellen. Nur sehr langsam verschaffte sich diese Anschauung Anerkennung.

Griesinger (1876) hält mit geringen Abänderungen an der alten Einteilung der Melancholie fest. Er betont, daß die Übergänge in Manie, und der Wechsel dieser Form mit Melancholie sehr gewöhnlich seien. „Nicht selten besteht die ganze Krankheit aus einem Zyklus beider Formen. So erklärt sich auch der Ausgang der Melancholie in Heilung, in Manie oder einen geistigen Schwächezustand, der sich bis zum Blödsinn steigern kann."

Arndt steht 1882 noch ganz auf dem veralteten Standpunkt. Er meint bezüglich der Melancholie, sie sei ein Symptomenkomplex. „Jede psychische Krankheit beginnt und endet mit einer Melancholie."

Schüle (1886) unterscheidet eine Melancholia simplex, agitata, passiva, hypochondrica, eine Schwächemelancholie des Alters und eine sexuelle Masturbationsmelancholie. „Die Krankheit kann akut, subakut oder chronisch verlaufen, einmal oder in Rezidiven, remittierend, oder auch in periodischer Wiederkehr auftretend. Bei nicht geheilten Fällen folgt ein geistiger Schwächezustand (Blödsinn oder sekundärer hallucinatorischer Wahnsinn). Sie kann alle Altersstufen befallen."

Der Engländer Savage (1887) nähert sich sehr der Kahlbaumschen Anschauung. Er trennt das andere Psychosen einleitende, der Manie und der Paralyse vorangehende melancholische Stadium von der Melancholie als selbständigem Krankheitsbild. Bei Beschreibung der letzteren schließt er sich der üblichen Einteilung an. Er fügt eine senile Melancholie hinzu, deren Prognose von der sie begleitenden Arteriosklerose abhängt. Schon vor ihm, im Jahre 1878, hatte sein Landsmann Blandford darauf hingewiesen, daß die Melancholie **hauptsächlich eine Krankheit des Rückbildungsalters sei.**

Immer mehr bricht sich die Anschauung Bahn, die Melancholie als Zustandsbild anderer Psychosen von dem gleichnamigen selbständigen Krankheitsbild zu trennen. Auch Krafft-Ebing vertritt diese Meinung 14 Jahre nach dem Erscheinen seiner Monographie in seinem Lehrbuch (1888) sehr lebhaft. Bei ihm spielt noch die Melancholia cum stupore, die meist prognostisch sehr zweifelhaft ist, im Gegensatz zu den fast durchweg recht günstig verlaufenden anderen Melancholieformen eine Rolle.

Meynert (1890) faßt die Melancholie als strikten Gegensatz der Manie auf. Er trennt die früher als eiserner Bestandteil der Melancholie geltende Melancholia cum stupore von der Melancholia agitata und rechnet sie zu der Amentia. Allein auch er beschreibt noch kein einheitliches Krankheitsbild. So sagt er z. B.: „Die Melancholia simplex entwickelt sich manchmal aus der Amentia".

Er spricht bei dem weiteren Verlauf der Melancholie von den Möglichkeiten der Heilung, des Rezidivs, der Heilung nach darauffolgender Manie, des Übergangs in Manie, sowie des relativ seltenen Ausgangs in Blödsinn. Die Melancholie innerhalb des zirkulären Irreseins, die periodische Melancholie, die regellose Melancholie (mit manisch-melancholischen Phasen) trennt er nicht prinzipiell von der Melancholie. Diese tritt nach seiner Anschauung in jedem Lebensalter auf. Klimakterium und Senium trüben die sonst recht günstige Prognose.

Es ist recht interessant, sich noch einmal zu vergegenwärtigen, daß man allgemein bestrebt war, das Krankheitsbild der Melancholie zu verkleinern. Von dem großen Gebäude, das Esquirol errichtet hatte, wurde zuerst das melancholische Initialstadium anderer Psychosen abgesprengt, ein anderer Teil wurde der Katatonie, wieder ein anderer der im Laufe der Jahre immer besser bekannten Paralyse zugerechnet. Falret hat im Jahre 1857 zuerst das zirkuläre Irresein umgrenzt. Baillarger (Annal. med. psych. 1854) gebührt das Verdienst, zuerst darauf hingewiesen zu haben, daß es sich hierbei um eine einheitliche Krankheit, um eine „folie à double forme" handle. Kahlbaum rechnete dann die depressiven Anfälle des zirkulären Irreseins zu jenem und nicht mehr zur Melancholie.

Bevor ich auf den jetzigen Stand der Melancholiefrage des Näheren eingehe, muß ich aber den deutschen Psychiater erwähnen, der, wie in jeder psychiatrischen Frage, so auch in der Melancholiefrage der bei weitem fruchtbarste in den letzten 25 Jahren gewesen ist, der neue Wege klinischer Forschung gegangen ist und gewiesen hat: — Kraepelin. Um die in den folgenden Kapiteln besprochenen Anschauungen, die ganz auf Kraepelinschem Boden fußen und nur durch die bahnbrechenden Forschungen dieses Autors überhaupt möglich waren, verständlich zu machen, muß ich eine ausführliche Darstellung der Entwickelung der von Kraepelin in der letzten Auflage seines Lehrbuchs geschilderten Melancholie geben.

In der ersten Auflage des Lehrbuchs, dem Kompendium der Psychiatrie aus dem Jahre 1883, stand Kraepelin in der Melancholiefrage noch ganz unter dem Einfluß der ihm vorangegangenen großen Psychiater. So finden wir bei der Klassifikation der Psychosen die Melancholie als Melancholia simplex und Melancholie mit Wahnideen unter den Depressionszuständen.

Bei der zweiten Gruppe, den Dämmerzuständen, treffen wir auf die Melancholia attonita s. c. stupore. In der dritten Gruppe, den Aufregungszuständen, findet sich als Gegensatz zur Manie die Melancholia activa, und endlich bei der vierten Gruppe, den periodischen Psychosen, die periodische Melancholie. Zwischen den einzelnen Melancholieformen bestehen fließende Übergänge. Während die Melancholia simplex durchweg eine gute Prognose hat, ist bei den anderen Formen der Ausgang in Heilung oder Schwachsinn möglich, aber ungewiß.

Schon die nächste Auflage (1887) bedeutet einen großen Fortschritt in der Umgrenzung der Melancholie. Der erste Keim, sie als Psychose des Rückbildungsalters aufzufassen, findet sich hier. Sie wird als ein großes Krankheitsbild mit den Unterformen der Melancholia simplex, activa und attonita, je nach der besonderen Ausbildung und Färbung des Affekts, ausgeführt, das an kein bestimmtes Lebensalter geknüpft ist. Zum erstenmal begegnen wir dem nur kurzlebigen depressiven Wahnsinn, der im großen und ganzen der früheren Melancholie mit Wahnideen entspricht. Er ist den melancholischen Zuständen nahe verwandt, er kann sich aus ihnen entwickeln, ist aber im Gegensatz zu der eigentlichen Melancholie die typische Erkrankung des Klimakteriums. Die Abgrenzung von den rein melancholischen Zuständen gründet sich auf die dominierende Rolle, welche die Verfälschung der Wahrnehmungen und die Wahnideen spielen. Die Prognose ist immer zweifelhaft. Der Ausgang führt zur Heilung oder zu einem dauernden Schwächezustand, der besonders dann beobachtet werden kann, wenn früher keine derartige Erkrankung aufgetreten ist oder überwunden war, wenn es sich also um eine erstmalige Psychose im Rückbildungsalter handelt. Die periodische Melancholie wird unter den periodischen Psychosen erwähnt. Ihre Abgrenzung von der einfachen Melancholie erscheint ebenso wenig möglich, wie die des periodischen depressiven Wahnsinns von dem nur einmal auftretenden.

Die dritte, schon zwei Jahre später (1889) erscheinende Auflage von Kraepelins Lehrbuch bringt nur geringe Abweichungen von seinen früheren Ansichten. Er spricht sich jetzt dahin aus, daß dem depressiven Wahnsinn, der als Übergang der Melancholie zu den senilen Depressionszuständen aufgefaßt wird, auffallend häufig bereits in früheren Jahren eine psychische Erkrankung vorausgegangen ist. Der periodische depressive Wahnsinn tritt oft nur 2—3 mal im Leben auf, außer im Klimakterium oft ein Jahrzehnt später, seltener auch schon früher, in den dreißiger Jahren. Das später für die Melancholiefrage so bedeutungsvoll werdende zirkuläre Irresein wird in den ersten drei Auflagen gleichmäßig als ein durch das ganze Leben hindurch dauernder regelmäßiger Wechsel depressiver und expansiver Zustände dargestellt.

In der vierten Auflage (1893) wird die frühere Einteilung noch beibehalten, es werden aber gewichtige Momente der Darstellung hinzugefügt. Nur die Melancholia attonita befällt vorzugsweise jüngere Personen, während die Melancholia simplex und agitata, wie hier zum erstenmal erwähnt wird, ganz besonders eine Erkrankung des höheren Lebensalters ist. Die Melancholia simplex mit einer im allgemeinen günstigen Prognose hat die ausgesprochene Neigung, sich zu wiederholen, so daß von den einfachen zu den periodischen Formen Übergänge bestehen. Schwierig ist die Abgrenzung vom zirkulären Irresein. Einen gewissen Anhaltspunkt gibt hier das Lebensalter. Jetzt bildet die Angstmelancholie, wie früher der depressive Wahnsinn, gewissermaßen den Übergang der klimakterischen zu den senilen Geistesstörungen. Kraepelin schreibt wörtlich: „Ich möchte es bei der typischen Gestaltung dieser Krankheit zunächst dahingestellt sein lassen, ob die vereinzelten, symptomatologisch ähnlichen Fälle bei jugendlichen Individuen überhaupt hierhergerechnet werden dürfen. Unmöglich wäre es ja nicht, daß ausnahmsweise sich auch einmal ein ähnlicher, vielleicht nur vorübergehender Invaliditätszustand (im Gegensatz zur früheren Auffassung war der häufigste Ausgang der Melancholia agitata nunmehr der in geistiges Siechtum) ausbilden könnte, wie er sich in der überwiegenden Mehrzahl der Fälle erst im 6. und 7. Jahrzehnt entwickelt."

Die Umgrenzung des depressiven Wahnsinns erfährt keine wesentliche Änderung. Seine Abgrenzung von der Melancholie ist nur in der phantastischen Entwicklung der intellektuellen Störung gegeben, von der senilen Depression in der Intensität der Affekte, größerem Ideenreichtum und geringerem Hervortreten der psychischen Schwäche. Zum erstenmal ist ausführlicher von den senilen Psychosen die Rede, die bei weitem am häufigsten den melancholischen Zuständen ähneln. Von der typischen Melancholie führen fortlaufende Übergänge zu denjenigen Formen hinüber, welche dem Gebiet des Altersblödsinns angehören. Diese sind als senile Psychosen dadurch gekennzeichnet, daß zuerst die Zeichen der senilen Demenz: Vergeßlichkeit, Verödung des Gemütslebens, körperliche Begleiterscheinungen usw. auftreten. Eigentümlich wird der Verlauf dieser senilen Psychosen geschildert: „Bei den leichteren Formen können sich die krankhaften Erscheinungen nach vielen Monaten allmählich verlieren, so daß es zu einer Genesung kommt. Gleichwohl pflegt auch hier ein gewisser Grad geistiger Schwäche, eine große Neigung zur Wiederkehr gemütlicher Verstimmung zurückzubleiben." Auch die manischen Bilder der senilen Geistesstörung führen regelmäßig zum Schwachsinn.

Bei den depressiven Formen der periodischen Psychosen werden immer noch die einzelnen Unterarten vom zirkulären Irresein geschieden. Sie gleichen in der Symptomatologie im großen und ganzen völlig der entsprechenden Form der einfachen Melancholie, ebenso wie ein bestimmtes Bild der Depression im zirkulären Irresein ganz mit dem Bild der typischen Melancholie übereinstimmen kann. In dieser vierten Auflage wird das zirkuläre Irresein schon erheblich weiter gefaßt, als in den vorhergehenden. Es werden kontinuierliche — das Irresein dauert ohne eigentlich freie Zwischenzeiten vom ersten Anfall bis zum Ende der Krankheit oder des Lebens — und diskontinuierliche Verlaufsarten unterschieden. Bei diesen können sich, im Gegensatz zur früheren Anschauung, zwischen den einzelnen Ausbrüchen des Leidens längere Zeiträume mehr oder weniger vollständiger geistiger Gesundheit einschieben. „Diese letzteren, übrigens sehr zahlreichen Formen bilden den Übergang zu den früher besprochenen periodischen Erkrankungen, von denen sie sich nur durch die verschiedenartige Färbung der einzelnen Fälle abgrenzen." Zum erstenmal wird bei der zum zirkulären Irresein gehörenden Depression das Hauptgewicht auf die psychische Hemmung gelegt.

Als eine Frucht intensivster Arbeit erscheint drei Jahre später die fünfte Auflage (1896), in welcher vorwiegend die an dem Material der Heidelberger Klinik gewonnenen Erfahrungen zum Ausdruck kommen, die nicht nur auf genauer Beobachtung der Kranken, sondern auch auf sorgfältigen Katamnesen beruhen. Kraepelin betont selbst in seinem Vorwort, daß die fünfte Bearbeitung seines Lehrbuchs den letzten entscheidenden Schritt von der symptomatischen zur klinischen Betrachtungsweise des Irreseins bedeutet. „Überall hat hier die Bedeutung der äußeren Krankheitszeichen hinter den Gesichtspunkten zurücktreten müssen, die sich aus den Entstehungsbedingungen, aus Verlauf und Ausgang der einzelnen Störungen ergeben haben. Alle reinen Zustandsbilder sind verschwunden". So wird es uns auch nicht Wunder nehmen, wenn die Melancholie als Zustandsbild verschwunden ist. Wir finden dieses hauptsächlich wieder bei den Verblödungsprozessen, der Paralyse und den periodischen Psychosen. Durch sorgfältigste Verfolgung der Lebensschicksale seiner Kranken konnte sich Kraepelin davon überzeugen, daß die bei jugendlichen Individuen beobachteten melancholischen Zustände kein selbständiges Krankheitsbild darstellen. Die neun Jahre vorher im Keim vorhandene Ansicht hat sich jetzt durchgerungen: die Melancholie ist eine typische Krankheit des Rückbildungsalters, sie bildet den Übergang zu den senilen Geistesstörungen. Zum erstenmal finden wir die Umgrenzung der Melancholie in einer negativen Form: „Mit dem Namen Melancholie bezeichnen wir alle krankhaften, traurigen oder ängstlichen Verstimmungen der höheren Lebensalter, welche nicht Verlaufsabschnitte anderer Formen des Irreseins darstellen. Außer der Verstimmung gehören zum Krankheitsbild der Melancholie noch Wahnbildungen." In der nun folgenden Abgrenzung umfaßt die Melancholie den größten Teil der Beobachtungen, die Kraepelin früher als Melancholia simplex, agitata, als depressiven Wahnsinn und senile Depression beschrieben hat.

In der ausführlichen Schilderung der Symptomatologie der Melancholie ist sich Kraepelin bis zur letzten Auflage seines Lehrbuchs (1904) ziemlich gleich geblieben. Eine eingehende diesbezügliche Besprechung wird man im nächsten Kapitel dieser Arbeit finden. Hier möchte ich nur kurz auf die relativ unbedeutenden Veränderungen der Umgrenzung des Krankheitsbildes eingehen, sowie auf die in jeder folgenden Auflage in geringem Maße von einander abweichenden differentialdiagnostischen Argumente. Mit der besseren Kenntnis des zirkulären Irreseins fielen immer mehr und mehr für dieses sich allmählich als typisch erweisende Symptome von der Beschreibung der Melancholie ab. Nur dadurch unterscheidet sich ihre Darstellung in den letzten drei Auflagen. In der fünften Auflage ist noch davon die Rede, daß der Melancholische gehemmt sei, die öfters beobachtete Redseligkeit wird als hysterisches Zeichen gedeutet. Ein auffallend kurzdauernder Umschlag in heitere Stimmung wird registriert, ebenso eine häufig beobachtete krankhafte Reizbarkeit, ein mißmutiges nörgelndes Querulieren beim Ausgang in Genesung. Auch darüber, daß 15 % der Kranken schon einmal eine Melancholie überstanden haben, wird berichtet. Als differentialdiagnostisch bedeutungsvolles Moment gegenüber der zirkulären Depression wird angeführt, daß sich bei dieser eine stärkere (!) Hemmung, im Gegensatz zu der traurigen und ängstlichen Verstimmung der Melancholischen findet. Entscheidend ist ferner der rasche Verlauf der Psychose und das Auftauchen manischer Zeichen bei der zirkulären Depression. Bei den periodischen Psychosen ist der letzte Schritt, sie alle zum großen Formenkreis des zirkulären Irreseins zu zählen, noch nicht getan. Die innigen Beziehungen zwischen ihnen und der rezidivierenden Melancholie werden nicht verkannt. Schon in der fünften Auflage findet sich der erste Ansatz zu den später so wichtig werdenden zirkulären Mischzuständen, indem hervorgehoben wird, daß es Anfälle gibt, bei welchen sich die Erscheinungen der Erregung und der Depression in untrennbarer Weise miteinander mischen.

In der sechsten Auflage (1899) ist die endliche Vereinigung der periodischen Psychosen in der Gruppe des manisch-depressiven Irreseins erfolgt. „Maßgebend war hierfür nicht die Periodizität, sondern die grundsätzliche und vollkommene Übereinstimmung des allgemeinen klinischen Krankheitsbildes." Auch bei dem manisch-depressiven Irresein kann eventuell nur ein einziger ausgeprägter Anfall im Leben vorkommen. Diese Betrachtungen wirken auf die selbständige Stellung der Involutionsmelancholie nicht zurück. Nur noch mehr nunmehr als typisch für das zirkuläre Irresein erkannte Krankheitszeichen fallen von ihr ab. Eine psychische Hemmung bei den Melancholischen wird negiert. „Es scheint sich bei ihnen nicht um eine psychische Hemmung, sondern wesentlich um die Wirkung der gemütlichen Verstimmung auf die Schaffensfreudigkeit zu handeln." Die Redseligkeit als hysterisches Zeichen ist verschwunden. Extreme kurzdauernde Stimmungsschwankungen werden als Zeichen geistiger Schwäche gedeutet. Die Reizbarkeit als Ankündigung der Genesung wird noch kurz erwähnt.

Die gegenüber der zirkulären Depression angeführten differentialdiagnostischen Momente werden erweitert. Die Melancholischen sind, wie erwähnt, nicht weniger, sondern überhaupt nicht gehemmt. Bedeutungsvoll ist bei den Zirkulären das Auftauchen manischer Zeichen „ohne die Zeichen des Schwachsinns". Ihre reizbare Verstimmung geht mit Betätigungs- und Rededrang einher, während die Melancholie mehr das Gepräge innerer Beängstigung trägt. Die Stellung der Melancholie gegenüber den senilen Geistesstörungen ist wenig verändert. Nur werden auch hier schon Bedenken laut: „Wieweit die arteriosklerotischen Hirnerkrankungen das Bild der Melancholie darbieten können, entzieht sich meiner Beurteilung". Depressionszustände im höheren Alter gehören zur Melancholie. Die erheblich selteneren manischen Erregungszustände spricht Kraepelin als Spätformen des manisch depressiven Irreseins an. Die Zahlen betreffs der Prognose sind in den drei letzten Auflagen unverändert: nur ein Drittel aller Kranken findet völlige Genesung.

Eine welch' eigenartige Stellung der Melancholie nach Kraepelins eigenen Schilderungen des manisch-depressiven Irreseins zukommt, tritt deutlich in seinem im September 1899 in München gehaltenen Vortrage „Die klinische Stellung der Melancholie" zutage. „Leider geben unsere Lehrbücher uns nicht den geringsten Anhaltspunkt dafür, wie wir zirkuläre Depression und Melancholie auseinanderhalten können, solange uns nicht der Verlauf selbst darüber aufklärt. Die Beschreibung der melancholischen Zustände deckt sich auf das Vollkommenste mit derjenigen der zirkulären Depression, ja wir können kaum bezweifeln, daß gerade die schönsten und packendsten Schilderungen der Melancholie zum großen Teile einfach aus der Beobachtung cirkulärer Fälle abgeleitet sind."

Kraepelin selbst weist auf die großen Schwierigkeiten der Umgrenzung der Melancholie hin. Ganz besonders die heilbaren Fälle, führt er aus, die anscheinend ohne scharfe Grenze in die unheilbaren übergehen, erschweren die klinische Auffassung, so daß es unmöglich wird, in der Diagnose auch Aufschlüsse über den weiteren Verlauf der Krankheit zu bieten. Die Hauptaufgabe für die Untersuchung der klinischen Stellung der Melancholie erblickt Kraepelin darin, zu ermitteln, ob und wie sich diejenigen Fälle, die sicher dem zirkulären Irresein angehören, von den einfachen niemals manische Zustände aufweisenden Melancholien des Rückbildungsalters an der Hand der Krankheitszeichen allein unterscheiden lassen. „Die Lösung der Melancholiefrage wird erst dann erreicht sein, wenn wir bei jedem einzelnen uns vorkommenden Depressionszustande sagen können, ob sein weiterer Verlauf uns den Ausgang in Tod oder Genesung, in diese oder jene Form endgültigen Schwachsinns bringen wird, oder ob wir die Wiederkehr weiterer Anfälle in gleicher oder anderer Form zu erwarten haben."

Über die Einwendungen Thalbitzers gegen die selbständige Stellung der Melancholie, sowie über die letzte Fassung derselben in der 7. Auflage des Kraepelinschen Lehrbuches, nachdem noch mehr typische zirkuläre Symptome von ihr abgefallen sind, wird man näheres im zweiten Kapitel finden. —

Es war von vorherein klar, daß die Kraepelinschen Ansichten über die klinische Stellung der Melancholie, insbesondere, daß sie ein Ausdruck des beginnenden Greisenalters, die typische Psychose des Rückbildungsalters sei, nicht bei allen Psychiatern Zustimmung fanden, daß Kraepelin im Gegenteil sehr heftig angegriffen wurde. Abgesehen von der im allgemeinen viel engeren Fassung des manisch depressiven Irreseins war es vor allem die ziemlich willkürliche Zeitbestimmung, die Melancholie trete erst nach dem 45. Jahre auf, die von anderen Psychiatern meist nicht akzeptiert wurde. In diesem Sinne äußerte sich Jolly (1896) als einer der ersten in einem Referate über die fünfte Auflage des Kraepelinschen Lehrbuchs. „Die von Kraepelin gegebene Darstellung der Melancholie unterscheidet sich aber nicht wesentlich von den für die Melancholie im bisherigen Sinne geläufigen Schilderungen. Es ist nicht ersichtlich, weshalb gerade diese in der klimakterischen Zeit auftretenden Fälle von Melancholie in der Tat Melancholie und nichts anderes sein sollen, und weshalb bei ihnen die Benennung nach dem vorliegenden Symptom genügt, während die in identischer Weise verlaufenden Zustände anderer Lebensalter eine ganz andere Deutung zu beanspruchen hätten. Kraepelin ist der Meinung, daß die nicht als Melancholie sondern als depressives Irresein benannten Zustände unter allen Umständen periodisch seien. Er faßt aber den Begriff der Periodizität so weit, daß auch Fälle, in welchen zwei- oder dreimal im Leben eine ähnliche Erkrankung auftritt, darunter gerechnet werden. Wir vermögen uns dieser Anschauung nicht anzuschließen."

In ähnlichem Sinne äußerte sich Neisser, dem es „trotz des schärfsten Vergleichs der bei den periodischen depressiven Formen mit den bei der Melancholie geschilderten Krankheitsbildern nicht gelungen war, einen durchgreifenden Unterschied wirklich herauszufinden".

Rückle, der unter spezieller Berücksichtigung der Kraepelinschen Auffassung 94 Fälle von Melancholie zusammenstellte, konnte sich dieser engen Auffassung des Begriffes der Melancholie nicht anschließen. Er meint, daß die „Involutionsmelancholie" in den geschilderten Symptomen in jedem Alter auftreten kann.

Auch Schott faßt die Umgrenzung der Melancholie im Unterschied von Kraepelin im gewöhnlichen Sinne, indem er aber betont, daß die Prädisposition für den Ausbruch der Melancholie im fünften Jahrzehnt liege. Der Unterschied zwischen der Kraepelinschen und der Schottschen Anschauung betreffs der Melancholie ist keineswegs so groß, als er wohl erscheinen möchte. Schott hebt hervor, daß es eine jugendliche Melancholie (diese entspricht im wesentlichen der zirkulären Depresssion Kraepelins), die in Paranoia oder Schwachsinn endet, nicht gibt. Er sondert mit Kraepelin die Depressionszustände der Dementia praecox, der Paralyse und der senilen Demenz von der Melancholie, nur die zahlreichen zirkulären Depressionen, die unter dem Bild der einfachen, rezidivierenden und periodischen Melancholie verlaufen, rechnet er zum Krankheitsbilde der Melancholie. Schott erkennt als selbständiges Krankheitsbild, den „depressiven Wahnsinn", an, weist aber selbst darauf hin, daß bei der Abgrenzung der Melancholie von dieser Psychose des Rückbildungsalters erhebliche Schwierigkeiten entstehen. Offenbar meint er, daß der depressive Wahnsinn unweigerlich zur Demenz führen müsse. Auch führt Schott sehr richtig an, daß der einzelne Anfall durchaus keine Handhabe gebe, einen periodisch melancholischen oder einen zirkulären Zustand von einem solchen des Rückbildungsalters zu unterscheiden.

Kölpin, der in seiner Arbeit über Melancholie hauptsächlich klinisches Material herbeischaffen wollte, um die einzelnen Formen der melancholischen Zustände symptomatologisch zu zeichnen, ist bezüglich der Abgrenzung der Melancholie von der periodischen Melancholie und der zirkulären Depression ähnlicher Ansicht wie Schott. Auch bei ihm begegnen wir einer engeren Umgrenzung des manisch depressiven Irreseins, so daß notwendigerweise die Melancholie, die an kein bestimmtes Lebensalter gebunden ist, wachsen muß. Kölpin betont zweifellos viel zu sehr die Benennung manisch depressives Irresein, wenn er schreibt: „Ich muß gestehen, daß mir immer gewisse Bedenken auftreten, wenn ich einen melancholischen Kranken, der nie manische Zustände gehabt hat, und bei dem keine Möglichkeit besteht, das Eintreten eines solchen Zustandes mit Sicherheit vorauszusehen, als manisch depressiv bezeichnen soll". Er gibt dann aber selbst hierfür die von ihm nicht akzeptierte Erklärung, „man müßte dann diese Formen gewissermaßen als „formes frustes" des manisch depressiven Irreseins ansehen. Die Schwierigkeit liegt hier in dem Umstand, daß auf diesem Gebiet die manigfachsten Variationen und Übergänge von der einen Form zur anderen existieren". Auch bei ihm begegnen wir der Ansicht, daß es unmöglich ist, die melancholischen Bilder, die Kraepelin beschreibt, von manchen zirkulären Depressionen zu trennen. Kölpin schildert als „reine Melancholie", bei welcher das Symptom der intrapsychischen Hemmung seinen typischen Ausdruck findet, die klassische zirkuläre Depression der Kraepelinschen Schule.

Albrecht steht in seiner Arbeit über die psychischen Ursachen der Melancholie den Kraepelinschen Ansichten am nächsten, wenngleich auch er die Melancholie nicht als typische Psychose des Rückbildungsalters aufgefaßt wissen will: „Das Lebensalter kann bei der Melancholie das allein Entscheidende nicht sein, sondern es muß irgend eine andere ausgleichbare Schädigung des Körpers die Hauptursache bilden". Die rezidivierenden Melancholien rechnet Albrecht nicht, wie Kraepelin mit Recht es tut, zum manisch depressiven Irresein. Tatsächlich war aber die übergroße Zahl der von Albrecht in fünf Jahren beobachteten Melancholien über 40 Jahre alt, als sie an Melancholie (zum ersten Mal?) erkrankten.

Auch Fauser, der den Kraepelinschen Ansichten über Melancholie und manisch depressives Irresein offenbar sehr nahe steht, weicht von ihm in manchen Punkten ab. Er betont, wie alle anderen Autoren, daß im jugendlichen Alter wohlcharakterisierte Psychosen depressiven Charakters vorkommen, bei denen im Unterschied zu der traurigen Verstimmung, der psychomotorischen und Denkhemmung sowie der manischen Erregung, die Angst, die ängstliche Spannung, die ängstliche Erregung im Vordergrund stehen, bei welchen eine manische Phase fehlt, und die ganz der prognostisch günstigen Form (sie heilen immer) der Kraepelinschen Rückbildungsmelancholie entsprechen. Er will bei dieser prognostisch günstigen Form auf das Moment des Lebensalters verzichtet wissen, und sie mit der eigentlichen

Melancholie vereinigen. Die prognostisch ungünstige Melancholie des höheren Lebensalters will Fauser zu der senilen Demenz rechnen. Diagnostische Unterscheidungsmerkmale zwischen in Demenz und in Heilung übergehenden Melancholien gibt er nicht.

Specht will ebenfalls die Melancholie nicht so eng fassen wie Kraepelin, sondern sie auch auf jugendliche Formen ausdehnen. Er plaidiert dafür, den Begriff der Hysteromelancholie wieder in die psychiatrische Nomenklatur aufzunehmen.

Die Benennung Pseudomelancholie wird von Juliusburger wieder aufgenommen. Diese Form, die hauptsächlich durch den Gegensatz zwischen der Angabe subjektiver Hemmung und dem Mangel objektiv nachweisbarer Verlangsamung charakterisiert sein soll, ist nichts anderes, als eine zirkuläre Depression. Der von ihm ausführlich beschriebene Fall ist eine klassische Zyklothymie.

Natürlich spiegeln sich nicht nur in den psychiatrischen Arbeiten über Melancholie, sondern auch in den Lehrbüchern der Psychiatrie die von der Kraepelinschen Definierung abweichenden Ansichten der einzelnen Autoren wieder. Wernicke, der an der Hand seines Aphasieschemas auf Grund genauester Symptomatologie Krankheitsbilder zu schildern versuchte, und dadurch in erster Linie Zustandsbilder darstellte, faßte die Melancholie enger als die meisten Autoren. Er definiert sie: „Die Melancholie ist entstanden durch Herabsetzung der Willenstätigkeit, durch intrapsychische Afunktion, und charakterisiert durch das fundamentale Symptom der subjektiven Insufficienz. Das hieraus resultierende Krankheitsbild ist die „affektive Melancholie". Dieselbe kann sowohl für sich allein als in Verbindung mit anderen Psychosen vorkommen, besonders mit der akuten Angstpsychose, ferner auch mit der akinetischen Motilitätspsychose resp. der akinetischen Phase der cyklischen Motilitätspsychose."

Diese von Wernicke geschilderte, an kein Alter gebundene affektive Melancholie entspricht im großen und ganzen der zirkulären Depression der Kraepelinschen Schule. „Sie kann eine Manie ersetzen, so daß das Bild des zirkulären Irreseins entsteht."

Eine besondere Form der Wernickeschen Angstpsychose ist die Melancholia agitata, deren Prognose nicht immer günstig ist. Die Melancholia c. stupore, die mit der affektiven Melancholie nichts zu tun hat, wird bei der akinetischen Motilitätspsychose erwähnt. Endlich kennt Wernicke noch Mischfälle von affektiver Melancholie und Angstpsychose, die immer eine günstige Prognose haben und sich sowohl bei jugendlichen Personen als im Greisenalter finden, sowie die depressive Melancholie, die durch einen sehr hohen Grad der intrapsychischen Akinese mit überwiegend objektiven Ausfallssymptomen charakterisiert wird. Diese depressive Form, von der es im übrigen nach Wernicke noch zweifelhaft ist, ob sie als eine eigene Geisteskrankheit anerkannt werden kann, wollte er aber scharf von der affektiven Form der Melancholie getrennt wissen.

Ziehen, der von der Ansicht noch nicht ganz frei ist, daß die Melancholie als Übergangsform in andere Psychosen aufzufassen sei, gibt in seinem Lehrbuch die in den 80er und 90er Jahren des vergangenen Jahrhunderts übliche Darstellung der Melancholie, die in Heilung, in Heilung mit Defekt (leichte intellektuelle Einbuße), in sekundären Schwachsinn, in chronische Melancholie und endlich in sekundäre Paranoia ausgehen kann, und an kein bestimmtes Alter gebunden ist. Auch er betont das Symptom der Hemmung bei der Melancholie.

Mendel hält sich ebenfalls an die früher übliche Darstellung. Die von ihm geschilderte Melancholia simplex heilt stets, die Melancholia typica nur in 60%. Rezidive sind bei ihr häufig, der Ausgang in Demenz selten.

Auch Westphal und Pilcz weichen nicht sehr wesentlich von den Ansichten früherer Autoren ab. Westphal meint bezüglich des Ausgangs der jugendlichen Melancholie, daß in deren Gefolge dauernde geistige Schwächezustände, die den Namen Demenz verdienen, nicht beobachtet werden. „In seltenen Fällen kommt es zu einem chronischen Krankheitszustand, bei dem die Affektstörungen in abgeschwächtem Maße in Gestalt eines wehleidigen, weinerlichen Wesens bestehen bleiben, und stärkere Angstempfindungen nicht mehr aufzutreten pflegen."

So sehen wir also, daß die Kraepelinschen Lehren bezüglich der Melancholie nur bei einer relativ kleinen Gemeinde Anerkennung gefunden haben. Bei allen den Autoren, welche die Melancholie von den melancholieähnlichen Bildern der Dementia praecox, der Paralyse, der senilen Demenz, sowie den psychopatischen Zuständen abgrenzen, sind es vornehmlich drei Punkte, die sie von Kraepelin trennen: sie verneinen, daß die Melancholie, wie Kraepelin sie schildert, nur im Rückbildungsalter auftritt, sie können keinen durchgreifenden Unterschied in der

Kraepelinschen Darstellung der Melancholie und der zirkulären Depression finden, und endlich trennen sie, im Gegensatz zu Kraepelins Schilderungen des manisch-depressiven Irreseins, rezidivierende Melancholie und periodische Melancholie als selbständige Krankheitsbilder von diesem.

Naturgemäß nahmen auch die ausländischen Psychiater Stellung zu den Kraepelinschen Lehren. Der Engländer Kellogg bewegt sich in seiner Darstellung der Melancholie in den Bahnen Schüles und Krafft-Ebings, während der Amerikaner Paton in psychiatrischen Fragen mit geringen Abweichungen auf Kraepelinschem Standpunkte steht, insbesondere in der Umgrenzung der Melancholie und des manisch-depressiven Irreseins.

In Italien weichen Agostini und Arnaud von den in Deutschland verbreiteten Ansichten über Melancholie nicht erheblich ab. Gucci ist schon von den Kraepelinschen Anschauungen beeinflußt, und Vedrani erweist sich bereits als warmer Verteidiger dieser Lehre. In der Melancholiefrage steht er ganz auf Seiten Kraepelins.

Auf Grund der Lehre von der klinischen Einheit der verschiedenen Verlaufsmöglichkeiten des manisch-depressiven Irreseins unterzog Lambranzi das in den Jahren 1895—1901 aufgenommene Krankenmaterial der Irrenanstalt Brescia einer Untersuchung mit besonderer Berücksichtigung jener Frage. In dieser Zeit fand er nur 19 Fälle reiner Melancholie. Bezüglich der Melancholie als Involutionspsychose stellt er sich ganz auf Kraepelins Standpunkt. Seine Kranken waren zwischen 40 und 62 Jahre alt.

In Frankreich decken sich Magnans Ansichten so ziemlich mit denen von Schüle und Krafft-Ebing. Roubinowitsch und Toulouse nehmen mehr oder minder nur symptomatische Melancholien an. Für Joffroy ist die Melancholie stets ein Syndrom. Einerseits ist sie ein Vorläufer anderer psychischer Krankheiten, andererseits handelt es sich, meint dieser Autor — im Gegensatz zu denen, die in den übrig bleibenden melancholischen Krankheitsbildern eine selbständige Erkrankung sehen —, um einen Symptomenkomplex noch unbekannter oder nicht genügend differenzierter Psychosen.

Auf dem gleichen Standpunkt steht Masselon, der erst

jüngst eine größere, von der Akademie preisgekrönte Arbeit über Melancholie veröffentlichte. Er schreibt:

„C'est à cette opinion, que l'étude des faits m'a conduit: il n'existe pas une mélancolie, il n'existe que des états mélancoliques. La mélancolie n'est pas une entité morbide, elle est un état psychologique que l'on observe dans des formes nosographiques très différentes.

Parmi ces états mélancoliques il en est qui sont très bien connus aujourd'hui et que l'on rapporte facilement à des groupes morbides déterminés, il en est d'autres au contraire, où l'état mélancolique domine toute la scène, et dont l'étiologie et la pathogénie sont encore fort obscures: ce sont ces derniers que, dans notre ignorance actuelle certains auteurs considèrent encore comme formant un groupe morbide distinct."

Masselon hält sich an die übliche Einteilung der Melancholie, wie wir sie auch bei deutschen Autoren finden. Er versucht aber eine Trennung der Melancholie von den psychopathischen Zuständen, der Dementia praecox, der Paralyse, den periodischen Geistesstörungen, der senilen Demenz und den organischen Gehirnkrankheiten durchzuführen. (Den Begriff des manisch depressiven Irreseins faßt er viel enger als Kraepelin.) Die von Kraepelin geschilderte Melancholie nennt Masselon „affektive Melancholie". Er bestreitet jedoch, daß sie zu den „Involutionspsychosen" gehört, da sie, wenngleich sie auch häufig im Rückbildungsalter auftrete, genau in der gleichen Art und Weise schon in früheren Jahren beobachtet werden könne. Auch die große Heilbarkeitsmöglichkeit scheint Masselon dagegen zu sprechen, daß die Melancholie im Sinne Kraepelins ein Ausdruck der senilen Involution sei, zumal sich derartige organische Veränderungen des Gehirns im allgemeinen wohl nicht zurückbilden könnten. Er meint ferner, daß die von Kraepelin geschilderte Demenz im Gefolge der Melancholie sich doch wohl wesentlich von der senilen Demenz unterscheide. „Les caractères de cet affaiblissement intellectuel (im Gefolge der Melancholie) sont beaucoup plus proches de ceux de la démence précoce que de ceux de la démence sénile; aussi me paraît-il impossible de les confondre avec cette dernière." Während die obengenannten französischen Autoren in der Melancholiefrage mehr oder weniger von Kraepelin abweichen, stehen Sérieux, de Fursac und Capgras in dieser Frage ganz auf seinem Standpunkt.

II. Kapitel.
## A. Theoretische Untersuchungen der klinischen Stellung der Melancholie.

Wenn man mit mir die historische Einleitung verfolgt hat, so wird man gesehen haben, wie viel, nicht nur vom Kraepelinschen Standpunkt aus, im Lauf der Jahre von der Melancholie abgebröckelt ist, wie sie ursprünglich als ein großes selbständiges Krankheitsbild anerkannt wurde, wie aber die verfeinerte Diagnostik, das genaue Studium der einzelnen Psychosen und ihres Verlaufs, sowie ihre sicherere Abgrenzung voneinander erkennen ließen, daß vieles, was ursprünglich als Krankheit sui generis erschien, nur noch als Symptomenkomplex, als Verlaufsmöglichkeiten anderer bekannter Psychosen aufgefaßt werden konnte. Hauptsächlich ist es die bessere Kenntnis des manisch-depressiven Irreseins, die mit Notwendigkeit zwang, diesem immer mehr und mehr Krankheitsbilder zu subsummieren. Die früher so weit umfassende Melancholie wurde immer kleiner, das manisch-depressive Irresein immer umfangreicher. Im Vergleich zu der Zunahme des zirkulären Irreseins auf Kosten der Melancholie erwiesen sich nur wenige Krankheitsformen, die vormals der Melancholie zugerechnet wurden, später der senilen Depression resp. der senilen Demenz und der Spätkatatonie angehörig, nachdem die depressiven Formen der Paralyse und die anderen in Betracht kommenden Psychosen abgetrennt worden waren. So blieb nur noch eine kleine Krankheitsgruppe übrig, welche, wie wir gesehen haben, Kraepelin und seine Schule als Melancholie, eine dem Rückbildungsalter eigentümliche Psychose bezeichnete, nachdem er schon lange erkannt hatte, daß die Melancholien des jugendlichen Alters Zustandsbilder anderer Krankheiten sind. Aber auch gegen die Selbständigkeit dieses Krankheitsbildes erhoben sich bald gewichtige Bedenken. Als einer der ersten, der diese Frage behandelte, muß Thalbitzer bezeichnet werden. Er wollte die Kraepelinsche Melancholie als manisch-depressiven Mischzustand aufgefaßt wissen. Gleichzeitig erkannte er aber dem depressiven Wahnsinn eine klinisch selbständige Stellung zu.

Bevor wir nun die Melancholiefrage einer Kritik unterziehen, ist es nötig, die drei von Kraepelin geschilderten Krankheitsbilder, die wohl am allerhäufigsten bei Depressionszuständen des höheren Lebensalters, abgesehen von der uns hier nicht interessierenden Spätkatatonie (cfr. IV. Kapitel, Anhang) differentialdiagnostisch in Betracht kommen, die Melancholie, das manisch-depressive Irresein und die senile Depression kurz, und vorwiegend unter dem Gesichtspunkt der Abgrenzung gegeneinander zu umgrenzen.

## I. Die Melancholie nach Kraepelins letzter Fassung.

Die Definition der Melancholie ist, wie wir gesehen haben, nach Kraepelin und seiner Schule vor allen Dingen im Gegensatz zu der anderer Psychosen eine negative. Die Melancholie in Kraepelins letzter Fassung (Lehrbuch der Psychiatrie, 7. Aufl.) setzt sich aus einem Teil der Beobachtungen zusammen, die man früher als Melancholia simplex und Angstmelancholie zu bezeichnen pflegte, ferner aus dem depressiven Wahnsinn und der senilen Depression. „Sie umfaßt alle krankhaften ängstlichen Verstimmungen der höheren Lebensalter, welche nicht Verlaufsabschnitte anderer Formen des Irreseins darstellen. Außer der gemütlichen Störung gehören zu diesem Krankheitsbilde regelmäßig noch Wahnbildungen."

Kraepelin unterscheidet jetzt, im Gegensatz zu früher, nur noch zwei ineinander übergehende Formen der melancholischen Erkrankung. Bei der ersten leichteren Form ist das Bewußtsein der Kranken meist ungetrübt, die Orientierung erhalten. Der Gedankengang zeigt keine großen Widersprüche und ist zusammenhängend. Die Kranken besitzen meist ein deutliches Gefühl für die Veränderung, welche die Krankheit erzeugt hat. Sie fühlen sich, besonders in der Entwicklung der Krankheit, dumm im Kopf, zerstreut, bringen nichts mehr fertig, können nicht mehr so beten wie früher usw. In die Zeit der Verstimmung können sich einzelne freie Tage oder Stunden schieben. Dem Krankheitsbilde eigentümlich sind ferner Versündigungsideen, depressive Vorstellungskreise, hypochondrische Wahnideen, Sinnestäuschungen, allerdings meist unbestimmter Art.

Bei der zweiten, weit kleineren Gruppe von Fällen (depressiver Wahnsinn) nehmen die Wahnbildungen einen ganz abenteuerlichen, unsinnigen, aber immer ängstlich gefärbten Inhalt an. Das Krankheitsbild kann ganz von nihilistischen Wahnideen und unsinnigen hypochondrischen Vorstellungen beherrscht werden. Bei vorgeschrittener geistiger Schwäche kommt es dann eventuell zur Entwicklung dürftiger Größenideen. Auch hier spielen Sinnestäuschungen eine gewisse Rolle, doch handelt es sich in der Regel wohl um Illusionen.

Bei dieser zweiten Form erscheint das Bewußtsein öfters stärker getrübt, die Orientierung unklar, der Gedankengang verworren und ungemein einförmig. Bisweilen besteht ein dumpfes Gefühl für die Natur der Störung.

Den Grundzug der melancholischen Verstimmung bildet regelmäßig eine mehr oder weniger deutliche, manchmal hinter einer gewissen Redseligkeit verborgene Angst, die alle Grade, vom leichtesten Unbehagen bis zur höchsten ängstlichen Erregung durchlaufen kann. Kraepelin will es jedoch dahingestellt sein lassen, ob diese letztgenannten schwereren, das Leben ungemein gefährdenden Krankheitsbilder wirklich immer der Melancholie angehören.

Das Handeln der Melancholischen wird stets erheblich in Mitleidenschaft gezogen. Der Kranke fühlt keinen Trieb mehr zum Schaffen, es geht ihm nicht mehr so von der Hand, er findet sich nicht mehr so durch. Bisweilen entwickeln aber auch die Kranken im Gegensatz hierzu eine fieberhafte Tätigkeit. Bei längerer Dauer des Leidens können die Kranken oft während einer ganzen Spanne Zeit still und teilnahmslos daliegen. Sobald man sich aber mit ihnen in Beziehung setzt, erhält man ohne Schwierigkeit Auskunft und erlebt dann nicht selten Gefühlsausbrüche von großer Heftigkeit. Aufforderungen werden ohne Zögern befolgt, soweit sie nicht ängstliche Bedenken erwecken. Alle Bewegungen geschehen frei und ohne Behinderung. Schlaf, Appetit und Verdauung sind immer sehr gestört. Die Neigung zum Selbstmord macht die Kranken für sich in hohem Maße gefährlich.

Der Verlauf der Melancholie zeigt eventuell unter geringen Schwankungen ein langsames Schwinden der Krankheitserscheinungen. Bisweilen findet sich ein ziemlich regelmäßiger Wechsel zwischen schlimmeren oder besseren Zeiten oder Tagen ohne äußeren Grund.

Die Prognose der Melancholie bezeichnet Kraepelin als eine im ganzen zweifelhafte. 32 % seiner Kranken fanden volle Genesung. 23 % wurden soweit gebessert, daß sie in ihre Familie zurückkehren und bis zu einem gewissen Grade ihre frühere Beschäftigung wieder aufnehmen konnten. Ungeheilt blieben 26 %, während 19 % innerhalb der ersten zwei Jahre nach Beginn der Erkrankung zu Grunde gingen. Die Wahrscheinlichkeit der Heilung wird durch das Lebensalter beeinflußt. Von den Kranken unter 50 Jahren wurden 40 %, von den älteren nur 25 % vollständig geheilt.

Eine ungünstige Wendung des Krankheitsverlaufs pflegt sich im allgemeinen durch die Abnahme der gemütlichen Erregung ohne Zurücktreten der krankhaften Vorstellungen, oder mit der Ausbildung unsinniger Wahnideen anzukündigen. In leichteren Fällen schwindet allmählich die Verstimmung nebst den Wahnideen, doch sind die Kranken trotz einer ungefähren Krankheitseinsicht stumpfer, willensschwächer, leistungsunfähiger geworden. Zugleich besteht meist noch ein kleinmütiges oder weinerliches Wesen. Bei weiter fortschreitender geistiger Schwäche pflegen die Wahnvorstellungen mehr und mehr zu verblassen. Die Kranken werden gedankenarm, unklar, vergeßlich, gleichgültig, arbeitsunfähig. Sie gewinnen keine Krankheitseinsicht, stehen stumpfsinnig herum und jammern eintönig vor sich hin. Bei anderen entwickelt sich das ausgeprägte Bild des Altersblödsinns.

Die Dauer der günstig verlaufenden Melancholie erstreckt sich regelmäßig über mehrere Jahre. Die ersten Erkrankungen beginnen um das 45. Jahr herum, die letzten bald nach dem 65. Jahre. Im höheren Alter werden die unsinnigen Wahnbildungen häufiger. Das weibliche Geschlecht ist mit etwa 60 % an der Erkrankung beteiligt. Viele Kranke werden als Sonderlinge, kleinliche, ängstliche Naturen geschildert. Sehr häufig scheinen äußere Anlässe (fieberhafte Erkrankung, Gemütserschütterungen etc.) den Ausbruch der Krankheit zu begünstigen.

Bei der Erörterung der Abgrenzung der Melancholie von den anderen Psychosen spielt bei Kraepelin natürlich die Differentialdiagnose der Melancholie gegenüber dem manisch-drepressiven Irresein die Hauptrolle. Er verkennt die sich hier entgegenstellenden Schwierigkeiten keineswegs, zumal die neuere Kenntnis der Mischzustände gelehrt hat, daß Depressionen des zirkulären Irreseins ganz unter dem Bilde der oben geschilderten Melancholie verlaufen können. Das Argument, daß nach seiner Umgrenzung die Melancholie nur einmal im Leben auftritt, ist für ihn mit Recht kein Grund, ihre Zugehörigkeit zum zirkulären Irresein zu verneinen, zumal sich auch bei den Involutionspsychosen öfters Depressionszustände wiederholen können. Immerhin erscheint es Kraepelin von einiger Bedeutung, daß die Entwickelung einmaliger Depressionen im Rückbildungsalter eine ziemlich häufige Erscheinung ist, während einmalige Manien speziell zur Zeit der Involution ungleich seltener sind. Da nach Kraepelins Ansicht im allgemeinen die Depressionen die Manien im zirkulären Irresein nicht überwiegen, so wäre die Häufigkeit erstmaliger und einmaliger depressiver Erkrankungen im Rückbildungsalter gegenüber den manischen kaum verständlich, wenn sie alle nur Erscheinungsformen des gleichen Grundleidens bildeten. Jedenfalls müßte man, meint Kraepelin, zu dem Schlusse kommen, daß die Rückbildungsjahre den Verlauf des zirkulären Irreseins im Sinne einer ganz auffallenden Häufigkeit depressiver Anfälle beeinflußen. Hat aber die Involution, so führt er weiter aus, einen solch eigenartigen Einfluß auf das Seelenleben, so liegt immerhin die Vermutung nahe, daß sie auch selbständige depressive Krankheitsformen zu erzeugen imstande ist. Zur Gewißheit wird für Kraepelin diese Vermutung durch die Tatsache der senilen Depressionszustände, von welchen fließende Formen zu der oben beschriebenen Melancholie führen sollen. „Will man also nicht zu der Behauptung kommen, daß auch die senilen Depressionszustände, trotz ihres abweichenden klinischen und wohl auch pathologisch anatomischen Verhaltens dem zirkulären Irresein angehören, so wird man zu der Annahme gedrängt, daß der starke Überschuß von Depressionszuständen, den die Rückbildungsjahre erzeugen, mindestens zu einem Teil auf dem Auftreten einer neuen eigenartigen Krankheitsform — der Melancholie — beruhen."

Andererseits gibt aber auch Kraepelin zu, daß die Übergänge zu den senilen Geistesstörungen vielleicht einfach nur durch ein allmähliches Hinzutreten der Altersveränderungen, die dann eventuell allein den Ausgang in Schwachsinn verursachen würden, bedingt sein kann. Trotzdem bestreitet er die Zugehörigkeit der Melancholie zum manisch-depressiven Irresein, deren Symptome: Angst, Wahnideen, fehlende Hemmung usw. sämtlich bei typischen zirkulären Depressionen vorkommen können, und führt zur Begründung seiner Ansicht folgende differentialdiagnostisch ausschlaggebende Momente an:

Die **Stimmungsfärbung** der Melancholischen ist eine andere, als die der zirkulären Kranken. Bei jenen finden wir die innere Beunruhigung, die gleichmäßige Färbung der Stimmung, bei diesen die hoffnungslose Stimmung, die jedoch, wenn auch nur für kurze Zeit, durch Zuspruch oder Ablenkung aufzuhellen ist, die in jedem Moment in die manische Gehobenheit übergehen kann. Die Melancholischen sind in einem Zustand innerer Spannung, die sich in ängstlicher, aber nicht in manischer Erregung entladen kann. Die **Willenshemmung fehlt im Gegensatz zu den Zirkulären durchaus.**

Bei der Abgrenzung der Melancholie von gewissen zirkulären Mischzuständen, bei welchen sich die Verstimmung nicht mit psychomotorischer Hemmung, sondern mit Erregung verbindet, legt Kraepelin auch wieder großes Gewicht auf die Stimmungsfärbung. Bei derartigen Zirkulären ist die Stimmung in der Regel weniger ängstlich als reizbar, nörgelnd, unter Umständen kindisch kleinmütig. Aus dieser psychischen Verfassung sind dann die Kranken leicht in eine ruhige, selbst humoristische Stimmung zu versetzen.

Die Abgrenzung der Melancholie von katatonischen Depressionszuständen der Rückbildungsjahre macht, im Vergleich zu den zirkulären Depressionen, wie Kraepelin ausführt, wohl nur verhältnismäßig selten auf die Dauer größere Schwierigkeiten. „Bei der Katatonie pflegt bald genug die Stumpfheit, der Negativismus, das starre, gebundene, manirierte Wesen hervorzutreten. Das einförmige Jammern und Händeringen der Melancholischen unterscheidet sich wesentlich von der sinnlosen Stereotypie der Katatoniker dadurch, daß es der Ausdruck eines zwar einförmigen, aber mächtigen Affekts ist, während es sich dort um einen sinnlosen Bewegungsdrang handelt." Meiner Meinung nach gehört die sichere Abtrennung mancher Formen der Spätkatatonie von der Melancholie zu einer der schwierigsten Aufgaben in der Psychiatrie, die noch ihrer endgültigen Lösung harrt.

Auch Kraepelin weist in dem Vorwort dieser Arbeit auf die großen Schwierigkeiten der stets richtigen Erkennung der Spätkatatonie hin. — Diese werden noch dadurch erhöht, daß wir über die Zustandsbilder, welche die Spätkatatonie zeitigen kann, ebensowenig sicher unterrichtet sind, als über deren Verlaufsmöglichkeiten und endlichen Ausgang.

Der früher oft so schwierigen Trennung der depressiven Paralyse von der Melancholie ist jetzt in der Lumbalpunktion ein sicheres differentialdiagnostisches Moment erwachsen.

## II. Die Umgrenzung des manisch-depressiven Irreseins.

Bevor wir untersuchen können, ob die oben geschilderte Melancholie wirkliche Daseinsberechtigung hat, müssen wir einiges hierfür Wichtige über das manisch-depressive Irresein mitteilen.

Kraepelin war der erste, der bei der Diagnose des zirkulären Irreseins mit vollem Recht den Nachdruck auf die genaue Analyse des klinischen Bildes legte. Aus dieser sollte dann eventuell auf die Zugehörigkeit des Krankheitsbildes zum manisch-depressiven Irresein geschlossen werden. Für zirkuläre Zustandsbilder ergab sich die günstige Prognose für den einzelnen Anfall von selbst. Verlauf und Periodizität waren nicht mehr maßgebend. Ob auf die Depression eine dauernde oder vorübergehende Zeit psychischer Gesundheit oder eine Manie folgen würde, war natürlich aus dem klinischen Bilde nicht zu schließen. „Eine derartige Vorhersage wird man wohl aber auch allein auf Grund des Krankheitsbildes niemals wagen, vielmehr nur mit Wahrscheinlichkeit aus dem bisherigen Verlauf erschließen können." Bezüglich des einzelnen zirkulären Anfalls gibt es unendliche Variationen. Von dem nur einmal im Leben auftretenden, mehr oder weniger leichten und langdauernden manischen oder depressiven Anfall führt ein breites Zwischengebiet zu den kontinuierlichen Schwankungen. Die in zwei, drei und mehr Anfällen auftretende, sogenannte periodische Depression oder Manie gehört ebenfalls zum großen Formenkreis des manisch-depressiven Irreseins. Bei mehrfachen manischen und depressiven Anfällen braucht die Zahl und Schwere der einzelnen Phasen keineswegs denen der entgegengesetzten zu entsprechen. Sehr häufig wird man aber bei den einzelnen Anfällen eine Folgezeit der entgegengesetzten Phase auftreten sehen, die nur angedeutet, aber doch in ihren Äußerungen deutlich erkennbar ist, und oft dem Kranken, speziell wenn es sich um eine leichte Hypomanie handelt, gar nicht zum Bewußtsein kommt. Gerade darauf muß außerordentliches Gewicht gelegt werden. Auf eine noch so schwere Depression kann eine später nur sehr schwer feststellbare, aber trotzdem deutliche Hypomanie oder ein leichter Mischzustand mit vorwiegend manischer Komponente folgen. Schon allein diese leichte Schwankung nach der manischen Seite beweist die Zugehörigkeit der einmaligen Depression zum zirkulären Irresein. Auch wenn sich diese Schwankung nicht nachweisen, katamnestisch nicht feststellen läßt, so ist damit noch lange nicht bewiesen, daß sie nicht doch aufgetreten ist. Wir erleben es bei typischen Zirkulären oder Zyklothymen nur allzuoft, daß wir erst nach häufigem Fragen, nach langer Beobachtung etwas von einer früheren zweifellosen geringgradigen Hypomanie erfahren, ja gar nicht selten fehlt ihnen, worauf schon Hecker aufmerksam gemacht hat, für die leichte auf eine Depression folgende **pathologische Erregung** jegliches Krankheitsgefühl, und auch die Umgebung hält diese nur für eine „normale Reaktion". Es handelt sich dann um die bekannte „Freude über die Gesundung".

Auch die leichteste Depression zeitigt wesentlich deutlichere Störungen. Über ihre Wiederkehr werden wir also meist viel zuverlässigeren Aufschluß erhalten. Nun finden wir bei Manischdepressiven recht häufig in der sogenannten gesunden Zeit Attaquen leichtester Depression, die, jeweils in der Kombination der Symptome verschieden, sich durch Verstimmung, Angst, innere Unruhe, seltsame trübe Gedanken, Selbstvorwürfe, pathologisch gesteigertes Reuegefühl, psychomotorische Hemmung, Reizbarkeit, plötzliche Selbstmordgedanken usw. kennzeichnen. Für diese, meist plötzlich einsetzenden Anfälle, die ich **zirkuläre depressive Abortivanfälle** nennen möchte, die wenige Stunden, Tage oder Wochen dauern und der Umgebung völlig verborgen bleiben können, haben die Kranken ein ausgesprochenes Krankheitsgefühl. Sie empfinden sie, ebenso wie die Epileptiker ihre Verstimmung, als etwas ihrem inneren Wesen Fremdes. Meist machen die Kranken auf Befragen typische Angaben über diese Abortivanfälle, fast nie aber spontan, zumal wenn die Attaquen nur kurz, d. h. wenige Stunden dauern.

Wir finden derartige Abortivanfälle bei klassischen manischdepressiven Kranken, sowie auch bei solchen, die nur eine einmalige zirkuläre Depression durchgemacht haben. Bei letzteren ein unnötiger, aber neuer Beweis für ihre Zugehörigkeit zum manisch-depressiven Irresein. Wir müssen also bezüglich der einzelnen Anfälle mit folgenden Komponenten rechnen, in buntem Wechsel aneinander gereiht, oft mit gesunden Zwischenpausen, in ihrer Intensität unendlich verschieden, eventuell auch — mit Ausnahme der öfter auftretenden Abortivanfälle — nur ein einziges Mal im Leben vorkommend: Depression, Manie, Mischzustand, Abortivanfälle. Es ist dabei eine bekannte Tatsache, daß typische zirkuläre Depressionen, an die sich später eventuell eine leichte manische Phase anschließen kann, aber nicht muß, ganz besonders häufig zum ersten und einzigen Male im Rückbildungsalter auftreten.

Kraepelin, dessen eminentes Verdienst es ist, zuerst auf die zirkulären Mischzustände aufmerksam gemacht zu haben, geht von den drei Kardinalsymptomen der einzelnen Phase aus. Der Manie sind eigentümlich: gehobene Stimmung, Ideenflucht, Betätigungsdrang; der Depression: traurige Verstimmung, Denkhemmung und Entschlußunfähigkeit. Er unterscheidet durch Kombination dieser drei Komponenten (z. B. Denkhemmung, traurige Verstimmung, Betätigungsdrang = depressive Erregung) sechs Formen von Mischzuständen. Kraepelin selbst weist auf die große Bedeutung der Mischzustände für die Erkennung sonst unentwirrbarer Krankheitsbilder hin, und betont die Ausbaumöglichkeit und Unfertigkeit seiner Lehre.

Nach meiner Meinung kann uns folgende theoretische Überlegung in der Analyse der Mischzustände fördern: wir zergliedern genau die Symptome der einzelnen Phase, die für sie charakteristisch, ihr eigen sind. Finden wir nun typisch manische Züge bei einer Depression und umgekehrt, so haben wir die volle Berechtigung, von einem Mischzustand mit vorwiegender Beteiligung der einen oder der anderen Phase zu sprechen. Beobachten wir z. B. bei einer sonst typischen Depression eine große Ablenkbarkeit, so müssen wir dieses manische Zeichen auch als solches anerkennen. Betrachtet man die sogenannten klassischen Manien oder Depressionen unter diesem Gesichtspunkt, so wird man allerdings wenige oder gar keine klassischen Fälle finden. — Wichtig ist aber diese Überlegung für die Analyse und Kenntnis der Mischzustände, insbesondere bei differentialdiagnostischen Erwägungen.

Im Folgenden führe ich nun nach den von Kraepelin geschilderten Symptomen zuerst die den beiden Phasen gemeinsamen, dann die jeder eigentümlichen Zeichen an.

I. Der Depression und Manie gemeinsame Symptome:
1. Getrübtes Bewußtsein, undeutliche Orientierung, Personenverkennung auf der Höhe der Erregung. Mangelhafte Erinnerung an diese.
2. Sinnestäuschungen, meist illusionärer Natur.
3. Verfolgungsideen.

II. Die der Manie eigentümlichen Symptome:
1. Euphorie (stille Heiterkeit bis zur unbändigen Fröhlichkeit).
2. Erhöhte Erregbarkeit, die sich von Empfindlichkeit bis zur Reizbarkeit und zu Zornausbrüchen mit wüstem Schimpfen steigern kann.
3. Ablenkbarkeit.
4. Betätigungsdrang (erhöhte Geschäftigkeit, Rededrang).
5. Gehobenes Selbstgefühl (Herrschsucht, Rücksichtslosigkeit).
6. Mangel an innerer Einheit des Vorstellungsverlaufs (Fadenverlieren, Gedankenunruhe, Ideenflucht).
7. Gesteigerte Aufmerksamkeit und geistige Regsamkeit.
8. Rascher, kurzdauernder Umschlag von trauriger Verstimmung in Euphorie.
9. Wahnideen (Größenideen, Eifersuchtswahn etc.).

III. Die der Depression eigentümlichen Symptome:
1. Traurige Verstimmung, die sich bis zu Angst und Verzweiflungsausbrüchen steigern kann.
2. Depressive Vorstellungskreise (Mißempfindungen, hypochondrische und ängstliche Befürchtungen, Selbstvorwürfe, Wahnideen im Sinne der Versündigung. Phantastisch ängstliche Vorstellungen aller Art etc.).
3. Zwangsvorstellungen.
4. Rascher, kurzdauernder Umschlag von Euphorie in traurige Verstimmung.
5. Psychomotorische Hemmung:

A. Subjektive Hemmung:
   a) Gefühl der Abnahme aller intellektuellen Funktionen (Verlieren der Kenntnisse, des Gedächtnisses, Zerstreutheit etc.).
   b) Gefühl der Erschwerung des Denkens und der Auffassung.
   c) Gefühl der Abnahme der gemütlichen Ansprechbarkeit (Unvermögen irgendwelchen Empfindens, innerliche Verödung und Vereinsamung etc.).
   d) Gefühl der Hemmung des Willens und der Willenshandlungen (Störungen des Handelns, Mangel an Tatkraft, Arbeitsunfähigkeit, Unvermögen des Emporraffens zu irgend einer Handlung etc.).
   e) Entschlußunfähigkeit.
   f) Gefühl der Müdigkeit und Abspannung.
B. Objektive Hemmung:
   a) Die subjektiven Empfindungen sind objektiv feststellbar.
   b) Erstarren der Ausdrucksbewegungen.

Nach meiner Auffassung wird also der zirkuläre Mischzustand diagnostizierbar durch das Hinzutreten irgend eines der oben genannten, der betreffenden Phase eigentümlichen Symptoms zu der entgegengesetzten. Mit dem Füreinandereintreten von Denkhemmung und Ideenflucht, Depression und Euphorie, Willenshemmung und erleichterten Willenshandlungen wären also zwar leitende Gesichtspunkte geschaffen, die Mischzustände aber nicht erschöpfend geschildert. Insbesondere aber möchte ich auf ein Symptom aufmerksam machen, das mir für die Diagnose des Mischzustandes von besonderer Bedeutung scheint. Bei der depressiven Erregung Kraepelins fehlt die Hemmung (mit Ausnahme der Denkhemmung) völlig. Nun kann man sich wohl vorstellen, daß die subjektive psychomotorische Hemmung nicht universell, sondern nur partiell vorhanden ist, und zwar kann sie nur einzelne der unter A a—f geschilderten Symptome zeitigen. Wir kommen damit notwendigerweise zu dem Begriff der partiellen Hemmung. Die Kranken klagen dann z. B. über Entschluß- und Arbeitsunfähigkeit, Gefühl innerer Verödung, während das Gedächtnis, das Denken, die intellektuellen Funktionen usw. ihnen nicht gehemmt erscheinen. Unter partieller subjektiver Hemmung verstehe ich also ein nur teilweises Vorhandensein der oben unter A geschilderten Hemmungserscheinungen. Wir pflegen, wie oben ausgeführt, anzunehmen, daß die psychomotorische Hemmung sich aus der subjektiven, nur dem Kranken zum Bewußtsein kommenden, und der objektiven, auch dem Beobachter (z. B. in den mangelhaften Ausdrucksbewegungen) auffallenden Hemmung zusammensetzt. Ebenso wie wir mit einer partiellen objektiven Hemmung (langsam schleppende Bewegungen bei lebhaften Ausdrucksbewegungen) rechnen, müssen wir logischerweise auch eine partielle subjektive Hemmung zugeben, um so mehr, als sie sich tatsächlich oft bei den Kranken analysieren läßt.

Was die Prognose des manisch-depressiven Irreseins anlangt, so ist sie für die Genesung vom Anfall, mit der nachher zu schildernden Einschränkung, eine gute. Es kann sich jedoch natürlich sofort eine entgegengesetzte Phase anschließen usw.

Diejenigen, relativ recht seltenen Fälle, die anscheinend einen leichten Schwächezustand darbieten, sind, auch wenn sie im übrigen gesund erscheinen, wohl nicht ganz frei und immer noch leichten Schwankungen unterworfen. Bekannterweise täuscht ja die Hemmung sehr häufig einen Schwachsinn vor.

Kraepelin selbst führt in der 7. Auflage seines Lehrbuchs aus, daß die Prognose des manisch-depressiven Irreseins einigermaßen durch ihre Beziehungen zur Arteriosklerose getrübt wird. Das zirkuläre Irresein kann sich nach seinen Beobachtungen durchaus nicht selten erst in den Rückbildungsjahren, selbst in noch höherem Alter entwickeln. „Auf der anderen Seite liegen zahlreiche Erfahrungen vor, welche für das frühzeitige Auftreten arteriosklerotischer Veränderungen bei unseren Kranken sprechen. Wo sich im Laufe eines manisch-depressiven Irreseins arteriosklerotische oder, was auch bisweilen vorkommt, schwerere senile Veränderungen hinzugesellen, kann es zur Entwicklung von psychischen Schwächezuständen kommen, die das ursprüngliche Krankheitsbild verwischen. Ich habe es mehrfach gesehen, daß Kranke, die eine Reihe von Anfällen ohne nennenswerte Schädigung ihrer psychischen Leistungen überstanden hatten, in höherem Alter verblödeten, und zwar in der bekannten Form des arteriosklerotischen oder senilen Schwachsinns. Da wir auf der anderen Seite Fälle genug kennen, in denen, trotz hohen Alters, manisch-depressive Kranke keinerlei geistige Einbuße erleiden, so haben wir den Eintritt einer erheblichen Verblödung wohl immer auf das Hinzutreten einer neuen und mehr oder weniger selbständigen Krankheit zurückzuführen."

## III. Die senile Depression.

Über die dritte bei den Depressionszuständen der Involution differentialdiagnostisch sehr häufig in Betracht kommende Krankheit, die senile Depression, müssen wir kurz noch einiges sagen. Nach Kraepelin ist diese Erkrankung nichts anderes, als eine in Schwachsinn übergehende Melancholie. Er bespricht sie einmal in dem Abschnitt über Melancholie, ein andermal auf jenen verweisend bei der Darstellung der senilen Demenz. Er führt an dieser Stelle ferner aus: „Die überwiegende Mehrzahl der Geistesstörungen des Greisenalters sind Depressionszustände Erheblich seltener sind manische Erregungszustände. Diese sind nach meiner Überzeugung einfach als Spätformen des manisch-depressiven Irreseins aufzufassen und nehmen auch denselben günstigen, öfters periodischen oder mit Depressionen wechselnden Verlauf. Unter Umständen kann das klinische Bild durch die Entwicklung arteriosklerotischer oder seniler Zutaten verwischt werden" (7. Aufl. S. 487.)

## IV. Die Melancholie ein Zustandsbild des manisch-depressiven Irreseins.

### 1. Besprechung der Kraepelinschen Ausführungen.

Es bedurfte dieser etwas langen Ausführungen über Melancholie, manisch-depressives Irresein und senile Depression, um das Krankheitsbild, das Kraepelin als Melancholie beschreibt, einer eingehenden Kritik bezüglich seiner Existenzberechtigung als selbständige Psychose unterziehen zu können.

Schon allein Kraepelins negative Definition der Melancholie weist darauf hin, daß es sich um Krankheitsbilder handelt, die er vorerst noch nicht unterzubringen vermochte. Die nahe Verwandtschaft zur zirkulären Depression ist evident: Verstimmung, Angst, Selbstvorwürfe, Versündigungsideen, depressive Vorstellungskreise, ängstlich-phantastische und hypochondrische Wahnideen, Sinnestäuschungen meist illusionärer Art, Krankheitsgefühl, lebhafter Affekt usw. usw. finden sich hier wie dort.

Die differentialdiagnostischen Symptome zwischen Melancholie und manisch depressivem Irresein, die Kraepelin anführt, scheinen mir nicht stichhaltig genug, um auf sie ein selbständiges, von dem zirkulären Irresein scharf zu trennendes Krankheitsbild aufzubauen. Betrachten wir sie näher. Die verschiedene Stimmungsfärbung spielt bei Kraepelins Differentialdiagnose eine große Rolle. Man wird aber wohl zugeben müssen, daß gerade bei den zweifellos Zirkulären unendliche Verschiedenheiten in der Stimmung beobachtet werden können. Von der leichtesten Verstimmung der Zyklothymen finden wir die ganze Skala bis zur tiefsten Verzweiflung der Manisch-depressiven. Da wird man wohl kaum einen solchen Nachdruck auf den Unterschied zwischen innerer Beunruhigung, die wir zweifellos auch bei einwandsfreien Manisch-depressiven finden, und hoffnungsloser Stimmung legen dürfen. Ferner fehlt nach Kraepelin den Melancholischen die Willenshemmung durchaus. Gewiß, sie fehlt aber auch in den zirkulären Mischzuständen, die Kraepelin als depressive Erregung schildert. Außerdem ist die Willenshemmung für Zirkuläre kein charakteristischeres Symptom als die universelle und die von mir geschilderte partielle Hemmung. Kraepelin selbst beschreibt aber nach meiner Meinung in seiner Darstellung der Melancholie diese partielle Hemmung. Die Symptome, die er als der Melancholie zugehörig anführt, und die ich im Nachfolgenden rekapituliere, sind wohl nur als Hemmungserscheinung zu analysieren: „Die Kranken fühlen sich dumm im Kopf, zerstreut. Sie bringen nichts mehr fertig, können nicht mehr so beten wie früher, sie fühlen keinen Trieb mehr zum Schaffen, es geht ihnen nichts mehr von der Hand, sie finden sich nicht mehr so durch. Sie klagen, daß ihnen Verstand, Vernunft und die fünf Sinne fehlen, sie fühlen sich abgespannt, müde, schwer."

Nahezu genau die gleichen Symptome führt Kraepelin bei der Beschreibung des manisch-depressiven Irreseins als Äußerung der psychomotorischen Hemmung auf.

Auch die von ihm bei Melancholischen beobachteten, von äußeren Einflüssen unabhängigen Stimmungsschwankungen, die ein exquisit zirkuläres Symptom sind, beweisen nach meinem Dafürhalten die Zugehörigkeit der Melancholie zum manisch-depressiven Irresein. Ferner können das Mitteilungsbedürfnis, der Rededrang, die zeitweise entwickelte fieberhafte Tätigkeit der Melancholischen zwanglos als Ausdrucksformen des typisch manischen Betätigungsdranges erklärt werden.

Ganz gewiß sind es auch nicht diese symptomatologischen Bedenken, die Kraepelin veranlassen, die Melancholie vom manisch-depressiven Irresein abzutrennen. Vielmehr ist es die von ihm beobachtete auffallende Erscheinung der Häufung der Depressionen im Rückbildungsalter, sowie die nahen Beziehungen der Melancholie zur senilen Depression.

Darauf erwidere ich Folgendes: Es ist allerdings eine unbestreitbare Tatsache, daß die Involutionsdepressionen auffallend häufig sind, allein es treten, wie auch Kraepelin zugibt, gerade beim manisch-depressiven Irresein Depressionen besonders oft zum erstenmale im Rückbildungsalter auf. Gaupp konnte auf Grund des Heidelberger Materials feststellen, daß beim klassischen zirkulären Irresein in jedem Lebensalter die Depressionen (63) die Manien (51) überwiegen. Rehm, der das große Material in Egelfing untersuchte, hatte die Liebenswürdigkeit, mir vor Publikation seiner Arbeit mitzuteilen, daß sich ohne Rücksicht auf das Alter die Depressionen zu den Manien wie drei zu eins verhalten (!), daß in der Zeit der Involution häufig eine ganz auffallende Verlängerung der einzelnen Phasen (meist der Depression) bei früher kurzen Anfällen festzustellen ist, und daß sehr oft in dieser Zeit das klassische manisch-depressive Irresein erstmals mit einer mehr oder weniger langen, oft sich über Jahre erstreckenden Depression einsetzt. Auch nach meinen eigenen Erfahrungen überwiegen die Depressionen — nicht nur im Rückbildungsalter — die Manien um ein Beträchtliches. Die Arbeit Rehms wird diese Ansicht zahlenmäßig stützen.

So kann man also wohl kaum auf Grund der Häufung der Depressionen im vorgeschrittenen Alter, das offenbar im Verein mit der häufig der Melancholie vorausgehenden intensiven psychischen Erschütterung die Rolle der auslösenden Ursache spielt, der Involution die Erzeugung selbständiger depressiver Erkrankungen zuzuschreiben. Nach meiner Auffassung spielt die Involution beim manisch-depressiven Irresein eine sehr große Rolle, indem sie wohl sicher einer der Faktoren sowohl des erstmaligen, als auch des wiederkehrenden Auftretens dieser Psychose in jener Zeit ist, indem sie ferner keine ganz typischen Bilder (u. a. die Melancholie) zeitigt und einen nicht zu leugnenden Einfluß auf die Länge der einzelnen Phasen hat.

Ebenso aber, wie die Involution einen vorübergehenden Zeitabschnitt im menschlichen Leben darstellt, ist ihr Einfluß beim manisch-depressiven Irresein, vorausgesetzt, daß nicht andere, hiervon unabhängige schädigende Einflüsse hinzukommen, stets ein ausgleichbarer. Diese Auffassung, daß die Involution einen immer ausgleichbaren Einfluß ausüben kann, ist für die Melancholiefrage, speziell aber für deren Prognose recht wichtig.

— Das Rückbildungsalter spielt im allgemeinen beim Weibe eine viel größere Rolle als beim Manne. So erklärt sich wohl auch die bei weitem stärkere Beteiligung des weiblichen Geschlechts an den zirkulären Involutionsdepressionen.

Nur nebenbei möchte ich erwähnen, daß die Pubertätszeit offenbar eine ähnliche Rolle, speziell auch wieder beim Weibe, spielt. Ich zweifle nicht, daß auf Grund eines sehr großen Materials sich statistisch feststellen lassen wird, daß beim weiblichen Geschlecht häufig ausgeprägte zirkuläre Depressionen gerade und nur in der Pubertät, sowie im Klimakterium in Erscheinung treten. Wie aber das Klimakterium sich gar nicht selten über eine viel größere Spanne von Jahren hinziehen kann, als die Pubertät, so macht sich auch ihr dementsprechender Einfluß auf die zirkuläre Psychose geltend.

Als überzeugenden Beweis für die große Bedeutung des Rückbildungsalters für die Erzeugung einer selbständigen Krankheit führt Kraepelin die fließenden Übergänge der Melancholie zur senilen Depression an. Wir müssen uns also noch mit dieser auseinandersetzen. Kraepelin schildert sie einmal als die zum Schwachsinn führende Melancholie, ein anderes Mal als senile Demenz mit begleitender trauriger Verstimmung. Nach meiner Anschauung müßte man den Begriff der senilen Depression überhaupt fallen lassen.

Auf der einen Seite haben wir nämlich die von Kraepelin geschilderte senile Demenz, die von vornherein die klinischen Zeichen des beginnenden Altersblödsinns (Abnahme des Gedächtnisses, der Merkfähigkeit, Urteilsschwäche, körperliche Zeichen etc.) trägt. Sie kann sich vergesellschaften mit Unfähigkeitsgefühlen, trauriger Verstimmung, hypochondrischen Ideen usw. Diese eben beschriebene „senile Depression" hat mit der von Kraepelin geschilderten möglichen Ausgangsform der Melancholie nach meiner Meinung durchaus nichts zu tun, wenn die betreffenden Krankheitsbilder sich auch im einzelnen Falle schließlich noch so ähnlich sehen mögen. Niemand wird beim Vorwiegen der klinischen Erscheinungen des Altersblödsinns von Anbeginn behaupten wollen, daß diese „senile Depression" mit dem manisch depressiven Irresein irgend etwas zu tun habe. Es sei denn, daß gleichzeitig mit der senilen Demenz eine erstmalige zirkuläre Depression einsetzt. Derartige Fälle sind theoretisch wohl denkbar, kommen aber in Praxi nur äußerst selten vor, und für unsere Frage nicht in Betracht.

Andererseits müssen wir aber für die depressiven Erregungszustände des Greisenalters, die von Anbeginn ohne senile Veränderungen im Sinne der senilen Demenz einsetzen (Melancholie Kraepelins), das gleiche verlangen, wie für die manischen Erregungszustände des Greisenalters, die Kraepelin mit Recht zum zirkulären Irresein zählt: „Sie sind Spätformen des manisch depressiven Irreseins, sie nehmen meist denselben günstigen Verlauf. Unter Umständen kann das klinische Bild durch die Entwicklung arteriosklerotischer oder seniler Zutaten verwischt werden."

Genau so müssen wir es nach meiner Meinung auch mit der Beurteilung der Melancholie halten. Nehmen sie einen günstigen Verlauf, so ist das nur der Beweis ihrer Zugehörigkeit zum manisch-depressiven Irresein. Enden sie in Schwachsinn, so ist dies allein durch das Hinzutreten einer zweiten Psychose, nämlich einer arteriosklerotischen Hirnerkrankung zu erklären. Wir finden dann auch deutliche körperliche arteriosklerotische Veränderungen, ebenso wie psychische: Gedankenarmut, Vergeßlichkeit, Unklarheit, Gleichgültigkeit usw.

Auffallend bliebe trotz alledem noch der von Kraepelin beobachtete merkwürdig häufige Ausgang in Schwachsinn bei den depressiven Erregungen des Greisenalters (Melancholie), während die manischen meist heilen. Daß auch hierin tatsächlich kein wesentlicher Unterschied besteht, werden die nachfolgenden Ergebnisse meiner Untersuchungen klarlegen. Hier sei nur soviel gesagt, daß die Melancholie auch noch die eine Forderung im Gegensatz zu den bisherigen Anschauungen erfüllt, daß ihre Prognose eine gute ist, nur, wie bei allen spät auftretenden Psychosen, modifiziert durch das hohe Alter der Kranken.

So sind denn weder Symptomatologie, noch Beginn im höheren Alter, noch der relativ recht seltene Ausgang in Schwachsinn, — der, wie wir gesehen haben, durch Hinzutreten einer arteriosklerotischen Hirnerkrankung, wie wir sie so oft im höheren Alter erleben, bedingt ist — stichhaltige Gründe, um die Melancholie als selbständiges Krankheitsbild aufzufassen. Alles spricht vielmehr, sowohl wegen der Analyse der Symptomatologie, als auch wegen der guten Prognose für den Anfall (wie wir später sehen werden) dafür, sie als besondere Form dem großen Formenkreise des zirkulären Irreseins mit allen seinen möglichen Vielgestaltigkeiten zuzurechnen.

Wir formulieren also unsere Ansicht dahin: Die von Kraepelin geschilderte Melancholie (Melancholia simplex, Melancholia agitata, depressiver Wahnsinn) ist ein Zustandsbild des manisch-depressiven Irreseins. Die Melancholie hat die gleiche günstige Prognose wie die zirkuläre Depression, die nur durch das Hinzutretenkönnen arteriosklerotischer Hirnveränderungen einigermaßen getrübt wird, ganz ebenso wie die der manischen Erregungen im höheren Alter. Die erheblichen körperlichen Schädigungen, besonders des Herzens, welche naturgemäße Folgen der schweren Psychose sind, bedingen nicht allzu selten den Tod infolge körperlichen Leidens nach relativ kurzer Dauer der Krankheit. Die senile Depression ist kein selbständiges Krankheitsbild. Führt eine Melancholie zum Schwachsinn, so handelt es sich um eine zirkuläre Depression in Verbindung mit einer arteriosklerotischen Hirnerkrankung. Die senile Demenz, die mit trauriger Verstimmung, Unfähigkeitsgefühl, hypochondrischen Ideen, nächtlichen ängstlichen Erregungen usw. einhergeht, zeigt von Anfang an die klinischen Symptome arteriosklerotischer Hirnerkrankung und gehört zum Altersblödsinn. Sie ist, ganz seltene Fälle ausgenommen, von dem manisch-depressiven Irresein scharf abzutrennen.

2. **Besprechung des Thalbitzerschen Aufsatzes „Melancholie und Depression".**

Es erübrigt nun noch, kurz auf die Thalbitzerschen Ausführungen einzugehen. Wie schon eingangs erwähnt, war er einer der Ersten, wenn nicht der Erste, der die Unhaltbarkeit der Melancholie als selbständiges Krankheitsbild betonte. Allein es scheint mir, daß er irrt, wenn er sie als einen Mischzustand bezeichnet, der aufs engste mit der Manie verwandt ist. Er meint nämlich, daß sie sich mit dem Krankheitsbild, das Kraepelin als „zornige Manie" beschrieben hat, zum Teil deckt. Bei diesem Krankheitsbild bleiben der Bestätigungsdrang und die Ideenflucht der Manie bestehen, während die gehobene Stimmung durch eine depressive Verstimmung ersetzt wird. (Produktive agitierte Depression oder agitierte Melancholie nach Thalbitzer.) Kraepelin schreibt jedoch bei der Darstellung der Melancholie niemals etwas von Ideenflucht. Thalbitzer behauptet ferner, daß Kraepelins dritte Mischform, die depressive Erregung (Melancholia agitata inproduktiva nach Thalbitzer) genau mit der Schilderung der Melancholie übereinstimme. Dieser Auffassung kann ich mich nicht anschließen. Kraepelin setzt die depressive Erregung aus depressiver Verstimmung, Denkhemmung und Betätigungsdrang zusammen, während er ausdrücklich betont, daß bei der Melancholie die Denkhemmung nicht vorhanden ist. Die depressive Erregung und die zornige Manie haben nach meiner Meinung mit der Melancholie nur das eine gemeinsam, daß sie zirkuläre Mischzustände sind, während ihre feinere Symptomatologie recht verschieden ist. Die Kraepelinsche Melancholie ist mit keinem der von ihm beschriebenen Mischzustände identisch, sondern selbst ein eigenartiger neuer Mischzustand. Die senilen Depressionszustände will Thalbitzer nur enger gefaßt wissen, er verwirft sie aber nicht ganz.

Thalbitzers Standpunkt, die erste leichte, von Kraepelin geschilderte Form der Melancholie als zirkulären Mischzustand aufzufassen, pflichte ich also, allerdings auf Grund andersartiger Erwägungen mit den oben aufgeführten Einwänden bei. Seltsam mutet es aber an, daß er der zweiten Form, dem sogenannten depressiven Wahnsinn, eine selbständige, vom manisch-depressiven Irresein streng zu trennende klinische Stellung einräumen will, weil er nicht glaubt, daß, wie Kraepelin behauptet, zwischen ihm und der ersten Form der Melancholie allmähliche Übergänge bestehen. Thalbitzers Ansicht entspricht, wie man auch aus der nachfolgenden Kasuistik ersehen wird, zweifellos nicht den Tatsachen. Man sieht nur allzuhäufig den depressiven Wahnsinn sich aus einer einfachen Melancholie entwickeln. Thalbitzer hat, nach seinen Ausführungen zu schließen, Kraepelin offenbar bezüglich des depressiven Wahnsinns mißverstanden, indem er annimmt, daß diese zweite Form regelmäßig in Demenz übergehen soll. Den Vorboten der anfangenden Demenz will er darin erblicken, „daß die Depression — wenn auch noch so tief — eher eine zu geringe Reaktion auf die oft raffiniert grausamen und blutdürstigen Wahnvorstellungen ist". Einen ferneren wichtigen Unterschied zwischen Melancholie und depressivem Wahnsinn findet er in den Halluzinationen, in der Rolle die sie spielen, in ihrer Art und Stärke. Sie sollen bei der ersten Form weit seltener beobachtet werden, weniger prägnant, unklarer und verschwommen sein.

Diese theoretischen Ausführungen Thalbitzers entsprechen nicht den tatsächlichen Verhältnissen. Die ängstlich phantastischen Wahnideen pflegen bei unkomplizierten Fällen mit außerordentlich lebhaftem Affekt und tiefster Verzweiflung einherzugehen. Welche unmögliche Stärke des Affekts verlangt Thalbitzer für solche Wahnideen? Auch die Plastik der Halluzinationen kann kein neues differentialdiagnostisches Moment sein, da sich bei der zirkulären Depression zweifellos, wenn auch seltener, ebenso prägnante Halluzinationen finden, wie beim depressiven Wahnsinn. Dieser ist im übrigen, wie Kraepelin selbst sagt, eine recht seltene Erkrankung und geht keineswegs häufig oder gar immer in Demenz über, wie wir in den nachfolgenden Fällen sehen werden. So erledigen sich die Thalbitzerschen Anschauungen, so richtig sie bezüglich der Auffassung der ersten Form der Melancholie als manisch-drepressiven Mischzustand sind, im übrigen nach diesen Ausführungen wohl von selbst.

Wird meine Ansicht bezüglich der klinischen Stellung der Melancholie angenommen, dann möchte ich mit Thalbitzer für die Zukunft eine eindeutige Benennung vorschlagen. Für die zirkulären Krankheitsbilder mit gehobener Stimmung wird man den Namen Manie beibehalten. Für die zirkulären Depressionen den von altersher für die depressiven Krankheitsbilder gebräuchlichen Namen Melancholie wieder aufnehmen. **Manie und Melancholie sind dann nach selbstverständlicher Voraussetzung Zustandsbilder des manisch-depressiven Irreseins.**

# B. Das Heidelberger Material und die Nachuntersuchung.

Es war mir von vornherein klar, daß diese theoretischen Erwägungen nur dann Aussicht haben, akzeptiert zu werden, wenn ein größeres, vorurteilslos zusammengestelltes Material sie stützen würde. Das Material der Heidelberger Irrenklinik hatte den großen Vorzug, daß es das gleiche war, auf dem Kraepelin seit der 4. Auflage seines Lehrbuchs (1893) seine Ansichten über die klinische Stellung der Melancholie aufgebaut hatte, daß es von ihm in sorgsamster Weise beobachtet und gesammelt worden war.

Um ein sicheres Urteil über den Verlauf und den Ausgang der Psychose zu gewinnen, genügte nach meiner Ansicht nicht die schriftliche Anfrage bei den Angehörigen oder dem zuständigen Bürgermeisteramt. Es bedurfte der persönlichen Nachuntersuchung und genauer Exploration der irgend erreichbaren Kranken. Allein um ein übersichtliches Bild über alle Fälle zu erhalten, mußte auch der Krankheitsverlauf der Verstorbenen eruiert werden. Hier beschränkte ich mich auf eine schriftliche Anfrage bei den Angehörigen oder dem Bürgermeisteramt, da es mir im wesentlichen nur darauf ankam zu erfahren, ob die Betreffenden geistig gesund oder krank gestorben waren. Wirklich verwertbar in streng wissenschaftlichem Sinne sind nach meiner Ansicht nur die persönlichen Nachuntersuchungen. Die schriftlich erhobenen Katamnesen über die Verstorbenen sollten nur die gewonnenen Resultate weiterhin ergänzen.

## I. Das Material der Heidelberger Irrenklinik.

Dadurch, daß die Heidelberger Irrenklinik die Aufnahmestation für einen ganz bestimmten Bezirk Badens und die Bevölkerung relativ recht seßhaft ist, wird eine Nachuntersuchung, selbst viele Jahre nach dem Austritt der Kranken aus der Klinik, außerordentlich erleichtert. Die Melancholie in Kraepelins

Fassung ist eine Krankheit des höheren Alters. Es war also anzunehmen, daß unsere Patienten bei Beginn der Erkrankung schon seßhaft waren und daß hierdurch eine spätere Untersuchung wesentlich vereinfacht werden würde. Die Heidelberger Irrenklinik war und ist im allgemeinen nur Durchgangsstation für Geisteskranke. Sie hat die Berechtigung, Geisteskranke, vorzugsweise Badener unmittelbar aufzunehmen (außer ihr in Baden nur noch die Freiburger Psychiatrische Klinik und die Heil- und Pflegeanstalt Illenau, abgesehen von der Privatirrenanstalt Neckargemünd). Infolge der hohen Aufnahmeziffer, sowie der relativ geringen Bettenzahl der Klinik und der meist langen Anstaltsbehandlung der Kranken ergibt sich die Notwendigkeit, diese nach längerer oder kürzerer Zeit in die großen badischen Heil- und Pflegeanstalten Pforzheim und Emmendingen, in neuerer Zeit auch Wiesloch, denen eine direkte Aufnahmemöglichkeit abgeht, zu überführen. Durch das liebenswürdige Entgegenkommen der Direktionen der genannten Anstalten ist es möglich, entweder persönlich, wenn die Kranken noch in der Anstalt sind, oder durch Einsicht in die Krankengeschichte das Schicksal unserer Patienten weiter zu verfolgen. Diese großen Vorzüge der Heidelberger Klinik machten es mir möglich, von allen unseren Melancholiekranken der Jahre 1892 bis 1906 direkt oder indirekt Nachricht über den Verlauf der Psychose zu bekommen.

Für meine Nachuntersuchung in Betracht kamen alle in dem Zeitraum von 1892—1906 unter der Diagnose: Melancholie oder depressiver Wahnsinn (eine Diagnose, die Kraepelin nur bis 1893 stellte) aufgenommenen Kranken. Beim Zusammenstellen des Materials war eine Schwierigkeit zu überwinden: nur im Anfang der 90er Jahre des vorigen Jahrhunderts wurde die Diagnose in der Krankengeschichte vermerkt. Später trug der Direktor der Klinik einige Zeit nach der Aufnahme der Kranken die Diagnose auf große Tafeln ein, während die Journale selbst keinen Aufschluß darüber geben, ob diese Ansicht dauernd zu Recht bestanden hat. Erst seit 1899 wird die betreffende Diagnose von dem Direktor nach der Entlassung des Kranken aus der Klinik auch in der Krankengeschichte niedergelegt. Auf unseren Diagnosentafeln sind ferner einige Diagnosen, offenbar bei anfangs unklaren Fällen, nicht ausgefüllt. So war es bei der Zusammenstellung des Materials einerseits möglich, daß einzelne Fälle fehlten, und daß andererseits Kranke, die nur anfangs unter der Diagnose Melancholie gingen, in die Nachuntersuchung mit einbezogen wurden. Durch die Liebenswürdigkeit des Herrn Prof. Gaupp, der bei seiner Arbeit über die Depressionszustände des höheren Lebensalters die Journale der Kranken über 45 Jahre, die von 1892 bis 1902 in der Heidelberger Irrenklinik aufgenommen worden waren, durchgesehen und mir die Namen der Fälle, die er als „Melancholie diskutabel" angesehen hatte, mitteilte, wurde dieser Fehler wieder einigermaßen kompensiert.

Seit 1892 haben sich die Kraepelinschen Ansichten über die Berechtigung der Diagnose Melancholie, wie aus den verschiedenen Auflagen seines Lehrbuchs ersichtlich ist, recht erheblich geändert. Ich zweifelte nicht, daß er eine Reihe von Fällen, die er in früheren Jahren zur Melancholie rechnete, jetzt zum manisch-depressiven Irresein zählen würde, was mir von Herrn Prof. Kraepelin auch mündlich bestätigt wurde. Allein hierauf konnte ich bei Zusammenstellung des Materials keine Rücksicht nehmen, umsomehr, als ich mir nicht anmaßen durfte, nach eigenem Ermessen diesen oder jenen Fall als „keine Melancholie im jetzigen Sinne Kraepelins" auszuschalten. Ich mußte das gesamte mir zugängliche Material übernehmen, wohl wissend, daß der eine oder der andere Fall seine Diagnose nach dem jetzigen Stand der Psychiatrie mit Unrecht tragen würde.

In der folgenden Tabelle findet man in der zweiten Reihe diejenigen Fälle, die in den verschiedenen Jahren unter der Diagnose Melancholie aufgenommen wurden, eine Ansicht, die, soweit von mir feststellbar, dauernd beibehalten worden war. In der dritten Reihe findet man die „zweifelhaften Fälle", Kranke, bei deren Aufnahme man die Diagnose Melancholie stellte, bei welchen sich aber bei der Entlassung Zweifel an der Richtigkeit dieser Ansicht ohne völlige Klärung der Sachlage ergeben hatten. Es handelt sich hier nur um vier Fälle. Davon wurden drei im Jahre 1904 aufgenommen, zu einer Zeit, da man in Heidelberg schon gewichtige Bedenken gegen die Melancholie als selbstständiges Krankheitsbild hatte. In der vierten Reihe findet sich die Zahl der Fehldiagnosen in den verschiedenen Jahren, als deren Unterformen die fünfte und sechste Reihe aufzufassen sind. Die Mehrzahl der Fehldiagnosen war schon bei der Entlassung der Patienten evident, eine kleine Anzahl wurde durch den Verlauf der Krankheit (meist Wiederaufnahme in späteren Jahren) klar. Die auffallend hohe Zahl der Fehldiagnosen im Jahre 1904 (4) erklärt sich wohl zwanglos durch die verschiedene klinische Anschauung der jeweiligen Direktoren der Klinik. In der letzten Spalte endlich findet man die Gesamtzahl der Aufnahmen.

Die erste beigegebene Kurve illustriert die Tatsache, daß die Diagnose Melancholie seit 1892 fast dauernd sank, während, wie die zweite Kurve graphisch darstellen soll, in dem gleichen Zeitraum die Zahl der gesamten Aufnahmen in den einzelnen Jahren fast ständig stieg und sich sogar mehr als verdoppelte. Aus der Kurve geht mit aller Klarheit hervor, daß immer mehr und mehr Krankheitsbilder, die ursprünglich von Kraepelin zur Melancholie gerechnet wurden, anderen Psychosen angegliedert worden sind. Die von Kraepelin im Jahre 1899 in seinem Münchener Vortrag ausgesprochene Ansicht, daß zahlreiche Melancholien als zirkuläre Depressionen anzusehen seien, macht sich schon im Jahre vorher in der verminderten Häufigkeit seiner Melancholiediagnosen bemerkbar. Das deutliche Sinken der Kurve wird 1903 und 1904 durch eine relativ hohe Steigerung unterbrochen. Auch hierfür ist wohl sicher der Wechsel der Direktoren verantwortlich zu machen. Gerade die nicht Kraepelinschen Schulen pflegen, wie aus der historischen Einleitung ersichtlich, die Diagnose Melancholie weit häufiger zu stellen.

| Jahr | Diagnose: Melancholie oder Depressiver Wahnsinn | Zweifelhafte Fälle | Gesamtzahl der Fehldiagnosen | a) Die bei der Entlassung evident waren | b) Die durch den Verlauf als solche erkannt wurden | Gesamtzahl der Aufnahmen |
|---|---|---|---|---|---|---|
| 1892 | 11 | — | 7 = | 5 | 2 | 258 |
| 1893 | 10 | — | 1 | 1 | — | 240 |
| 1894 | 11 | — | 2 | 1 | 1 | 251 |
| 1895 | 12 | — | 2 | 1 | 1 | 254 |
| 1896 | 7 | — | 1 | — | 1 | 215 |
| 1897 | 7 | — | 1 | — | 1 | 280 |
| 1898 | 4 | — | 2 | 1 | 1 | 325 |
| 1899 | 4 | — | 2 | 1 | 1 | 367 |
| 1900 | 2 | — | 1 | 1 | — | 383 |
| 1901 | 3 | — | — | — | — | 366 |
| 1902 | 1 | 1 | — | — | — | 400 |
| 1903 | 5 | — | 1 | 1 | — | 520 |
| 1904 | 4 | 3 | 4 | 4 | — | 549 |
| 1905 | 0 | — | 1 | 1 | — | 531 |
| 1906 | 0 | — | — | — | — | 579 |
| | 81 | 4 | 25 = | 17 + | 8 | 5518 |

Zahl der Melancholiediagnosen in den einzelnen Jahren:

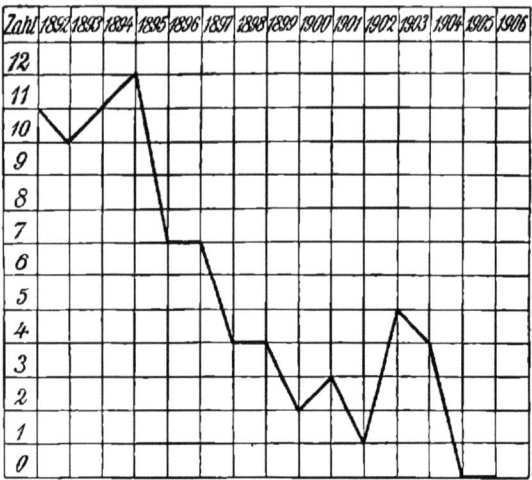

Zahl der Gesamtaufnahmen in den einzelnen Jahren:

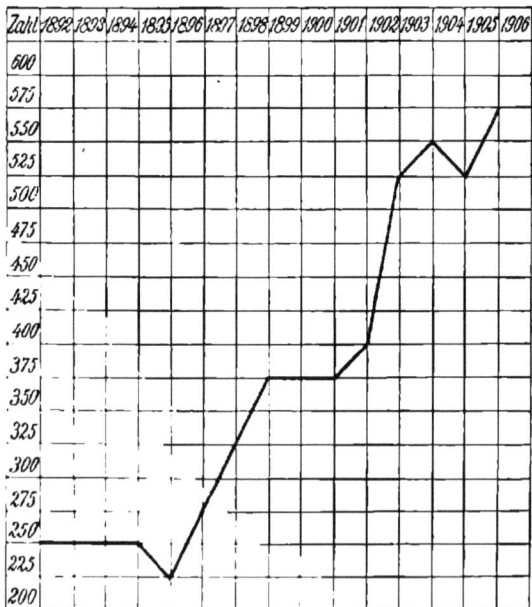

In den Jahren 1905 und 1906 wurde unter 1100 Aufnahmen nur ein einziges Mal bei einem 65jährigen Manne die Diagnose Melancholie gestellt. Derselbe bot das klassische Bild der Melancholia simplex. Eine später erhobene eingehende Anamnese konnte jedoch feststellen, daß der Kranke 10 Jahre vorher einen leichten, mehrere Monate dauernden Anfall von „Trübsinn mit Reizbarkeit" durchgemacht hatte. Im Verlaufe der Erkrankung trat eine deutliche, wenn auch leichte partielle Hemmung zutage. Jetzt (April 1907) befindet sich unser Kranker in einem ausgesprochenen zirkulären Mischzustand mit vorwiegend manischen Komponenten (Reizbarkeit, Querulieren). Bei allen anderen 1905 und 1906 in der Heidelberger Irrenklinik aufgenommenen Kranken konnte ein eventuell in Betracht kommendes melancholisches Zustandsbild bei eingehender Anamnese und Analyse des Krankheitsbildes zwanglos dem manisch-depressiven Irresein eingegliedert werden. Man wird aus unserer Tabelle ersehen, daß die Melancholie eine relativ seltene Erkrankung ist. Unter 5518 Aufnahmen wurde 81 mal diese Diagnose, also in nicht ganz $1^1/_2\%$ gestellt. Die Aufnahme der Manisch-depressiven bewegte sich innerhalb der letzten sechs Jahre zwischen 11% und 20%, doch scheint mir dieser Prozentsatz zu niedrig zu sein, da sich zahlreiche Fälle, die noch vor einigen Jahren zur Dementia praecox gerechnet wurden, bei späteren Wiederaufnahmen als zweifellose Manisch-depressive mit eigenartigem katatoniformen Verlauf entpuppten. Auch unter den anderen in früheren Jahren diagnostizierten Psychosen befindet sich wohl noch mancher Zirkuläre.

Bei der Zusammenstellung dieser 81 Melancholiefälle wurden natürlich alle diejenigen Kranken, die später nochmals unter der gleichen Diagnose aufgenommen wurden, nicht doppelt gerechnet. Ferner wurden sechs Fälle von periodischer Melancholie weggelassen, die Kraepelin selbst in der letzten Auflage seines Lehrbuchs zu dem manisch-depressiven Irresein zählt. Außerdem zwei taubstumme Melancholische, deren Krankengeschichten natürlicherweise zudem ganz unzulänglich waren, ebenso eine 1892 aufgenommene Melancholische von 25 Jahren (die Kraepelin in der „Einführung in die Psychiatrische Klinik" unter zirkulärem Irresein mit Zwangsvorstellungen beschreibt) und ein Kranker, der drei Stunden nach der Aufnahme ununtersucht starb, dessen Einweisungsbogen auf Melancholie hinwies. Im übrigen wurde das gesammte von mir eruierbare Material von Melancholiefällen, die in diesen 14 Jahren aufgenommen wurden, verwertet. Man wird alle 81 Fälle in der Kasuistik wiederfinden.

Zwei Punkte verdienen besonders erwähnt zu werden: Die Schwierigkeiten der bestehenden Aufnahmebedingungen der Heidelberger Klinik, sowie die Scheu des Publikums vor der Irrenanstalt bringen es mit sich, daß ganz leichte Psychosen, die eventuell als Melancholie hätten angesprochen werden können, sich unter unserem Material nicht finden. Die Depressionen im Rückbildungsalter, die unter dem Bilde einer Melancholie verlaufen, sind natürlich unendlich viel häufiger, als sie in die Anstalt kommen. Allein man wird meiner Argumentation wohl folgen dürfen, daß man berechtigt ist, von den schweren Psychosen einen Rückschluß auf die leichten zu ziehen. Hat uns doch auch erst die genaue Kenntnis des manisch-depressiven Irreseins das Verständnis für dessen leichteste Form, die Zyklothymie gegeben, von welcher zweifellos das Hauptkontingent der Fälle niemals in eine Irrenanstalt kommt. Auch bei dieser Krankheit finden wir die oft unendlich abgeschwächten, aber doch deutlich erkennbaren Symptome des zirkulären Irreseins wieder.

Ein zweiter Punkt verdient sicherlich Beachtung. Das Aufnahmematerial der Irrenklinik in Heidelberg setzt sich vorwiegend, wenn auch nicht ausschließlich, aus ländlicher Bevölkerung zusammen. Unter meinen Fällen finden sich recht wenige aus den gebildeten Ständen. Der Vorzug eines derartigen Materials ist darin zu sehen, daß sich solche Kranke, wie ich es fast stets erlebt habe, leichter zu einer Nachuntersuchung verstehen, daß man sie, wenn ich so sagen darf, rücksichtsloser ausfragen kann. Den Nachteil der katamnestischen Untersuchung bei Ungebildeten erblicke ich darin, daß sich ihre Gedanken weniger mit der überstandenen Psychose beschäftigen, wodurch sie leichter vergessen und weniger zu berichten wissen.

Auf einen weiteren Umstand, der mir für die Resultate der Nachuntersuchung, d. h. der Analyse der nachträglich festgestellten krankhaften Symptome recht wichtig erscheint, der ebenfalls mit dem Bildungsniveau meiner Fälle in enger Beziehung steht, möchte ich hier nachdrücklich aufmerksam machen: Es besteht in den Äußerungen einer nicht typisch ausgebildeten Hemmung zweifellos ein Unterschied bei Gebildeten und Ungebildeten. Jener, der vorwiegend intellektuell lebt, wird eine Hemmung vor allem in seinen geistigen Funktionen, erst dann in seinem Arbeiten bemerken. Der Bauer denkt bedeutend weniger, seine Gedanken bewegen sich in eingefahrenen Bahnen; bei ihm spielt die körperliche Arbeit die Hauptrolle, und so wird sich auch eine eventuelle Hemmung zuvörderst in seiner Arbeitsfähigkeit geltend machen. Deren Verminderung wird ihm am meisten auffallen, ihm unangenehm sein. Daran wird er sich also auch nach einer langen Reihe von Jahren am besten erinnern. Auf diese Beobachtung werde ich bei späterer Besprechung der Hemmung (IV. Kap.) zurückgreifen.

## II. Die persönliche Nachuntersuchung der früheren Kranken.

Es entsprach natürlich dem Zweck der Nachuntersuchung, wenn irgend möglich alle unsere früheren noch lebenden Kranken, insgesamt 42 Patienten, die, soviel mir bekannt, mit der Diagnose Melancholie entlassen waren, sowie die vier „zweifelhaften" Fälle persönlich einer Exploration zu unterziehen.

### 1. Schwierigkeiten einer persönlichen Nachuntersuchung.

Diesem Wunsche standen mancherlei äußere und innere Schwierigkeiten im Wege, die ich im nachfolgenden schildern werde. Die einfachste und für mich am wenigsten zeitraubende Methode war die, alle Kranken zur Nachuntersuchung in die Klinik zu bestellen. Dieser oft mehrmals wiederholten Aufforderung kamen von den 46 in Betracht kommenden Kranken 22, also fast die Hälfte, nach. Von den restlichen 24 weigerte sich eine erhebliche Anzahl, nach Heidelberg zu kommen, bei anderen waren äußere Gründe maßgebend (Aufenthalt in anderen Irrenanstalten, körperliche Gebrechen usw.), die mehr oder weniger weite Reise zu unterlassen.

Drei in Irrenanstalten befindliche Kranke wurden mit Genehmigung der betreffenden Direktion, wofür ich auch an dieser Stelle verbindlichst danke, in der Anstalt nachuntersucht. Da alle mir zugänglichen Fälle unter einheitlichen Gesichtspunkten exploriert wurden, so konnte mir die von der jeweiligen Anstalt einverlangte Krankengeschichte nicht genügen. 13 Kranke suchte ich in ihrer Wohnung auf, was bei manchen, die weit von

Heidelberg oder von einer Bahnstation entfernt wohnten, mit mehr oder minder großen Schwierigkeiten verknüpft war.

Bei 9 Kranken (8 Melancholien, 1 zweifelhafter Fall) war eine persönliche Nachuntersuchung nicht möglich. Von diesen waren 2 von ihrem Wohnort nach den Rheinlanden resp. Bayern verzogen und wohnten viele Stunden Eisenbahnfart von Heidelberg entfernt, die 7 anderen Patienten verweigerten energisch jede persönliche Nachuntersuchung, um die ihnen peinlichen Erinnerungen an die Krankheit und die Klinik nicht wieder berühren zu lassen.

Die inneren Schwierigkeiten, die sich einer ausgiebigen Nachuntersuchung entgegensetzen, sind keine so sehr geringen; die in die Klinik gekommenen ehemaligen Kranken boten entschieden weniger als die anderen. Von jenen konnte man erwarten, daß sie, wenn sie meinem Wunsche gefolgt waren, auch bereitwillig und ausführlich Auskunft geben würden, was sich im allgemeinen bestätigte. Bei den in ihrer Wohnung untersuchten Patienten war aber das schlechte Auskunftgeben recht häufig. Oft hatten sie nur widerwillig meinem Wunsche, sie aufsuchen zu dürfen, nachgegeben und waren nun erstaunt, als man sie einem förmlichen Verhör unterzog. Bei vielen ländlichen Kranken begegnete ich einem großen Mißtrauen. Einerseits fühlten sie sich nicht berechtigt, das im Auftrag der Direktion der Klinik an sie gestellte Verlangen der Exploration abzuweisen, andererseits trauten sie einer Nachuntersuchung nicht so recht, da sie für deren rein wissenschaftliche Bedeutung meist kein Verständnis hatten und deren Zweck infolgedessen nicht begriffen. So erlebte ich nicht allzu selten ein ganz ausgesprochenes Dissimulieren der längst verflossenen Krankheit, vielleicht auch später aufgetretener leichter Recidive. Trotz voller Einsicht suchten manche der Befragten die seinerzeit aufgetretenen Symptome abzuschwächen, als natürliche Reaktion usw. hinzustellen. Von früherer Angst, von Wahnideen wollten sie dann überhaupt nichts wissen, nur, daß sie schwermütig gewesen, gaben sie zu und suchten die Ursache der Seelenstörung geflissentlich in äußeren Begebenheiten. Bei einer völlig genesenen Kranken erlebte ich, daß sie, nachdem sie mir offenbar widerwillig den Besuch gestattet hatte, zu der verabredeten Zeit ausgegangen war. Ich traf sie dann bei ihrem früheren Pfleger. Sie war offensichtlich erleichtert, als die recht dürftig ausfallende Exploration ihr Ende erreicht hatte.

Das Mißtrauen, das mir als Arzt der Irrenklinik entgegengebracht wurde, erschien mir oft nicht so ganz ungerechtfertigt. Die Patienten erkrankten im höheren Alter, verschiedentlich geschah ihre Verbringung in die Irrenklinik auf Betreiben der Erben, die während des oft langen Fernbleibens ihrer künftigen Erblasser schon gemeint hatten, diese kämen nicht mehr zurück und mit dem ihnen anvertrauten Hab und Gut selbstsüchtig gewirtschaftet hatten. Die Folge waren Auseinandersetzungen nach der Rückkehr aus der Klinik, die häufig mit einer Verfeindung endeten. Mein Kommen wurde dann verschiedentlich mit der Rachsucht und der Enttäuschung der Erbberechtigten in Verbindung gebracht.

Natürlich erforderte die Untersuchung immer einige Zeit, mindestens aber $1^1/_2$—2 Stunden. Ich erlebte es nun einige Male, daß die Kranken, die ich in ihrer Behausung aufgesucht hatte, von einem so langen Besuch und von einem derartigen Ausforschen und Nachfragen auf die Dauer keineswegs entzückt waren, und mir mehr oder weniger deutlich zu verstehen gaben, daß sie auf eine weitere Exploration verzichteten. Andererseits muß aber auch hervorgehoben werden, daß manche unserer Kranken so ausführlich wie ich nur wollte Auskunft gaben, ja zwei verstanden sich sogar zu einem ausführlichen schriftlichen Krankheitsbericht.

Sehr häufig war die Erinnerung an die oft 10 und mehr Jahre zurückliegende Erkrankung nur noch sehr verschwommen vorhanden. An hervorstechende Symptome, die in der Krankengeschichte nachdrücklich erwähnt waren, z. B. Angst oder ängstlich-phantastische Wahnideen, ja selbst an Suicidversuche konnten oder wollten sich die Untersuchten mitunter nicht mehr erinnern. Soll es da wundernehmen, wenn sie sich an eine eventuell vorhandene Hemmung auch nicht mehr erinnerten? Zweimal erlebte ich es bei Kranken, die ich mehrfach zu sehen Gelegenheit hatte, daß sie das zweite Mal ihre anfänglichen Angaben in einer ganz präzisen Weise ergänzten. So hörte ich bei Fall 20 erst später von Abortivanfällen und einer klassisch geschilderten, wochenlang dauernden rezidivierenden Depression nach der Genesung. Fall 17 erzählte mir erst bei dem zweiten Besuch von typischen Abortivanfällen. Andererseits machten mir aber auch zweifellos sehr intelligente, sich gut erinnernde, vorzüglich Auskunft gebende Kranke richtige und negative diesbezügliche Angaben.

Wo es mir irgend möglich war, fast bei allen in ihrer Behausung Aufgesuchten, aber auch bei zahlreichen mit ihren Angehörigen in die Klinik Gekommenen wurden die Angaben unserer früheren Kranken durch die der Mitgekommenen, resp. der Umgebung ergänzt und kontrolliert. Ich halte dies für sehr wichtig für die Bewertung der Aussagen der Kranken, wie ihrer Angehörigen. Ich erlebte es einmal (bei Fall 26), daß die Schwester der Kranken, mit der sie seit 30 Jahren zusammenlebt, diese für völlig gesund hielt, während sie leicht deprimiert war. Verschiedentlich machten mir Angehörige bei Fragen nach Abortivanfällen abweichende Angaben. Manchmal, und das war häufiger, wußten sie nichts davon, manchmal berichteten gerade sie mir zuerst und in typischer Weise darüber. Erst dann wollten sich zuweilen die Untersuchten an Abortivanfälle erinnern. Fall 24 bestritt anfangs eine in der Jugend aufgetretene Depression durchaus, während die anwesende Haushälterin mir von typischen, von ihrer Herrin früher selbst gemachten diesbezüglichen Angaben berichten konnte.

Ich halte die Feststellung aller dieser Erfahrungen bei der persönlichen Nachuntersuchung für sehr wichtig. All diese oben genannten Momente sind dazu angetan, die Ergebnisse zu verschleiern. Es sind Fehlerquellen der Nachuntersuchung, die durchaus berücksichtigt werden müssen. Wie man gesehen hat, bewegen sich diese Fehlerquellen fast alle nach der negativen Richtung. Was ich nicht eruieren konnte, was mir nicht mitgeteilt wurde, braucht deshalb noch nicht gefehlt zu haben! Diese Ansicht ist bei der späteren kritischen Beurteilung der Ergebnisse auch seitens des Lesers doch recht wichtig.

## 2. Die Art der persönlichen Nachuntersuchung.

Vielleicht werden manche Leser geneigt sein, die Art der Nachuntersuchung, das subjektive Moment derselben als Fehlerquelle in positivem Sinn zu deuten. Insofern ist dieser Auffassung natürlich eine Berechtigung nicht abzusprechen, als die Untersuchung nur von mir allein durchgeführt wurde, und als jedem einzelnen Untersucher selbstredend eine absolute Objektivität abgeht, umsomehr, als wir in der Psychiatrie mehr wie irgendwo anders innerhalb der klinischen Disziplinen häufig mit Gefühlsurteilen arbeiten und vorerst noch arbeiten müssen. Besprechen mehrere Psychiater ein und denselben diagnostisch schwierigen

Fall, so wird es wohl — um nur ein Beispiel anzuführen — nicht allzuselten vorkommen, daß der eine den beobachteten Affekt für normal, der andere für pathologisch herabgesetzt erklärt.

Ich brauche wohl nicht zu versichern, daß ich mich bei der Nachuntersuchung größtmöglichster Objektivität zu befleißigen suchte. Vor allen Dingen war ich bemüht, mich von Suggestivfragen fernzuhalten. Gerade diesem Vorwurf, den ich erwarte, weil man mit Recht behaupten kann, daß ich alle meine Kranken vorwiegend unter dem Gesichtspunkt der Differentialdiagnose der Melancholie und des manisch-depressiven Irreseins befragte, suchte ich dadurch zu begegnen, daß ich nur das als Ergebnis verwertete — und auch in der Krankengeschichte ausdrücklich vermerkte — was mir in positiver unzweideutiger Weise angegeben wurde. Bei den Fragen nach Hemmung, die bei unserer Diagnose eine sehr große Rolle spielt, legte ich in meinen Notizen, und wo es anging auch in der dem Leser unterbreiteten Nachuntersuchung nur Frage und Antwort zugrunde. Auf diesem Wege versuchte ich, die Antworten, die mir vielleicht unter dem Gesichtspunkt meiner Arbeit erwünscht waren, rein objektiv festzulegen und nichts herauszulocken. Im übrigen kann ich an dieser Stelle wohl bemerken, daß die Angaben meiner Untersuchten meist ganz klar und präzis gegeben wurden, und daß das, was sie zu schildern hatten, fast regelmäßig durchaus eindeutig geäußert wurde.

### 3. Die Bedeutung der persönlichen Nachuntersuchung.

Dies führt mich zur Bedeutung der persönlichen Rücksprache mit geheilten Kranken, ganz besonders im Vergleich zur schriftlichen Anfrage. Die Aussprache über eine abgelaufene Psychose wird, das unterliegt wohl keinem Zweifel, eine außerordentlich wichtige Vervollständigung der ursprünglichen Krankengeschichte sein. Die Resultate der späteren Besprechung haben ihre Vorzüge und Nachteile. Letztere sind darin zu suchen, daß manches, dem Psychiater wichtige, je nach dem Intellekt und dem Temperament des Kranken später nicht mehr geäußert wird. Andererseits wird der frühere Kranke, wenn er einsichtig und klar geworden ist, vieles ausführlich und deutlich schildern können, was er während der Krankheit verschwieg. Was die Vorgeschichte anlangt, so sind wir hierbei sehr häufig nur auf die Angaben unserer Kranken angewiesen. Sind diese aber bei der Aufnahme in die Klinik ängstlich erregt, so wird man wenig Diesbezügliches erfahren können. Im Stadium der Beruhigung wird aber fast immer, wenn der Kranke schon längere Zeit in der Klinik ist, keine ausführliche Anamnese mehr aufgenommen. Nur so vermag ich es mir zu erklären, daß mir bei der Nachuntersuchung verschiedentlich typische Angaben (Fall 15, 23, 24, 25, 30) über frühere depressive Attaquen gemacht wurden, die in der Krankengeschichte völlig fehlen.

Der Geheilte ist ferner imstande, weit ausführlichere Angaben über die Symptome des oft langsamen Beginns der Psychose, der Prodrome, zu machen. Auch darüber werden wir in den nachfolgenden Krankheitsgeschichten auf Grund der Nachuntersuchung manches Bemerkenswerte finden. Endlich aber kann uns der Genesene auch über Empfindungen, die er während der Krankheit hatte, weit bessere Auskunft geben, als auf der Höhe der Erkrankung. Man wird mir ferner bei folgender Überlegung wohl recht geben, die geeignet ist, manche Divergenz zwischen Krankengeschichte und Nachuntersuchung zu erklären. Gerade bei einer Krankheit wie bei der Melancholie gibt es Symptome, die völlig im Vordergrunde des Krankheitsbildes stehen, bei unseren Kranken die Angst und die depressiven Vorstellungskreise. Nun erleben wir es bei Manisch-depressiven, speziell bei Zyklothymen gar nicht selten, daß sie nur die hervorstechendsten Symptome äußern, z. B. hypochondrische Beschwerden, während sie andere Zeichen der Krankheit, die eine untergeordnete Rolle in dem betreffenden Falle spielen, wie Zwangsgedanken, Selbstvorwürfe und Gefühle subjektiver Hemmung eventuell erst nach eindringlichen Fragen angeben. So wird es auch wohl bei einem gewissen Teile unserer Melancholien sein. Die subjektive Hemmung spielt im Vergleich zu der Angst und deren Begleiterscheinungen eine untergeordnete Rolle und wurde gar manches Mal wohl erst auf ganz eindringliches Fragen geäußert. Oder aber sie wurde von anderen Symptomen auf der Höhe der Erkrankung völlig übertönt, sie zeigte sich nur in den Prodromen oder erst im Abklingen wieder, und auch dann nur partiell. Hat nun aber einmal ein Kranker Hemmungssymptome in Abrede gestellt, so wird er in den seltensten Fällen im weiteren Verlauf der klinischen Beobachtung wieder eindringlich nach solchen gefragt werden. Auch dies bestätigt mir wiederum die großen Vorzüge der persönlichen Nachuntersuchung. Man verstehe mich jedoch in diesem Punkte nicht falsch. Ich bin weit davon entfernt anzunehmen, daß bei unseren Fällen immer Hemmungssymptome vorhanden gewesen sind, ich glaube nur, daß sie weit häufiger waren, als im Journal niedergelegt wurde, daß sie auch vielleicht häufiger vorkamen, als bei der Nachuntersuchung festgestellt werden konnte.

Aus alledem erhellen die großen Vorzüge der persönlichen Nachuntersuchung gegenüber der schriftlichen Anfrage, die wiederum häufig, aber keineswegs immer, wertvoller ist als die völlige Unkenntnis über das weitere Schicksal der Kranken.

Damit komme ich zu den Nachteilen der schriftlich erhobenen Katamnese. Man muß sich darüber klar sein, daß man mit der späteren schriftlichen Anfrage das Urteil eines Laien — und häufig eines ungebildeten — über den Geisteszustand verlangt. In durchaus eindeutiger Weise zu verwerten sind nach meiner Meinung nur diejenigen Antworten, die von einer noch bestehenden Krankheit und deren Symptomen berichten. Alle Mitteilungen über völlige oder dauernde Gesundung müssen mit der größten Vorsicht aufgenommen werden. Man stelle sich z. B. nur vor, daß ein Bauer oder selbst auch ein Gebildeter bei Anfragen über den Verlauf der Erkrankung Manisch-depressiver angeben soll, ob Schwankungen, oder eine leichte Manie, oder eine Depression oder gar Abortivanfälle später noch einmal aufgetreten sind. Nimmt man alle diesbezüglichen Verneinungen für bare Münze, so wird man unbedingt zu Fehlschlüssen über den Verlauf einer Erkrankung geführt werden müssen, die wissenschaftlich noch viel bedenklicher sind, als die völlige Unkenntnis.

Einige Beispiele an den folgenden Fällen mögen diese Ansicht stützen. Bei Fall 16 antwortete der Sohn auf die Anfrage der Klinik, seinem Vater gehe es dauernd sehr gut, nur im Winter sei er zuweilen „ängstlich". Offenbar wurde dem kein großes Gewicht beigelegt, da der Kranke als gesund betrachtet wurde, während es sich tatsächlich, wie die persönliche Nachuntersuchung ergab, um leichte Depressionen handelte. Fall 18 erhielt von der Klinik im Jahre 1902 einen langen Fragebogen zur Beantwortung geschickt, der insbesondere nach Depressionen seit der Entlassung forschen sollte. Die Antwort des Mannes lautete, daß seine Frau von Depressionen verschont geblieben sei, sie sei etwas reizbar, aber heiter. Die persönliche Nachuntersuchung ergab das Auftreten einer mehrmonatlichen Depression im Jahre 1898, über welche die Frau ohne weiteres klare Angaben machte. Dagegen wußte sie von einem manischen Nachstadium mit „Heiterkeit und Reizbarkeit", auf welches die schriftliche Beantwortung der 1902 gestellten Fragen schließen lassen mußte, nichts zu berichten.

Bei Fall 19 war die Differenz zwischen schriftlicher Auskunft und persönlicher Nachuntersuchung noch drastischer. Die Tochter schrieb, der Mutter (unserer früheren Kranken) „merke man absolut nichts mehr an", tatsächlich war aber die Kranke deprimiert. Darauf aufmerksam gemacht, mußten es die Angehörigen selbst zugeben, und eine später (Dezember 1906) eingeholte schriftliche Auskunft spricht von einer wesentlichen Besserung, ein Beweis dafür, daß man sich inzwischen von einer Krankheit überzeugt hatte.

Solche Beispiele ließen sich noch vermehren. Unser Resumé ist, daß bei schriftlichen Antworten nur die Angaben über die fortbestehende Krankeit oder eine dem Antwortenden auffallende Demenz wissenschaftlich eindeutig verwertbar sind, während das Negieren psychotischer Erscheinungen keineswegs immer den tatsächlichen Verhältnissen zu entsprechen braucht.

Bei den acht Melancholiekranken, bei welchen eine mündliche Besprechung unmöglich war, sowie bei allen Verstorbenen war ich natürlich nur auf eine schriftlich erhobene Katamnese angewiesen. Bei einem sehr großen Teil der Antworten wird man positive Angaben über krankhafte, entweder depressive oder exaltative Symptome finden. Bei den anderen Kranken suchte ich mich durch doppelte und dreifache Anfragen (Angehörige, zuständiges Bürgermeisteramt, Hausarzt, soweit dieser zu ermitteln war) möglichst vor Trugschlüssen zu schützen. Indes möchte ich auch an dieser Stelle bemerken, daß ich mir wohl bewußt bin, trotzdem ich auch die Resultate der schriftlichen Katamnesen zahlenmäßig verwertete, daß sie trotz größtmöglicher Sorgfalt nicht wissenschaftlich absolut exakt sind und sein können. Bei mehreren inzwischen verstorbenen Kranken fanden sich in deren Journale eigenhändige, nach der Gesundung geschriebene Briefe, die volle Genesung und Krankheitseinsicht erkennen ließen und somit einen positiven katamnestischen Wert darbieten.

## III. Die Krankengeschichten.

1. **Bemerkungen zu den übernommenen Krankengeschichten.**

Ich war naturgemäß bei der Bearbeitung des Materials auf die Krankengeschichten angewiesen. Jedermann kennt deren Unzulänglichkeiten. Gerade die psychiatrischen Journale werden ja wohl alle mehr oder minder subjektiv geführt. Schon darin liegt ein großer Nachteil für spätere Bearbeiter. Außerdem sind sie, je nach der Individualität des Verfassers, mehr oder weniger ausführlich, sie geben verschieden treu das Beobachtete wieder und verschweigen manches Wissenswerte. Die Ungleichwertigkeit der einzelnen Krankengeschichten wird noch dadurch erhöht, daß eine ziemlich beträchtliche Zahl von „psychiatrischen Neulingen", wie Gaupp sehr treffend sagt, abgefaßt wird, deren Beobachtungsgabe noch nicht geschärft ist, die nicht wissen, worauf es besonders ankommt. Zudem werden von dem einzelnen sehr verschieden häufig Einträge in die Krankengeschichten gemacht. So finden wir auch bei der nachfolgenden Kasuistik oft monatelang keine Notiz von irgend welcher psychischen Veränderung. Auf diese Weise entgeht den späteren Bearbeitern außerordentlich viel wichtiges wertvolles Material. Symptome, die für die Änderung der Diagnose ausschlaggebend sein können, sind vielleicht von den Ärzten beobachtet worden, finden sich aber nicht notiert. In der Behandlung unserer meist eminent chronisch verlaufenden Fälle haben mehrfach die Ärzte gewechselt. Bekanntermaßen interessieren nun übernommene Kranke viel weniger, als selbst aufgenommene. Sehr häufig spiegelt sich dieses geringere Interesse beim Wechsel der Handschrift in den Krankengeschichten deutlich wieder. Wird der mehr oder weniger ausführliche Aufnahmestatus von einem Arzt gemacht, der vergißt, nach wichtigen Symptomen zu fragen, so kommt es fast regelmäßig vor, daß auch später bei wechselndem Beobachter nicht mehr danach gefragt wird. Auch dadurch entgeht vieles der schriftlichen Aufzeichnung. Nur so ist es möglich, daß bei der späteren Nachuntersuchung Dinge festgestellt werden konnten, welche der oder die Krankengeschichtsschreiber offenbar vergessen hatten zu erfragen oder aufzuschreiben.

Den Vorzug aber haben die mir zur Verfügung stehenden Krankengeschichten zweifellos: Viele wurden wohl unter dem Gesichtspunkt der Abtrennung des beobachteten Krankheitsbildes gegen die zirkuläre Depression geschrieben, aber wohl keine mit der Absicht, deren Symptomatologie zu schildern; wir werden also keine ad hoc zurechtgestutzten Krankengeschichten unter meinem Materiale finden.

Alle diese oben geschilderten Faktoren müssen beim Lesen der nunmehr durch die Nachuntersuchung möglichst vervollständigten Krankengeschichten gegenwärtig sein. Man wird oft selbst auf das Fehlende aufmerksam werden, da ich nichts, was von irgend welcher Bedeutung war, weggelassen habe.

Es war mein Bestreben, wenn irgend möglich schon allein auf Grund der mir zur Verfügung stehenden Krankengeschichten die Diagnose Melancholie umzustoßen. Je genauer beobachtet worden war und je fleißiger Einträge in die Journale gemacht wurden, desto leichter war meine Aufgabe. Bei den 38 persönlich nachuntersuchten Fällen spielt die übernommene Krankengeschichte keine so große Rolle wie bei den Nichtuntersuchten und Verstorbenen. Hier war ich einzig und allein auf die Journale, in relativ wenigen Fällen auf etwa vorhandene Entmündigungsakten angewiesen. So erklärt es sich, daß ich bei den Verstorbenen verschiedentlich nicht in der Lage war, eine sichere Diagnose begründen zu können.

2. **Vorbemerkungen zu der Kasuistik des dritten Kapitels.**

In dem nachfolgenden Hauptteil meiner Arbeit wird man die Krankengeschichten, die Beweisführung meiner Behauptungen, finden. Über deren Abfassung muß ich noch einige erläuternde Worte sagen. Die Publikation der übernommenen Krankengeschichten erfolgt mit einigen Einschränkungen in der Form der Niederschrift. Mit Absicht wählte ich nicht die erzählende Form, um über die Krankheitsgeschichte zu berichten, da ich dann als meine Ansicht erscheinende Auffassungen hätte aufnehmen müssen, die ich tatsächlich bei manchen Fällen nicht teilte, und da mir vor allen Dingen daran gelegen war, das objektive Material, das ich zur Nachprüfung in die Hand genommen hatte, dem Leser ganz ebenso zur Prüfung übermitteln zu können. Dies erschien mir notwendig, weil es bei einer großen Zahl von Journalen allein schon aus der Analyse der Krankengeschichte möglich ist, an Hand meiner theoretischen Erwägungen die Diagnose Melancholie in Depressionszustand des zirkulären Irreseins abzuändern. Um das zu können, um mir darin zu folgen, muß dem Leser das möglichst ungekürzte und vor allen Dingen dem Sinn nach unredigierte Material zur Verfügung stehen. Zudem erschien es mir wichtig, eine Reihe von Krankengeschichten ungefärbt in extenso zu veröffentlichen, um hiermit, wenn möglich, eine Verständigung zwischen den einzelnen psychiatrischen Schulen anzubahnen. Auch die Gegner der Kraepelinschen Schule werden sich jetzt, wie ich hoffe, bei Einsicht der Journale, die zumeist wohl ein recht anschauliches Bild der beobachteten Psychose geben, darüber orientieren können, was unsere Schule unter Melancholie und manisch-depressivem Irresein versteht. An Hand der Krankengeschichten und Nachuntersuchung ist es ihnen vielleicht bei der Kritik derselben möglich, ihre eigene, diese beiden Diagnosen umstürzende, dritte Diagnose zu stellen.

Was nun die Krankengeschichten selbst betrifft, so habe ich mir gestattet, die Vorgeschichte und den Status nach einheitlichen Gesichtspunkten aus den Notizen des mir zur Verfügung stehenden Journals zu redigieren. Es erhellt ohne weiteres, daß nicht jede Krankengeschichte übersichtlich und nach einem gewissen Schema niedergeschrieben wird. Das allein wollte ich ändern. Den dritten Abschnitt, den Verlauf, habe ich zuweilen stilistisch etwas verändert, wo es möglich war abgekürzt, speziell wo es sich um Wiederholungen handelte. Im übrigen zog ich vor, eher zuviel Material zu bringen, als zu wenig.

Bei den mir zur Verfügung stehenden Krankengeschichten wird man viel vermissen. Manchmal sind Vorgeschichte und Status kurz oder sie fehlen ganz, manchmal läßt die Häufigkeit der Einträge im Verlauf mehr oder weniger zu wünschen übrig. Wiederholt wird man auch von der Hand verschiedener Beobachter sich direkt widersprechende Ansichten finden, die trotzdem beibehalten wurden, um am Sinn nichts zu korrigieren. Nicht allzuselten wird man die genaue körperliche Untersuchung, bisweilen auch Bemerkungen über die örtliche und zeitliche Orientierung vermissen. Im übrigen war es natürlich bei der in Rede stehenden Psychose von untergeordneter Bedeutung, jedesmal wieder einen Vermerk über die Beschaffenheit der inneren Organe, der Muskulatur, des Knochenbaus, des Fettpolsters usw. zu bringen. Das alles fasse ich, ebenso wenn kein Vermerk über irgendwelche pathologische somatische Veränderungen in dem Journal vorhanden war, unter „körperlich gesund" zusammen. Die bei den Krankengeschichten befindlichen Katamnesen vor meiner Nachuntersuchung wurden, soweit das Gegenteil nicht ausdrücklich bemerkt ist, alle schriftlich erhoben.

Von mir sind jedem einzelnen Falle nur Nachuntersuchung, Ergänzung zur Krankengeschichte, Zusammenfassung und Begründung der Diagnose beigefügt. Um den Leser bei Wiedergabe der Ergebnisse der Nachuntersuchung nicht unnötig ermüden zu müssen, möchte ich von vornherein einige Punkte festlegen. Selbstverständlich wurde jeder einzelne Kranke auf das genaueste nach zirkulären Symptomen ausgefragt. Er wurde ferner nicht nur nach schweren, sondern auch nach leichten und leichtesten Depressionen oder Exaltationen befragt, eventuell auch nach deren vielleicht im Vordergrund stehenden Begleitsymptomen (periodisch auftretende körperliche, insbesondere Magenstörungen). Es wurde auf sorgfältigste darauf geachtet, ob auf eine Depression nicht ein eventuell noch so leichter hypomanischer Zustand folgte. Ich erkundigte mich nach all den klinischen Zeichen leichtester Hypomanie (Geschäftigkeit, Fröhlichkeit, häufiges Singen, unverwüstlich gute Laune, besonders im Vordergrund stehende „Freude über die Gesundung", Zeichen abnormer Empfindlichkeit oder Gereiztheit usw. usw.). Bei der Frage nach Hemmung wurde nach sämtlichen in der Sympotomatologie derselben erwähnten Zeichen geforscht. Alle diese Fragen konnten natürlich bei Publikation der Nachuntersuchung nicht eigens noch einmal aufgeführt werden, wenn sie negativ ausfielen. Sie wurden aber dann doch unter „keine Stimmungsschwankungen", „keine Angaben über Hemmung", „nichts Manisches", kurz erwähnt.

Es scheint mir ferner nötig, mich darüber zu äußern, was ich darunter verstehe, wenn ich einen früheren Kranken für „jetzt ganz gesund" resp. „geheilt" erkläre. Bei derartigen Fällen wurde besonderer Wert auf die volle Krankheitseinsicht gelegt, es wurde gefragt, ob die frühere Beschäftigung wieder in vollem Umfang aufgenommen wurde, ob der Umgebung an dem Verhalten nichts mehr auffällt, ob der Untersuchte sich selbst gesund und ganz so wie vor der Erkrankung fühlt, ob die durch die Krankheit geschädigten körperlichen Funktionen wieder geregelt sind, ob die Interessen, die über das eigene Wohl und Wehe hinausgehen, in vollem Umfang wieder gekommen sind (ev. dieselben einer entsprechenden Prüfung unterzogen).

Endlich glaube ich, mir selbst auf Grund einer meist mehrstündigen Unterhaltung ein zutreffendes Urteil über die Stimmung, die Lebhaftigkeit der Gefühlsbetonungen, die Urteilsfähigkeit usw. gebildet zu haben. Standen alle diese Beobachtungen und Mitteilungen in vollem Einklang mit der früheren Persönlichkeit des Kranken, dann ist man meines Erachtens wohl berechtigt, von einer „völligen Gesundung" von einer „Heilung ohne Defekt" zu sprechen.

Ganz besonderer Wert wurde natürlich auf die Feststellung irgend welcher geistiger oder körperlicher Alterserscheinungen gelegt (Abnahme des Gedächtnisses, sowie Herabsetzung der Merkfähigkeit, Verminderung des Affekts, des Urteils, periphere Arteriosklerose, Veränderungen der Nieren oder des Herzens usw.). Fanden sich hierbei keinerlei positive Ergebnisse, so wurde das — natürlich nur, wenn senile Symptome der Lage der Dinge nach überhaupt in Betracht kamen — unter „keine senile Veränderung" nochmals bei den Ergebnissen der Nachuntersuchung ausdrücklich erwähnt.

Der zweite Absatz der Nachuntersuchung besteht regelmäßig aus einer Ergänzung zur Krankengeschichte. Hierbei wurde an dieser Stelle von ergänzenden Angaben über Heredität abgesehen, die, wenn auch jetzt erst festgestellt, am Kopf des Journals unter „Heredität" rubriziert wurden. Besonderer Wert wurde auf frühere Depressionen oder Exaltationen gelegt. Mit dem Untersuchten wurde dessen ganzes Vorleben durchgegangen, um aus den Angaben über seine Lebensführung eventuell pathologische Stimmungsschwankungen erschließen zu können. Diejenigen Momente, die psychiatrisch kein Interesse haben, wurden in der Ergänzung der Krankengeschichte fortgelassen.

Die Zusammenfassung gliedert sich in zwei Teile. Der erste Teil umfaßt in Kürze allein die mir zur Verfügung stehende Krankengeschichte, der zweite Teil enthält die Ergebnisse der Nachuntersuchung, einschließlich der Ergänzung zur Krankengeschichte. So wird man also verschiedentlich die Angaben über frühere ausgeprägte Depressionen, die erst bei der Nachuntersuchung eruiert wurden, nicht in dem ersten, sondern in dem zweiten Teil der Zusammenfassung finden.

Zuletzt bringe ich die Begründung der jetzigen Diagnose. Hierbei erwähne ich nur die charakteristischen, ausschlaggebenden Symptome, die in der Symptomatologie des manisch-depressiven Irreseins (dieses Kapitel Absatz 2) als der zirkulären Depression oder

der Manie eigentümliche geschildert wurden. Bei allen unseren Nachuntersuchten mit zwei Ausnahmen, (Fall Nr. 33 und 34) sowie bei der großen Mehrzahl der anderen Fälle kommt überhaupt nur die Differentialdiagnose zwischen Melancholie und manisch-depressivem Irresein in Betracht, während Spätkatatonie, Paralyse, senile Demenz als selbständiges Krankheitsbild nach Lage der Dinge meist ausgeschlossen waren. So war es also überflüssig, die auf S. 29 und 30 geschilderten, den erstgenannten zwei Krankheiten gemeinsamen Symptome bei jeder Diagnosestellung noch einmal zu wiederholen. Es kam mir nur darauf an, auf Grund typischer zirkulärer, teils manischer, teils depressiver Symptome die Zugehörigkeit der Melancholie zum Formenkreis des manisch-depressiven Irreseins zu beweisen. In den allermeisten Fällen handelt es sich um Mischzustände mit besonders stark hervortretenden depressiven Komponenten.

III. Kapitel.
# Krankengeschichten.

## I.

Die erste von uns geschilderte **Gruppe** nachuntersuchter Fälle umfaßt 13 Kranke. Die Nachuntersuchung stellte fest, daß sie alle nur einen einzigen im Rückbildungsalter auftretenden Depressionsanfall in ihrem bisherigen Leben durchgemacht haben.

4 Kranke standen zur Zeit der Erkrankung im 5., 7 Kranke im 6., 2 Kranke im 7. Jahrzehnt ihres Lebens. Sie wurden alle völlig gesund. Die Krankheitsdauer schwankt zwischen $1/2$ und 8 Jahren. 10 Kranke gesundeten innerhalb 3 Jahren, 3 Kranke waren 4, 5, resp. 8 Jahre lang krank.

Die erste Unterabteilung umfaßt vier Fälle, bei welchen keine deutliche Hemmung und keine extremen Stimmungsschwankungen während der Depression nachweisbar waren.

### Fall 1.

P. Sch., verh. Dienstknecht. Geb. 1846 (zur Zeit der Erkrankung 48 Jahre).

Verpflegung in der Irrenklinik: 15. Dezember 1894 bis 7. Juli 1895.

Diagnose: Melancholie. Krankheitsdauer: ca. 1 Jahr.

Heredität: Von Geisteskrankheiten in der Familie ist nichts bekannt.

Vorgeschichte: Körperliche und geistige Entwicklung normal. Mit 20 Jahren machte Pat. eine Lungenentzündung durch; im übrigen war er immer gesund. Seit April 1893 ist der bisher psychisch gesunde

Mann körperlich krank. Er leidet an einer traumatischen tuberkulösen Gonitis, die wiederholte operative Behandlung und schließlich Resektion des Kniegelenks nötig machte. Es besteht zurzeit noch eine Fistel. Sch.s Frau leidet seit 3 Jahren an Tumor cerebri; sie ist dauernd bettlägerig und vollständig arbeitsunfähig. Sie gebar acht Kinder, von welchen eins in früher Jugend starb. Sch. machte sich in der letzten Zeit viele Sorgen über die traurigen Familienverhältnisse und den Rückgang seines Vermögens. Er begann im August 1894 sich Vorwürfe zu machen, er habe dies alles dadurch selbst verschuldet, daß er, der protestantisch sei, sich seit seiner Jugend als katholisch ausgegeben habe. Nun sei er vom Teufel besessen. 4 Monate vor der Aufnahme traten zum erstenmal Anfälle von klonischen Krämpfen auf, die in den Händen anfingen und sich auf den ganzen Körper fortsetzten. Diese Krämpfe zessierten bei barschem Anfahren. Die Stimmung des Pat. wurde in der letzten Zeit immer düsterer, er klagte über Kopfschmerzen, Schlaflosigkeit und beständige innere Unruhe. Nachdem er verschiedene Male Selbstmordversuche geplant hatte, „da er nicht mehr leben könne", wurde er in die Irrenklinik verbracht.

Status: Körperlich mit Ausnahme der tuberkulösen Knieveränderung gesund. Pat. ist besonnen, geordnet und orientiert, er faßt gut auf, ist zugänglich und gibt gut Auskunft. Die Stimmung ist eine ängstliche. Der Kranke jammert viel und macht sich Vorwürfe, daß er sich als katholisch ausgegeben habe, während er protestantisch gewesen sei. Die Idee, daß er sich dadurch schwer versündigt, und der Teufel Macht über seine Seele habe, beherrscht ihn völlig. Gleichzeitig bestehen schüttelnde und zitternde Bewegungen des ganzen Körpers, die von dem Kranken auf energische Aufforderung willkürlich sistiert werden können.

Verlauf: 19. Dezember 1894. Jammert andauernd, er komme ins Zuchthaus, in die Hölle. „Ich bin der unglückseligste Mensch, den die Erde je getragen hat." Gibt an, keine Stimmen zu hören. Wenn er einschlafe, sehe er so scheußliche Gesichter vor sich, daß er wieder auffahre.

2. Januar 1895. Pat. hat sich unter andauernder Opiumbehandlung vollkommen beruhigt. Er liegt meist, mit dem Gesicht gegen die Wand gewendet, ruhig da. Auf Anrufen richtet er sich auf, äußert auf Befragen immer noch, er käme ins Zuchthaus und dann in die Hölle. Klagt sich an, er sei der schlechteste Mensch.

21. Januar. Noch sehr starkes Jammern, die Schüttelanfälle, die eine Zeitlang aufgehört hatten, treten wieder auf. Sagt, er habe „Einsprechungen". „Mein ganzes früheres Leben spricht mir aus der Seele." Klagen über innere Unruhe, weil er vom „bösen Feind" besessen sei.

18. Februar. Immer noch dieselben Vorstellungen.

18. März. Verlangt zu beichten, vielleicht, daß es dann besser würde. Klagt über schwere Träume und Einsprechungen, die ihm seine Sünden vorwerfen.

9. April. Macht sich viele Sorgen um Frau und Kinder, er sei schuld an deren Unglück.

22. April. Langsame Besserung. Fängt an, sich zu beschäftigen, liest Zeitung. Die Stimmung ist sichtlich freier.

30. Mai. Noch leicht deprimiert. Beschäftigt sich, denkt viel an seine Familie. Ißt und schläft ordentlich.

15. Juni. Arbeitet. Sehr langsame Besserung, stetige Gewichtszunahme.

1. Juli. Ruhig, fleißig, kaum mehr deprimiert.

7. Juli. Nach Hause entlassen.

Ketamnese: 9. Januar 1902. Befinden zufriedenstellend. Führt seit dem Tode der Frau (1896) die Wirtschaft selbständig.

Nachuntersuchung: September 1906. Sch. gibt an, bei der Entlassung gesund gewesen zu sein. Sobald er nach Hause gekommen sei, habe er angefangen zu arbeiten. Der Tod seiner Frau habe ihn allerdings sehr mitgenommen, doch habe sich kein ähnlicher Zustand wie zwei Jahre zuvor eingestellt. Seit der Entlassung habe er keine Verstimmung mehr durchgemacht, Arbeitsfähigkeit und Stimmung seien völlig gleichmäßig gewesen. Für die Depression, die ihn in die Klinik führte, ist er völlig krankheitseinsichtig. Jetzt ist Sch. ganz gesund.

Ergänzung zur Krankengeschichte: Pat. gibt an, daß er bis zum Jahre 1894 psychisch vollständig gesund, und keinerlei Stimmungsschwankungen unterworfen gewesen sei. Die Krankheit führt er auf die in der Vorgeschichte geschilderten traurigen Verhältnissn zurück. Die Befürchtungen, daß er nunmehr dauernd erwerbsunfähig sei, daß die Frau sterben werde und dann die kleinen Kinder aus dem Hause gegeben werden müßten, seien die Ursachen der Erkrankung gewesen. Seine Stimmung sei zusehends gedrückter, er selbst innerlich unruhig und ängstlich geworden. Andauernde Vorwürfe, die er sich über seine Jugendsünden hätte machen müssen, ließen ihm Tag und Nacht keine Ruhe, so daß der Gedanke, sich das Leben zu nehmen, immer festere Gestalt in ihm gewonnen habe. Während der Erkrankung habe er „allerhand Gesichter" gesehen, wenn er einen Punkt lange fixiert habe. Sinnestäuschungen seien nicht aufgetreten. Die Einsprechungen seien Gewissensbisse, das Quälendste an der Krankheit sei die traurige Verstimmung, nicht die Angst gewesen. An die Zitteranfälle vermag sich Sch. nicht mehr zu erinnern, wie überhaupt die Erinnerung für viele Einzelheiten geschwunden ist. Von psychomotorischer Hemmung weiß er nichts.

Zusammenfassung: Bei einem geistig bisher gesunden 48jährigen Manne entwickelt sich im Anschluß an schwere körperliche Krankheit und psychische Erregungen nach und nach eine ängstliche Verstimmung mit Selbstvorwürfen, Versündigungs-, sowie vereinzelten Wahnideen ängstlicher Art. Dem Krankheitsbilde mischen sich psychogene Züge bei (Zitteranfälle). Sinnestäuschungen treten nicht auf, dagegen klagt der Kranke wiederholt über hypnagose Visionen und Einsprechungen. Von psychomotorischer Hemmung, von Krankheitsgefühl wird in dem Journal nichts erwähnt. Die Psychose klingt nach dreivierteljährigem Bestehen langsam ab, zuletzt weicht die Verstimmung.

— Die Nachuntersuchung, 11 Jahre nach der Entlassung, ergibt, daß der Kranke psychisch völlig gesund geworden und geblieben ist. Während des bisherigen Lebens will der Untersuchte niemals Stimmungsschwankungen gehabt haben. Für die Psychose, die ihn in die Irrenklinik führte, besteht völlige Einsicht.

Jetzige Diagnose: Manisch-depressives Irresein mit hysterischen Zügen.

## Fall 2.

L. B., verwitw. Landwirtsfrau. Geb. 1843 (zur Zeit der Erkrankung 58 Jahre).

Verpflegung in der Irrenklinik: 2. Februar 1901 bis 1. Oktober 1902.

Diagnose: Melancholie. Krankheitsdauer: nahezu 2 Jahre.

Heredität: Keine Geisteskrankheiten in der Familie.

Vorgeschichte: Die arbeitsame und verständige Frau war bisher körperlich und geistig gesund. Sie heiratete im Jahre 1867, gebar 12 Kinder, die alle in frühester Jugend starben. Ihr Mann erkrankte im Sommer 1900 an Asthma und ertränkte sich im Oktober des gleichen Jahres. Von dieser Gemütserschütterung hat sich Pat. bisher noch nicht erholt. Sie macht sich Vorwürfe, daß sie den Selbstmord ihres Mannes nicht verhindert habe. Sie ist traurig und verstimmt. Allmähliche Verschlimmerung: es lange nicht mehr, es werde ihr alles gestohlen, sie sei eine Verschwenderin gewesen. Sehr viele Selbstvorwürfe. Glaubt, die Gendarmen würden sie holen. Nach Äußerung von Selbstmordideen wird die Kranke in die Irrenklinik gebracht.

Status: Patientin ist besonnen, geordnet und orientiert. Starke motorische Unruhe, lebhafter Affekt, jammert ängstlich. Klagt über Angst, sie sei schwermütig. Viele Selbstvorwürfe. Äußert die in der Vorgeschichte erwähnten Wahnideen. Nach ihrem Gedächtnis befragt, antwortet sie: „Die Vernunft, der Verstand und die fünf Sinne fehlen alle, vielleicht schon lange, ich bin schon lange verblendet". Somatisch: keine pathologischen Veränderungen.

Verlauf: 10. Februar 1901. Jammert viel. Meint, daß man sie hier durcheinander mache. Alles sei ihr gestohlen worden.

25. Februar. Ist den größten Teil der Zeit ruhig in ihrem Bett mit etwas ängstlichem Gesichtsausdruck. Klagt einmal, sie könne nicht mehr denken wie früher, sie müsse immer an dasselbe denken. Tut sehr geheimnisvoll mit der Mitteilung, man habe ihren Mann wieder ausgegraben. Sie habe das geträumt.

2. März. Hat gehört, sie komme in ein schlechtes Haus. Sagt abwehrend: „So bin ich doch nicht".

Wo sind Sie hier? „Sie sagen, es sei die Irrenklinik."
Glauben Sie es? „Ich muß es doch glauben."

Macht sich Vorwürfe. Sie sei verwirrt gewesen, als sie kam, jetzt sei sie gesund.

5. März. „Das Maul ist inwendig wie von lauter Schwefel und Dunst so salzig geworden." Macht sich Vorwürfe, daß sie früher einmal entrahmte Milch als Vollmilch verkauft habe.

15. März. Sehr erregt. Jammert laut, läuft umher, äußert, sie habe draußen gehört, sie solle bei lebendigem Leibe begraben werden. Da wolle sie lieber gleich den Kopf herunter gemacht haben. Versichert auf das bestimmteste, sie habe solche Drohungen gehört, es seien nicht nur ihre Gedanken. Behauptet einmal, zwei Patientinnen seien Männer, ihre Nachbarin habe eine Flinte im Bett und wolle auf sie schießen.

25. März. Starke Erregung nach dem Entmündigungstermin. Jammert viel, sie wolle nicht in die Hölle, wolle nicht die Augen ausgestochen haben, nicht aufgeschnitten werden. Fragt man sie näher nach ihren Ideen, so widerruft und dissimuliert sie. Dabei eine Art Rededrang.

3. April. Jammert weniger laut. Gesichtsausdruck ängstlich. Glaubt nicht, daß hier die Irrenklinik ist. Erkennt den Arzt als solchen nicht an. „Die Leute sind so verändert jetzt."

25. April. Dauernd ängstlich, ablehnend, die Leute würden durch sie so geplagt, es sei so ein großes Durcheinander.

27. Mai. Ängstlich abweisend, meist ruhig. Gelegentlich heftiger Affekt und lautes Heulen.

20. Juni. Das Körpergewicht sinkt langsam. Patientin ist für gewöhnlich ruhig im Bett, fängt aber jedesmal an laut zu jammern und zu heulen, wenn man sich mit ihr beschäftigt. Mißdeutet alles in ängstlichem Sinne, z. B. wenn man ihr die linke Hand gibt. Drängt nach Hause, sie sei nicht krank.

29. Juni. Bei Besuch des Bruders sehr erregt. Ängstlicher Beziehungswahn: die Gasarme haben ihretwegen so sonderbare Formen.

19. Juli. Das Körpergewicht steigt langsam. Im allgemeinen still, wird sehr erregt, wenn man sich mit ihr beschäftigt, und jammert laut.

5. August. Wiederholt plötzliche Erregung, ängstlich, weint laut. Hört ihren Mann in der Küche, will zu ihm. Sie solle geschlachtet werden, der Scharfrichter komme heute. Macht sich Vorwürfe.

13. August. Im Bett still, solange man sich nicht um sie bekümmert. Viele ängstliche Ideen. Hört seit einiger Zeit ihren Mann, der zu Tode gequält werde, unten im Keller.

22. August. Bezieht alles, was vorgeht, auf sich. Sie sei an allem schuld. Hört ihren Mann in der Heizung schreien und jammern. Es ist ihr gesagt worden, sie sei durch einen Pfarrer geschwängert worden und bekomme ein Kind. Sie sei gar kein Mensch wie andere, sie sei ein Hund und ein Geisbock.

5. September. „Schaffen Sie mich fort, verbrennen Sie mich in der Heizung."

25. Oktober. Ganz allmählich ruhiger. Beobachtet alles, was um sie herum vorgeht. Nicht mehr so erregbar. Wenn man mit ihr spricht, äußert sie ihre depressiven Ideen ruhiger: „Die Leute seien ihretwegen

hier eingesperrt, sie müsse für alle bezahlen, man solle sie nur endlich wegschaffen und verbrennen".

5. November. Langsames aber stetiges Steigen des Körpergewichts.

25. November. Ruhiger. Gelegentlich etwas Krankheitseinsicht. Kleinmütig, verzagt, still. Nicht mehr so erregbar.

25. Dezember. Weiteres langsames Steigen des Körpergewichts. Langsame Besserung.

23. Januar 1902. Still, ruhig, auch bei Besuch. Keine Einsicht für das Krankhafte ihres Zustandes.

27. Februar. Noch immer gedrückt. Nie mehr Erregungen.

10. März. Gewöhnlich ruhig im Bett. Klagt heute ausnahmsweise sehr lebhaft. „Es kostet zu viel, wann komme ich denn nach Hause. Ich bin doch gesund."

26. April. Bringt stets dieselben Klagen vor. Arbeitet fleißig.

Mai. Einförmiges Jammern und Nachhausedrängen. Arbeitet im allgemeinen still.

10. Juni. Ist heute zum Lachen zu bringen, will jedoch später nicht daran erinnert werden.

1. Juli. Unverändert. Stärkeres Jammern nur bei Besuch.

August. Abends gewöhnlich freier.

September. Arbeitet fleißig, lächelt oft, kommt ungern auf die Krankheit zu sprechen, scheint aber einsichtig. Durch Eingehen auf ihre früheren Wahnideen nicht mehr zum Weinen zu bringen.

1. Oktober. Geheilt entlassen. Gewichtskurve hat die frühere Höhe erreicht und ist seit Mai dieses Jahres konstant.

Brief an die Oberpflegerin vom 26. März 1903. Patientin schreibt, daß sie völlig gesund ist. „Ich hörte, ich würde Besuch bekommen von der Klinik. Ich habe mich so gefreut, daß mir die Tränen kamen. Ich wartete lange mit innerlichem Verlangen, aber vergebens. Es ließ sich niemand sehen. Ich erlaube mir, Frau Oberin freundlich einzuladen, auch Frl. R., wenn sie noch dort ist, sowie die Wärterinnen, die für mich gesorgt haben."

Nachuntersuchung: Oktober 1906. Frau B. ist in bezug auf die verflossene Krankheit außerordentlich zurückhaltend, gibt sehr ungern Auskunft über diese und ist eifrig bestrebt, sie als harmlos hinzustellen. Es ist nur von ihr zu erfahren, daß sie seit 4 Jahren „wie früher" ist und keine Stimmungsschwankungen durchgemacht haben will. Sie ist jetzt ganz gesund, krankheitseinsichtig, sehr redselig und außerordentlich lebhaft. Die Stimmung ist etwas labil. Frau B. erkundigt sich interessiert nach den Verhältnissen an der Klinik. Ihre Verwandten halten sie für völlig gesund, sie sei in ihrem Wesen und in ihren Interessen ebenso lebhaft wie früher.

Ergänzung zur Krankengeschichte: Frau B. erzählt, daß die Krankheit sich langsam entwickelt habe; sie gibt zu, Angst gehabt zu haben, fügt aber gleich hinzu: „Alle Kranken haben Ängste". Wird sehr erregt, als man auf ihre Wahnideen zu sprechen kommt und will von „all dem Zeug" nichts mehr wissen. Fragen nach psychomotorischer

Hemmung werden verneint. Es ist unmöglich, sich mit Frau B. eingehend über ihre frühere Erkrankung zu unterhalten. Am liebsten wäre sie einer Untersuchung ganz aus dem Wege gegangen.

Zusammenfassung: Im Anschluß an eine heftige Gemütserschütterung entwickelt sich bei der bisher gesunden 58 jährigen Frau eine Verstimmung mit innerer Unruhe, Angst, Selbstvorwürfen und zahlreichen ängstlich-phantastischen Wahn- und Beziehungsideen. Das im Anfang der Erkrankung bestehende Krankheitsgefühl verschwindet bald, um erst beim Zurückgehen der krankhaften Erscheinungen wieder zu kommen. Möglicherweise verkannte die Kranke auf dem Höhepunkt der ängstlichen Erregung ihre Umgebung. Bei sehr lebhaftem Affekt und ausgesprochener Erregbarkeit desselben, bei auffallendem Rededrang (25. März 1901) bleiben die Symptome über ein Jahr in gleicher Intensität bestehen, um dann langsam abzuklingen, und einer ruhigen Gleichmäßigkeit mit völliger Krankheitseinsicht Platz zu machen. Es ist zweifelhaft, ob Sinnestäuschungen je aufgetreten sind. Diesbezügliche Äußerungen scheinen wohl mehr auf Mißdeutungen zu beruhen. Nur zweimal macht die Kranke Angaben, die im Sinne einer Hemmung zu verwenden wären. („Die Vernunft, der Verstand und die fünf Sinne fehlen alle. Das Denken fällt mir schwer."). Im übrigen ist von pychomotorischer Hemmung aus der Krankengeschichte nichts zu entnehmen. Nach $1^{3}/_{4}$ jähriger Anstaltsbehandlung wird die Kranke geheilt entlassen. — Die Nachuntersuchung, vier Jahre später, ergibt nur, daß die Patientin gesund und völlig krankheitseinsichtig geblieben ist. Bei ihrem Widerstreben, Aufschluß über die Krankheit und die darauffolgende Zeit zu geben, ist es unmöglich, irgend etwas über eine etwa vorhanden gewesene Hemmung oder über ev. seit der Heilung aufgetretene leichte Stimmungsschwankungen zu erfahren.

Jetzige Diagnose: Manisch-depressives Irresein. Typische zirkuläre Symptome: Erregbarkeit, Rededrang, außerordentlich wahrscheinlich subjektive psychomotorische Hemmung.

### Fall 3.

Th. G., verw. Kaufmannsfrau. Geb. 1843 (zur Zeit der Erkrankung 54 Jahre alt).

Verpflegung in der Irrenklinik: 7. Januar 1898 bis 4. April 1898, 18. April 1898 bis 17. August 1899.

Diagnose: Melancholie. Krankheitsdauer: ca. $2^1/_4$ Jahre.
Heredität: Keine erbliche Belastung.
Vorgeschichte: Patientin soll bisher geistig gesund gewesen sein. Nach dem Tode ihres Mannes (Mai 1897) wurde sie verstimmt. Die Depression, zu der Schlaflosigkeit und Zittern am ganzen Körper hinzutraten, steigerte sich allmählich. Nachdem Schwäche- und Angstgefühle aufgetreten waren und die Kranke einen energischen Selbstmordversuch gemacht hatte, wurde sie in die Klinik verbracht.

Status: Die Kranke ist besonnen, geordnet und orientiert. Sie benimmt sich natürlich und faßt gut auf. Das Gedächtnis zeigt keine Lücken, der Gedankengang ist geordnet, sie gibt prompt und gut Auskunft. Nachdem ihr Mann im vorigen Jahre nach kurzer Krankheit gestorben war und ihr acht unversorgte Kinder hinterlassen hatte, machte sie sich sehr viel Sorgen. Als bei der Erbteilung ihr Haus verkauft wurde, regte sich Frau G. sehr auf. Der Schlaf wurde zusehends schlechter, die Arbeiten im Hause konnte sie noch besorgen, sie war aber immer „sehr schlaff". Über den Suizidversuch gibt sie an: es sei ihr damals in den Kopf gefahren: „Was tust Du noch länger auf der Welt. Mach, daß Du fortkommst, daß sie Ruhe haben, es langt doch nicht mehr". Dann sei sie alsbald hinter das Haus gegangen und habe sich mit einem Schnupftuch aufgehängt, sei aber von ihrem Sohn wieder abgeschnitten worden. Von dem Augenblick an, wo sie auf den Stuhl gestiegen sei und das Tuch an den Nagel gehängt habe, wisse sie nichts mehr, bis sie in ihrem Bett wieder erwacht sei und ihre Umgebung erkannt habe. Der Schlaf war in der letzten Zeit hochgradig gestört und auch durch Schlafpulver nicht zu beeinflussen. Es besteht ein intensives Krankheitsgefühl. Die Kranke sieht jetzt selbst ein, daß ihre Befürchtungen grundlos sind, „daß es auch so gehe". Abends fühlt sie sich immer wohler als morgens. Das komme wohl von der Schlaflosigkeit in der Nacht her. Jetzt müsse sie nicht mehr so zittern wie in den letzten Monaten. Rechnen geht langsam aber sicher. Körperlich: Pupillen und Patellarreflexe in Ordnung, sonstiger Befund fehlt.

Verlauf: 9. Januar 1898. Hat heute Nacht besser geschlafen. Klagt, die Beine seien ihr so schwer und müde, es sei ihr immer noch so bang im ganzen Körper, das sei schon seit vorigem Jahre so, ja schon seit sie die Periode verloren habe.

10. Januar. Hat heute Nacht gut geschlafen. „Ich bin schon früher etwas melancholisch gewesen."

12. Januar. „Heute ist mirs viel besser." Gibt an, sie habe, seitdem sie hier sei, noch keine Angst gehabt.

16. Januar. Niedergeschlagen und traurig, klagt über Heimweh.

25. Januar. Beklagt sich über die Unruhe der Kranken in der Nacht. So könne sie weder schlafen noch gesund werden.

28. Januar. Die Stimmung ist im allgemeinen eine gute.

31. Januar. Ist gut gestimmt. „Ich will nur sehen, wie lange ich noch dableiben muß."

14. Februar. Nachdem die Kranke in der letzten Zeit nicht mehr so gut aufgelegt war wie vordem, zeigte sie gestern wieder Spuren von

Depression. Weint leicht. Klagt über Heimweh. Seit ihrem Hiersein habe sich ihr Zustand verschlechtert. Intensives Krankheitsgefühl.

1. März. Viel freier. Arbeitet.

8. März. Ist im ganzen zufrieden. Klagt nur über Zittern. In Zunge und Händen deutlicher Tremor, besonders vormittags.

15. März. Hat immer neue Wünsche bezüglich des Essens.

24. März. Klagt viel über das Zittern.

6. April. Entlassen.

18. April. Wieder aufgenommen. Bald nach der Entlassung fing die Kranke wieder an zu jammern. Sie war unruhig und hatte den Gedanken, sie müsse sich etwas antun. Sie jammerte so laut, daß fremde Leute im Hause sich über das Geschrei, das morgens immer am schlimmsten war, aufhielten. Besonders ängstlich war die Kranke über das Zittern am ganzen Körper.

19. April. Geordnet, besonnen, orientiert, lebhaftes Krankheitsgefühl. Appetit genügend, der Schlaf ist mangelhaft. Patientin klagt über Angst. Sie habe immer den Gedanken, sie müsse sich das Leben nehmen. Sie zittert am ganzen Körper. Es ist ein grobschlägiger, ziemlich langsamer Tremor, 5 - 7 Schläge in der Sekunde, dessen Frequenz langsamen Schwankungen zu unterliegen scheint. Das Zittern ist am stärksten in den unteren Extremitäten, jedoch auch in den gestreckten Händen und in der Zunge sehr deutlich. Die Kranke sitzt im Bett auf, weil sonst der Kopf aufschlüge. Intendierte Bewegungen werden ohne Tremor ausgeführt. Die Kranke schreibt absatzweise mit glatten Zügen. Frühmorgens ist das Zittern so stark, daß die ganze Bettdecke erschüttert wird. Die Muskulatur der unteren Extremitäten ist deutlich rigide, die der oberen weniger. Keine Pro- oder Retropulsion.

20. April. Kann den Gedanken nicht loswerden, daß sie sich umbringen müsse, glaubt, sie würde nie mehr gesund.

26. April. „Ich hab gar keine Ruh." Das Zittern läßt nach. Jammert viel.

3. Mai. „Heute Nacht ist mirs so vorgekommen, als ob ich vom bösen Geist besessen wäre, ich muß mich an den Pfarrer wenden, ich kann nimmer leben."

7. Mai. Schluchzt und zittert beständig. „Dadrin (zeigt auf die Magengrube) mein ich, es wollte alles herunterbrechen. Es ist mir halt immer so schwer, ich hab schon den ganzen Morgen geweint."

10. Mai. Schluchzt krampfhaft, sie sei im Kopf ganz durcheinander. Nachts quäle sie der böse Feind.

26. Mai. Die Stimmung wechselt noch häufig: „Es ist jeden Tag anders. Ich hab halt keine Ruhe." Weint und zittert noch viel.

3. Juni. Tuberkulöser Abszeß am Jugulum. Weint und zittert am ganzen Körper. „Mein Herz zerspringt mir."

8. Juni. Weint und schluchzt, daß die Bettlade zittert. „Ich will heim und den Bösen von einem hohen Geistlichen austreiben lassen." Glaubt, sie verliere die Krankheit nicht mehr.

7. Juli. Der Zustand schwankt beständig: einige Tage ist die Kranke ruhig und zufrieden, dann jammert sie wieder heftig und zittert

am ganzen Körper. Kann den Gedanken, daß der Böse in ihr sei, nicht los werden.

23. Juli. Glaubt immer noch, sie wäre besessen und nur ein Geistlicher könne ihr helfen.

27. Juli. „Ich hab so Angst, als ob ich geköpft werden sollte. Ist das wirklich eine Krankheit, ich meine immer, es sei der Böse und das Zittern komme von den Gedanken. Wie lange kann das noch dauern?"

20. August. Etwas ruhiger.

21. August. Zittert wieder stark, weint und jammert.

1. September. Äußert täglich den Wunsch nach Entlassung, nur zu Hause könne sie wieder gesund werden.

20. September. Das Zittern tritt selten auf und ist nicht mehr so heftig wie früher.

16. Oktober. Besuch der Tochter ohne nachteilige Folgen. Immer sehr wehleidig. Der Schlaf ist recht mangelhaft, auch unter dem Einfluß von Narkotizis schläft Patientin nur ein paar Stunden.

5. November. Sehr deprimiert. Hoffnungslos. Die Verdauungsbeschwerden sind nicht mehr so stark wie früher.

15. November. Etwas ruhiger, trotzdem in sehr hoffnungsloser Stimmung.

22. November. Der Gedanke, sich umbringen zu müssen, quält Patientin wieder sehr. Gibt an, sie habe nicht gemeint, daß der Teufel in Person in ihr sei, das sei nur bildlich gemeint gewesen.

30. November. Tuberkulöser Abszeß am Kopf. Patientin ist sehr wehleidig und jammert den ganzen Tag.

15. Dezember. Klagt über Rückenschmerzen. Immer noch sehr deprimiert. Das Zittern wird durch Suggestion beseitigt. Beklagt sich, man kümmere sich nicht genügend um sie.

1. Januar 1899. Wünscht sich den Tod.

23. Januar. Dauernde Depression. Hypochondrische Klagen.

18. Februar. Will kategorisch wissen, wann sie entlassen werde, jetzt sei sie ein Jahr da.

1. März. Sehr verzweifelte Stimmung. Verlangt nach Hause, damit sie dort sterben könne.

20. März. Unverändert.

8. April. Klagt sehr über das Bettliegen, sie würde zum Krüppel, der Arzt sei schuld daran. Er müsse sie verhalten und werde verklagt.

18. April. Läuft überall herum und jammert ängstlich.

10. Mai. Sehr wehleidig. „Ich hab mich versündigt, ich hätte zu Hause bei meinen Kindern bleiben sollen, jetzt komme ich nicht mehr nach Hause."

20. Mai. Ununterbrochene Klagen. Unter Opium entschieden ruhiger. Erbricht häufig. Es wurde jedoch beobachtet, daß Patientin sich energisch mit dem Finger im Halse reizt, um brechen zu können.

10. Juni. Unverändert abweisend, anspruchsvoll: „Die Ärzte haben kein Gefühl". Künstliches Erbrechen.

6. Juli. Beobachtet gut. Zeigt die Neigung, andere Kranke zu beherrschen.

14. Juli. Erhebliche Besserung des Befindens. Tuberkulöser Abszeß im Handgelenk.

30. Juli. Wesentlich gebessert. Jammert weniger. Die Kranke ist sehr anspruchsvoll, glaubt sich immer übersehen, vernachlässigt.

17. August. Gebessert entlassen.

Katamnese: 10. Oktober 1900. „Geisteszustand seit längerer Zeit völlig normal."

Nachuntersuchung: September 1906. Frau G. gibt an, daß sie gesund nach Hause gekommen sei. Da sie dauernd mit tuberkulösen Abszessen zu tun hatte, kam sie in das Spital ihres Heimatsortes. Solange ihr Geld reichte, bezahlte sie, dann wurde sie von der Gemeinde im Spital verpflegt. Die rechte Hand ist völlig verkrüppelt, so daß sie kaum mehr arbeiten kann, trotzdem macht sie sich nützlich, soweit es in ihren Kräften steht. Frau G. will seit der Entlassung aus der Klinik in der Stimmung immer ganz gleichmäßig gewesen sein. Die lebhafte Kranke ist jetzt völlig gesund und krankheitseinsichtig. Keine senilen Züge. Sie gerät leicht in eine gewisse Rührung, z. B. wenn sie von ihrem Manne oder von ihrem traurigen Schicksal spricht.

Ergänzung zur Krankengeschichte: Frau G. gibt mit Bestimmtheit an, daß sie bis 1897 psychisch vollständig gesund und in der Stimmung immer ganz gleichmäßig gewesen sei. Die Periode verlor sie ohne Beschwerden mit 52 Jahren. Mit ihrem Manne lebte sie immer sehr gut. Ihr Leben verfloß ohne tiefergehende Aufregungen. Sie führt die Erkrankung auf die heftige Gemütserschütterung infolge des plötzlichen Todes ihres Mannes sowie der bald darauf sich anschließenden Erbteilung zurück. Durch die Aufregung kam sie „ganz aus sich heraus", schlief und aß schlecht, arbeitete nichts mehr und lag den ganzen Tag zu Bett. Sie hatte keinen Mut mehr und kochte nicht. Nach und nach wurde sie unruhig, sehr ängstlich und hatte immer den sie sehr quälenden Gedanken, sie müsse sich das Leben nehmen. Als man ihr riet, in die Kirche zu gehen, tat sie es nicht, da ihr alles gleichgültig war. Nirgends fand sie Ruhe. Davon, daß der Böse nach ihren Angaben in ihr gewesen sein soll, will sie nichts mehr wissen. Sinnestäuschungen sind angeblich niemals aufgetreten. Fragen nach psychomotorischer Hemmung im Beginn oder Verlauf der Erkrankung sind ergebnislos. Frau G. meint, das Schlimmste an der Krankheit seien die Angst, die innere Unruhe und die Zwangsgedanken, sie müsse sich das Leben nehmen, gewesen.

Zusammenfassung: Die bisher geistig gesunde 54jährige Frau regt sich über den Tod ihres Mannes und die sich daraus ergebende schwierige finanzielle Lage sehr auf. Die Erregung nimmt immer mehr zu, Schwäche, Angstgefühle und vage Befürchtungen treten auf und werden immer intensiver. Schlaf, Appetit und Arbeitsfähigkeit sind hochgradig gestört. Es besteht ein sehr intensives Gefühl für die krankhafte Veränderung. Ein impulsiver Selbstmordversuch führt die Kranke in die Irrenklinik. Die oben genannten Symptome bessern sich ziemlich schnell. Die Stimmung wird „gut". Ein Entlassungsversuch nach dreimonatlichem Aufenthalte in der Klinik schlägt fehl. Angst, innere Unruhe, vage Befürchtungen treten aufs neue sehr heftig auf und bleiben nun mit geringen aber doch deutlichen Schwankungen nahezu $^5/_4$ Jahre bestehen. Sinnestäuschungen sind niemals beobachtet worden. Die Angst zeitigt das Gefühl in der Kranken, daß sie vom Bösen besessen sei. Über ein Jahr lang wird ein — zweifellos psychogenes — sehr heftiges universelles Zittern des ganzen Körpers beobachtet, das auf Suggestion verschwindet. So lange die Kranke in der Klinik ist, hat sie ein sehr lebhaftes Krankheitsgefühl. Nachdem die Angst etwas nachgelassen hat, wird die Kranke auffallend anspruchsvoll und herrschsüchtig. Noch nicht völlig gesundet wird sie entlassen. — Die Nachuntersuchung sieben Jahre nach der Entlassung ergibt, daß die körperlich invalide Frau psychisch gesund geworden und geblieben ist. Nach der Entlassung sind keine Stimmungsschwankungen aufgetreten. Fragen nach psychomotorischer Hemmung, von welcher auch in der Krankengeschichte niemals etwas erwähnt wird, ergeben kein positives Resultat.

Jetzige Diagnose: Manisch-depressives Irresein mit hysterischen Zügen. Typische zirkuläre Symptome: Deutliche Stimmungsschwankungen. Reizbarkeit und Herrschsucht.

## Fall 4.

F. W., verh. Waldhütersfrau. Geb. 1844 (zur Zeit der Erkrankung 49 Jahre).

Verpflegung in der Irrenklinik: 29. April 1893 bis 8. Juli 1893.

Diagnose: Depressiver Wahnsinn. Krankheitsdauer ca. 3 Jahre.

Heredität: Keine erbliche Belastung.

Vorgeschichte: Bisher stets gesund. Lernte gut in der Schule. Mit 18 Jahren menstruiert, stets regelmäßig und ohne Beschwerden. Die Kranke heiratete im Jahre 1868, gebar sechs Kinder, von welchen drei leben. Drei starben in früher Jugend. Sie hat bisher immer fleißig gearbeitet und lebte sparsam. Vor 5 Jahren Menopause. Im Februar dieses Jahres bekam sie ein Ohrenleiden, das zur Perforation des Trommelfells führte, worüber die Kranke sich sehr aufregte. Sie wurde bald danach sichtlich verstimmt, sprach viel über ihre Krankheit und klagte über Summen im Ohr. Der Schlaf wurde zusehends schlechter. Die Patientin bekam Angst, ohne irgend welchen Grund hierfür anzugeben. In der letzten Zeit jammerte sie sehr und äußerte wiederholt, das Leben sei ihr verleidet.

Status: Besonnen geordnet und orientiert. Die Auffassung ist gut, doch muß die Aufmerksamkeit immer wieder durch Anrufen geweckt werden, da die Kranke sonst still vor sich hinjammert. Es besteht ein vages Krankheitsgefühl. Sie äußert eine Reihe von hypochondrischen Klagen, im Kopf sei gar kein Gehirn mehr, das müsse der Teufel herausgenommen haben, sie könne nicht leben und nicht sterben, ihr Herz schlage nicht wie bei anderen Menschen, es schlage entweder zu schnell, zu langsam, oder gar nicht. Sie jammert: „wenn ich nur sterben könnte, wenn man mich nur mit Knüppeln totschlüge". Hat große Angst vor dem Teufel, den sie „rumpeln" hört. Körperlich: gesund.

Verlauf: 1. Mai 1893. Etwas ruhiger.

2. Mai. Jammert eintönig vor sich hin.

5. Mai. Jammert und schreit, ihr Nachbar habe sich aufgehängt und wolle jetzt ihre Seele holen, er habe ihr die Adern herausgezogen. Sie habe Gottes Stimme in ihrem Kopf gehört, der gesagt habe, ihr Heimatsort wäre „rebellisch gemacht".

8. Mai. Sehr unruhig. Kann nur kurze Zeit ruhig liegen. So wie sie, sei noch niemand geplagt worden.

11. Mai. Der ganze Kopf ist voll Unrat. Der Teufel hat gesagt, das Blut ist verdorben.

15. Mai. Magert sehr ab. Jammert fortwährend. Behauptet, nie Stuhl zu haben, der ganze Leib sei voll Kot.

21. Mai. Man solle ihr den Zopf abschneiden, dann sei sie die Plage los.

24. Mai. Hat Teufelsstimmen gehört. Vor lauter Jammern und Stöhnen ist eine eingehende Unterhaltung unmöglich.

31. Mai. Dem sie besuchenden Manne redet sie sehr viel vor: er solle ihr den Zopf abschneiden, in ihrem Kopf sei Erde, ihr Herz schlage, ohne daß Blut drin sei.

3. Juni. „Blut vom Schwanz des Teufels ist in meinem Kopf. Er hat es aus seinem Glied herauströpfeln lassen und das ist mir in den Kopf gefahren."

11. Juni. Verlangt, man solle ihr den Schädel aufmachen und nachsehen, ob sie Kot, Blut oder Dreck darin habe. Das Sausen und Brennen nehme ja gar kein Ende.

13. Juni. Man könne sie in tausend Stücke verhacken, sie sterbe doch nicht. Wer so schlimm dran sei wie sie, dem sei alles gleich. Ihr könne niemand mehr helfen. „Wo andere Leute ein Herz haben, da ist bei mir Luft. Alles ist verdreht und verändert. Die Menschen wissen nicht mehr, wann Tag und Nacht ist, wann Winter oder Sommer. Mein Mann ist nicht mehr mein Mann. Alles ist aufrührerisch."

21. Juni. Der tote Nachbar habe ihre Seele nach sich gezogen.

24. Juni. Sie höre die Stimme Gottes und des Teufels, die sagten, an ihr sei nichts mehr zu retten.
29. Juni. Jammert laut, sie habe keinen Kopf, kein Herz und kein Blut mehr.
2. Juli. Sie fühle, ohne daß man es sehen könne, ihr Blut zum ganzen Körper herausspritzen.
8. Juli. Jammert ihrem Mann beim Besuch heute soviel von Heimweh vor, daß derselbe sie nach Hause nimmt.
Katamnese: Februar 1895. „Die Krankheit meiner Frau hat sich etwas gebessert, sie ist körperlich gesund und arbeitet den ganzen Tag. Von Zeit zu Zeit greift sie an den Kopf und klagt über Schmerzen und Stimmen, und behauptet, es säße ein Männlein in ihrem Kopf, das ihr immer Vorwürfe mache."
Katamnese: März 1902. „Der Zustand meiner Frau hat sich sehr gebessert. Sie arbeitet und sagt nichts mehr von Stimmen im Kopf. Sie klagt nur manchmal über Kopfschmerzen. Man darf sie nicht erzürnen."

Nachuntersuchung: Oktober 1906. Frau W., die nur sehr widerwillig und ungern Auskunft über ihr Befinden gibt, erzählt, daß sie bei der Entlassung aus der Klinik noch krank gewesen sei. Sie sei nur ängstlich gewesen und habe Stimmen gehört. Der Mann gibt im Gegensatz zur schriftlichen Katamnese jetzt an, daß seine Frau nach ungefähr 2 Jahren vollständig genesen sei. Nach Ablauf der Krankheit sei sie leichter erregt und auch jähzorniger wie sonst gewesen, doch habe sich auch dies nach wenigen Jahren wieder gelegt. Jetzt sei sie schon wenigstens 8 Jahre ganz so wie früher, vor allen Dingen nicht mehr erregbar. Sie versorge den Haushalt und habe die lebhaftesten Interessen. Über Stimmungsschwankungen weiß er nichts zu berichten. Auch Frau W., macht keine irgendwie verwertbaren diesbezüglichen Angaben. „Natürlich ist man nicht immer gleichmäßig, man ist auch einmal traurig, wenn man einen kranken Mann hat oder Kinder, die Unglück haben." Über eine typische Depression oder Abortivanfälle nach der Erkrankung ist nichts zu erfahren. Jetzt ist Frau W. ganz gesund und krankheitseinsichtig.
Ergänzung zur Krankengeschichte: Über die frühere Erkrankung spricht sich Frau W. nur sehr wenig aus. Bis zu ihrem 49. Jahre war sie gesund, in Stimmung und Arbeitsfähigkeit ganz gleichmäßig. Nach und nach wurde sie infolge des Ohrenleidens ganz verstimmt und später ängstlich. Es sei ihr lange Zeit so vorgekommen, als ob ein Männchen in ihr säße, das ihr Vorwürfe mache. An die in der Klinik geäußerten Wahnideen will sie sich nicht mehr erinnern und behauptet auf das Bestimmteste, derartiges habe sie weder gedacht, noch gesagt. Zu Beginn der Erkrankung sei ihr das Arbeiten trotz des besten Willens schwer gefallen. „Ich hatte allfort den Willen, 's ist aber nicht mehr so recht gegangen, wegen der großen Schwäche." Zur Zeit der Erkrankung hatte sie „an nichts viel Sorgen". Sonstige Fragen nach Hemmung sind völlig

ergebnislos. Frau W. will niemals Stimmen, sondern nur ein eigenartiges Klingeln gehört und niemals Gestalten gesehen haben.

Zusammenfassung: Im Anschluß an ein körperliches Leiden trübt sich die Stimmung der bisher geistig gesunden 49jährigen Frau. Der Schlaf verschlechtert sich. Angst, Unruhe und Andeutungen von Selbstmordideen machen die Verbringung in die Irrenklinik notwendig. Hier äußert die Kranke bei heftiger Angst, großer psychomotorischer Unruhe und vagem Krankheitsgefühl ängstlich phantastische Vorstellungen und ganz absurde hypochondrische Klagen. Der Affekt ist sehr lebhaft. Ob Sinnestäuschungen je aufgetreten sind, erscheint nach den vorhandenen Notizen sehr zweifelhaft. Ungeheilt wird die Kranke nach zehnwöchentlichem Aufenthalt in der Klinik entlassen. Eine $1^1/_2$ Jahre später erhobene schriftliche Katamnese ergibt, daß die Frau noch nicht ganz gesund und vorwiegend von Selbstvorwürfen geplagt worden ist. Eine Anfrage neun Jahre nach der Entlassung wird dahin beantwortet, daß der Zustand sich gebessert habe; es beständen eine leichte Reizbarkeit, aber weder Wahnideen noch Sinnestäuschungen, noch irgendwelche auffallenden krankhaften Symptome. — Die Nachuntersuchung, $13^1/_4$ Jahre nach der Entlassung aus der Klinik, stellt im Gegensatz hierzu fest, daß die Depression offenbar nicht länger als drei Jahre anhielt, dann aber eine im Verlauf weniger Jahre wieder verschwindende, dem Wesen der Kranken bisher fremde Reizbarkeit aufgetreten ist. Über Stimmungsschwankungen vor oder nach der Erkrankung ist von der nur ungern Auskunft gebenden, jetzt völlig gesunden und krankheitseinsichtigen Frau nichts zu erfahren. Vielleicht bestand eine partielle psychomotorische Hemmung (alles fiel ihr schwer, an nichts hatte sie mehr Freude).

Jetzige Diagnose: Trotz der Dürftigkeit der vorhandenen Notizen, der unzuverlässigen Katamnese und der Unvollkommenheit der Nachuntersuchung glaube ich berechtigt zu sein auf Grund der feststellbaren Symptome (depressive Erregung mit darauffolgendem gereizten Stadium [reizbare Hypomanie]) und endlicher Gesundung die Diagnose manisch-depressives Irresein stellen zu dürfen.

Überblicken wir unsere Gruppe zusammenfassend, so finden wir, daß bei drei Fällen die Psychose durch nachhaltige seelische Erschütterung ausgelöst wird. Zwei Fällen (1 und 3) mischen sich deutliche hysterische Symptome bei. Alle vier Kranke sind erblich nicht belastet.

Bei Fall 1 sind keinerlei typische zirkuläre Symptome nachweisbar, doch müssen wir dabei immerhin in Betracht ziehen, daß die Erinnerung an die zehn Jahre zurückliegende Krankheit nur noch eine sehr dürftige ist.

Fall 2 gab bei der Nachuntersuchung nur sehr unvollkommene Auskunft, doch läßt sich aus der Analyse der Krankengeschichte die Diagnose Melancholie umstoßen.

Bei Fall 3 und 4 trat beim Abklingen resp. nach dem Verschwinden der Depression eine auffallende Herrschsucht resp. Reizbarkeit auf, Züge, die dem inneren Wesen der Kranken fremd waren und auch im Laufe der Zeit wieder verschwanden. Sie müssen recht deutlich gewesen sein, da man sonst kaum Notiz von ihnen genommen hätte.

Die Nachuntersuchung klärte Fall 1 und 4, während bei Fall 2 und 3 die Diagnose Melancholie allein durch die Analyse des Krankheitsberichts unhaltbar wurde.

In der **zweiten Unterabteilung** vereinigen wir drei Fälle, bei welchen zwar keine deutliche Hemmung nachweisbar ist, die aber während der Depression extreme Stimmungsschwankungen durchmachten.

### Fall 5.

K. B., verh. Hebamme. Geb. 1854 (zur Zeit der Erkrankung 50 Jahre).

Verpflegung in der Irrenklinik: 10. August 1894 bis 23. November 1894.

Diagnose: Melancholie. Krankheitsdauer: ca. 6 Monate.

Heredität: In der Familie angeblich keine Geisteskrankheiten.

Vorgeschichte: Gute Schülerin, Heirat 1870, zwei gesunde Kinder. War lange Jahre als Hebamme tätig. Bisher nie krank. Seit 2 Jahren sind die Menses unregelmäßig. Die Kranke ist schon längere Zeit verstimmt und niedergeschlagen, äußert einzelne Wahnideen: es lange nicht mehr, sie sei geizig, das sei eine Sünde usw. Seit ca. 8 Wochen muß man ihr zum Essen zureden, seit ca. 14 Tagen schläft sie schlecht. Am Tage vor der Aufnahme machte sie wiederholt Selbstmordversuche.

Status: Patientin ist besonnen, geordnet, orientiert, natürlich in ihrem Benehmen, zutraulich und dankbar. Sie achtet auf ihre Umgebung und ist für ihre Mitkranken besorgt. Kein offensichtlicher Affekt. Ist ruhig, sehr müde. Klagt über fortwährende Angst. Äußert, daß sie sich versündigt habe, ohne Aufschluß über ihre Ideen zu geben. Wahnideen ängstlicher Art: Ich habe den Segen Gottes verloren, ich bin gerichtet, ich sehe nichts als Verdammnis. Fühlt sich krank, schwermütig. Somatisch: mäßiges Atherom. Geringe parenchymatöse Struma, schon alten Datums. Menses noch vorhanden, im übrigen gesund.

Verlauf: 14. August 1894. Meint, ihr Mann sei gestorben, sie habe es zur Türe hereinsagen hören, ihn im Geist tot liegen sehen. Nach früheren Depressionen gefragt, gibt sie an, vor einigen Jahren schon einmal ein paar Wochen verstimmt gewesen zu sein.

16. August. Heiter und vergnügt. Alle Selbstanklagen sind weg. Korrektur. Psychische Schwäche (?) deutlich in großer Ablenkbarkeit. Läßt sich auf die Dauer nicht fixieren. Vergeßlich. Hat Mühe, sich zu besinnen.

18. August. „Ich komme in der ganzen Welt herum mit meinen Gedanken." Sorgt sich um Kinder und Mann. Besuch wirkt erst beruhigend, dann erregend.

20. August. Hat in der Nacht versucht, sich die Pulsader aufzukratzen. Dissimuliert ihre Angst, verrät sich aber durch Gesichtsausdruck und Benehmen. Selbstvorwürfe, sie habe sich umbringen wollen, gelogen usw.

1. September. Weint herzbrechend nach einem Streit mit einer Pflegerin. Bittet um Verzeihung, sie sei schuld, daß es Streit gegeben habe.

2. September. Noch sorgenvoll grübelndes Wesen. Unruhige Gedanken, keine erhebliche Angst.

10. September. Ruhig, arbeitet fleißig. Übertrieben gewissenhaft und sorgfältig, zuweilen scheint es, als ob sie ihre Angst dissimuliere. Körperlich gut erholt. Schlaf ruhig.

23. September. Unverändert. Noch etwas verängstigt, drängt sehr nach Hause. Entlassen.

Katamnese: 6. Oktober 1894. „Bis jetzt recht gesund und munter." (Auskunft des Ehemanns.)

Katamnese: 18. Juli 1902. „Bis heute hat sich keine Spur von der Krankheit mehr gezeigt." (Auskunft des Ehemanns.)

Nachuntersuchung: September 1906. Frau B. gibt an, daß sie in den letzten 12 Jahren psychisch ganz gesund, in der Stimmung immer gleichmäßig gewesen sei. Die Krankheit sei bald nach der Entlassung aus der Klinik völlig geschwunden. Sie sei danach ganz wie vorher, weder besonders vergnügt, noch gereizt gewesen. Die Periode verlor sie im Jahre 1895. Von 1897 bis 1901 übte sie ihren Beruf als Hebamme wieder aus, nicht aus eigenem Antrieb, sondern auf Wunsch einer Erbtante. Nach deren Tode gab sie diesen Beruf wieder auf. Vor zwei

Jahren starb der Mann nach kurzem Krankenlager. Sein Tod erschütterte sie sehr, doch keineswegs übermäßig. Seitdem lebt sie für sich allein, verkehrt mit ihren Nachbarn, beschäftigt sich mit Stricken usw. Für die Erkrankung vom Jahre 1894 völlige Einsicht. Jetzt ganz gesund.

Ergänzung zur Krankengeschichte: Frau B. versichert auf das Bestimmteste, vor der Erkrankung, die sie in die Irrenklinik führte, niemals eine Verstimmung oder einen ähnlichen Zustand gemütlicher Depression durchgemacht zu haben. Sie erklärt, es sei wohl möglich, daß sie auf die Frage des Arztes gesagt haben könne, sie hätte schon einige Jahre zuvor eine Verstimmung durchgemacht, das entspräche jedoch nicht den Tatsachen. Frau B. führt die Erkrankung auf psychische Erregungen zurück. Sie sei von jeher eine grüblerische Natur gewesen und habe sich in den Jahren vor der Erkrankung viele Sorgen um die Stellung ihres Mannes gemacht. Die Krankheit sei langsam gekommen, sie sei dauernd verstimmt gewesen, habe sich viele Vorwürfe gemacht, viel geweint, ohne daß ein Grund dafür vorgelegen hätte. Nach und nach sei eine fürchterliche Angst über sie gekommen. Sie habe vor allem, ganz speziell auch vor dem Sterben, Angst gehabt, und schließlich einen Selbstmordversuch gemacht, damit sie das Sterben hinter sich hätte. „Es trieb mich halt dazu." Mit der Angst, die sie am meisten gequält habe, hätten sie ängstliche Vorstellungen überfallen, der Mann stürbe, sie käme nie mehr nach Hause usw. Die Angst sei langsam vergangen. Auch allerhand Wahnideen, es lange nicht mehr, sie müsse verhungern, sie sei an allem Unglück der Welt schuld, hätten sie sehr unglücklich gemacht. Sie erinnert sich nicht, sich bei Beginn oder während der Krankheit irgendwie gehemmt gefühlt zu haben. Vereinzelt habe sie deutlich Stimmen gehört, sie erinnere sich nur noch an eine Stimme, die ihr gesagt habe, „Du hast ja gar keinen Gott mehr". Noch lange nach Ablauf der Krankheit habe sie sich oft gefragt, wer das wohl gesagt haben könne. Keine ausgesprochenen Sinnestäuschungen des Gesichts, nur einmal sah sie das Gesicht ihres Mannes in den Wolken.

Zusammenfassung: Ohne nachweisbare Ursache entwickelt sich bei der 50jährigen Frau, die möglicherweise schon einmal eine Depression durchgemacht hat, eine ängstliche Verstimmung mit Selbstvorwürfen, vereinzelten Versündigungs- und ängstlichen Wahnideen. Ob Sinnestäuschungen aufgetreten sind, erscheint fraglich. Es besteht ein ausgesprochenes Krankheitsgefühl. Selbstmordversuche führen die Kranke in die Klinik. Kurze Zeit nach der Aufnahme nehmen die oben geschilderten Symptome an Intensität ab. In die Zeit der Verstimmung schiebt sich ein eigentümlicher Zustand, der durch Heiterkeit, Ablenkbarkeit, Gedankenflucht und eine gewisse Unbesinnlichkeit charakterisiert wird. Sehr bald weicht die Verstimmung und die dominierende, wiederholt dissimulierte Angst. Nach 6 wöchentlichem Aufenthalt in der Irrenklinik wird die Kranke gebessert entlassen, nachdem sie schon seit 2 Wochen „übertrieben gewissenhaft und sorgfältig" gearbeitet hat. Nachuntersuchung: Die nunmehr 62 jährige Frau hat in den 12 seit der Erkrankung verflossenen Jahren offenbar keine Stimmungsschwankungen durchgemacht. Sie ist seitdem völlig gesund und krankheitseinsichtig. Von irgendwelchen Hemmungssymptomen weiß sie nichts.

Jetzige Diagnose: Manisch-depressives Irresein Typisch zirkuläre Symptome: plötzlicher Stimmungsumschlag mit Euphorie, Ablenkbarkeit, Gedankenflucht und Unbesinnlichkeit [Hemmung?].

## Fall 6.

E. St., verh. Landwirtsfrau. Geb. 1843 (zur Zeit der Erkrankung 49 Jahre).

Verpflegung in der Irrenklinik: 25. Oktober 1892 bis 7. Mai 1894.

Diagnose: Melancholie. Krankheitsdauer: nahezu 2 Jahre.

Heredität: Eine Schwester der Patientin soll in ihrem 54. Lebensjahre einen ganz ähnlichen Depressionszustand gehabt haben, der nach sechs Wochen heilte und zwei Jahre darauf repetierte, aber auch diesmal nicht von langer Dauer war.

Vorgeschichte: Patientin war bisher gesund. Die Krankheit begann langsam mit Schlaflosigkeit und unmotivierter Verstimmung im Juli 1892. Die Menstruation wurde unregelmäßig. Die unruhige und ungeduldige Kranke hatte keine rechte Lust zum Arbeiten, aß und schlief schlecht. In letzter Zeit wurden kaum irgendwelche depressiven Ideen geäußert, doch lief Frau St. Tag und Nacht in vager Angst umher und stöhnte vor sich hin.

Status: Patientin ist geordnet, besonnen und orientiert. Die Auffassung ist nicht gestört. Frau St. gibt gut Auskunft, beurteilt ihre Umgebung richtig, äußert ein lebhaftes Krankheitsgefühl: es sei ihr so schwer ums Herz gewesen, eine schreckliche Unruhe habe sie gequält, von der sie gern befreit werden wolle. Sehr starker depressiver Affekt. Reißt sich in der Angst Kleider und Hemd vom Leibe. Widerstrebt einer körperlichen Untersuchung.

Verlauf: 27. Oktober 1892. Hat heute völlig abstiniert, körperliche Untersuchung unmöglich. Dazwischen ruhige Momente, nur darf man sich ihr nicht nähern.

1. November. Hat große Angst, daß ihr hier etwas geschehen werde. Sie leide nur an Heimweh. Versündigungsideen, Sinnestäuschungen nicht nachweisbar. Nahrungsaufnahme leidlich.

10. November. Bei einem Besuch der Schwester ganz ordentlich. Zeigt aber mehr Interesse für den mitgebrachten Kuchen als für

den Besuch. Drängt auf Entlassung. Die Unruhe sei besser. Körperlich: gesund.

16. November. Klagt über innere Unruhe und Angst, die nur durch die ihr fremde Umgebung hervorgerufen werden. Bei der Frage nach ihren Kindern weint sie.

20. November. Energischer Suizidversuch. Wollte sich eine Schlinge um den Hals ziehen. Dauernd sehr unruhig. Jammern, das sich nur um Heimweh dreht, keine Wahnideen oder Selbstanklagen. Große Angst, ohne zu wissen warum. Starke motorische Unruhe.

29. November. Abends furchtbarste Aufregung. Durch vier Pflegerinnen nicht im Bett zu halten. Im Bad versucht Patientin den Kopf unterzutauchen. Sinnloseste Angst.

30. November. Unverändert schrecklichste Angst.

2. Dezember. Wieder ruhiger. Das alte Bild. Sie habe nur Heimweh, zu Hause werde alles wieder gut. Körperlich widerstrebend. Auch während der Angstanfälle orientiert.

19. Dezember. Hochgradigste Angst. Keine Wahnideen. Gibt an, sie höre zuweilen ganz deutlich die Stimmen ihrer Verwandten, die sie mit Namen riefen.

31. Dezember. Sehr energisches Drängen auf Entlassung.

6. Januar 1893. Stete Wiederholung, sie leide nur an Heimweh.

16. Januar. Ziemlich ruhig, aber einsichtslos. Nur zu Hause werde sie wieder gesund. Der Aufenthalt in der Klinik koste so viel Geld, daß zu Hause alles versteigert werden müsse. Stellt in Abrede, je Stimmen gehört zu haben. „Es sei ihr so gewesen."

20. Januar. Beginnt sich etwas zu beschäftigen.

10. Februar. Mit nur leichten Schwankungen bis heute ziemlich ruhig. Heute wieder unruhiger.

12. Februar. Wieder ziemlich ruhig. Gibt jetzt zu, in den ersten Tagen ihres Hierseins große Angst gehabt zu haben, glaubt aber nicht, daß der Aufenthalt hier nötig gewesen sei.

5. März. Entschiedene Besserung. Noch völlig einsichtslos, jammert nur über Heimweh, doch arbeitet sie.

20. März. Bei Besuchen viel vernünftiger. Schwere Träume hätten sie immer wieder in die fürchterlichste Angst versetzt, jetzt sei sie durch den Anblick der Angehörigen beruhigt.

27. März. Ganz munter und vergnügt.

30. März. Jammert wieder wie früher.

10. April. Morphiuminjektionen wirken sichtlich gut. Jammert weniger, hat aber keine Einsicht.

12. April. Bei einem Besuch des Mannes auffallend lustig. Bleibt den ganzen Tag sehr vergnügt, lacht über die Dummheiten, die sie sich in den Kopf gesetzt habe.

26. April. Ganz abnorme Stimmung. Lacht, ist voller Hoffnung, gestikuliert hinter dem Rücken des Arztes. Einsichtsvoll, nimmt sich vor, keinen Rückfall mehr zu bekommen.

27. April. Recht schlechter Tag.

5. Mai. Abgesehen von vorübergehenden Stunden ganz heiterer Stimmung meist das alte Gejammer. Bezwingt sich nur unvollkommen, wenn sie den Arzt in der Nähe weiß. Bei deutlicher innerer Unruhe vermeidet sie zuzugeben, daß sie ängstlich sei.

20. Mai. Große ängstliche Unruhe. Zerzupft ihre Bettdecke in tausend kleine Fetzen. Kaut ihre Nägel ab. Kratzt sich Arme und Beine in stereotyper Bewegung wund, dabei zeigt sie keinerlei Interesse für die Umgebung, ist zeitlich durchaus ungenau orientiert, erkundigt sich nie nach ihren Angehörigen und jammert ganz monoton: sie hätte eine Dummheit begangen, hierher zu kommen, zu Hause gehe alles zugrunde.

16. Juni. Die Unruhe war in den letzten Wochen wieder sehr groß, das Gejammer oft ganz unerträglich. Opiate schienen die Unruhe nur zu steigern. Patientin beschmiert sich ihre Hände jedesmal beim Stuhlgang und schmiert dann den Kot ans Bett und an ihre Kleidungsstücke.

17. Juli. Ziemlich unverändertes Jammern und eintöniges Stöhnen. „Es tritt in ihrer absoluten Teilnahmslosigkeit an allem, in der Einförmigkeit ihrer Klagen, der Unsicherheit in der Zeitbestimmung, ihrer ganz mangelhaften Beurteilung der Krankheit der anderen Patienten immer mehr ein Zug geistiger Schwäche hervor." (?)

16. August. Etwas ruhiger, klagt weniger.

27. August. Wieder deprimierter. Sinnloses, lautes Klagen. Patientin ißt viel und hastig. Alles, was sie an Eßbarem findet, steckt sie in den Mund. Körperlich sehr unreinlich.

9. September. Status idem.

18. Oktober. Noch immer der gleiche Zustand. Sinnloses Jammern. Jedem Zuspruch unzugänglich. Sie wiederholt jetzt oft, ihre Mutter sei an allem schuld, schon als Kind habe sie die Krankheit gehabt, sie hätte nicht heiraten dürfen. Kein Interesse für ihre Umgebung. Beschmiert sich immer mit Kot.

10. November. Bei Besuchen der Angehörigen hat Patientin wiederholt die Befürchtung ausgesprochen, man wolle sie in eine andere Anstalt schaffen. Die Versicherung, daß sie nach Hause dürfe, wenn sie auch nur 8 Tage nicht jammere, beruhigt sie sichtlich. Sie ist dann stets für einige Stunden ganz heiter, aber schon am Abend beginnt das Jammern von neuem.

19. November. Das Jammern der Kranken ist schlimmer wie je. Ein Grund wird nicht angegeben. Sie sei krank, aber schon als Kind krank gewesen.

26. November. Äußerte in den letzten Tagen wiederholt, es sei besser, wenn sie stürbe.

26. Dezember. Patientin war vorübergehend etwas weniger unruhig. Seit heute ist sie wieder sehr laut, läuft jammernd im Zimmer umher. „Ich kann nicht ruhig sein, ich muß halt jammern."

10. Januar 1894. Ist angeblich über Zeit, Ort und Dauer ihres Aufenthaltes nicht orientiert. Immer das gleiche Jammern. Starke motorische Unruhe.

18. Januar. Hochgradigste sinnloseste Angst. Läuft jammernd und händeringend im Zimmer umher. Räumt die Betten aus. Wirft die Matratzen durcheinander. Widerstrebt heftig jedem Versuch, sie ins Bett zu bringen. Gibt keinerlei Auskunft. Plötzlich sinkt Patientin bewußtlos auf den Boden. Puls klein, unregelmäßig. Keine zerebralen Symptome.

19. Januar. Heute hochgradig erschöpft. Über den gestrigen Angstzustand vermag sie keine nähere Auskunft zu geben. Sie habe das tun müssen.

22. Januar. Nur mit Hypnotizis im Bett zu halten.

25. Januar. Sitzt auf den Bettrand gekauert, ringt die Hände, schlägt sie zusammen, biegt den Oberkörper vor- und rückwärts. Jammert mit lauter Stimme in eintöniger Weise. Besuche führen bei längerer Dauer stets eine stärkere Erregung herbei.

3. Februar. Sagt zum Arzt: „Ach wenn ich nur Ihr Gefühl, Ihr Herz und Ihre Seele hätte. Ich hab ja auch Gefühl und hab meine Eltern so schön abgewartet. Ich bleib nicht mehr hier, da ists ja so still und tot, da ist ja gar keine Welt mehr."

28. Februar. Ab und zu einige Tage ruhiger, dann aber wieder sehr erregt und mit ihrem Jammern sehr störend.

März. Zuweilen recht störend durch ihr lautes Jammern und klatschendes Zusammenschlagen der Hände.

20. April. Merklich ruhiger.

7. Mai. Zeitweise ruhig. Gewöhnlich ohne stärkeren Affekt. Gewohnheitsmäßiges Jammern mit monotoner Wiederholung derselben Redewendung. „Sie läßt sich auf Diskussionen ein und antwortet mit Raisonnement." Schlaf und Appetit wenig gestört. Beschäftigung nicht möglich. In Familienpflege entlassen. Gewicht während der Anstaltsbehandlung von 102 Pfund in großen Schwankungen bis auf 114 Pfund gestiegen.

Katamnese: 7. Januar 1895. „Das Befinden meiner Frau ist ein sehr gutes."

Nachuntersuchung: September 1906. Frau St. gibt an, daß die depressive Stimmung, die Angst und das Jammern noch einige Wochen nach der Entlassung angehalten hätten. Dann sei sie ruhiger und langsam wieder ganz gesund geworden. Sie arbeite seitdem gleichmäßig gut auf dem Felde und im Haushalt. Nach Ablauf der Krankheit sei die Stimmung ganz gleichmäßig gewesen, weder übermäßig vergnügt noch traurig, was der Mann bestätigt. Patientin ist jetzt ganz gesund. Sie weiß, daß sie eine Gemütskrankheit durchgemacht hat, meint aber, es wäre doch wohl besser gewesen, wenn man sie nicht so lange in der Klinik zurückgehalten hätte, da sie so sehr unter ihrer Umgebung und an Heimweh gelitten habe. Sehr gutes Gedächtnis, keine senilen Züge.

Ergänzung zur Krankengeschichte: Frau St. erzählt, daß die Krankheit im August 1892 begonnen habe, daß zuerst eine Verstimmung und innere Unruhe aufgetreten seien, ohne daß hierfür ein Grund vorgelegen habe. Die Angst habe sie erst in der Klinik bekommen und fast 1³/₄ Jahre nicht mehr verloren. Sie habe sich keine Selbstvorwürfe gemacht. Die depressiven Ideen, sie sei verloren, käme nicht in den Himmel, sie müsse sich versündigt haben, seien nur Folgen der qualvollen Angst, die sie beherrschte, gewesen. Stimmen will sie nicht gehört haben, es sei ihr nur manchmal vorgekommen, als ob man dies oder jenes unangenehme über ihre Familie sage. „Zu Hause konnte ich nicht mehr schaffen, weil ich krank war. Die Nerven sind schwach gewesen und alles. Ich hab schaffen wollen und hab nichts fertig gebracht, weil ich keine Gedanken mehr hatte." Das Gefühl für die Angehörigen sei immer das gleiche gewesen.

Wie war das Gedächtnis? Ich weiß nicht mehr.
Wie das Entschließen? Ich weiß nicht mehr.
Wie ging es mit dem Denken? Immer gut.
Sonstige Fragen nach Hemmung ergebnislos.

An die Angstparoxysmen und das Schmieren will sie sich nicht mehr erinnern. Die Angst sei das schlimmste gewesen.

Vor 1892 sei sie nie gemütskrank oder auch nur für kurze Zeit schwermütig gewesen. Ihr Leben verlief in ruhigen Bahnen. Sie habe niemals irgendwelche Stimmungsschwankungen gehabt, lebe mit dem Mann seit 41 Jahren in glücklicher Ehe, was von diesem bestätigt wird.

Zusammenfassung: Ohne allen Grund entwickelt sich bei einer bisher gesunden 49 jährigen Frau eine Verstimmung mit innerer Unruhe. Hierzu gesellt sich eine recht hochgradige Angst. Ruhelos ängstliches Umherirren macht die Aufnahme in die Irrenklinik notwendig. Hier äußert die sehr niedergeschlagene Kranke bei lebhaftem Krankheitsgefühl, das nur auf der Höhe der Erkrankung in Abrede gestellt wird, vereinzelte ängstlich gefärbte Wahnvorstellungen, aber keine Selbstvorwürfe. Es treten keine Sinnestäuschungen auf. Das Krankheitsbild wird während der 1³/₄ Jahre währenden Klinikbehandlung fast andauernd von einer großen Angst beherrscht, die sich manchmal bis zu den höchsten Angstparoxysmen steigert. Nach ungefähr ³/₄ jährigem Bestehen der Krankheit wird diese Angst mehrfach von einer kurz dauernden „abnorm heiteren" Stimmung unterbrochen, um dann ⁵/₄ Jahre, anscheinend ohne Unterbrechung mit nur geringen Intensitätsschwankungen fortzubestehen. Der depressive Affekt ist dauernd ein sehr lebhafter. Gebessert entlassen. — Die Nachuntersuchung, 12 ¼ Jahre später, ergibt, daß die Patientin völlig gesund geworden und geblieben ist. Auch leichteste Stimmungsschwankungen sind niemals aufgetreten. Sie hat völlige Einsicht für das Krankhafte der Depression und der Angst. Nachträgliches Fragen nach psychomotorischer Hemmung ergibt nur, daß zu Beginn der Erkrankung die Arbeitsfähigkeit trotz des Willens nachgelassen hat „weil die Gedanken fehlten". Sonstige diesbezügliche Fragen ergeben kein positives Resultat.

Jetzige Diagnose: Manisch-depressives Irresein. Typische zirkuläre Symptome: Mehrfacher kurzdauernder Stimmungsumschlag. Partielle Hemmung?

## Fall 7.

A. H., unverh. Näherin. Geb. 1851 (z. Z. der Erkrankung 52 Jahre alt.)

Verpflegung in der Irrenklinik: 24. November 1903 bis 4. Februar 1904.

Diagnose: Melancholie. Krankheitsdauer: ca. 1 Jahr.

Heredität: Schwester geisteskrank. Der uneheliche Sohn leidet an Katatonie und ist zur Zeit in einer Irrenanstalt.

Vorgeschichte: Pat. war bisher psychisch gesund. Als Näherin strengte sie sich sehr an, ohne viel zu verdienen. Im Februar 1903 machte sie eine schwere doppelseitige Pneumonie durch, zu welcher sich große Herzschwäche gesellte, die nach Überwindung der Lungenentzündung noch längere Zeit bestehen blieb. Die Kranke klagte, ihr Herz täte ihr so weh und wolle brechen, sie müsse ersticken, im Kopf hämmere es andauernd. Bei Tag und Nacht habe sie keine Ruhe, sie könne nicht schlafen, habe keinen Appetit und kein Blut mehr. Im Sommer 1903 änderte sich allmählich das Bild. Die körperlichen Beschwerden traten in den Hintergrund, es gesellte sich zu dem Kopfdruck ein lebhaftes Angstgefühl vor einer unbestimmten Gefahr. Große Unruhe verband sich mit tiefer Niedergeschlagenheit. Es war damals sehr schwer, aus der Kranken etwas über ihren Seelenzustand herauszubringen. Sie besuchte sehr häufig ihren Pfarrer, ging zur Beichte, ließ sich öfters versehen, wollte sterben und äußerte große Reue über ihren früheren Lebenswandel. Auf eindringliches Zureden gab Frl. H. damals zu, daß sie krank sei, und wieder gesund werden wolle. Angst und Unruhe nahmen bei Bett- und Opiumbehandlung langsam ab, bis ein verstärktes Auftreten dieser beiden Symptome die Verbringung in die Irrenklinik notwendig machte, umsomehr, als Selbstmordgedanken hinzutraten.

Status: Pat. ist besonnen, geordnet und orientiert. Gibt auf Befragen gut Auskunft. Ausgesprochen ängstlicher Affekt, ängstlicher Gesichtsausdruck. Die Kranke kann nicht ruhig sitzen bleiben, stöhnt und jammert in lebhafter motorischer Unruhe andauernd vor sich hin, ist aber jederzeit zu fixieren. Sie äußert Versündigungsideen und Angst vor dem bösen Feind, der ihr seit mehreren Tagen erscheine und beständig zu ihr spreche: sie sei verloren, komme in die Hölle, sie müsse verzweifeln usw. Gibt jedoch auf energisches Befragen zu, daß dies alles „nur innerlich" sei. Es besteht ein gewisses Krankheitsgefühl. Somatisch: Kindskopfgroße bewegliche Struma, im übrigen gesund.

Verlauf: 5. Dezember. Liegt meist ruhig zu Bett, jammert, wenn man näher kommt. Immer ängstliche Vorstellungen.

31. Dezember. Jammert in einförmiger Weise, läuft ruhelos umher, schläft unregelmäßig.

4. Januar 1904. Liegt heute still mit geschlossenen Augen im Bett. Begrüßt den Arzt nicht, wie es sonst ihre Gewohnheit ist, schüttelt auf alle Anreden den Kopf, lächelt still. Auf langes Drängen sagt sie einmal, sie sei gesund, verstummt dann gleich wieder.

15. Januar. Liegt meist ruhig im Bett, spricht auch auf Anreden nur wenig und einsilbig. Lächelt nur etwas müde. Schläft genügend.

28. Januar. Seit einigen Tagen beweglicher, stillvergnügt, freundlich, verlangt selbst nach Arbeit.

1. Februar. Vergnügt, freundlich, dankbar, unterhält sich mit anderen Kranken, strickt fleißig, lacht gern, ist einsichtig. Bittet um ihre Entlassung ohne fortzudrängen.

4. Februar. Entlassen.

Nachuntersuchung: August 1906. Patientin ist seit ihrer Entlassung völlig gesund geblieben. Nach Hause zurückgekehrt, schonte sie sich noch einige Wochen. Sie arbeitet seit 2 $\frac{1}{2}$ Jahren regelmäßig und fleißig. Stimmungsschwankungen sind nicht aufgetreten. Jetzt ist sie vollständig gesund und krankheitseinsichtig, auffallend ist nur eine gewisse Labilität der Stimmung: sie erzählt eben noch heiter und lebhaft, um dann plötzlich durch irgend eine traurige Vorstellung zu Tränen gerührt zu werden.

Ergänzung zur Krankengeschichte: Patientin gibt an, vor 1903 keine auch noch so leichte Depression durchgemacht zu haben. Die Periode sei mit 49 Jahren ausgeblieben, mit 51 Jahren noch einmal aufgetreten, um dann dauernd wegzubleiben.

Die Erkrankung, die Patientin selbst als Schwermut charakterisiert, habe sich langsam nach der Lungenentzündung entwickelt. Sie habe sich Gedanken gemacht und gegrübelt, sei ängstlich gewesen und habe immer traurige und ängstliche Vorstellungen gehegt. Jetzt will sie nichts mehr davon wissen, daß sie sich vom Bösen verfolgt geglaubt habe. Stimmen habe sie nie gehört. Nach Hemmungssymptomen während der Krankheit befragt, macht sie keine verwertbaren diesbezüglichen Angaben. Sie sagt nur, alles sei ihr damals schwer angekommen.

Zusammenfassung: Bei einer 52jährigen, bisher gesunden Frau entwickelt sich ein Jahr nach Auftreten der letzten Periode im Anschluß an eine schwere körperliche fieberhafte Erkrankung eine Verstimmung mit lebhafter innerer Unruhe und Angst, welche eine Transferierung in die Irrenklinik notwendig machen. Es treten bei einem gewissen Krankheitsgefühl im Verlaufe der

Psychose vereinzelte Selbstvorwürfe und Versündigungsideen, jedoch keine Sinnestäuschungen auf. Das Krankheitsbild wird von ängstlichen Vorstellungen beherrscht. Nach kurzem Aufenthalt in der Irrenklinik schlägt die Stimmung plötzlich um. Die Depression verwandelt sich in leichte Euphorie, welche mit fast stuporartigen Erscheinungen einhergeht, die jedoch bald verschwinden, während die heitere Stimmung bleibt. Nach dreimonatlicher Anstaltsbehandlung wird die Kranke, nachdem die Verstimmung schon seit zwei Monaten verschwunden war, nahezu gesund entlassen. — Die Nachuntersuchung $2^{1}/_{2}$ Jahre später ergibt, daß die Kranke ganz gesund geworden und von Stimmungsschwankungen verschont geblieben ist. Typische Angaben über psychomotorische Hemmung werden nicht gemacht. Nur die Äußerung, „alles sei ihr so schwer angekommen" während der Krankheit, ist vielleicht im Sinne einer Hemmung zu verwerten.

Jetzige Diagnose: Manisch-depressives Irresein. Typisch zirkuläres Symptom: plötzlicher Stimmungsumschlag in Euphorie mit Hemmung. Partielle Hemmung?

———

Bei unserer zweiten Gruppe spielen offenbar seelische Erschütterungen nicht die Rolle der auslösenden Ursache; bei Fall 7 darf vielleicht eine schwere fieberhafte Erkrankung als solche angesprochen werden. Zwei von unseren Kranken sind erblich ziemlich schwer belastet.

Bei Fall 5 ist der Widerspruch zwischen den Angaben der Krankengeschichte im Jahre 1894, die Kranke habe schon mehrere Jahre vorher eine vorübergehende Verstimmung durchgemacht und den jetzigen Aussagen, laut welchen eine frühere Verstimmung entschieden in Abrede gestellt wird, bemerkenswert. Die kurze Dauer der Krankheit weist schon darauf hin, daß es sich nicht um eine Melancholie im Sinne Kraepelins handeln kann. — Ob die Angabe der Frau B., sie sei von jeher eine grüblerische Natur gewesen, einen Rückschluß auf eine psychopathische Verfassung oder aber auf geringe, nicht angegebene Stimmungsschwankungen schließen läßt, möchte ich dahingestellt sein lassen.

Bei Fall 6 finden wir am 17. VII. 1893 eine Bemerkung über „geistige Schwäche" im Journal, die beweist, wie vorsichtig man mit derartigen Urteilen sein soll.

Bei Fall 7 finden wir wie bei Fall 5 eine auffallend kurze Krankheitsdauer.

Die Nachuntersuchung zeigt uns, daß alle drei Kranke genesen sind. Im übrigen sind wir allein auf Grund der Analyse der Krankengeschichte bei allen drei Fällen berechtigt, trotz fehlender Hemmung (von der auch nach der Gesundung nichts erwähnt wird) die Diagnose Manisch-depressives Irresein zu stellen.

---

Die dritte Unterabteilung besteht aus vier Fällen, die während der Erkrankung partiell gehemmt waren.

## Fall 8.

G. R., verh. Kaufmann. Geb. 1839 (zur Zeit der Erkrankung 56 Jahre).

Verpflegung in der Irrenklinik: 7. Oktober 1895 bis 14. November 1895.

Diagnose: Melancholie. Krankheitsdauer: ca. $1^{1}/_{4}$ Jahre.

Heredität: Der Vater erhängte sich in einem Anfall von Schwermut, ein Bruder ist seit vielen Jahren in einer Irrenanstalt.

Vorgeschichte: Körperliche und geistige Entwicklung normal. Bisher niemals krank. Lernte gut auf der Schule. Nach der Schulentlassung wurde R. Kaufmann, ist seit vielen Jahren selbständig und hat sich ein kleines Vermögen erspart. Pat. war von jeher sehr ängstlich und konnte wenig Alkohol vertragen. Er heiratete vor 30 Jahren. Der Ehe entsprossen sechs Kinder, wovon zwei tot geboren wurden, zwei im ersten Lebensjahre starben und nur zwei Söhne jetzt noch leben, die geistig gesund sind. Die jetzige Verstimmung wird auf eine starke Erregung vor einem Vierteljahre zurückgeführt (geschäftliche Schwierigkeiten). Seitdem ist R. schwermütig, glaubt, sein Geschäft gehe zurück, äußert allerhand Wahnideen, die Gendarmen holten ihn, es sei mit ihm zu Ende, er habe etwas angestellt etc. R. war gleichzeitig verstimmt, ängstlich und innerlich unruhig. Er fühlte sich matt, „schwach zum Arbeiten" und saß in der letzten Zeit ruhig und teilnahmslos herum. Nach einem Badeort zur Erholung geschickt, kehrte er nach wenigen Tagen mit einer akuten Gonorrhöe zurück, bei deren Diagnose er sehr bestürzt wurde. In der letzten Zeit Zunahme der Verstimmung. „Er klagt über Schwindel, Druck im Magen und Kopfweh, die Sprache ist verändert, der Gang ist schleppend, eine Abnahme des Gedächtnisses und der Intelligenz ist wahrnehmbar." (Aus dem bezirksärztlichen Fragebogen).

Status: Pat. ist besonnen, geordnet und orientiert. Die Antworten erfolgen langsam, zögernd, sind aber richtig. R. faßt langsam auf und macht einen teilnahmslosen Eindruck. Auf Befragen gibt er zu, daß er traurig sei, er äußert vereinzelte Selbstvorwürfe und Lebensüberdruß. Er erzählt, daß er in der letzten Zeit nicht mehr so habe arbeiten können, weil er „unsicher in den Fingern gewesen sei, und in den Händen keine Kraft mehr gehabt habe". Seit ein paar Jahren nehme sein Gedächtnis ab „ich kann es nimmer so zusammenbringen". Körperlich gesund.

Verlauf: 10. Oktober 1895. Sagt, seine Waren verfaulten zu Hause, er komme nicht mehr zurück, ihm sei nicht mehr zu helfen, er müsse sterben. Er habe in der letzten Zeit sehr viel Angst gehabt.

15. Oktober. Sehr deprimiert. Ängstlich. „Ich habe keinen Ausweg. Krank bin ich noch, daheim kann ich auch nicht arbeiten. Die Leute sehen mich alle darum an und weichen mir aus. Ich habe halt Fehler gemacht. Das Geschäft kann ich nicht schaffen und das, was ich habe schaffen sollen oder wollen, hab ich nicht gekonnt."

23. Oktober. Fühlt sich körperlich und geistig wohler. „Es ist jetzt alles ruhig, ich hab keinen Drang mehr." Krankheitseinsicht.

2. November. Bedeutende Besserung, fühlt sich freier, hat keine Angst mehr. Erzählt ruhig und besonnen.

9. November. Andauerndes Wohlbefinden.

14. November. Entlassen.

Katamnese: 14. Januar 1902. „Nach etwa einem halben Jahre geheilt. War bis dahin verschlossen, menschenscheu, seit der Heilung wohlgemut. Die Kräfte haben sich zu völliger Gesundheit gehoben. Der Vater, der sich vom Geschäft zurückgezogen hat, ist im Vollbesitz seiner geistigen und körperlichen Kräfte." (Auskunft des Sohnes).

Nachuntersuchung: September 1906. R. ist völlig gesund und einsichtig für seine Krankheit. Er erzählt, daß die Verstimmung noch ca. 3—4 Wochen angehalten habe. Die Krankheit sei langsam gewichen, er sei nachher weder übermäßig lustig, noch gereizt gewesen, sondern ganz so wie früher. Er habe bald nach der Heimkehr das Geschäft seinem Sohne übergeben und seine Äcker verpachtet, da er genug zu leben habe. Seitdem helfe er seinem Sohne. Seit der Entlassung sei er immer ganz gleichmäßig in der Stimmung gewesen und habe insbesondere keine Verstimmung mehr gehabt·

Ergänzung zur Krankengeschichte: R. erklärt, daß er vor der Depression im Jahre 1895 niemals einen ähnlichen Zustand gehabt, daß er weder eine Verstimmung, noch einen Zustand größerer Heiterkeit durchgemacht habe. Seine Stimmung und seine Arbeitsfähigkeit seien immer gleichmäßig gewesen. Über die Krankheit weiß er nur noch wenig zu berichten. Er entsinne sich, daß sie ganz langsam und ohne Grund gekommen sei, er sei verstimmt geworden, die Kräfte hätten nachgelassen, so daß er nicht mehr zu arbeiten vermochte. Das Gedächtnis sei „nicht wie sonst" gewesen. Er habe an nichts mehr Freude gehabt „dadurch, daß der Magen nicht richtig schaffte". Gleichzeitig mit der Erkrankung habe eine Verstopfung begonnen, die sehr hartnäckig gewesen sei. Er habe sich müde gefühlt und aus Ruhebedürfnis lange im Bett gelegen, und keine Lust gehabt, Nahrung zu sich zu nehmen. Soviel er sich entsinnen könne, sei damals das Gefühl für seine Angehörigen nicht vermindert gewesen, das Denken sei ihm nicht schwer gefallen, ebensowenig das Entschließen. An seine Wahnideen vermag er sich nicht mehr zu erinnern. Von Sinnestäuschungen will er nichts wissen. Keine Angaben über universelle subjektive Hemmung.

Zusammenfassung: Bei dem psychisch stets gesunden, erblich schwer belasteten 56jährigen Mann entwickelt sich, vielleicht im Anschluß an Gemütserschütterungen, langsam eine Verstimmung mit vereinzelten ängstlich gefärbten Wahnideen, welche die Veranlassung zur Überführung in die Klinik sind. Im Vordergrunde des Krankheitsbildes stehen weniger die Angst, als die Verstimmung und die Klagen über körperliche Störungen. Es unterliegt keinem Zweifel, daß der Kranke psychomotorisch gehemmt war. Dafür sprechen die erschwerte Auffassung, die Teilnahmlosigkeit, sowie die Klagen des Patienten, er könne nicht mehr so arbeiten, weil die Kraft versage, das Gedächtnis habe abgenommen, er könne „es nicht mehr so zusammenbringen" usw. In der Klinik bessert sich die Verstimmung sehr schnell, so daß der Kranke nach 6 Wochen krankheitseinsichtig entlassen werden kann. Eine schriftliche Anfrage im Jahre 1902 wird dahin beantwortet, daß die Krankheit nach einjähriger Dauer verschwand und der Kranke völlig genas. — Die Nachuntersuchung, 11 Jahre nach der Entlassung stellt fest, daß unser Patient von einer schwereren Depression, sowie offenbar auch von leichten Stimmungsschwankungen verschont geblieben ist. Für die Psychose besteht völlige Einsicht. R., der relativ wenig Erinnerung an die verflossene Erkrankung hat, entsinnt sich jedoch, daß Arbeitsfähigkeit und Gedächtnis im Sinne einer Hemmung gestört gewesen sind, typische Angaben über universelle Hemmung macht er nicht.

Jetzige Diagnose: Manisch-depressives Irresein. Typisches zirkuläres Symptom: Partielle psychomotorische Hemmung.

## Fall 9.

L. Z., verh. Kaufmann. Geb. 1848 (zur Zeit der Erkrankung 53 Jahre).

Verpflegung in der Irrenklinik: 5. Dezember 1901 bis 11. September 1903.

Diagnose: Melancholie. Krankheitsdauer: nahezu $2^3/_4$ Jahre.

Heredität: Keine erbliche Belastung.

Vorgeschichte: Guter Schüler, körperlich und geistig gut veranlagt, wurde Kaufmann, mutete sich in geschäftlicher Beziehung sehr viel zu und übernahm eine Reihe von Nebenposten. War immer sehr fleißig, gewissenhaft, solide und ernst. Sehr geachtet und beliebt. Der bisher geistig vollständig gesunde Mann erkrankte im Mai 1901. Er wurde sehr ängstlich, zog sich von allem zurück, brütete still vor sich hin und jammerte: alles sei verloren, die Familie gehe zugrunde, das Vermögen sei fort. Der Aufenthalt in verschiedenen Sanatorien brachte keine Besserung. Glaubt bei der bezirksärztlichen Untersuchung, der Arzt sei vom Amtsrichter geschickt, um seine Sünden festzustellen und ihn dann umzubringen. Macht sich viele Vorwürfe: er habe seine Kinder schlecht erzogen, er habe sich geschlechtlich vergangen, das Geschäft nicht richtig geführt, als Rechner der Kasse durch falsche Buchung Unterschlagungen begangen und viele Leute um ihr Geld gebracht. Meint, er komme dafür ins Zuchthaus, die Gendarmen würden ihn holen, um ihn auf dem Scheiterhaufen zu verbrennen, denn für ihn müsse eine ganz besondere Strafe erfunden werden. Äußert Selbstmordideen. „Irrte nachts bisweilen im Hause herum, als ob er nicht ganz klar sei."

Status: Pat. ist besonnen, geordnet und orientiert. Er ist zugänglich und gibt gut Auskunft. Tiefe Depression, starker Affekt. Behauptet, er sei nicht krank. Die trüben Gedanken seien die berechtigte Folge der Verhältnisse. Durch Leichtsinn und Faulheit seinerseits sei viel in die Brüche gegangen. Seit Juni habe er nichts mehr gearbeitet, ihm übermittelte Aufträge nicht mehr ausgeführt. Massenhafte Selbstvorwürfe und depressive Ideen: er sei ein unnützes Glied der Menschheit, der unglückseligste Mensch, etc. Körperlich gesund.

Verlauf: 8. Dezember 1901. Pat. ist etwas ablehnend, scheu und mißmutig. Meint, die Welt habe aufgehört zu bestehen; wenn er zum Fenster hinausschaue, sähe er· keinen Menschen. Hier sei er in der Hölle.

9. Dezember. Leidet sehr unter „der Umgebung". Alle Erdenbewohner außer ihm und seiner Familie sind jetzt im Himmel. Das komme alles daher, daß er sich in der frühen Jugend mit Frauenzimmern abgegeben und viel getrunken habe. Den Arzt und den Oberpfleger will er nicht kennen, bezeichnet sie aber richtig. Tiefer Affekt. Ängstlich.

10. Dezember. Läuft nachts herum. Weint, man habe Frau und Kinder geschlachtet.

11. Dezember. Ißt nichts, weil alles Fleisch und Blut seiner Kinder sei.

12. Dezember. Findet an allen Speisen das Blut seiner Angehörigen. Er sei hier im Hurenhaus. Die Welt habe aufgehört. Will nicht nach Hause schreiben, da es keine Post mehr gäbe.

16. Dezember. Hört keine Stimmen. Glaubt, die anderen Kranken verzehrten seine Angehörigen.

17. Dezember. „Gestalten sehe ich wohl, ob das aber Menschen sind?" Reicht nur ungern die Hand, oft nur die Fingerspitzen in ängstlicher Weise, er sei das nicht wert. Sehr unglücklich. Ißt nicht. Ablehnend gegen den Arzt. Spricht aber doch und antwortet: „Ich sehe ja, daß die vielen tausend Leute, die auf der Welt herumspazieren, meine Familie verzehren.

20. Dezember. Weiß, wie lange er hier ist. — „Steht die Welt noch?". Gequält von Gedanken und Zweifeln. „Ich bin im Zorn von Hause fort, wer kann wissen, was passiert ist." Meint, nicht sagen zu können, ob es auch wirklich der Bruder gewesen sei, der ihn besucht habe. „So ausgesehen hat er wohl."

26. Dezember. Will zu seinem Bruder, um zu sehen ob er lebe. Will dessen Handschrift nicht als echt anerkennen.

29. Dezember. Erzählt mit äußerer Gelassenheit, er habe gehört, daß man Frau und Kinder hier morde. Abstiniert.

31. Dezember. Nachts sehr unruhig. Hat große Angst, daß ihm und seiner Familie der Feuertod bevorstehe.

2. Januar 1902. Ängstlich und ganz unzugänglich. Sondenfütterung ohne gewaltsames Widerstreben.

6. Januar. Ißt wieder. Zugänglicher. Hält an seinen Vorstellungen fest.

13. Januar. Glaubt die schrecklichsten Vorstellungen, die andere Patienten bezüglich seiner Familie in ihm erwecken.

18. Januar. Ständige qualvolle Ungewißheit für seine Zukunft und das Schicksal seiner Familie. Er sei gesund, hier solle er gewiß umgebracht werden. Seine Sünden seien unsühnbar. Für ihn werde eine besondere Todesstrafe erfunden. Nahrungsaufnahme fast dauernd minimal, sodaß Pat. meist künstlich ernährt wird.

25. Januar. Starke ängstliche Unruhe. Kann nicht im Bett bleiben. Geht auf und ab, ringt die Hände, kniet nieder, er sei der schlechteste Mensch. Wenn Gott ihn doch schon als Kind zu sich genommen und seine Familie vor Unglück bewahrt hätte. Läßt sich durch Briefe seiner Angehörigen nicht beruhigen; glaubt, sie seien gefälscht.

5. Februar. Badebehandlung hat auffallend guten Erfolg. Ist hinterher bedeutend ruhiger. Bleibt im Bett und ißt seit heute wieder selbst. Gibt auch wieder ruhiger Auskunft. Andere Patienten werfen ihm Ehebruch vor, er habe Kaiser und Großherzog beleidigt, er sei pflichtvergessen, leichtsinnig. In was für einem Hause er denn sei, das seien doch keine Kranken, er sei in einem Zucht- oder Hurenhaus.

14. Februar. Bei Besuch seiner Verwandten zugänglich und beruhigt. Bald quälen ihn jedoch wieder Zweifel, ob die Verwandten noch leben.

25. Februar. Wesentlich ruhiger. Ißt allein. Er könne nicht begreifen, was hier vorgehe. „Es wird hier auf mich eingewirkt, ich muß ins Bett, ins Bad, wozu?" Weiß wie lange er hier ist. Kennt das Datum. Er sehe ein, daß dieses keine Hölle, kein Hurenhaus, kein Gefängnis sei. Sein ganzes Leben sei verfehlt. Er sei ängstlich gewesen, habe geglaubt, er werde eingesperrt, er glaube das bisweilen auch jetzt noch. Die Vorstellungen drängten sich ihm auf. Geisteskrank sei er nicht gewesen, aber verstört. Alles sei auf ihn eingestürzt, er habe soviel Unglück gehabt. Was er angefangen habe, sei nicht geglückt.

März. Polyarthritis rheumatica. Psychisch nicht verändert, spricht wenig über seine früheren Ideen, ist aber immer gedrückt. Seinen Verwandten bringt er stets Interesse entgegen. Erkundigt sich genau nach allen Einzelheiten. Spricht sich aber ihnen gegenüber besonders hoffnungslos aus.

April. Spricht selten spontan. Müde, hoffnungslos. Schreibt nicht an die Verwandten, liest aber ihre Briefe mit Interesse. Stets genau orientiert.

Mai. Weniger klagsam. Schlechte Nahrungsaufnahme. Ekelt sich vor Fleisch.

Juni. Unverändert. Schlechte Nahrungsaufnahme. Geht schwerfällig, wird unterstützt.

Juli. Gut orientiert. Weiß, wie lange er hier ist, kennt die Umgebung. Weiß auch über Beginn und Verlauf seiner Krankheit Bescheid. Er sehe ein, daß er damals, als er sich so viele Vorwürfe machte, krank gewesen sei, ebenso sei seine Befürchtung, er sei hier in der Hölle, krankhaft gewesen. Jetzt sei er zu unrecht hier, er sei gesund und müsse nach Hause. Er könne sich von den Gedanken, daß zu Hause Verluste entstanden seien, nicht frei machen.

26. Juli. Muß künstlich ernährt werden. Jammert dabei, daß man ihn mit Blut füttere.

27. August. Wird dauernd künstlich ernährt. Behauptet jedesmal, es sei Blut. Kein lebhafter offensichtlicher Affekt. Liegt Tag und Nacht still und stumpf da.

6. September. Sträubt sich seit kurzem energisch bei der Fütterung: Er bekomme das Blut seiner Kinder eingepumpt, nicht einmal ein Tier müsse das Fleisch seiner Kinder essen.

23. September. Wird seit einigen Tagen nicht mehr gefüttert, ißt wenig.

30. September. Wird wieder künstlich ernährt.

18. Oktober. Immer das gleiche Bild. Sitzt eingesunken im Bett, beobachtet die Vorgänge in der Umgebung. Tief unglückliches Gesicht. Behauptet jedesmal beim Füttern, es sei das Blut seiner Kinder. Bittet, ihn doch nur einmal ein paar Schritte vor das Haus zu lassen, damit er sehe, wo er sei. Die Briefe, die er erhalte, seien gefälscht. Läuft zeitweise nachts viel herum. Selbstvorwürfe stehen nicht mehr im Vordergrunde, vielmehr das Gefühl, daß er gefoltert und gepeinigt werde, ohne daß er es verdient habe.

22. November. Läuft nachts viel umher. Jammert nie. Keine zeitweiligen stärkeren ängstlichen Erregungen. Nie arztbedürftig, eher ablehnend.

18. Dezember. Die gleichen Befürchtungen und Wahnideen.

16. Januar 1903. Wird dauernd künstlich ernährt. Eigentümliche Gewohnheiten: steht immer, wenn gegessen wird, langsam auf, wandert solange auf dem Korridor herum, bis das Essen zu Ende ist. Liegt und steht immer in sich zusammengekrümmt, die Arme an den Leib gepreßt, mit gebeugten Knieen und gesenktem Kopf. Nicht negativistisch, aber abweisend. Leistet gegen jede Maßregel zunächst Widerstand. Seinen Kindern gegenüber zugänglich aber wortkarg, genau so wie auf der Abteilung. Gibt Auskunft, wenn auch zögernd und mit leiser Stimme.

Februar. Unverändert. Wird täglich gefüttert.

März. Versuchte ein paar Tage zu essen.

April. Wird wieder täglich gefüttert. Immer noch dieselben Ideen, es sei das Blut seiner Kinder.

4. Juni. Ist mit kurzer Unterbrechung dauernd gefüttert worden. Die stille ängstliche Unruhe hat in den letzten zwei Wochen zugenommen. Pat. geht Tag und Nacht in gebückter Haltung und mit ängstlichem schmerzerfülltem Gesicht umher, ohne zu jammern. Setzt allen Maßnahmen aktiven starren Widerstand entgegen. Durch das Herumlaufen waren die Füße angeschwollen.

30. Juni. Verläßt jedesmal beim Essen das Bett. Will nicht mit ansehen, wie Menschenfleisch genossen wird. Tiefer Kummer, kein Jammern.

13. August. Seit 2—3 Wochen sichtliche Besserung. Ißt selbst.

1. September. In der zweiten Hälfte des August sichtliche Besserung. bedeutend freier, interessiert sich für seine Familie, sowie für die Tagesereignisse. Nahrungsaufnahme besser, ißt aber kein Fleisch.

11. September. Entlassen. Gewicht von 133 Pfund bei der Aufnahme auf 92 Pfund gesunken.

Katamnese Oktober 1903. „Dem Vater geht es recht gut."

Nachuntersuchung: August 1906. Z. gibt an, daß er ganz gesund nach Hause gekommen sei. Geistig sei er völlig klar gewesen. Nach der langen Internierung habe es ihm anfangs Mühe gemacht, sich wieder an die Außenwelt zu gewöhnen, er habe sich eingebildet, die Leute sähen ihn wegen seines langen Aufenthaltes in der Irrenklinik an. Dadurch sei er anfänglich im Verkehr zurückhaltend gewesen. Er habe sich jedoch langsam überzeugt, daß seine Befürchtungen unnötig gewesen seien. Nach und nach habe er seine Berufsgeschäfte wieder aufgenommen, einen Teil der ihm vor der Erkrankung übertragenen Ehrenämter jedoch abgegeben. Seit 2³/₄ Jahren arbeite er wieder regelmäßig, besser wie früher, da er jetzt „ganz ruhig und klar" sei, während er vor der Krankheit oft unter einem gewissen Kopfdruck gelitten habe. Arbeitsfähigkeit und Stimmung seien in den letzten drei Jahren völlig gleichmäßig. — Z. ist krankheitseinsichtig, sehr lebhaft und ganz gesund.

Ergänzung zur Krankengeschichte: Z. gibt an, daß die Erkrankung, die er auf Überanstrengung zurückführt im Januar 1901 mit vagen Befürchtungen eingesetzt habe. Bis zum Juni habe er, wenn auch schwerer, gearbeitet, dann habe er nicht mehr gekonnt. Die Heirat seiner Tochter, im Mai 1901, die ihn geschäftlich sehr unterstützte, habe ihn ganz außer Rand und Band gebracht, da er nicht mehr gewußt habe, wie er ohne sie fertig werden solle. Im Beginn der Erkrankung habe er die krankhaft gesteigerte Befürchtung gehegt, daß die ihm anvertraute Kasse nicht in Ordnung sei. Auch eine Revision derselben habe ihn nicht beruhigen können. Er konnte nicht mehr ruhig denken. „Ein Gedanke schlug den anderen nieder, ein Gedanke jagte den anderen und verwarf den vorhergehenden." Das Gefühl der Denkunfähigkeit hatte er nicht, doch bewegten sich seine Gedanken immer im Kreise herum, so daß er weder zu einem Schluß, noch zu einem Entschluß kommen konnte. Solange er noch zu Hause war, hatte er geschäftlich sehr viel zu schreiben, doch brachte er nichts mehr fertig. „Ich hatte das Gefühl, als ob ich ganz vernagelt wäre, als ob ich eine Kappe um den Kopf hätte." Er merkte selbst, daß er lückenhaft schrieb, da er alles durcheinander warf: „ich war nicht einmal mehr imstande, eine Sterbeurkunde richtig auszustellen". Da er einsah, daß er trotz des angespanntesten Willens alles verkehrt machte, wollte er als logische Konsequenz seiner Unfähigkeitsgefühle die ihm übertragenen Ämter nicht mehr behalten. Seine Gedächtniskraft war im Gegensatz zu jetzt und früher so herabgesetzt, daß er sich alles notieren mußte. „Die Lebensfreude war weg." Das Gefühl des innerlichen Gestorbenseins, des Unvermögens zu empfinden, hatte er nicht. Ganz im Gegenteil. — Im Beginn der Erkrankung war es ihm unmöglich, einen richtigen Entschluß zu fassen. Wenn er irgend etwas gemacht hatte, sagte er sich im nächsten Moment, das sei falsch gewesen. Es war jedoch weniger das Gefühl der Entschlußunfähigkeit, als das des innerlichen Zerissenseins. An den Aufenthalt in der Klinik sowie an seine Krankheit hat Z. völlige Erinnerung. Er selbst erzählt von all den in der Krankengeschichte niedergelegten Selbstvorwürfen und Wahnideen. Wie er dazu gekommen sei, zu behaupten, man setze ihm Fleisch und Blut seiner Kinder vor, vermag er nicht zu erklären. Möglicherweise habe sich dieser Gedanke aus der furchtbaren Angst entwickelt, die ihn nahezu $1^1/_2$ Jahre ununterbrochen beherrscht habe. Aus dieser Angst heraus erklärt er sich überhaupt alle Wahnideen. Schlimmer jedoch noch als die Angst sei „das Gefühl der Verlassenheit von Gott und den Menschen", auch vor der Internierung, gewesen. Sinnestäuschungen will er nie gehabt haben. Unter seiner Umgebung in der Klinik habe er immer sehr gelitten. Vor 1901 sei er in der Stimmung immer ganz gleichmäßig gewesen.

Zusammenfassung: Der 53jährige bisher gesunde Mann erkrankt, ohne daß irgend welche seelische Erschütterung vorausgegangen wäre, vielleicht im Anschluß an geschäftliche Überanstrengung, an einer Verstimmung, die von Anfang an mit großer innerer Angst und Unruhe gepaart ist. Es entwickeln sich bald massenhafte Selbstvorwürfe und ängstlich gefärbte Wahnideen, die zur Überführung in die Irrenklinik Veranlassung geben (Kleinheitswahn, Versündigungsideen usw.). Das im Anfangsstadium vorhandene Krankheitsgefühl ist auf der Höhe der Krankheit völlig geschwunden. In der Klinik steigert sich die Angst zu außerordentlicher Höhe, die Wahnideen werden immer phantastischer. Der Kranke ist dabei stets orientiert, trotzdem es häufig zu ängstlicher Mißdeutung der Umgebung kommt. Ob Sinnestäuschungen der Gehörs bestanden haben, ist sehr zweifelhaft. Der Kranke hat keinerlei Arztbedürfnis, ist im Gegenteil immer mürrisch und ablehnend. Monatelang abstiniert er infolge seiner Wahnideen. Bei dauernd sehr lebhaftem depressivem Affekt beherrschen Angst und phantastische oft nihilistische Wahnideen nahezu zwei Jahre das Krankheitsbild, bis sie allmählich mit zunehmender Besserung verblassen. Nach drei Jahren ist der Kranke vollständig gesund. — Die Nachuntersuchung, drei Jahre nach der Genesung, ergibt, daß Z. gesund geblieben ist und völlige Krankheitseinsicht besitzt. In der Krankengeschichte wird weder von objektiver noch von subjektiver psychomotorischer Hemmung etwas erwähnt. Bei der Nachuntersuchung unterliegt es jedoch keinem Zweifel, daß unserer früherer Kranker Angaben über partielle psychomotorische Hemmung macht. (Trotz des besten Willens brachte er nichts fertig, er fühlte sich wie vernagelt, war entschluß- und arbeitsunfähig. Das Gedächtnis glaubte er während der Krankheit herabgesetzt, die Lebensfreude war weg.) Während der Krankheit scheint das Denken nicht gehemmt gewesen zu sein, es bestand im Gegenteil eine ausgesprochene „Gedankenflucht".

Jetzige Diagnose: Manisch-depressives Irresein. Typische zirkuläre Symptome: Partielle psychomotorische Hemmung, Erleichterung des Vorstellungsablaufs (Gedankenflucht).

### Fall 10.

A. R., verh. Landwirtsfrau. Geb. 1859 (zur Zeit der Erkrankung 42 Jahre).

Verpflegung in der Irrenklinik: 27. Juli 1901 bis 17. Februar 1904.

Verpflegung in der Heilanstalt zu X: 17. Februar 1904 bis 4. Juni 1904.

Diagnose: Melancholie. Krankheitsdauer: ca. 4 Jahre.

Heredität: Ein Kind starb an Gichtern.

Vorgeschichte: Mittlere körperliche und geistige Veranlagung, einfache ländliche Erziehung, keine besonderen Charaktereigentümlichkeiten. War bisher niemals krank. Die jetzige Krankheit begann allmählich unter Störungen des Schlafs und Appetits. Ein gewisses Mattigkeitsgefühl und Unlust zur Arbeit traten auf. Bald stellten sich auch Selbstvorwürfe ein. Vor einigen Tagen äußerte die Kranke, ein großer Käfer an der Zimmerdecke bedeute den Teufel, ebenso eine das Haus umkreisende Schwalbe. Die Aufnahme in die Klinik wurde infolge eines sehr energischen Suizidversuchs nötig.

Status: Patientin ist besonnen, geordnet und orientiert. Sie faßt gut auf und gibt prompt und ausführlich Auskunft. Sie schildert sehr anschaulich und benimmt sich natürlich. Es besteht ein an Krankheitseinsicht grenzendes Krankheitsgefühl. Leicht depressiver Affekt. Den Angaben der Kranken zufolge war sie bisher psychisch immer gesund (keine Krämpfe, keine Erregungen und Depressionen). Sie war immer fleißig und hatte „einen Trieb von innen heraus", stets zu arbeiten, sie konnte nie müßig sitzen. Seit etwa einem Jahre ist sie verändert. Im Juli vorigen Jahres blieb die Periode aus, sie glaubte sich in anderen Umständen und schämte sich vor ihrem erwachsenen Sohne. Auch sonst war sie nicht wie früher. Sie fühlte sich arbeitsunfähig, war in gedrückter Stimmung und aß nicht mit Appetit. Nachmittags wurde ihr im allgemeinen wohler. Früher hatte sie Freude am Kirchengesang gehabt, jetzt konnte sie sich kaum zum Mitsingen zwingen. Der Schlaf war noch gut, auch gingen diese Beschwerden wieder zum Teil zurück, als die Regel wieder auftrat. Bald stellten sich jedoch dieselben Symptome wieder ein. Die Arbeit ging ihr nicht mehr von der Hand wie früher, sie zwang sich zwar dazu, bald tat ihr aber der Arm weh, bald war sie so müde, daß sie sich ins Bett legen mußte. „Es war immer so unterschiedlich", heute hatte sie Appetit, morgen wieder nicht. Sie machte sich Gedanken, was das wohl für eine Krankheit sei, ob sie wieder besser werden könne, was aus den Kindern würde, wenn sie stürbe usw. Allmählich wurde sie immer gedrückter. Sie war überzeugt, daß die Angehörigen ihrer überdrüssig geworden waren, daß sie dem im Hause lebenden Großvater das Leben verleidet habe. Da sie fürchtete, daß ihre Krankheit ansteckend sein könne, hatte sie verboten, daß das Brot im Hause gebacken werde. Als sie hörte, daß dieser Anordnung nicht Folge geleistet wurde, kam ihr plötzlich der Gedanke, daß sie ja die Ursache sei, wenn die andern durch das Brot erkrankten. Sie nahm ein Rasiermesser und durchschnitt sich den Hals. Wie sie diesen Gedanken fassen konnte, ist ihr jetzt unklar, vorher hatte sie nie dergleichen Ideen. Patientin ist durch das Gespräch sichtlich ermüdet und entschuldigt sich selbst, sie sei seit Beginn ihrer Krankheit „so schwachsinnig und vergeßlich". Tatsächlich antwortet sie aber prompt. Körperlich: gesund.

Verlauf: 28. Juli. Heute Nacht plötzlich sehr heftige Erregung, schrie und jammerte laut: sie habe die ganze Welt unglücklich gemacht, sie sei vom Teufel besessen, alle Menschen käme durch ihre Schuld in die Hölle.

30. Juli. Patientin hat Stunden, in denen sie objektiv und ruhig über ihre Erregungen spricht und eine gewisse Krankheitseinsicht zeigt. Sie habe sich solche Dummheiten eingebildet, jetzt komme das nicht wieder vor, sie begreife selbst nicht, wie sie dazu gekommen sei. — Wiederholt abends sehr starke Erregungen, in welchen sie sich alle möglichen Sünden vorwirft.

4. August. Pat. bringt in ihren Erregungen jedesmal neue Selbstvorwürfe vor: sie habe aus Unwissenheit eine Sünde nicht gebeichtet, keine Geduld im Kindbett gehabt, sie hätte die Schmerzen standhafter aushalten müssen usw. Glaubt, der Teufel habe sie in Gestalt eines Käfers oder einer Schwalbe holen wollen.

8. August. Erzählt, sie habe im Frühjahr Anfälle von Schwäche gehabt, eine Schläfe war rot und brannte, sie hatte Kopfschmerzen, die sie auch jetzt wieder spürt. Glaubt, sie sei daran schuld, daß es draußen regne, daß die Bauern ihre Ernte nicht heimbringen könnten usw. Zwei Kranke hätten einen verbundenen Hals, das bedeute, daß ihre Kinder dieselbe Krankheit hätten. Ihr Mann habe sich erhängt, sie wisse es, denn sie habe am Ende ihres Zopfes nicht wie sonst Haare gewunden, sondern einen Knoten gemacht, das bedeute einen Strick. Die Erregungen dauern meist einige Stunden und kommen alle 1—2 Tage. Zwischendurch ist die Kranke ziemlich ruhig und spricht objektiv von ihren Erregungen als von etwas Krankhaftem.

18. August. Viel ruhiger. Gibt selbst an, es sei ihr morgens besser als abends.

24. August. Häufig ängstlich, verweigert mitunter das Essen. Jammert zeitweise leise, sie sei daran schuld, daß die Leute hier alle krank seien.

4. September. Die Kinder hätten Totenköpfe und müßten auch noch hierher.

21. September. Im ganzen ruhig, weint nur stundenweise. Sie sei überzeugt, zu Hause sei eine Leiche. Ein Taschentuch, das eine Kranke am Fenster befestigt habe, sei ein direkter Beweis dafür. Sieht an der Wand ein Gesicht mit zwei großen Augen.

26. September. Schreit oft ganz verzweifelt.

1. Oktober. Weint laut „meine Kinder sind verloren", Gott habe es ihr eingesagt.

12. Oktober. Im ganzen weniger ängstlich. Tiefbekümmertes Gesicht, weint um ihre Kinder, die sie unglücklich gemacht habe.

23. Oktober. Gibt zu, geisteskrank gewesen zu sein. Jetzt sei ihr etwas besser. „Es war ein Wirbel im Kopf." Viele Selbstvorwürfe. Meint, ihr Gedächtnis sei schon lange Jahre schlecht, sie habe immer alles vergessen.

10. November. Täglich heftiges Weinen und Jammern, am häufigsten morgens.

29. Dezember. Leichte Besserung. Anfälle von Weinen und lautem Jammern werden durch jedes Gespräch leicht ausgelöst. Viele Selbstvorwürfe.

25. Januar 1902. Ganz allmählich leichte Besserung, weint weniger.

3. Februar. In einem Briefe an die Schwester schildert sie sich als den unwürdigsten aller Menschen. Glaubt, sie komme ins Zuchthaus, ihre Angehörigen durch ihre Schuld in Hölle und Verdammnis. Sie sei schuld daran, daß alle Menschen krank würden. „Gott gibt mir alles in den Sinn, ich kann Dir einen ganzen Bogen voll lauter Bedeutung schreiben, Du hast nicht gesehen, was er für Zeichen getan hat."

5. März. In der letzten Zeit anfallsweises heftiges Weinen und Klagen, das jedoch selten länger als eine Viertelstunde dauert. Lebhaftes Interesse für andere Kranke.

10. März. Die Kranke wehrt sich gegen die neuen rotgestreiften Bettücher. „Da bin ich daran schuld, Gott hat es von oben dem Fabrikanten eingegeben, daß er die Tücher so rot färbt, das ist das Blut des Heilandes, welches durch mich vergossen wurde."

14. April. Nach dem Besuche des Bruders sehr erregt: „Der muß fort nach Amerika, sonst hätte er mich gewiß nicht besucht."

Mai. In letzter Zeit mehrfach heftiger Affektausbruch mit Jammern und Schreien von mehrstündiger Dauer.

Juni. Unverändert.

15. Juli. Morgens regelmäßig heftige Angst.

15. August. „Hätt ich doch nicht geheiratet und so viele Kinder zur Welt gebracht. Bringt sie fort, bringt sie um." Rennt mit dem Kopf gegen die Bettstelle.

3. September. Liegt größtenteils mit traurig ängstlichem Gesichtsausdruck ruhig im Bett. Der Kopf ist abgehoben, die Kranke starrt vor sich hin. Jede Ansprache löst anhaltendes Jammern aus. Rasche Beruhigung im Bade. Während der Erregung reißt sich die Kranke die Haare aus, stößt den Kopf an die Bettlade und schreit durchdringend „meine Kinder, meine Kinder".

13. September. Zeigt dem Arzt spontan allerlei Tiere an der Wand, die sich bewegen „und die Mäuler immerfort auf- und zuklappen". Das bedeute: „Iß, wenn Du was hast, und bedeutet mich, weil ich nichts mehr zu essen bekomme, wenn ich aus der Anstalt entlassen werde." Vor dem Fenster hat sie mehrfach ihren Namen rufen hören.

3. Oktober. „Der Kaiser wird kommen mit einem großen Heer und wird mich nach Amerika führen und dort werde ich von dem ganzen Heer erschossen." Sieht wieder Tierfiguren an der Wand und deutet sie in ängstlicher Weise. Völlig orientiert, keine Wissensdefekte.

26. Oktober. Heftige Angst. Im Bade nur geringe Beruhigung, stößt den Kopf gegen die Wanne.

November. Bedeutend ruhiger, spricht nie spontan. Produziert ihre Ideen in ruhiger Weise.

Dezember. Macht, sich selbst überlassen, fast einen stumpfen Eindruck, jammert nur selten mehr leise vor sich hin.

Februar 1903. Jammernd im Bett. Spricht selten aus freiem Antrieb. Setzt sich mit ihrer Umgebung nicht in Verbindung. Deprimierter Gesichtsausdruck. Gering ausgeprägtes Mienenspiel. Macht bei flüchtiger Beobachtung einen sehr gleichgültigen Eindruck. Zieht man sie jedoch ins Gespräch, so wird sie lebhaft und gibt über ihr Vorleben und ihre

Wahnideen gute und anschauliche Auskunft. Sehr starker Affekt, weint laut. Lebhaftes Interesse für ihre Familie. Zugängliches und natürliches Benehmen.

März. Hin und wieder auftretende heftige Angstzustände. Ganz phantastische Befürchtungen: Die Kinder seien von Ratten aufgefressen, sie müsse mit dem Kaiser selbst nach China ziehen u. dergl.

6. April. Wird im Gespräch bald lebhaft. Kein Krankheitsgefühl. Völlig orientiert. Gibt an, sie habe in den ersten 9 Monaten ihres Hierseins ohne Nachlaß denken müssen, daß es ihr schier das Hirn zerrissen habe. Wenn sie jetzt nicht wolle, brauche sie nicht zu denken. Die Angst ist ebenso stark wie früher und wird in der Herzgegend lokalisiert. Über ihr Vorleben gibt sie an, daß sie vor der Ehe bleichsüchtig gewesen sei und oft nicht habe aufstehen mögen. An manchen Tagen sei ihr das Arbeiten sehr schwer gefallen. Nach der Heirat sei sie ganz gesund geworden. Im Jahre 1900 sei sie sehr rasch ermüdet. Im Winter 1900/01 war sie nicht traurig, aber immer müde und konnte die Arbeit kaum mehr meistern. Im April 1901 ging es wieder besser, im Juni 1901 wieder weniger gut, sie fühlte sich sehr schwach und krank. Als sie zur Beichte ging, „da wars auf einmal fertig, ich hab nichts mehr gewußt, kein Wort kam mir in den Sinn". Schon 1—2 Jahre vorher habe sie häufig ähnliche Zustände gehabt: „Wenn ich gemeint hatte, ich habs zusammen, wars, wie wenn man es mit einer Gabel auseinandergezettelt hätte, da hab ich gedacht, Du hast ja gar keine Sinne mehr".

Massenhafte Versündigungsideen, Selbstvorwürfe und ängstliche Vorstellungen: „Ich muß 90 Jahre alt werden, dann muß ich in die Luft" usw.

26. April. Hat in den letzten Tagen kaum Nahrung zu sich genommen und wird deshalb künstlich ernährt. Tief deprimiert. Viel Affekt, die Kinder seien tot. Gott habe ihr eingegeben, sie sei ein Teufel in Menschengestalt.

Juni. Ißt leidlich. Liegt, das Gesicht gegen die Wand gekehrt, im Bett. Spricht niemals spontan, äußert keine Wünsche und keine Klagen. Weint häufig laut. Sobald man sie anspricht, zeigt sie sehr tiefen Affekt und bringt ihre früheren Klagen in unveränderter Weise vor. Schreibt nie an ihre Angehörigen und ist trotz Drängens nicht dazu zu bewegen, es habe ja keinen Zweck, da alle tot seien.

Dezember. Unverändert. Liegt still im Bett, spricht spontan fast niemals Sagt, sie sei so traurig, weil alle ihre Angehörigen hingerichtet worden seien. Sie habe zwei Köpfe an der Wand gesehen, welche die Sonne hingezeichnet habe, das bedeute Hinrichtung. Alles habe seine besondere Bedeutung. Stimmen will sie hier niemals gehört haben, wohl aber zu Hause, dort habe sie „so halb und halb" gehört, sie würde von Gendarmen geholt, alles sei verloren, sie sei schuld usw. Die Kranke schläft und ißt genügend. Die Gewichtskurve steigt langsam.

Januar 1904. Bringt immer wieder dieselben Klagen und Selbstvorwürfe vor. Die Angehörigen sind tot, die ganze Welt ist verloren, sie ist die Schlechteste auf der Erde.

17. Februar. Nach X. überführt.

(Aus der Krankengeschichte der Heilanstalt X.)

20. Februar. Völlig orientiert. Gibt an, daß sie zu Hause drohende Stimmen gehört habe, in der Heidelberger Klinik habe sie „Eingebungen von Gott" gehabt. Anfangs habe sie dort fortwährend denken müssen. Ein Gedanke jagte den anderen, es waren meist Selbstvorwürfe und die zwangsmäßige Vorstellung, an allem schuld zu sein. Sie sah auch sonderbare Gesichter an der Wand. Jetzt noch viele Selbstvorwürfe und ängstliche Vorstellungen.

24. Februar. Immer ruhig mit trübem Gesichtsausdruck im Bett. Ißt wenig, macht sich Gedanken, was das Essen, das man ihr reicht, wohl zu bedeuten habe.

28. März. Brief an die Angehörigen: „Es läßt mir keine Ruhe mehr, ich weiß nicht, ob Ihr noch am Leben seid, denn es geht alles so sonderbar zu, und jede Nacht sehe ich etwas anderes. Ich sollte nicht geboren sein, und die Kinder hätte ich nicht in die Welt setzen sollen. Gott hätte ein Zeichen tun sollen, daß ich nicht in den Ehestand gekommen wäre. Ich muß leben, solange die Welt steht. Ich habe keine Ruh und keine Rast. Geht fort aus unserer Wohnung. In der Nacht kommt der böse Feind, der auch über mich gekommen ist, und Ihr seid dann alle verloren. Es grüßt Euch alle, ich kann nicht schreiben Frau und auch nicht Mutter, weil ich es nicht bin."

1. Mai. Im ganzen freier.

16. Mai. Äußert auf Befragen die alten Sorgen und Befürchtungen um ihre Angehörigen.

4. Juni. Keine rechte Freude. Entlassen. Meint, sie müsse ins Zuchthaus, weil sie sich vor drei Jahren in den Hals geschnitten habe.

Nachuntersuchung: August 1906. Als Frau R. von X. entlassen wurde, glaubte sie immer noch, sie sei daran schuld, daß alle Menschen in Irrenanstalten, daß ihre Angehörigen tot seien und ihr Anwesen versteigert worden sei. Hätte man sie nicht so lange eingesperrt, dann hätte sie sich wohl von der Wahnhaftigkeit dieser Vorstellungen überzeugen können, meint sie jetzt. Zu Hause glaubte sie anfänglich, ihren Angehörigen müsse etwas Schreckliches zustoßen. Da sie aber ihrem Manne das Herz nicht habe schwer machen wollen, habe sie ihre Befürchtungen nur ihrer Nichte anvertraut. Als sie aber gesehen hätte, daß Tage und Wochen ohne Unglück vergingen, habe sie sich langsam beruhigt. Im Anfang habe sie nicht recht arbeiten können. Nach wenigen Monaten sei es aber auch damit wieder besser gegangen. Schließlich ging es wieder wie früher. Auch die ängstlichen Befürchtungen verloren sich vollständig. Als die krankhaften Symptome gewichen waren, war sie wieder ganz wie früher, weder gereizt, noch besonders heiter. Seit zwei Jahren sind Stimmung und Arbeitsfähigkeit gleichmäßig gut. Die Periode ist seit zwei Jahren unregelmäßig und trat zum letzten Male vor sechs Wochen auf. Vor einem Vierteljahre starb der Mann nach langer schwerer Krankheit. Auf diese seelische Erschütterung reagierte sie nicht in krankhafter Weise. Jetzt ist Frau R. völlig gesund, krankheitseinsichtig, lebhaft, leicht erregt, wenn sie an die lange Internierung und an die großen Kosten denkt, die damit verbunden waren. Sie selbst findet, daß ihr Gedächtnis wieder sehr gut geworden ist.

Ergänzung zur Krankengeschichte: Auf die Frage nach früheren Depressionen erzählt Frau R., daß sie ungefähr zwei Jahre vor Ausbruch der in Rede stehenden Krankheit den Sommer über sehr unruhig, aber nicht ängstlich gewesen sei. Die Arbeit verrichtete sie sehr hastig, wenn sie z. B. wusch und Leute aufs Feld gehen sah, dachte sie, sie müsse auch dorthin, anstatt, daß sie ihre Arbeit fertig machte. Sie dachte immer, „jetzt soll ich hier sein, jetzt soll ich dort sein, jetzt soll ich dies schaffen, jetzt jenes". Die Gedanken waren oft „so verschwunden". „Wenn ich dies oder jenes langen wollte, gleich habe ich es nicht mehr gewußt." Sie war während dieser mehrere Monate anhaltenden Unruhe weder ängstlich noch verstimmt und quälte sich nicht mit Vorwürfen oder ängstlichen Vorstellungen. Das Arbeiten ging gut, sie empfand keine Hemmung. Die Krankheit im Jahre 1901 habe ganz langsam mit „Schwäche und Gedanken" begonnen. Sie habe immerzu denken müssen, die Gedanken seien haufenweise gekommen. Sie habe nicht mehr arbeiten können, die Glieder seien wie lahm gewesen. „Das Schaffen hat nicht gehen wollen, es ist nicht, wie wenn ich nicht gewollt hätte, ich habe nicht gekonnt. Die Lebensfreude war weg, ich hatte an nichts mehr Freude. Mein Mann führte mich hinaus aufs Feld und ließ mich die Frucht schauen, ich hab sie gar nicht angesehen." Sie habe sie nicht angesehen, weil sie immer geglaubt habe, sie brauche doch nichts mehr. Sie habe sich gleichgültig gefühlt und doch Angst gehabt, daß ihren Angehörigen etwas geschehen würde. Das Gedächtnis sei „ganz kurz" gewesen, „immer alles gleich verschwunden". Jetzt sei es gut, sie habe ein besseres Gedächtnis wie ihre Kinder. Die Angst und mit ihr die furchtbaren ängstlichen Vorstellungen seien nach und nach gekommen und hätten sie jahrelang nicht verlassen. Alles habe sie in ängstlichem Sinne umdeuten müssen, alles habe seine Bewandtnis gehabt. Im übrigen wiederholt sie die schon in der Krankengeschichte niedergelegten Befürchtungen, Wahnideen usw. Sie will niemals Sinnestäuschungen gehabt haben. Sonstige Fragen nach psychomotorischer Hemmung sind resultatlos. Bis zu der in Rede stehenden Krankheit will Frau R. in der Stimmung immer ganz gleichmäßig gewesen sein.

Zusammenfassung: Zwei Jahre vor Ausbruch der jetzigen schweren Erkrankung hatte Pat. häufig für kurze Zeit das Gefühl des Unvermögens zu denken, und empfand eine gewisse Unrast. Mit 42 Jahren erkrankte die bis dahin angeblich gesunde Frau ohne äußere Veranlassung. Eine ausgesprochene partielle Hemmung trat auf: die Kranke fühlte eine große Schwäche, Unlust und Unfähigkeit zur Arbeit, sie empfand keine Freude mehr, sie kam sich „schwachsinnig und vergeßlich" vor. Von sorgenvollen Gedanken bedrückt, wurde sie zusehends trauriger und fühlte sich krank. Nach und nach kamen Angst, Unwürdigkeitsideen und Selbstvorwürfe hinzu. Ein energischer Selbstmordversuch, machte ein Verbringen in die Irrenklinik nach Prodromen mit den oben geschilderten krankhaften Veränderungen von ungefähr einem Jahre notwendig. In der Klinik steigerte sich die Krankheit sehr rasch. Bei großer, häufig paroxysmal auftretender Angst und tiefem Affekt wurde die Kranke jahrelang von Selbstvorwürfen, Unwürdigkeits-, Versündigungsideen und ganz phantastischen ängstlichen Vorstellungen beherrscht. Es kam ferner zur Entwicklung dürftiger Größenideen: Die Kranke glaubte, sie werde vom Kaiser nach Amerika geführt und dort vom ganzen Heer erschossen. Dabei bestand fast immer ein intensives Krankheitsgefühl. Alles, was die Kranke sah und hörte, hatte seine bestimmte Bedeutung in ungünstigem Sinn. Es erscheint sehr zweifelhaft, ob jemals Sinnestäuschungen aufgetreten sind. Jedenfalls aber bestanden lange Zeit hindurch in ängstlich-phantastischem Sinne gedeutete Illusionen und „Einsprechungen", aber kein Gefühl psychomotorischer Hemmung. Die Kranke scheint im Anfange des Aufenthaltes in der Klinik sehr unter einer gewissen Gedankenflucht gelitten zu haben. Nach ca. zwei Jahren verlor sich nach und nach die Angst, während die anderen krankhaften Symptome bestehen blieben. Es konnte eine ausgesprochene Erregbarkeit des tiefen depressiven Affekts beobachtet werden. Nach $3^{1}/_{2}$ jähriger Anstaltsbehandlung wurde die Kranke gebessert entlassen. — Die Nachuntersuchung $2^{1}/_{4}$ Jahre später ergibt, daß die zur Zeit der Entlassung noch bestehenden ängstlich gefärbten Wahnideen sich langsam verloren. Die Stimmung wurde eine gleichmäßig ruhige. Die Patientin war nach ungefähr 4 jähriger Krankheitsdauer wieder wie früher. Seitdem sind keinerlei Stimmungsschwankungen aufgetreten. Jetzt ist Frau R. völlig krankheitseinsichtig und ganz gesund. Den jetzigen Angaben zufolge erscheint es nicht ganz ausgeschlossen, daß der in Rede stehenden Erkrankung zwei Jahre zuvor eine mehrmonatliche krankhafte innere Unruhe und Unstetigkeit ohne irgend welche sonstigen Begleitsymptome vorausgingen. In den folgenden zwei Jahren sind kurzdauernde Anfälle von Denkunvermögen, die der Kranken auffielen, aufgetreten. Die schon in der Krankengeschichte erwähnten Symptome particller subjektiver Hemmung werden bestätigt und ergänzt.

Jetzige Diagnose: Manisch-depressives Irresein. Typische zirkuläre Symptome, a) depressive: partielle Hemmung,

b) manische: Gedankenflucht, ausgesprochene Erregbarkeit. Abortivanfälle vor der Erkrankung?

## Fall 11.

M. M., verw. Wirtsfrau. Geb. 1842 (z. Z. der Erkrankung 62 Jahre). Verpflegung in der Irrenklinik: 1. Novbr. 1904 bis 15. Aug. 1906. Diagnose: Melancholie. Krankheitsdauer: ca. $3^3/_4$ Jahre.

Heredität: Eine noch lebende Schwester war wegen Aufregungszuständen verschiedentlich in Irrenanstalten, soll aber immer wieder gesund geworden sein.

Vorgeschichte: Über frühere Krankheiten ist nichts bekannt. Mit 27 Jahren gebar die Pat. ein Kind, das ein halbes Jahr nach der Geburt starb. Heirat mit 28 Jahren. Die Kranke war von jeher eine eigenartige, verschrobene, geizige und nörgelnde Person. Der erste Mann starb 1886, ein Jahr später heiratete sie den zweiten Mann. Die Ehen sollen keine sehr glücklichen gewesen sein. Von jeher litt die Kranke unter mehrfach im Jahre auftretenden Migräneanfällen, die mit Erbrechen einhergingen. — Die jetzige Krankheit begann vor zwei Jahren, nach dem Verkauf des eigenen Hauses. Die Kranke machte sich Vorwürfe über dieses Geschäft, zu dem sie den Mann veranlaßt hatte, ferner auch, daß sie ihre Schwester in Geldangelegenheiten geschädigt habe, daß sie deren Verlangen, an ihr Sterbebett zu kommen, nicht berücksichtigt habe. Sie hatte häufig Angst das Geld lange nicht mehr, sie sei eine arme Frau usw. Vor 10 Tagen starb der Mann plötzlich am Herzschlag. Seitdem steigerten sich die obengenannten Symptome. Die Kranke machte sich Vorwürfe, sie habe ihren Mann nicht recht gepflegt usf. Die Angst nahm zu und als Selbstmordideen auftraten, wurde sie in die Klinik verbracht. Auch vage ängstliche Befürchtungen, man wolle sie holen usw. traten in den letzten Tagen auf. Mit 48 Jahren Menopause.

Status: Besonnen, geordnet und orientiert. Faßt gut auf, gibt prompt und sinngemäß Antwort. Keine Hemmung. Sehr lebhafter, tiefer Affekt. Über ihr Vorleben gibt die Kranke gut Auskunft. Sie gibt an, sie sei von jeher etwas hitzig, immer „so unruhig im Schaffen und in allem" gewesen. Die obenerwähnten Selbstvorwürfe äußert sie auch hier mit lebhafter Gefühlsbetonung. Sie klagt über Unruhe und Angst, welche sie in der Magengrube lokalisiert. „Ich hätte meinen Mann mit dem Haus nicht so plagen sollen, ich hätte mich gegen die Schwester nicht versündigen sollen, jetzt hab' ich den Wahn, wenn ich den heraus hätte, hätte ich Ruh." Sinnestäuschungen will sie niemals gehabt haben, nur sehr schwere Träume in der letzten Zeit. Auf der Straße hätten die Leute sie so seltsam angesehen und beobachtet. Körperlich: Arteriosklerose mäßigen Grades, im übrigen gesund.

Verlauf: 2. November 1904. Viele Selbstanklagen, läßt sich aber fixieren. Arztbedürftig.

5. November. Leises Jammern, klagt über Druck in der Magengegend, Aufstoßen usw. Vom Probefrühstück nach einer Stunde wenig Rückstand. Kein Schleim, keine Milchsäure, gute Salzsäurereaktion.

10. November. Klagt über Unruhe und Angst. Fühlt sich verlassen von aller Welt.

26. November. Einförmige Selbstvorwürfe wegen des Hausverkaufs, der Prozeßangelegenheit mit der Schwester etc. Ständige innere Unruhe. Ausgesprochene Hoffnungslosigkeit.

20. Dezember. Appetit wechselnd, Schlaf nur auf starke Hypnoticis. Die alten Selbstvorwürfe. Wird durch keine Vorgänge in ihrer Umgebung von ihrem Jammern abgelenkt. Besuch der Verwandten, den sie selbst gewünscht hat, wirkt günstig.

15. Januar 1905. Viele hypochondrische Klagen. Muß sich immer „Gedanken und Vorwürfe" machen und findet keine Ruhe. Öfters Zeiten, in denen sie sich etwas freier fühlt.

15. Februar. Unverändert.

15. März. Etwas ruhiger. Sehr arztbedürftig. Tiefes Krankheitsgefühl.

28. März. Verstärktes Jammern.

10. April. Stets natürliches Benehmen, immer zugänglich und orientiert. Ganz mit sich und ihren trüben Gedanken beschäftigt. Es ist unmöglich, sie zum Lesen oder Arbeiten anzuhalten.

9. Mai. Wechselnde Stimmung. Abends gedrückter, klagt über Magenschmerzen.

21. Mai. Heute stärker erregt, weil sie von der zweiten in die dritte Verpflegungsklasse versetzt wurde.

30. Mai. Die Kranke ist in letzter Zeit wieder unruhiger. Sie weint und jammert viel, sie mache sich sehr viele Vorwürfe, sie fühle sich so unglücklich, glaube, daß sie nie wieder gesund würde.

7. Juni. Lebhaftes Krankheitsgefühl. Erzählt, daß eine Stimme ihr früher gesagt habe, sie solle sich umbringen. Zahlreiche Selbstanklagen. Weint und jammert viel.

Juli. Viele hypochondrische Beschwerden. Sie habe das Gefühl als ob der Magen sich herumdrehe, als ob ein Wurm drin sei. Keine Stimmungsschwankungen.

29. September. Seit einigen Tagen stärkere Erregung, sie sei so elend, Alles sei verloren, wenn man so wie sie gewesen sei. Durch ihr lautes Jammern und Klagen sehr störend. Allerhand Sensationen im Magen.

5. Oktober. Zunehmende Erregung. Jammert laut, wälzt sich im Bett umher, klagt über Angst und Magenbeschwerden und äußert die alten Selbstanklagen. Schläft schlecht.

15. Oktober. Andauernd heftiges Jammern, sie fühle sich unglücklich, verloren, werde nie mehr gesund, leide unter fürchterlicher Angst.

25. Oktober. Heute Nacht sehr erregt, läuft mit angsterfülltem Gesicht sehr lebhaft gestikulierend herum, bittet den Arzt um Hilfe.

5. November. Seit einigen Tagen etwas ruhiger.

Dezember. Vieles Klagen und Jammern, auch nachts. Zahlreiche Selbstvorwürfe.

3. Februar 1906. Etwas ruhiger, hat selbst ein Gefühl dafür.

22. März. Seit einigen Tagen fühlt sich die Kranke leichter, klagt und jammert nicht mehr soviel wie früher.

15. April. Wieder stärker erregt. Die Selbstanklagen treten stärker hervor.

Juni. Andauernde Depression und zahlreiche hypochondrische Klagen. Nicht mehr so erregt wie früher, fürchtet, sie werde nie mehr gesund. Lächelt zuweilen.

2. Juli. Arbeitet seit einigen Tagen fleißig. Lächelt freundlich, macht einen viel freieren Eindruck, fühlt sich auch selbst wohler. Hie und da tauchen noch einige Klagen auf.

17. Juli. Die gute Stimmung hält an. Die Kranke geht auf Scherze ein, lacht, singt bisweilen. Gute Einsicht für den überwundenen Depressionszustand, macht Pläne für die Zukunft, schreibt Briefe. Zuweilen noch vereinzelte hypochondrische Klagen.

30. Juli. Fleißig, freundlich, lächelt viel, lacht bisweilen, klagt manchmal noch über Magendrücken. Unternimmt die geeigneten Schritte für die Entlassung.

15. August. Fühlt selbst, daß die Stimmung jetzt eine gute ist, nur der Magen sei noch „schlaff und bewege sich", doch mache ihr das nicht viel Sorgen. Im Kopf fühlt sie sich ganz leicht, wie es ihr früher nie gewesen sei, auch vor der Krankheit nicht. Jetzt könne sie alles denken, wie früher auch, sie mache sich nur noch selten Vorwürfe, während der Krankheit sei das ganz anders gewesen. Sie habe immer und zwar stets dasselbe denken müssen, aber das Gedachte nicht aussprechen können, weil es ihr weh getan habe. Das Denken sei ihr ein wenig schwer gefallen. Während der Krankheit habe sie viele grundlose ängstliche Befürchtungen gehabt. Sie habe aber immer alles gesehen, alles gewußt und könne sich an alles erinnern. In der Erregung habe sie nicht gedacht, daß sie krank sei. Eine eingehende Anamnese deckt keine früher vorhandene Depression oder Erregung auf. Zwei Jahre vor der jetzigen Erkrankung war sie aufgeregt und das Arbeiten fiel ihr schwer, worüber sie sich Vorwürfe machte. Es tat ihr weh, ihrem Haushalt nicht nachkommen zu können.

16. August. Gesund und krankheitseinsichtig entlassen.

Nachuntersuchung: Dezember 1906. Frau M. fühlte sich bei der Entlassung völlig gesund. Die verwickelten Vermögensverhältnisse, die sie zu Hause antraf, vermochten ihr die gleichmäßige Ruhe nicht zu nehmen. Die Arbeitslust war wieder da, sie richtete sich ihre Wohnung behaglich ein. Die in der Krankheit abhanden gekommenen Interessen erwachten wieder. Jetzt arbeitet sie fleißig, hat Freude am Ausgehen, am Besuch von Konzerten und Theatern. Sie war aber niemals besonders heiter, unternehmungslustig oder gereizt, sondern ganz gleichmäßig ruhig, wie vor Beginn der Erkrankung. Sie ist völlig krankheitseinsichtig. Stimmungsschwankungen sind seit August d. J. nicht aufgetreten.

Ergänzung zur Krankengeschichte: Bis 1902 will Frau M. psychisch ganz gesund, insbesondere niemals Stimmungsschwankungen unterworfen gewesen sein. Die Krankheit setzte infolge einer ganz geringfügigen Ursache zwei Jahre vor der Aufnahme in die Klinik ein. Die Kranke machte sich viele Vorwürfe, sie weinte viel und hatte an nichts mehr Freude. „Ich wollte gern arbeiten und konnte nicht. Es kommt mir jetzt so vor, als ob ich unfähig gewesen sei, der rechte Wille, die Stärke hat scheints auch gefehlt. Meine Leute meinten, ich wollte nicht arbeiten, ich konnte aber meine Sachen nicht in Ordnung halten." Die Arbeitsunfähigkeit der vordem sehr tätigen Frau war so groß, daß sie eine Haushälterin nehmen mußte. Nach weiteren Hemmungssymptomen befragt, gibt sie an, daß ihr Gedächtnis auch während der Krankheit ungestört gewesen sei, das Denken sei ihr nicht schwer gefallen. „Ich habe mehr zu denken gehabt, ein Gedanke ist auf den andern gefolgt." Bezüglich der Entschlußfähigkeit gibt sie an: „Wankelmütig war ich von jeher. Wenn ich etwas zu kaufen hatte, hat's mich nachher immer gereut. Heute ist das anders. Wenn ich etwas kaufe, habe ich hinterher niemals Reue." Sie betont immer wieder, daß trotz des besten Willens die Arbeitsfähigkeit sehr beeinträchtigt gewesen sei. „Wenn ich nur eine Tasse Kaffee getrunken hatte und ich sollte die Tasse in die Küche tragen, so war mir das schon zuviel." In diesen zwei Jahren vor der Internierung war Frau M. ihren Angaben zufolge außerordentlich empfindlich und sehr leicht gereizt. Sie vermochte nicht mehr in die Kirche zu gehen, weil Orgelspiel und Gesang sie zu sehr erregten. Sinnestäuschungen sind niemals aufgetreten. Unmittelbar nach dem Tode des Mannes verstärkten sich die sich bisher in mäßigen Grenzen bewegenden krankhaften Symptome so sehr, zumal Angst und Selbstmordgedanken hinzutraten, daß die Verbringung in die Irrenklinik notwendig wurde. In der Klinik selbst interessierte Frau M. nach ihren jetzigen Angaben nichts, da sie vollständig von ihrer Krankheit beherrscht wurde. Auch als der Zustand sich besserte, las sie, im Gegensatz zu früher, keine Zeitungen: „Ich hatte keine Freude mehr, ich wollte nichts mehr wissen, alles war mir verleidet. Ich habe es nicht recht begreifen können, es muß doch etwas Schwaches, ein Schwachsinn dagewesen sein. Jetzt ist das ganz anders."

Zusammenfassung: Die von jeher eigenartige, an häufigen Migräneanfällen leidende, psychisch bisher gesunde 62jährige Frau erkrankt ohne äußeren Anlaß. Die Stimmung wird eine gedrückte, die Schaffenskraft nimmt ab, quälende Selbstvorwürfe stellen sich bei zunehmender innerer Unruhe ein. Dieser Zustand dauert zwei Jahre, bis eine plötzliche heftige seelische Erschütterung die oben geschilderten Symptome verstärkt. Die Unruhe steigert sich zur Angst, die Selbstvorwürfe zu Versündigungsideen. Ängstliche Befürchtungen quälen die Kranke und machen die Aufnahme in die Irrenklinik notwendig. Ungefähr 1½ Jahre bleibt der Zustand ein ziemlich gleicher. Bei sehr tiefem Affekt und lebhaftem Krankheitsgefühl stehen Angst, die sich manchmal zu Paroxysmen steigert, Selbstvorwürfe und depressive Vorstellungskreise, ebenso wie sehr lebhaft geäußerte hypochondrische Klagen, insbesondere Magenbeschwerden, ganz im Vordergrund des Krankheitsbildes. Die Nahrungsaufnahme und der Schlaf sind hochgradig gestört, es besteht ein lebhaftes Arztbedürfnis. Hemmungsgefühle werden von der Kranken nicht geäußert. Sinnestäuschungen oder phantastische Wahnideen sind niemals aufgetreten. Endlich bessert sich der Zustand. Die Kranke wird freier. Die hypochondrischen Klagen sowie die Selbstvorwürfe treten fast ganz zurück, die anderen Symptome verschwinden völlig. Die Kranke fühlt sich heiter und leicht wie nie zuvor. Gesund und krankheitseinsichtig wird sie nach 1¾jähriger Anstaltsbehandlung entlassen. — Die Nachuntersuchung vier Monate nach der Entlassung ergibt, daß die Kranke gesund und in der Stimmung gleichmäßig geblieben ist. Es kann festgestellt werden, daß im Beginn der Erkrankung eine abnorme, der Kranken selbst zum Bewußtsein kommende Empfindlichkeit und Reizbarkeit bestanden hat. Eine gewisse Gedankenflucht ist offenbar aufgetreten, bei gleichzeitiger partieller psychomotorischer Hemmung, die sich vorwiegend in mangelnder Lebensfreude, völliger Arbeitsunfähigkeit, sowie in einer Verminderung einzelner intellektueller Funktionen äußerte.

Jetzige Diagnose: Manisch-depressives Irresein. Typische zirkuläre Symptome, a) depressive: partielle Hemmung; b) manische: Empfindlichkeit, Reizbarkeit, Gedankenflucht.

Bei drei Fällen unserer dritten Gruppe scheinen seelische Alterationen die auslösende Ursache der schweren Erkrankung zu sein. Zwei von unseren Kranken sind erblich ziemlich schwer belastet. Zwei Kranke (No. 9 und 10) boten klinisch ein Bild, das man früher wegen der phantastischen Wahnideen als „Depressiver Wahnsinn" bezeichnete. Alle unsere Kranken genasen.

Bei Fall 8 ist die Krankheitsdauer eine recht kurze. Dieser Umstand weist schon darauf hin, daß es sich wohl nicht um eine

Melancholie im Sinne Kraepelins handeln kann. Der Widerspruch der Katamnese (1902), und der eigenen Angaben der Untersuchten bezüglich der Krankheitsdauer verdient hervorgehoben zu werden. — Allein aus der Krankengeschichte läßt sich die Diagnose manisch-depressives Irresein stellen.

Bei Fall 9 erfahren wir einzig und allein durch die Nachuntersuchung, daß, besonders im Beginn der Erkrankung, deutliche zirkuläre Symptome aufgetreten sind.

Bei Fall 10 finden wir dagegen schon in der Krankengeschichte ausgesprochene zirkuläre Symptome, die durch die Nachuntersuchung nur bestätigt und vermehrt werden. Ich rechnete den Fall zu der Gruppe, die nur einen Anfall im bisherigen Leben durchgemacht hat, weil frühere Abortivanfälle nicht mit absoluter Sicherheit festgestellt sind. Möglicherweise handelte es sich doch schon drei Jahre vor der Aufnahme um sich lang hinziehende Prodrome der Erkrankung. Unser Fall ist bemerkenswert durch Auftreten „dürftiger Größenideen", die Kraepelin (Lehrbuch, VII. Aufl. S. 449) namentlich bei vorgeschrittener geistiger Schwäche feststellen zu können glaubte.

Bei Fall 11 erfahren wir erst durch die Nachuntersuchung etwas über typisch zirkuläre Symptome. Ob das Gefühl der Kranken, sie fühle sich so leicht, wie noch nie, als manisches Symptom gedeutet werden darf, möchte ich dahingestellt sein lassen. — Offenbar hat bei unserer Kranken die schwere seelische Erschütterung, die der Tod des Mannes hervorrief, die sich in mäßigen Grenzen haltenden krankhaften Erscheinungen direkt und für lange Zeit zu außerordentlicher Höhe gesteigert.

Die vierte und letzte Unterabteilung der ersten Gruppe setzt sich aus zwei Fällen zusammen. Unsere Kranken waren partiell gehemmt. Einmal oder mehrfach schob sich ein deutlicher und extremer Umschlag der Stimmung in die tiefste Depression.

### Fall 12.

S. N., verh. Landwirtsfrau. Geb. 1842 (z. Z. der Erkrankung 55 Jahre alt).

Verpflegung in der Irrenklinik: 17. Juli 1897 bis 7. März 1898.

Diagnose: Melancholie. Krankheitsdauer: ca. 13 Monate. Heredität: Der Vater der Patientin starb an Gehirnentzündung. Vorgeschichte: Im März wurden bei der bisher stets gesunden, körperlich und geistig normal entwickelten Frau die ersten Zeichen geistiger Störung bemerkt. Damals wurde ihr Sohn wegen Diebstahls zu mehrmonatlicher Gefängnisstrafe verurteilt. Seitdem glaubt auch sie, sie würde von Gendarmen ins Zuchthaus geholt werden. Die Kranke macht sich Vorwürfe und äußert einzelne Wahnideen: ihre Eltern seien nicht ihre Eltern, sie sei so alt wie die Welt, Mann und Kinder seien verbrannt, auch sie würde bald das gleiche Schicksal erleiden. Die Stimmung ist deprimiert. Pat. jammert und stöhnt viel. Appetit und Schlaf sind hochgradig gestört. Der Mann gibt an, daß die bisher fleißige Frau in der letzten Zeit nichts mehr gearbeitet und sich vernachlässigt habe. Mit ihm habe sie öfters geschimpft. „Es muß eine entschiedene Gedächtnisabnahme, besonders für die jüngste Vergangenheit konstatiert werden, während die Erinnerung an frühere Erlebnisse verhältnismäßig gut ist". (Aus dem bezirksärztlichen Fragebogen.) Frau N. ist in der letzten Zeit körperlich sehr abgemagert. Bis vor 6 Wochen war sie regelmäßig menstruiert.

Status: Patientin ist besonnen, geordnet und orientiert. Die Auffassung erscheint nicht erschwert. Die Stimmung ist eine deprimierte. Patientin fühlt sich krank und gibt an, daß sie ängstlich sei. Auf die Frage, ob ihr das Denken schwer falle, antwortet sie mit „Ja". Hundert weniger sieben bis zwei wird recht langsam, mit nur einem Fehler und mit sichtbarer Anstrengung, ohne abzuschweifen, gerechnet. Die Kranke erzählt, es sei ihr in der Nacht eingegeben worden, ihr Mann sei eingesperrt, sie habe überall gestohlen, sie solle verhaftet werden, weil sie die ganze Welt hergestellt habe, sie sei älter als die Welt. Klagt über Heimweh, weint viel, läßt sich aber ohne große Mühe ablenken. Somatisch: allgemeine Verbreiterung der Herzdämpfung, am stärksten nach links. Der erste Ton an der Mitralis und über der Aorta ist unrein, der zweite Aortenton deutlich akzentuiert. Puls 64, parvus, tardus, im Harn $1/2\ ^0/_{00}$ Eiweiß.

Verlauf: 21. Juli 1897. Wie geht's? „Es geht besser." (Lächelt ganz vergnügt.)

Ganz fröhlich? „Ja."

Brief vom Mann? „Der ist ja gestorben."

Labile Stimmung.

23. Juli. Weint von Zeit zu Zeit, glaubt, ihre Angehörigen lebten nicht mehr.

25. Juli. Bei Besuch des Mannes ganz fröhlich. Bat, sie mit nach Hause zu nehmen. Abends deprimiert, weint.

Traurig? „Ja."

Weshalb? „Die sind ja nicht heimgekommen."

Doch! „Nein, die sind im Wirtshaus." (Lacht.)

27. Juli. Jammert leise, weint etwas. Läßt sich leicht beruhigen. Fühlt sich krank. Heute nacht sei ihr eingegeben worden, sie müsse nackt fort.

31. Juli. Ganz zufriedener, gleichmütiger Gesichtsausdruck.
6. August. Möchte gern nach Hause. Erzählt, daß sie von Leuten im Garten geschimpft worden sei.
12. August. Weint: „Essen und trinken tu ich und schaffen tu ich nichts."
19. August. Kann das Alter ihres Sohnes nicht angeben, ebensowenig das Jahr, in dem sie geheiratet hat.
26. August. Wieder etwas ängstlicher und erregt.
3. September. Regt sich über den Besuch der Angehörigen sehr auf. Schreit, tobt, weint, sie wolle nach Hause.
12. September. Klagt über heftiges Heimweh.
29. September. Trotz steigender Opiumdosen immer noch traurig und ängstlich.
6. Oktober. Weint wieder mehr; ängstlich, glaubt ihre Angehörigen schwämmen im Rhein.
23. Oktober. Recht deprimiert, tiefe Gramfurchen, dabei deutliches Krankheitsgefühl. Immer noch die alten Ideen.
27. Oktober. Bezieht das Schelten einer Frau im Nebenzimmer auf sich. Weint, weil sie äße und ihre Leute hungern müßten.
13. November. Dissimuliert. Sie sei ganz gesund, sie wolle nach Hause und dann in einer Fabrik arbeiten.
22. Oktober. Menstruation.
2. Dezember. Jammert und weint wegen ihrer armen Angehörigen, die ins Wasser geworfen würden. „Das ist halt die Heimwehkrankheit" antwortete sie, als man ihr das Wahnhafte ihrer Gedanken klarzumachen versuchte.
17. Dezember. Deprimiert. Dieselben Ideen.
10. Januar 1898. Nach dem Besuch ihrer Kinder regt sie sich sehr auf, ob dieselben auch gut nach Hause gekommen und nicht ins Wasser geworfen worden seien.
13. Januar. Ist etwas ruhiger als früher und zeitweise imstande, zu verstehen, daß ihre Wahnideen krankhaft sind. Sie bringe sie aber nicht aus dem Kopf.
7. März 1898. Entlassen. Der Rest der Krankengeschichte fehlt.
Katamnese: Februar 1902. „Nach der Entlassung verschwanden Angst, Depression und Wahn, hörte auch keine Stimme mehr. Alles gut wie vorher. Viel Appetit, kein Lebensüberdruß, Kräfte und Arbeitsfreudigkeit eher zu gut." (Auskunft des Ehemannes).

Nachuntersuchung: September 1906. Frau N. gibt an, daß sie nach der Entlassung noch eine Zeitlang verstimmt und ungefähr einen Monat von ihren „Einbildungen" geplagt gewesen sei, doch habe sie keine Angst mehr gehabt. Dann habe sie wieder wie vor der Erkrankung gearbeitet und sei keineswegs besonders lustig oder gereizt gewesen. Man habe sie oft gezankt, weil sie zuviel gearbeitet habe, da man wegen ihrer leichten Ermüdbarkeit gewünscht habe, sie solle sich mehr schonen. Seit der Erkrankung sei sie ganz gleichmäßig in ihrer Stimmung und in ihrer Arbeitsfähigkeit, was der begleitende Ehemann bestätigt. Jetzt volle

Einsicht für ihre Krankheit. Ganz gesund, keinerlei senile Züge. Frau N. arbeitet fleißig, interessiert sich für alles, das Gedächtnis ist gut.

Ergänzung der Krankengeschichte: Frau N. hat im Jahre 1867 geheiratet, fünf Kinder geboren, von denen drei bald nach der Geburt starben. Zwei Kinder leben und sind gesund. Den Angaben des Mannes zufolge, war sie von jeher „weichherzig und leicht aufgeregt". Bis 1897 war Frau N. psychisch nie krank, in ihrer Stimmung immer ganz gleichmäßig. Die Erkrankung sei die Folge der Verurteilung ihres Sohnes gewesen, meint Frau N. Sie sei verstimmt geworden, habe Angst bekommen und allerhand ängstliche Ideen (zitiert die in der Krankengeschichte erwähnten Wahnideen). Zu Beginn der Erkrankung habe sie „keinen Sinn und keine Gedanken mehr gehabt", so daß sie nicht mehr kochen konnte. Sie habe nicht mehr gewußt, welcher Wochentag sei, wenn man es ihr nicht gesagt hätte. Sie habe sich vergeßlich gefühlt, alles sei ihr gleichgültig gewesen. „Ich konnte nicht schaffen, weil ich keinen klaren Kopf hatte, weil mir alles verleidet war, weil ich keinen Sinn und Verstand hatte." Behauptet, daß ihr das Denken und Entschließen nicht schwer gefallen sei. Auch das Gefühl für ihre Angehörigen sei während der Krankheit nicht verändert gewesen. Das Schlimmste an der Krankheit sei die Angst und die aus dieser resultierenden Vorstellungen gewesen. Sinnestäuschungen will sie nicht gehabt haben. Die in der Krankengeschichte erwähnten Halluzinationen sind offenbar Mißdeutungen. Von einer auffallenden Reizbarkeit im Beginn der Erkrankung will Frau N. jetzt nichts mehr wissen.

Zusammenfassung: Im Anschluß an eine Gemütsbewegung erkrankt die erblich nicht belastete, bisher geistesgesunde 55jährige Frau. Sie wird verstimmt, ängstlich, anscheinend auch zeitweise gereizt („sie schimpft mit ihrem Mann"). Die Kranke macht sich Vorwürfe und äußert allerhand ängstliche Wahnideen. Die Arbeitsfähigkeit nimmt ab, die Frau vernachlässigt sich. Das alles ist bestimmend für die Aufnahme in die Irrenklinik. Bei lebhaftem Krankheitsgefühl klingen Verstimmung, Angst, Selbstvorwürfe und Wahnideen während der $^3/_4$jährigen Anstaltsbehandlung nur langsam ab. Dazwischen schieben sich zu Anfang der Beobachtung in der Klinik Tage, in denen die Kranke fröhlich ist und Scherze macht. Es bestand offensichtlich zum mindesten eine partielle Hemmung. Der einweisende Arzt konstatiert Gedächtnisabnahme, die Patientin selbst klagt, daß ihr das Denken schwer falle. Leichte Rechenaufgaben werden richtig, aber langsam gelöst. Sinnestäuschungen sind nie aufgetreten; einmal erwähnt die Kranke, daß sie „Eingebungen" habe. Nach Ablauf der Krankheit soll die Arbeitsfähigkeit „eher zu gut" gewesen sein. — Bei der Nachuntersuchung, $8^1/_2$ Jahre nach der Entlassung aus der Klinik, kann festgestellt werden, daß die Patientin gesund geworden und geblieben ist, daß sie volle Einsicht für das krankhafte der damaligen Depression hat. Ihre jetzigen Aussagen bestätigen unsere Ansicht, daß Frau N. während der Krankheit zweifellos partiell gehemmt war.

Jetzige Diagnose: Manisch-depressives Irresein. Typische zirkuläre Symptome, a) depressive: partielle Hemmung (offenbar nicht nur subjektive); b) manische: plötzlicher kurzdauernder Stimmungsumschlag in Euphorie. Reizbarkeit.

### Fall 13.

K. B., verh. Landwirt. Geb. 1832 (zur Zeit der Erkrankung 63 Jahre).

Verpflegung in der Irrenklinik: 20. Mai 1895 bis 26. Juli 1896.

Diagnose: Melancholie. Krankheitsdauer: ca. 8 Jahre.

Heredität: Keine Geisteskrankheiten in der Familie.

Vorgeschichte: Pat. war bisher nie krank, hatte insbesondere niemals Erregungen oder Depressionen, auch keine Stimmungsanomalien. Der Kranke lebte in seinem Heimatsdorf als Gemeinderat und Waisenrichter in sehr geachteter Stellung. Das jetzige Leiden begann Ende Februar 1895. Pat. klagte, er fühle sich so abgeschlagen, es sei ihm so schwer, er mache sich viele Gedanken, es sei ihm gerade, als ob er eine Gemütskrankheit habe. Hatte an nichts mehr Freude. „Wenn ich nur keine so schweren Gedanken hätte, wenn ich die Scheuer hinaufsteigen würde, um mich herunterzustürzen." Schlaf und Appetit waren gestört. Abends war das Befinden besser als morgens. Nach der Arbeit fühlte er sich leichter. Äußerte hier und da „es lange nicht mehr". Wünschte selbst, in die Irrenklinik aufgenommen und geheilt zu werden.

Status: Pat. ist besonnen, geordnet, orientiert und faßt gut auf. Natürliches Benehmen. Hat Verständnis für seine Lage. Die Stimmung ist eine gedrückte; weiß selbst keinen Grund für die bestehende Verstimmung anzugeben. Das Leben sei ihm verleidet, doch habe er sich derartige Ideen immer wieder aus dem Kopf geschlagen. Jetzt seien seine Gedanken wieder ordentlich. — Das Gedächtnis ist gut. Die Kenntnisse seinem Bildungsgrad entsprechend. Gibt an, keine Angst zu haben, zur Zeit bestehen keine Wahnideen. Somatisch: Patellarsehnenreflexe beiderseits sehr gesteigert, fast Klonus, Muskelerregbarkeit erhöht. Deutliche Hypalgesie. Sonst gesund.

Verlauf: 21. Mai 1895. Leicht deprimiert. Ganz ruhig. Früher habe er nie so etwas gehabt. Macht sich Vorwürfe, sei ängstlich. Intensives Krankheitsgefühl.

23. Mai. Außer Heimweh äußert der Kranke keine depressiven Ideen.

29. Mai. Stimmung gut, aber labil. „Mein Geblüt ist eben ein bissel weich."

3. Juni. Starkes Heimweh. Der bisher gute Schlaf wird schlecht. Keine depressiven Ideen.

6. Juni. Weint sehr leicht. Macht sich Vorwürfe, weil er hierhergekommen ist.

27. Juni. Es gehe ihm nicht gut, er komme von hier nicht mehr fort.

29. Juni. Bittet um Milchbrot und Zucker.

30. Juni. Sehr erregt. Mit dem Kopf gegen die Wand gerannt. Hat sich wegen seines Verlangens von gestern Gedanken gemacht. Sehr deprimiert und ängstlich. Weint. „Herr Doktor, ich bin unglücklich". Macht sich über den Suizidversuch Vorwürfe. Abends: Sehr deprimiert. „Was ich getan habe, wissen Sie, ich bereue es sehr. Es ist mein Unglück, mein Lebtag. Mein ganzer Kopf ist mir verwirrt." Er habe sich versündigt dadurch, daß er den Kopf gegen die Tür geschlagen habe. Er habe Angst, weil er sein Lebtag hier bleiben müsse.

2. Juli. Sehr deprimiert; er werde verurteilt.

3. Juli. Suizidversuch. Angst. Halluzinationen (?), Beachtungswahn.

8. Juli. Es geht nicht besser. „Ich habe Gedanken, wie wenn alles auf mich herein käme. Ich höre, daß ich dableiben muß zum Gericht Gottes. Alles ist sündhaft, besonders die Unkeuschheit, die ich getrieben habe." Als ein anderer Patient nach vorne geschickt wird, sagt er „Was haben Sie nur mit mir vor, daß Sie den Mann vorgehen heißen".

10. Juli. Erysipel an der Stirn. Temperatur 39,1. Psychisch viel besser. „Ich kann selbst nicht sagen, warum ich immerfort so ängstlich war. Jetzt bin ich nur noch hier und da ein wenig ängstlich." Heute keine Stimmen, aber gestern, fremde, unrechte.

11. Juli. Temperatur 37,8. Wieder ängstlicher.

12. Juli. Temperatur 38,7. Verschlimmerung, leicht verwirrt (?), redet von Töchtern, Kindern usw.

13. Juli. Deliriöse Reden, er müsse drei Waisenkinder in das Haus nehmen, damit ihm seine Sünden vergeben werden. „Am Anfang bin ich nicht so bescheiden gewesen, aber jetzt sind mir die Augen aufgegangen. Es kommt noch alles heraus. Der Teufel hat mich schon in den Klauen."

16. Juli. Fieberfrei. Leicht benommen. Deliriöse Erzählung. „Ich bin ganz in der Hölle drin."

19. Juli. Auf Frage nicht orientiert (?). „Domänenanstalt."
Wer bin ich denn? Der Doktor.
Wo? In der Klinik.
Welche Klinik? (Langes Überlegen:) Irrenklinik.
„Manchmal bringe ich nichts fertig, dann bin ich ganz verwirrt. Ich weiß alles miteinander, aber manchmal bin ich ganz von mir." Jammert, daß er die schwere Arbeit mit der Schaufel nicht tun könne, er habe noch nichts gearbeitet. Recht benommen. Starke Denkhemmung. Kataleptisch (?).

20. Juli. Wollte nachts um 11 Uhr aufstehen. Es sei 6 Uhr, er müsse aus dem Bett, aufs Feld, arbeiten. Desorientiert. Erkennt aber den Arzt, ruft ihn ans Bett, eigentlich viel munterer.

21. Juli. Hört einen unsichtbaren Geist Vorwürfe machen. „Wie ichs mache, ist's nicht recht." Ob Pat. wirklich deutlich halluziniert, ist sehr unsicher.

25. Juli. Immer sehr ängstlich. Der böse Feind sei dagewesen, die andern hätten ihn auch gesehen, es sei ein weißer Mann gewesen. „Meine ganze Freundschaft ist hin und mein ganzes Vermögen." Eine Postkarte seiner Frau erkennt er nicht an. Sie lebe nicht mehr, sei verhungert. Äußert, er müsse alle Patienten ernähren. Wie er denn die Kost beschaffen solle, wo er doch selbst nichts habe. Pat. bezieht alle Vorgänge der Umgebung im Sinne krankhafter Eigenbeziehung auf sich.

3. August. Jammert über seine Mittellosigkeit. Er sei so alt und schwach, daß er kaum für sich so viel verdienen könne, sich ein Stück Brot zu kaufen. Er könne doch für die andern nicht sorgen. Als ein Pat. nach einem Glas Wasser verlangt, fragt B., ob er sich nackt ausziehen solle.

Warum? „Der hat gerufen, ich soll ins Wasser."

Pat. faßt die Fragen richtig auf, denkt aber die Gedanken nicht zu Ende, da ihm seine eigenen Gedanken immer dazwischen kommen.

13. August. „Ich soll alles austeilen und weiß nicht, woher ich das Geld nehmen soll. Ich soll fort und fort zahlen und habe nichts wie Schulden."

17. August. Glaubt, alle Leute wollten Geld von ihm haben, ist sehr unglücklich darüber. Was mit anderen Patienten gesprochen wird, bezieht er auf sich.

22. August. Leicht benommen (?). Antwortet leise, zögernd, nicht immer sinngemäß.

Woran denken Sie denn? „An meine Schwermut."

„Sie sagen immer, ich tät mit meiner Frau herumhuren." Tag und Monat weiß er nicht. Dem Ansehen nach ist es Sommer. Kennt nicht die Jahreszahl. Ist nachts fast immer außer Bett.

26. August. Krankhafte Eigenbeziehungen. Behauptet, nichts zu essen zu bekommen, er habe Hunger, seine Hände stänken. Gleich nachher ganz euphorisch. Lacht, macht scherzhafte Bemerkungen. Beteiligt sich an der Unterhaltung des Arztes mit anderen Patienten. Dann ganz geordnet, zeitlich annähernd orientiert. Meint immer, er müsse den andern helfen. Kümmert sich um alles.

27. August. Läuft unstet auf der Abteilung umher. Verwirrte Reden: „Heute bin ich wild, das Geschirr muß ich besorgen, nein, die Betten. Die müssen fort. Leihen Sie mir 1000 Mark."

29. August. „Ich soll die Wachuhr besorgen und kann es doch nicht."

5. September. Meint, er bekomme immerzu Kinder. Der Herrgott habe ihn verflucht. Jammert, er müsse Oberwärter werden und könne es doch nicht.

9. September. Orientiert. Meist deprimiert, zeitweise leicht euphorisch. Zerfahrenheit.

30. Oktober. Er sei der schlechteste Mensch, er stinke, sei voll Dreck, er habe keine Angehörigen, kein Besitztum mehr. Ängstlich. Geht besonders nachts außer Bett und besucht andere Patienten, steht dann jammernd vor ihnen und sagt: „Ja, ich kann halt den Wärterdienst nicht verrichten".

3. November. Bezieht andern erteilte Aufträge auf sich. Unsicher orientiert. Weiß nicht genau, ob er in Heidelberg ist.

20. November. Ruhiger. Klagt nur noch, wenn er angeredet wird.

1. Dezember. Noch immer depressive Vorstellungen. Äußert aber seine früheren Ideen nicht mehr so bestimmt.

Stimmen? Die ganze Nacht sprechen die Leute.

Angst? Manchmal, manchmal auch nicht. Weiß nicht, wovor.

Stumpfe Depression. Eingehendes Gespräch ist ihm lästig und unangenehm. Ärgert sich schließlich: „Ich sage nichts mehr".

2. Januar 1896. „Ich bleib hier, ich geh nicht fort, ich kann die Leute nicht mitnehmen auf das Feld. Ich werde nicht mehr gesund." Gute Erinnerung. Gibt bereitwillig Auskunft.

9. Januar. Hatte Besuch von seinen Töchtern. Behauptet, das seien gar nicht seine Kinder.

Das sind doch Ihre Töchter? Ja, das sind sie nicht, die sind aus Heidelberg (lacht).

„Ich geh nicht heim, wenn ich die Leute mitnehmen soll, wo soll ich sie hintun."

5. Februar. Manchmal ganz aufgeräumt. Klingt wie Galgenhumor.

2. März. Behauptet, noch keinen Monat hier zu sein.

20. März. Bestreitet, krank zu sein. Sagt man ihm jedoch, er werde bald gesund, so antwortet er: „Ich werde nicht mehr gesund".

11. April. Immer noch dieselben depressiven Ideen, „ich kann die Leute nicht mitnehmen" usw.

1. Mai. Ruhig. Spricht nicht spontan. Auf Fragen bringt er immer noch die früheren Ideen vor. Bestreitet energisch, schon ein Jahr hier zu sein, er sei erst ein paar Wochen da.

29. Mai. „Ich bin der Gottesleugner. Ich muß der ganzen Welt zum Spott dienen."

15. Juni. Geht heute mit der Frau aus. Nachher viel ängstlicher. Kriecht unter die Betten. Ißt schlecht. „Ich habe so viele Leute gesehen, die haben mir nicht gefallen. Ich hab allfort Angst vor den vielen Leuten."

18. Juni. Andauernd ängstlich.

21. Juni. Hat sich wieder beruhigt. Dieselben depressiven Ideen wie früher.

26. Juli. Ganz unverändert entlassen.

Katamnese: 16. Januar 1902. „Immer noch ängstlich. Hört schon längere Zeit keine Stimmen mehr. Macht sich noch Vorwürfe, er sei schuld an seiner Krankheit. Mitunter auch zugänglich und heiter. Wollte sich schon öfters im Hof erfrieren lassen. Geistige Kräfte soweit gut, kann aber nicht mehr arbeiten. Liegt fast beständig im Bett. Stimmungen wechseln öfters. Körperlich schwach, ißt wenig, muß dazu genötigt werden. Verweigerte schon einmal zwei Tage lang die Nahrung, um sich verhungern zu lassen. Der Zustand ist so ziemlich der gleiche. Keine Hoffnung auf Besserung."

Nachuntersuchung: September 1906. Lag nach der Entlassung viele Jahre zu Bett. Alles war ihm verleidet. Er wollte von Niemand etwas wissen, wollte verhungern, weil er glaubte, es lange nicht mehr. Aß einmal 11 Tage lang nichts. Hatte keine Angst und keine Freude. Die Stimmung war eine gleichmäßig apathische. Keine Schwankungen. Er hätte wohl aufstehen können, aber er war so müde. Hatte „keine Fassungskraft und keine Überlegung". War ganz abgestumpft. Interessierte sich für nichts. Wenn er sein Vermögen verloren hätte, hätte es ihm nichts ausgemacht. Es wäre ihm auch gleichgültig gewesen, wenn die Frau gestorben wäre. Das Leben war ihm verleidet. — Hatte noch jahrelang die gleichen Wahnideen wie in Heidelberg: es lange nicht mehr, er müsse die Kranken der Irrenklinik erhalten usw. Nach den Angaben der Frau war die Kranke zeitweise recht ängstlich, meistens aber ganz stumpf. Wollte sich wiederholt erfrieren lassen. Vor ungefähr drei Jahren sei ihm die Gesundheit „plötzlich" gekommen. Eines Tages sei er aufgestanden, habe erklärt, jetzt sei er gesund, sein Kopf sei wieder hell. Alsbald habe er mit zwei Stöcken wieder zu laufen versucht, der Appetit habe sich gehoben, Freude und Interessen seien langsam wiedergekommen. Seit drei Jahren sei er vollständig gesund. Hat jetzt vollständige Krankheitseinsicht. Sehr lebhafter, freundlicher alter Herr, arbeitet wie früher, interessiert sich für alles, liest Zeitung, ist über alle Tagesfragen genau unterrichtet. Führt die Landwirtschaft wieder selbst. Keinerlei senile Züge, ausgezeichnetes Gedächtnis und sehr gute Merkfähigkeit. Ganz gesund. Körperlich: leichte Arteriosklerose.

Ergänzung der Krankengeschichte: B. gibt an, daß er acht Jahre auf der Schule gewesen sei und gut gelernt habe. Von 1853/54 habe er beim Militär gedient, später keinen Feldzug mitgemacht. Er wurde Landwirt und erarbeitete sich ein hübsches Vermögen. War bis zum Ausbruch der Krankheit im Jahre 1895 psychisch immer vollständig gesund. Die Krankheit sei langsam ohne allen Grund gekommen. Der Gedanke, all sein erspartes Vermögen sei hin, hätte nach und nach unwiderstehliche Gewalt über ihn bekommen. Er wurde immer trauriger und ängstlicher, das Leben war ihm verleidet. Er hatte das Gefühl, als ob das Gedächtnis „kurz" geworden sei. B. erinnert sich an fast alle Einzelheiten seines Aufenthaltes in der Klinik, ganz besonders ein Erlebnis stehe ihm noch sehr lebhaft vor Augen. Eines Nachts sei es ihm so vorgekommen, als ob ihm alle seine Sünden vorgelesen würden und er alsdann zu ewigem Fegefeuer verdammt werde. Die zwei Personen, von denen die eine die Bücher brachte, die andere ihn verhörte, sah er ganz deutlich vor sich. Dann sei es ihm so vorgekommen, als ob er fortgeschafft würde. Selbstverständlich sei all das Täuschung gewesen. Stimmen will er nie gehört haben. Es sei ihm nur oft in seinen

Gedanken so vorgekommen als ob man zu ihm spreche. Er will immer gewußt haben, wo er sich befand. Er erinnert sich an alle in der Krankengeschichte niedergelegten Selbstvorwürfe, Versündigungs- und die zahlreichen anderen Wahnideen, die ihn unendlich gequält hätten.

Zusammenfassung: Bei dem 63jährigen bisher gesunden Landwirt entwickelt sich ohne äußere Veranlassung eine Verstimmung, die sich anfangs nur in trüben Gedanken äußert. Der Kranke verlangt selbst nach der Irrenklinik. Bei intensivem Krankheitsgefühl kommen nach und nach Selbstvorwürfe, Versündigungs- und zahlreiche ängstliche z. T. religiös gefärbte Wahnideen, innere Unruhe und Angst hinzu. Beziehungs- und Beachtungsideen treten auf. Dreimal wird in der Krankengeschichte ein schnell vorübergehender eigenartiger Stimmungsumschlag erwähnt. (26. August 1895: Euphorie mit einem gewissen Betätigungsdrang; 1. Dezember 1895: Gereiztheit; 5. Februar 1896: Galgenhumor.) Phantastisch-ängstliche Vorstellungen beherrschen lange Zeit das Krankheitsbild. Kurze Zeit scheint, offenbar im Anschluß an eine fieberhafte Erkrankung, das Bewußtsein leicht getrübt gewesen zu sein. Die Äußerungen des Kranken, er solle Wärter, Oberwärter werden und könne es doch nicht, „manchmal bringe ich nichts fertig, dann bin ich ganz verwirrt", sind im Sinne einer partiellen Hemmung, „er denke den Gedanken nicht zu Ende, da immer andere dazwischenkämen", im Sinne einer Gedankenflucht zu verwerten. Ob Sinnestäuschungen je aufgetreten sind, ist sehr ungewiß, doch bestanden zweifelsohne zeitweise hypnagoge Einsprechungen und Visionen. Die Angst tritt langsam zurück. Ungeheilt wurde der Kranke nach $^5/_4$ jährigem Aufenthalt in der Klinik entlassen. Es folgt nun eine viele Jahre währende Zeit der Depression, verbunden mit einer hochgradigen Apathie, die laut schriftlicher Katamnese (1902) von einer gewissen Heiterkeit unterbrochen worden sein soll. — Die Nachuntersuchung stellt fest, daß Pat. nach achtjähriger Krankheit, im 72. Lebensjahr wieder völlig gesund geworden, und es bisher (drei Jahre) geblieben ist. Der Untersuchte macht jetzt ganz präzise Angaben über partielle Hemmung. Für die Krankheit hat der keineswegs senile Kranke völlige Einsicht.

Jetzige Diagnose: Manisch-depressives Irresein. Typische zirkuläre Symptome: partielle Hemmung, kurzdauernder, plötzlich einsetzender, mehrfacher Stimmungsumschlag, Gedankenflucht.

Unsere beiden letzten Fälle der ersten Gruppe sind erblich nicht belastet. Nur bei dem einen geht eine seelische Alteration der Erkrankung als auslösende Ursache voraus.

Bei Fall 12 ist schon auf Grund der Analyse der Krankengeschichte die jetzige Diagnose zu stellen. Die Nachuntersuchung bestätigt diese Ansicht. Ob die Bemerkung, die Arbeitsfreudigkeit sei nach Abklingen der Krankheit „eher zu gut" gewesen, als Symptom einer leichten Hypomanie anzusprechen ist, möchte ich dahin gestellt sein lassen.

Fall 13 verdient wegen der Erkrankung im 63. Jahre, die erst nach acht Jahren völliger Gesundung wich, ganz besonderes Interesse. Wir sind berechtigt, allein auf Grund der Krankengeschichte, die mehrfach notierte, typisch zirkuläre Symptome enthält, die Diagnose zirkuläre Depression und somit auch eine günstige Prognose zu stellen.

Die Frage war nur die, ob der schon betagte Mann die Genesung erleben würde. Wäre er nach sieben Jahren, mit 70 Jahren gestorben, so hätte man ihn, da eine gründliche Erforschung der krankhaften psychotischen Symptome unmöglich gemacht worden wäre, zweifellos zu der Gruppe der ungeheilt schwachsinnig Gestorbenen gerechnet.

## II.

Die zweite, etwas kleinere Gruppe nachuntersuchter Fälle vereinigt 12 Kranke. Die Nachuntersuchung stellte fest, daß sie alle mehrere leichte (depressive Abortivanfälle) oder schwerere Depressionen durchmachten. Sie genasen alle von dem Anfall, der sie in die Irrenklinik führte.

5 Kranke standen zur Zeit der Erkrankung im 5., 5 Kranke im 6., 2 Kranke im 7. Jahrzehnt ihres Lebens. Die Krankheitsdauer schwankt zwischen $1/_3$ und 8 Jahren. 8 Patienten gesundeten innerhalb 2, 4 Patienten innerhalb 3 Jahren. Ein Kranker war 8 Jahre lang krank.

---

Die erste Unterabteilung setzt sich aus 2 Fällen zusammen, die vor der sie in die Klinik führenden depressiven Erkrankung im Rückbildungsalter schon einmal einen schwereren Depressionsanfall hatten, von Abortivanfällen aber bisher verschont geblieben sind.

### Fall 14.

**K. K.**, verh. Landwirtsfrau. Geb. 1855 (zur Zeit der Erkrankung 49 Jahre).

Verpflegung in der Irrenklinik: 18. Oktober 1904 bis 12. Februar 1905.

Diagnose: Melancholie. Krankheitsdauer: ca. 1 Jahr.

Heredität: Keine erbliche Belastung.

Vorgeschichte: Patientin war eine mittlere Schülerin. Sie heiratete mit 29 Jahren. Im zweiten Jahre der Ehe abortierte sie am Ende des 2. Monats. Frau K. lebte sehr gut mit ihrem Manne; sie war nur manchmal etwas eifersüchtig, aber nie so, daß dadurch Zerwürfnisse entstanden. Seit drei Wochen ist Patientin verändert. Nach dem Verkauf eines Hauses, das ihr durch Erbteil zugefallen war, machte sie sich Gedanken, sie hätte mehr verlangen sollen. Sie wurde gedrückt und machte sich Vorwürfe: sie habe ihre Sachen nicht gut zusammengehalten, habe manchmal zwischen der Zeit Wein aus dem Keller geholt, sie hätte öfters in die Kirche gehen, ihren Vater während seiner Krankheit besser pflegen sollen usw. „Hier und da war sie wie gedrückt, oft war sie aber ziemlich heiter." Der Schlaf war sehr wechselnd, morgens blieb sie oft länger zu Bett als sonst. Die Arbeit ging der Kranken in der letzten Zeit langsamer von der Hand. Keine hypochondrischen Klagen; niemals direkt ausgesprochene Selbstmordideen. Sie glaubt in der letzten Zeit, die Leute sähen sie nicht an, oder lachten sie aus, sie kämen an ihrem Fenster vorbei und verhöhnten sie. Die Periode war bisher immer regelmäßig und trat zuletzt vor 3 Wochen auf.

Status: Patientin ist besonnen, geordnet und orientiert. Die Auffassung ist gut, der Gedankengang ein geordneter. Es besteht ein gewisses Krankheitsgefühl: „Ich bin manchmal bei Verstand, manchmal sind die Gedanken weg". Die Kranke macht sich Vorwürfe, sie hätte sich in ihrer Jugend nicht mit Männern abgeben sollen, sie habe bei ihrem kranken Vater den Arzt zu spät geholt, sie habe ihren Mann vernachlässigt usw. Sie gibt an, sie sei seit einem Jahre schlaffer und schläfriger als früher. Vor ihrem Fenster habe sie öfters „singen" hören, „Hättst Du geschafft in deinen jungen Jahren, dann wär es nicht soweit gekommen". Gestalten will sie nie gesehen haben. In der letzten Zeit hatte sie die unbestimmte Angst, sie würde geholt und lief deshalb eines Nachts ruhelos im Freien umher. Früher sei sie nie geisteskrank gewesen, nur aufgeregt zur Zeit der Periode. Die Stimmung ist eine gedrückte. Im Anfang der Untersuchung lächelt die Kranke, zuletzt weint sie, läßt sich aber leicht ablenken. Körperlich gesund.

Verlauf: 19. Oktober 1904. Ruhig zu Bett, äußert auf Befragen bereitwillig ihre Versündigungsideen.

22. Oktober. Keine Halluzinationen. Andauernd depressiv, nicht gehemmt. Bittet heute früh jammernd, sie möchte ihren Mann nochmals sehen, es wäre ihr, als ob sie sterben müßte.

24. Oktober. Nach dem Besuch des Mannes etwas ruhiger. Sie habe ihn für alles um Verzeihung gebeten, jetzt könne sie ihr Leid eher tragen.

25. Oktober. Von der Nase ausgehendes Gesichtserysipel.

28. Oktober. Andauernd hohes Fieber. Spontan wenig Selbstvorwürfe. Fürchtet, an der Gesichtsrose sterben zu müssen, oder zum mindesten das Augenlicht zu verlieren. „Ich werde alle meine Sünden mit ins Grab nehmen."

1. November. „Die traurigen Gedanken kommen immer ärger." Vereinzelte Vorwürfe. Nur selten leises Jammern.

3. November. Fieberfrei. Wiederbeginn der Opiumkur. Weniger deprimiert, als vor der fieberhaften Erkrankung. Jammert nicht mehr, äußert auch spontan keine Selbstvorwürfe mehr. Viele Sorgen. Schlaf und Appetit gut.

4. November. Klagt sich „einer großen Sünde" an, weil sie dem Arzt keine richtige Auskunft gegeben habe.

6. November. Hoffnungsvoller.

7. November. Klinische Vorstellung. Gibt an, sie habe Angst gehabt, in die Klinik zu kommen. In der letzten Zeit sei sie sehr zerstreut gewesen, habe nicht mehr recht arbeiten können, sei immer müde gewesen. Keine Hemmung, keine Hallucinationen. Gewisses Krankheitsgefühl. Viele Selbstvorwürfe und Versündigungsideen.

13. November. Freundlich, aber immer noch leicht deprimiert. Die alten Selbstvorwürfe.

25. November. Gleichmäßige, leicht traurige Verstimmmung. Hat das Gefühl, es sei zu Hause etwas vorgekommen, ist aber einsichtig für das Krankhafte dieser Vorstellung.

Dezember. Schwankende Stimmung. Klagen über Angst und innere Unruhe. Liegt still im Bett. Keine Selbstvorwürfe mehr. Intensives Krankheitsgefühl.

Januar 1905. Ständige Gewichtszunahme. Sehr attent. Sieht ein, daß sie sich unnütze Sorgen gemacht habe, findet selbst, daß es besser geht.

3. Februar. Ruhig, geordnet und gleichmäßig. Leicht heiter.

12. Februar. Entlassen.

August 1905. „Stellt sich vor. Klagt über Müdigkeit, hofft aber bald ganz gesund zu sein. Bisher nichts Manisches."

Nachuntersuchung: August 1906. Frau K. gibt an, daß sie in den ersten Wochen nach der Entlassung noch leicht „schreckhaft" gewesen sei und schlecht geschlafen habe. Anfangs habe sie sich vor den Leuten geschämt, weil sie in der Irrenklinik war, doch habe sich dies bald verloren. Sie habe dann wieder angefangen zu arbeiten und den Haushalt zu versehen, trotzdem sie sich leicht müde gefühlt habe. Langsam heiterte sich die Stimmung auf. Nach ungefähr einem halben Jahr war die Verstimmung vollständig geschwunden und machte einer ruhigen Gleichmäßigkeit Platz. Seitdem geht es ihr gut, nur findet sie selbst, was auch bei der jetzigen Untersuchung beobachtet werden konnte, daß die Tränen etwas locker sitzen. Stimmungsschwankungen sollen seit der Entlassung nicht aufgetreten sein. Jetzt ist Frau K. ganz gesund und krankheitseinsichtig.

Ergänzung der Krankengeschichte: Auf die Frage nach früheren Depressionen gibt Frau K. an, daß sie mit 20 Jahren einen ähnlichen Zustand wie 1904 durchgemacht habe. „So gedrückt war ich auch, aber lang, lang nicht so arg, ich hab immer noch meine Arbeit geschafft, aber ich war nicht so munter wie sonst. Das Essen hat mir nicht geschmeckt und alles hat mich so gedrückt. Der Vater fragte immer, wo die Gedanken seien; auch damals habe ich oft nicht gewußt, was ich tun will. Ich war so gedankenlos. Es war eine Gemütsverstimmung." Sie weinte damals viel vor sich hin, war ängstlich und unruhig, schlaff und müde, alles war ihr verleidet. Von ihrer Umgebung wurde sie oft gefragt, warum sie denn so traurig sei. Das Arbeiten fiel ihr schwerer. Sie führt diese Verstimmung auf einen äußeren Grund zurück, ist jedoch unsicher in ihren diesbezüglichen Angaben. Einmal sagt sie, die Krankheit ihrer Mutter habe sie sehr erregt, ein andermal, der Vater habe gewünscht, daß sie ihr Verhältnis mit einem jungen Burschen lösen solle. Auf Befragen gibt sie zu, daß der Grund für eine derartige Verstimmung doch nicht stichhaltig genug gewesen ist. Sie selbst erkennt diesen Zustand 29 Jahre vor der zweiten Erkrankung als Gemütsverstimmung an, die ungefähr 5 Wochen gedauert habe und plötzlich vergangen sei. Weitere Angaben über damalige Hemmung werden nicht gemacht. Nachdem diese Verstimmung vorbei war, war sie lustig, ging viel zur Musik, sang vor sich hin, mit dem Arbeiten ging es ihr „schnell von der Hand", sie fühlte sich „erleichtert". Auffallend lustig will sie danach nicht gewesen sein. In den folgenden 29 Jahren will Frau K. ganz gesund und in der Stimmung immer ganz gleichmäßig gewesen sein. Die Erkrankung im Jahre 1904 führt sie auf die Aufregung über den Tod des Vaters (Dezember 1903) und die bald darauf folgende Erbteilung, sowie den Hausverkauf zurück. Auf einmal, im August 1904, habe sie garnichts mehr arbeiten wollen, sie fühlte sich sehr müde, hatte den Gedanken, es nütze doch nichts mehr. Plötzlich überfiel sie eine große Angst, sie würde von Gendarmen geholt. Was sie arbeitete, war „so arg hurtig und schnell". Die Angst nahm immer mehr zu. Es stellte sich auch eine gewisse Gleichgültigkeit ein; sie legte sich unausgezogen aufs Bett, machte sich die Haare nicht mehr, „alles war mir zu viel". Es war ihr so, als ob sie gar keine Freude mehr am Leben hätte. Sie konnte sich zu nichts entschließen. Eines Tages stand sie, nachdem sie Feuer angemacht hatte, ganz ratlos vor dem Herd und wußte nicht, was sie tun wollte. Sie kochte andauernd Wasser und schürte trotzdem immer das Feuer. Sie machte sich viele Vorwürfe und glaubte, daß die Leute sie ansähen. Das Denken fiel ihr nicht schwer. Sinnestäuschungen traten nicht auf. Angaben über universelle Hemmung macht Frau K. nicht.

Die Periode ist seit zwei Jahren unregelmäßig. Während der Erkrankung im Jahre 1904 setzte sie drei Monate ganz aus.

Zusammenfassung: Bei der 49jährigen psychisch angeblich bisher gesunden Frau entwickelt sich im Verlauf seelischer Erregungen eine Verstimmung mit ängstlicher Unruhe, Selbstvorwürfen, Versündigungsideen und lebhaftem Krankheitsgefühl. Vereinzelte Beziehungsideen und ängstliche Vorstellungen kommen hinzu. Ausgesprochene Wahnideen treten ebensowenig auf, wie Sinnestäuschungen. Von einer Hemmung wird in der Krankengeschichte nichts erwähnt. Kurz nach der Aufnahme in die Klinik tritt eine Gesichtsrose auf. Sehr bald nach deren Heilung treten die oben geschilderten krankhaften Symptome immer mehr in den Hintergrund. Die gedrückte Stimmung wird als gleichmäßig ruhig, nach viermonatlichem Aufenthalt in der Klinik sogar als heiter bezeichnet. Einsichtig für ihre Krankheit wird Patientin entlassen. — Die Nachuntersuchung, $1^1/_2$ Jahr nach der

Entlassung ergibt, daß die Kranke ganz gesund geworden und geblieben ist. Sie ergibt aber ferner, daß Frau K. ungefähr 29 Jahre vor dieser Erkrankung schon einmal, vielleicht auch damals infolge seelischer Erregungen, eine nur wenige Wochen dauernde, von ihr selbst sowohl als auch von der Umgebung als krankhaft erkannte Verstimmung durchgemacht hat. Es unterliegt nach den jetzigen Angaben der Frau K. keinem Zweifel, daß bei beiden Depressionen eine partielle psychomotorische Hemmung bestanden hat.

Jetzige Diagnose: Manisch-depressives Irresein. Zwei depressive Anfälle, 29 Jahre auseinanderliegend. Partielle Hemmung.

## Fall 15.

**M. G.**, verh. Taglöhnersfrau. Geb. 1848 (zur Zeit der Erkrankung 56 Jahre).

Verpflegung in der Irrenklinik: 2. Januar 1904 bis 30. Januar 1904, 12. Februar 1904 bis 20. Februar 1905.

Verpflegung in der Heilanstalt X.: 20. Februar 1905 bis 27. Juli 1905.

Diagnose: Melancholie. Krankheitsdauer: ca. 1³/₄ Jahre.

Heredität: Mutter, Bruder und Schwester sind längere Zeit geisteskrank gewesen, aber wieder gesund geworden. Zwei Kinder starben an Gichtern. Die Schwester (manisch- depressives Irresein) wurde 1906 abermals in die Irrenklinik aufgenommen.

Vorgeschichte: Patientin hat in der Schule gut gelernt. Nach der Schulentlassung beschäftigte sie sich in der Landwirtschaft. Sie heiratete im Jahre 1877. 6 Kinder leben und sind gesund, 2 sind in früher Jugend gestorben. Geistig war die Kranke bisher immer gesund. Seit Oktober 1903 sprach sie weniger. Ende Dezember äußerte sie plötzlich allerhand Wahnideen, sie müsse aufs Schafott, ihre Kinder sollten geschlachtet werden, alles sei verloren usw. Sie weinte und jammerte laut, hatte Angst und arbeitete nicht mehr. Sie hatte immer die Befürchtung, sie werde geholt.

Status: Patientin ist besonnen, geordnet, orientiert und ruhig. Die Auffassung ist gut, die Kranke spricht mit leiser Stimme und gibt häufig erst nach 2—3maligem Fragen Antwort. Es besteht ein vages Krankheitsgefühl. Die Stimmung ist eine deprimierte. Spricht man die Patientin an, so äußert sie zahlreiche Wahnideen: alles sei verloren, weil die Leute nicht an Christus geglaubt hätten, ihre Kinder seien auf ewig im Abgrund. Sie klagt sich an, daß sie an all diesem Unglück schuld sei, sie sei eine Rabenmutter usw. Trotzdem sie genau weiß, wo sie ist, sagt sie, hier sei die Unterwelt, hier müsse man ewig schmachten, die

Mitkranken seien Engel, Werkzeuge Gottes usw. Nach den Namen der anderen Kranken gefragt, fängt sie an zu weinen und sagt: „Das bringe ich nicht zusammen". Sie stellt in Abrede, jemals Stimmen gehört zu haben, „es sei ihr nur manchmal so gewesen". Körperlich gesund.

Verlauf: 6. Januar 1904. Liegt heute mit geschlossenen Augen im Bett, reagiert zunächst auf keine Anrede, läßt sich stechen, ohne zu zucken. Nach und nach spricht sie mit leiser Stimme, sie sei in der Hölle, sie sei schuld daran, daß in ihre Familie das Unglück gekommen sei usw.

8. Januar. Still zu Bett. Jammert wenig.

10. Januar. Sehr erfreut durch den Besuch der Angehörigen, äußert später, sie freue sich jetzt, überzeugt zu sein, daß ihre Kinder gesund seien, sie habe die ganze Zeit geglaubt, alle wären tot. Lacht, als man ihr sagt, sie habe geglaubt, hier in der Hölle zu sein und meint, das müsse Einbildung gewesen sein.

13. Januar. Wird zusehends freier.

30. Januar. Ganz frei, einsichtig, vergnügt. Entlassen.

12. Februar. Wird heute wiedergebracht. Die Kranke war in den ersten Tagen nach der Entlassung ruhig, dann äußerte sie wieder, speziell abends und nachts die alten Versündigungsideen und machte wiederholt Selbstmordversuche.

13. Februar. In der Nacht sehr unruhig. Läuft in heller Angst umher und jammert; jeden Tag höre sie etwas anderes, der Teufel komme her und zupfe sie, alle seien verloren.

14. Februar. Will schlecht geschlafen haben, weil der Teufel sich immer um sie herumgetrieben habe, er habe drei paar Stricke um sich gehabt. In ihrer Umgebung seien lauter Teufel. Keine merkliche Hemmung.

15. Februar. Nachts oft unruhig, schreit laut, der Böse sei da.

17. Februar. Ruhig, traurig, nie gehemmt, spricht mit leiser müder Stimme: sie komme in die Hölle, müsse verbrennen, ewige Qual leiden.

20. Februar. Noch immer recht ängstlich. Hört „böse Stimmen". Glaubt, ihre Kinder seien auch in die Klinik gebracht worden.

26. Februar. Bedeutend ruhiger. Traurig, resigniert, gehemmt. „Sie sei an allem schuld." Wirkliche Stimmen will sie nicht gehört haben.

1. März. Deprimiert, aber ruhig. Massenhafte Selbstanklagen. Nachts häufig unruhig. Schreit dann laut und geberdet sich wie verzweifelt. Springt in der Erregung aus dem Bett und tanzt. Sucht man sie zu unterbrechen, so wehrt sie laut schreiend ab: „Lassen Sie mich, ich muß, ich muß, sonst bekommt der Böse Gewalt über mich".

3. März. Auch bei Tage öfters erregt, viele Selbstanklagen und lautes Jammern.

10. März. Still deprimiert, schlaff, macht sich Vorwürfe. Gibt an, sie habe wegen ihrer großen Unruhe getanzt. Abends gedrückter als morgens.

20. März. Tagsüber meist ruhig, wie in stummer Verzweiflung. Zugänglich, aber spärlich Auskunft gebend, bringt sie die alten Selbstvorwürfe vor. Nachts plötzliche Erregungen. Lautes monotones Jammern und Schreien, das sich verstärkt, wenn man ihr zuredet. Lebhaftes

Angstgefühl und ängstliche Vorstellungen, sie werde geholt, aufs Schafott geschleift, werde zerhackt, die Kinder seien geschlachtet worden. In diesen Angstparoxysmen reißt sie manchmal anderen Kranken laut jammernd die Decken fort, oder tanzt herum.

4. April. Seit einigen Tagen unzugänglich, man solle sie in Ruhe lassen. Einmal unrein.

13. April. Gibt heute besser Auskunft, aber einsilbig, sagt oft kurz: „Ich weiß nicht". Es besteht ein gewisses Krankheitsgefühl. Sie glaubt, der Teufel habe ihre Kinder geholt, die ihr dann gerufen hätten: „Mutter Du bist schuld, daß wir in die Hölle gekommen sind". Viele Selbstbeschuldigungen. Sie habe sich geschändet, sie sei eine schlechte Frau usw.

22. April. In den letzten Tagen ganz untätig im Bett. Gibt einsilbige Antworten. Hat mehrmals ins Bett genäßt. Äußert die alten Wahnideen. Keine nachweisbare Hemmung.

7. Mai. Gibt an, sie habe auf dem Gang den Teufel mit Gabeln und Hacken arbeiten sehen.

10. Mai. Ganz ablehnend und unwirsch. Kein ängstlicher Affekt mehr. Äußert die alten Vorstellungen.

19. Mai. Immer unwirsch. Wirft der Pflegerin Teller und Löffel nach. Schimpft lebhaft andere Kranke, droht mit Prügel.

4. Juni. Die Kinder seien vom Teufel geholt, auf ewig verloren, in der babylonischen Gefangenschaft. Sehr ablehnend.

10. Juni. Wendet dauernd das Gesicht von dem Fragenden ab, Auf längeres Drängen ohne erkennbaren Zusammenhang: „Deutschland, Deutschland über alles, die Kinder sind schwarz wie die Mohren, alle sind Deutsche, nur meine Kinder sind Chinesen". Beschimpft den Arzt in unflätiger Weise.

21. Juni. Freier. Gibt hin und wieder bessere Auskunft. Nach Stimmenhören gefragt, antwortet sie ausweichend.

1. Juli. In den letzten Tagen wesentlich freier in Bewegung und Antworten. Gewisse Einsicht für die überwundenen Zustände: „Wenn ich nicht krank gewesen wäre, hätte ich das alles nicht getan". Über Halluzinationen ist nichts zu erfahren. Viele Selbstvorwürfe.

7. Juli. Immer deprimiert, aber stiller; stärker verlangsamt. Hat gestern den ganzen Tag nichts zu sich genommen, „wegen ihrer Kinder". Springt mehrfach auf, weil sie ihre Kinder rufen hört.

11. Juli. Jammert: „wenn meine Kinder doch nur ein Obdach hätten".

27. Juli. Affektvolles Jammern um die Kinder. Klagt über Angst. Hört ihre Kinder ab und zu nach ihr rufen. Entsinnt sich sehr gut der Periode des Krankseins, in der sie abweisend war: „Wenn ich jetzt daran zurückdenke, meine ich beinahe, es könnte nicht sein". Entsinnt sich der Szene vom 10. Juni. „Das war alles ein Durcheinander. Damals habe ich wirklich geglaubt, die Kinder seien schwarz, das war halt so ein Unsinn, so etwas ist in Deutschland, in der ganzen Welt noch nicht vorgekommen."

4. August. Weint heute früh herzzerreißend nach ihren Kindern, die kein Obdach hätten.

16. August. In der letzten Zeit recht abgemagert. Läuft unruhig jammernd umher, muß künstlich ernährt werden.

6. September. Tief deprimiert.

27. September. Seit ungefähr 8 Tagen ist der depressive Affekt etwas zurückgetreten. Das Jammern hat aufgehört. Die Kranke liegt meist mit abgewendetem Gesicht im Bett. Sie ist zwar zugänglich, aber leicht unwirsch.

2. Oktober. Heute etwas zugänglicher. Gibt an, sie sei traurig, weil sie das Hab und Gut ihrer Kinder vergeudet habe. Lebhaftes Krankheitsgefühl.

20. Oktober. Wechselndes Verhalten. Manchmal zugänglich, dann wieder ablehnend. Wendet sich dann weg und bittet, sie gehen zu lassen. Zahlreiche Versündigungsideen.

29. Oktober. Seit 5 Tagen etwas freier. Weniger sorgenvoller Gesichtsausdruck als bisher. Fühlt sich selbst seit einigen Tagen freier im Kopf und hofft auf Gesundung. Lebhaftes Krankheitsgefühl. Gibt an, sie habe sprechen können, aber nicht wollen, weil ihr alles verleidet war. Bestreitet, Halluzinationen gehabt zu haben.

10. November. Wechselndes Bild. In letzter Zeit wieder zahlreiche Vorwürfe und Versündigungsideen.

20. November. Ißt sehr wenig, schläft schlecht. Sieht sehr elend aus. Immer vergrämter Gesichtsausdruck, der meist noch einen Zug von Gereiztheit und Verbissenheit bekommt. Weint sehr viel. Vereinzelte Selbstvorwürfe.

15. Dezember. Unverändert.

15. Januar 1905. Meist ruhig, dabei unwirsch ablehnend, fast gereizt. Schreibt ihren Kindern Briefe, sie möchten nicht kommen. Dauernd sehr unentschlossen, ob sie diese Briefe abgeben soll oder nicht.

1. Februar. Ablehnend und mürrisch. Spricht nicht spontan. Äußert auf Befragen die alten Versündigungsideen. Kein lebhafter Affekt.

20. Februar. Nach X. überführt.

(Aus der Krankengeschichte der Heilanstalt in X.)

20. Februar. Patientin ist örtlich und zeitlich vollkommen orientiert und gibt richtige Auskunft über ihr Vorleben. Schulkenntnisse leidlich, Gedächtnis nicht auffallend gestört. Ihre jetzige Krankheit habe mit einer unerklärlichen Angst und Scheu begonnen, es sei ihr schwarz vor den Augen geworden, dann sei der Teufel gekommen. Sie habe keine Ruhe und keinen Lebensmut mehr gehabt. Mit 25 Jahren habe sie schon einmal einen ähnlichen Zustand durchgemacht, auch damals viel Angst gehabt. Sie sei damals in ärztlicher Behandlung und nach wenigen Wochen wieder gesund gewesen. In Heidelberg habe sie nachts häufig ihre Kinder rufen hören, jetzt habe die Angst nachgelassen, doch mache sie sich noch viele Vorwürfe. Die Stimmung ist ausgesprochen deprimiert.

2. März. Ruhig zu Bett, leicht deprimiert, glaubt, sie habe ihre Kinder vergiftet.

15. März. Immer ruhig und niedergeschlagen.

25. April. Ziemlich unverändert.

15. Mai. Geordnet, wortkarg, arbeitet fleißig.
20. Juni. Im allgemeinen stumpf. Bringt alles, was sie sagt, ruhig und affektlos vor.
27. Juli. Unverändert entlassen. Korrigiert ihre Wahnideen.

Nachuntersuchung: August 1906. Frau G. gibt an, daß sie ganz gesund nach Hause gekommen sei. Schlaf und Appetit waren gut, alle Vorwürfe und Wahnideen verschwunden, sie arbeitete wie früher. Seit der Entlassung aus X. will sie in ihrer Stimmung immer gleichmäßig ruhig und zufrieden gewesen sein. Jetzt ist die sehr muntere und lebhafte Frau gesund und krankheitseinsichtig. Auffallend ist eine gewisse Labilität der Stimmung.

Ergänzung zur Krankengeschichte: Frau G. gibt auf Befragen an, daß sie mit 25 Jahren schon einmal einen ähnlichen Zustand wie im Jahre 1903 durchgemacht habe. Ohne äußeren Grund sei sie damals sehr ängstlich und traurig gewesen. Sie konnte nicht schlafen, war immer unruhig und machte sich sehr viele Vorwürfe, ganz wie bei der jüngst abgelaufenen Krankheit. Sie dachte damals daran, sich aus der Welt zu schaffen. Das Arbeiten ging trotz der Verstimmung gut. Fragen nach psychomotorischer Hemmung sind ergebnislos. Der behandelnde Arzt wollte sie in eine Irrenanstalt verbringen. Nach wenigen Wochen war sie jedoch wieder gesund und ebenso wie vorher. In den folgenden 31 Jahren will Frau G. in ihrer Stimmung und Arbeitsfähigkeit ganz gleichmäßig gewesen sein. Im Jahre 1903 wurde sie ohne allen Grund gedrückt. Die Arbeit ging ihr schlechter von der Hand, sie wurde vergeßlich, „wenn ich in die Küche kam, wußte ich nicht mehr wo meine Sachen standen". Nach und nach kam eine fürchterliche Angst und die in der Krankengeschichte erwähnten ängstlichen Vorstellungen über sie. Sie hatte ganz phantastische Ideen, sie glaubte, Krieg sei ausgebrochen, ihre Kinder seien unter der Erde, sie werde verbrannt, usw. Wenn sie zum Fenster hinaussah, glaubte sie, sie sehe das Weltende. Sie hörte öfters ihre Kinder ganz deutlich rufen. Mehrfach will sie den Bösen gesehen haben, „der aussah wie Gas". Ganz besonders im Halbschlummer sah sie zahlreiche Gestalten, so z. B. einen Mann mit Helm und Orden, der sie in ein weites, weißes Land führte. Zeitweise fühlte sie sich sehr schwach. Ihr absonderliches unwirsches Benehmen vermag Frau G. nicht zu motivieren. Sie habe sprechen können, aber nicht wollen. Ganz allmählich ließ die Angst nach. Frau G. will niemals weitere Hemmungsgefühle empfunden haben.

Die Periode trat im Dezember 1903 zum letztenmal auf.

Zusammenfassung: Mit 25 Jahren erkrankt Pat. an einer ohne äußeren Grund auftretenden, nur wenige Wochen dauernden, mit Selbstvorwürfen und Suicidgedanken einhergehenden ängstlichen Verstimmung, die auch der Umgebung als Geisteskrankheit imponiert. 31 Jahre lang bleibt Frau G. gesund. Dann entwickelt sich ohne irgendwelche äußere Veranlassung abermals eine Verstimmung, die an Intensität langsam zunimmt. Angst, innere Unruhe, zahlreiche Selbstanklagen, Versündigungsideen und ängstlich-phantastische Vorstellungen bei einem gewissen Krankheitsgefühl machen die Verbringung in die Irrenklinik notwendig. Dort bessert sich der Zustand nach kurzer Zeit ganz erheblich. Die Kranke wird nach vierwöchentlichem Aufenthalt in der Klinik „heiter" und krankheitseinsichtig entlassen. Allein schon nach wenigen Tagen kehren die Angst und mit ihr die oben geschilderten Symptome zurück und machen eine abermalige Aufnahme nötig. Im weiteren Verlauf der Erkrankung treten nächtliche Angstparoxysmen auf. Fast $^3/_4$ Jahr wird die Kranke von phantastischen ängstlichen Vorstellungen gequält. Dauernd besteht ein bald mehr, bald weniger intensives Krankheitsgefühl. Ob Täuschungen oder Illusionen des Gesichts und Gehörs aufgetreten sind, ist nicht mit Sicherheit zu entscheiden. Bei wechselnder Intensität des depressiven Affekts ist die Kranke in der zweiten Hälfte der Anstaltsbehandlung fast andauernd unwirsch, ablehnend, ja sogar manchmal gereizt. Die anfangs so sehr lebhafte Angst verblaßt allmählich und tritt schließlich ganz zurück. Selbstvorwürfe und Versündigungsideen werden nahezu $^5/_4$ Jahre geäußert. Zuletzt bleibt nur noch eine apathische Depression. In dieser Verfassung wird die Kranke nach $1 ^1/_2$ jähriger Anstaltsbehandlung entlassen, doch scheint schon damals eine gewisse Einsicht bestanden zu haben. — Die Nachuntersuchung ein Jahr nach der Entlassung ergibt, daß die Kranke völlig gesund geworden und geblieben ist. Sie ist krankheitseinsichtig. Die erst nach $^5/_4$ jähriger Anstaltsbehandlung sich findende Notiz über eine frühere Depression bestätigt sie, und macht detaillierte diesbezügliche Angaben. Zu Anfang der zweiten Depression bestand eine geringgradige partielle subjektive Hemmung.

Jetzige Diagnose: Manisch-depressives Irresein. Erster depressiver Anfall mit 25 Jahren. Zweiter depressiver Anfall 31 Jahre später. Bei diesem typische zirkuläre Symptome: Extreme Stimmungsschwankungen, Gereiztheit in der Depression, partielle subjektive Hemmung.

---

Von diesen beiden Fällen ist nur einer erblich schwer belastet (Fall 15), beim anderen spielen vielleicht seelische Erregungen die Rolle der auslösenden Ursache.

Fall 14 ist schon wegen der kurzen Dauer nicht als Melancholie im Sinne Kraepelins anzusprechen, doch finden sich in der Krankengeschichte keine typischen zirkulären Symptome. Erst die Nachuntersuchung bringt volle Klarheit. Es kann festgestellt werden, daß unsere Kranke in ihrer Jugend, 29 Jahre vor der sie in die Klinik führenden Erkrankung, einen Schwermutsanfall durchgemacht hat, dem vielleicht eine leichte Hypomanie folgte. Ebenso wird erst jetzt etwas über partielle Hemmung bekannt.

Bei Fall 15 finden wir dagegen schon in der Krankengeschichte typische zirkuläre Symptome, die uns die richtige Diagnose weisen. In den letzten Wochen, welche die Kranke in der Irrenklinik war, machte sie ganz den Eindruck einer Verblödenden. Wir legten dabei ganz besonderes Gewicht auf die anscheinend stetige Abnahme des Affekts. Eigentümlicherweise findet sich erst im Journal der Heilanstalt eine Notiz darüber, daß die Kranke 31 Jahre zuvor den ersten Anfall hatte. Die partielle Hemmung scheint in diesem Fall nur sehr gering gewesen zu sein.

Die zweite Unterabteilung umfaßt fünf Fälle, welche die erste z. Zt. der Involution auftretende Depression in die Klinik führte, die aber seitdem noch mehrere leichte (Abortiv-) oder schwerere depressive Anfälle durchmachten.

## Fall 16.

F. K., verh. Landwirt. Geboren 1835 (zur Zeit der Erkrankung 59 Jahre).

Verpflegung in der Irrenklinik: 30. Januar 1894 bis 5. März 1895.

Diagnose: Melancholie. Krankheitsdauer: ca. 2 Jahre.

Heredität: Die Großmutter war im Alter schwermütig und starb durch Suizid. Ein Bruder erhängte sich. Drei Schwestern waren in den Wechseljahren längere Zeit schwermütig. Ein Vetter ist unheilbar geisteskrank.

Vorgeschichte: Pat. verheiratete sich im Jahre 1860, lebte gut mit seiner Frau. Vier Kinder leben und sind gesund, drei starben in früher Jugend. Bisher war der Kranke psychisch immer gesund. Die Krankheit begann im Jahre 1893 mit Appetitlosigkeit, Magenschmerzen, Herzklopfen und Obstipation. Langsam entwickelte sich eine ängstliche Verstimmung. Der Kranke, der wiederholt äußerte, er habe sich versündigt, machte sich Vorwürfe über Verfehlungen in seiner Jugend. Nach und nach wurde er ängstlich und unruhig. Wo er hinsah, sah er schwarze Bilder, den Bösen mit seinem Schnurrbart usw. Nachdem die Angst zugenommen und Pat. einen sehr energischen Selbstmordversuch gemacht hatte, wurde er in die Klinik verbracht.

Status: Der Kranke ist besonnen, geordnet und orientiert. Auffassung und Gedächtnis sind gut. Die sinngemäßen Antworten werden durch Jammern und Stöhnen unterbrochen. Die Stimmung ist bei lebhaftem Krankheitsgefühl eine sehr ängstliche. Der Kranke macht sich viele Vorwürfe: er habe sich in seiner Jugend schwer versündigt, mit sich selbst Unzucht getrieben, er habe Äpfel und Nüsse gestohlen, in früheren Jahren an einer Kuh gespielt usw. Alles, was er getan, sei nicht recht gewesen. „Das Gewissen hat gesagt: es ist nicht recht; jetzt ist das Gewissen erst aufgewacht in der Krankheit." Er klagt über große Angst, jammert und stöhnt: „Ich hab solche Angst, daß ich nicht im Bett bleiben kann, wenn ich mich nur nicht so schwer vergangen hätte". In der Angst habe er Bilder gesehen, als wenn's der Böse wäre. Er glaubt, man wolle ihn fortbringen. Ihm sei gewesen, als ob er vom Herrgott abgefallen und jetzt vogelfrei sei. Öfters sei es ihm so vorgekommen, als ob er die Vorwürfe auch gehört hätte, doch könne er dies nicht mit Bestimmtheit behaupten. „Der Geist hat nicht geschlafen, und wenn der Geist nicht schläft, dann kommen einem allerlei Gedanken." Viele körperliche Klagen: Magen- und Herzschmerzen, Schwindelgefühle, Appetitlosigkeit, Stuhlverstopfung usw. Somatisch: Kleiner, recht seniler Mann, leichter Tremor der Hände, ausgeprägte Arythmie des Pulses. Die Pulsschläge setzen häufig aus, am Herzen zeigt sich in der Regel folgender Rhytmus: ⌣ ⌣ Pause ⌣ ⌣ Pause. Die Herztöne scheinen dabei vollständig rein zu sein. Im Urin kein Eiweiß, kein Zucker.

Verlauf: 30. Januar 1894. Bleibt ganz ruhig im Bett, wirft sich nur zuweilen ängstlich stöhnend herum, äußert relativ wenig Versündigungsideen, jammert immer ganz leise vor sich hin. Beginn der Opiumkur.

1. Februar. Ganz deutliche Beruhigung. Pat. stöhnt nur noch ganz leise oder seufzt beklommen. Nur wenn man sich um ihn kümmert, wird er etwas erregter. Über seinen Suizidversuch befragt, gibt er an, es sei ihm nie recht ernst damit gewesen, er habe allerdings in seiner Angst häufig daran gedacht; den Willen dazu hätte er aber nie gehabt: „Ich hätt's doch nicht fertig gebracht".

4. Februar. Klagt mehr über Obstipation als über Angst.

5. Februar. Das Befinden ist ganz zufriedenstellend. Der Kranke bleibt immer im Bett. Von der Unruhe, wie sie seine Kinder schildern und wie er sie bei der Aufnahme zeigte, ist nichts mehr zu bemerken. Intensives Krankheitsgefühl: er wolle in der Klinik gesund werden. Klagt über Angst. Bisher sei er noch nie geisteskrank gewesen.

25. Februar. Wesentliche Besserung unter der Opiumbehandlung. Der Kranke äußert nur auf eingehendes Befragen Versündigungsideen. Klagt noch über Angst. Bei Besuchen steigert sich die ängstliche Unruhe. Hat mehr Hoffnung auf Genesung.

16. März. Ungemein wenig produktiv. Beobachtet ängstlich seinen Stuhlgang. Nimmt an den Vorgängen in der Umgebung wenig Anteil.

1. April. Nach einem Besuch der Angehörigen große Angst. Jammert und stöhnt, ohne bestimmte Klagen laut werden zu lassen.

2. April. Wieder ruhiger.

8. April. Heute wieder sehr ängstlich; zittert anhaltend. Er habe gehört, er käme in eine andere Heilanstalt. „Ich meine, im andern Saal ist davon geredet worden, das geht auf mich".

13. April. Die Angst hat bedeutend zugenommen, besonders abends ist der Kranke sehr erregt, er zittert und bebt und schreckt bei jedem Geräusch zusammen. Fürchtet, er würde fortgeschleppt.

20. April. Es wird mit der Opiumdosis (dreimal 35 Tropfen p. d.) langsam heruntergegangen.

26. April. Klagt immer über unbestimmte Angstgefühle.

28. April. Klinische Vorstellung: Er sei nicht ganz recht im Kopf. Im Tun und Treiben, im Laufen und Springen, in Redensarten habe es sich gezeigt. „Ich hab nicht mehr so arbeiten können, es war kein Trieb mehr da." Er mache sich viele Gedanken, daß er nicht recht gelebt habe, manchmal sei es ihm so vorgekommen, als ob jemand zu ihm gesprochen hätte. Nachts sei er sehr ängstlich und sehr schreckhaft gewesen. — Von Jugend auf sei er schon ängstlich gewesen.

15. Mai. Bei Besuchen immer Steigerung der Erregung. Glaubt, alle Patienten seien durch ihn hereingekommen.

13. Juni. Langsame Besserung bei Fortbestehen der alten vagen Befürchtungen.

1. Juli. Entschieden munterer. Ist hoffnungsvoller. Hie und da meint er ängstlich, er sei derjenige, der alle Kranken in die Klinik bringe. „Ich weiß ja, daß es nicht so ist, aber ich muß halt doch so denken."

22. August. Allmähliche Besserung.

29. August. Wieder sehr ängstlich, namentlich morgens.

1. Oktober. Macht sich weniger Gedanken, klagt aber viel über Heimweh.

22. Oktober. Erholt sich langsam. Immer noch ängstlich und gehemmt, aber doch frei von komplizierteren depressiven Ideen. Hat keine Versündigungsideen mehr. Sieht ein, daß der Gedanke, er habe alle Kranken in die Klinik gebracht, krankhaft war.

3. November. Nur noch leicht verstimmt, lebhaftes Heimweh.

7. November. Der Kranke schläft in der letzten Zeit wieder schlechter und macht sich nachts oft Gedanken: er habe nicht genug gearbeitet, nicht recht gebetet usw. Am andern Morgen sieht er aber ein, daß alle diese Gedanken krankhaft waren.

20. November. Augenblicklich ist die Stimmung wieder eine recht zufriedene. Der Schlaf ist gut, keine Versündigungsideen.

12. Dezember. Das Befinden hat sich wenig geändert. Auf Befragen gibt er ohne weiteres an, daß er sich noch manchmal Vorwürfe mache, doch besteht eine gewisse Einsicht. Viel Heimweh.

1. Januar 1895. Weniger Heimweh. Immer noch leicht deprimiert.

15. Januar. In den letzten Tagen sichtlich besser. Der Kranke äußert spontan kein Heimweh. Heute verlangt der Sohn im Beisein des Vaters stürmisch die Entlassung. Der Kranke hat zweifellos Angst vor dem Nachhausegehen und ist ganz zufrieden, als die Entlassung verweigert wird.

19. Januar. Macht sich wieder Vorwürfe: „Ich mein', ich hab' das alles getan, was die Leute sagen. Ich mein', ich hab' gegen unseren Herrgott gesündigt." Sehr ängstlich.

21. Januar. Sehr erregt. Jammert laut, in großer Angst: „Ich muß fort, ich werde morgen ersäuft. Ich habe so schreckliche Angst."

27. Januar. Viel ruhiger.

1. Februar. Es geht sichtlich besser, Pat. hat jedoch immer noch Angst. Vereinzelte Selbstvorwürfe.

9. Februar. Das Befinden ist bedeutend besser. „Ganz weg ist die Angst noch nicht."

20. Februar. Leicht deprimiert und ängstlich, macht sich auch noch Vorwürfe.

28. Februar. Unverändert. Beschäftigt sich mit Hausarbeit, drängt nicht fort.

5. März. Entlassen.

Katamnese: 12. Oktober 1900. „Befinden recht sehr erfreulich, munter und wohl. Arbeitet ganz regelmäßig."

Katamnese: 21. Januar 1902. „Gute Gesundheit. Keine Wahnideen, keine Stimmen. Ist im Winter bei schlechtem Wetter manchmal ängstlich, sonst guter Stimmung und arbeitsam. Gedächtnis und Urteil zunehmend gestärkt, keine körperlichen Gebrechen."

Nachuntersuchung: Oktober 1906. K. gibt an, daß er nach der Entlassung aus der Klinik noch ungefähr $1/2$ Jahr lang schwermütig gewesen sei, dann sei er wieder gesund und ganz ebenso wie vor der Krankheit gewesen. Seitdem er in Heidelberg war, hat er mehrfach im Jahr, besonders aber im Winter, leichte Verstimmungen mit vagen Angstgefühlen. Er ist dann ohne Grund gedrückt und ängstlich. K. kann zwar arbeiten, doch fällt es ihm schwerer. „Unruhe ist dabei, vielleicht auch Schwermut, man kann nicht so schlafen." Im Geschäft fällt ihm das Rechnen in solchen Zeiten schwer. Sonstige Angaben über subjektive Hemmung werden nicht gemacht. Diese Verstimmungen, die angeblich vor der Krankheit nicht bestanden haben, treten im Abstand von mehreren Monaten auf und dauern oft nur 1—2 Tage, manchmal auch länger; sie kommen und gehen ohne Grund. Der Umgebung fallen sie auch auf. Die Tochter gibt an, daß der Vater an diesen Tagen sehr ruhig sei, wenn man ihn anspreche, gebe er kurze Antworten, er sei dann „ganz voller Gedanken und zerstreut." Im Gegensatz zu sonst irre er sich in diesen Zeiten häufig im Geschäft, und gebe oft andere Waren, als verlangt würden. Es bestehen keine gleichzeitigen körperlichen Störungen. Die Intensität dieser leichten Depressionen hat in den letzten Jahren nachgelassen.

Früher kamen mit ihnen auch die alten Vorwürfe wieder, die in den letzten Jahren nicht mehr auftraten. Im übrigen ist K. ruhig, niemals besonders lustig oder gereizt. In der letzten Zeit hat er häufig Schwindelgefühle und Kopfschmerzen, die jedoch mit den Verstimmungen nichts zu tun haben. Jetzt ist der Kranke ganz gesund und völlig einsichtig für die schwere Depression: er erkennt diese ebenso wie die seitdem auftretenden leichten Verstimmungen als krankhaft an. Keine senilen Züge. Das Gedächtnis ist gut, auch nach Aussagen der Tochter. Körperlich: Leichte Arteriosklerose der peripheren Arterien. Puls: regelmässig, ca. 60 Schläge in der Minute. Herz: nicht vergrößert, Herztöne: rein.

Ergänzung zur Krankengeschichte: K., der nur sehr ungern über die frühere Krankheit spricht, gibt an, daß er bis 1893 in der Stimmung und Arbeitsfähigkeit immer ganz gleichmäßig gewesen sei. Die Krankheit habe langsam ohne äußere Veranlassung mit Selbstvorwürfen und Versündigungsideen begonnen. Er erinnert sich, daß er lange Zeit sehr ängstlich gewesen sei. Sinnestäuschungen will er nicht gehabt haben. Fragen nach psychomotorischer Hemmung während der Krankheit werden mit „Ich weiß nicht mehr" beantwortet.

Zusammenfassung: Bei dem erblich schwer belasteten, geistig bisher gesunden, 59jährigen Mann entwickelt sich ohne jeden äußeren Grund allmählich eine Verstimmung. Anfangs werden nur zahlreiche körperliche Klagen geäußert, bald jedoch treten Angstgefühle, vage Befürchtungen, vereinzelte Wahnideen, massenhafte Selbstvorwürfe und Versündigungsideen hinzu. Ein Selbstmordversuch macht die Überführung in die Irrenklinik notwendig. Hier beherrschen bei lebhaftestem Krankheitsgefühl und sehr tiefem ängstlichen Affekt die oben genannten Symptome mit geringen Intensitätsschwankungen monatelang das Krankheitsbild. Sinnestäuschungen treten niemals auf. Nur manchmal kommt es dem Kranken so vor, als ob er die Vorwürfe, die er sich macht, auch von anderen höre. Vereinzelte Beziehungsideen und ängstliche Vorstellungen, die manchmal den Charakter von Zwangsgedanken nach den eigenen Aussagen des Kranken tragen, bleiben lange Zeit bestehen. Der Kranke selbst klagt verschiedentlich über seine Arbeitsunfähigkeit: daß im Tun und Treiben, in seinem Sprechen und in seinen Redensarten sich seine Krankheit äußere. Einmal gebraucht er den Ausdruck „es sei kein Trieb mehr da". Von irgendwelcher subjektiver psychomotorischer Hemmung ist in der Krankengeschichte sonst nichts erwähnt, nur ein einziges Mal ist von einer objektiven Hemmung (22. Oktober 1894) die Rede. Noch etwas gedrückt und leicht ängstlich wird der Kranke nach $^5/_4$ jähriger Behandlung aus der Klinik entlassen. Angst, Selbstvorwürfe, innere Unruhe und gedrückte Stimmung verlieren sich erst nach einem halben Jahr. Danach wird der Kranke wieder gesund. Eine sieben Jahre nach der Entlassung schriftlich erhobene Katamnese berichtet, daß K. gesund geworden und nur im Winter zuweilen „ängstlich" sei. — Die Nachuntersuchung, 11 Jahre nach der Gesundung ergibt, daß seit der Entlassung alljährlich einige Male leichte, unmotivierte, schnell vorübergehende Verstimmungen mit geringer Unruhe, ganz besonders im Winter, aufgetreten sind, die sowohl K. selbst als auch seiner Umgebung als krankhaft imponieren. Es unterliegt wohl keinem Zweifel, daß K. während dieser Verstimmungen eine leichte partielle psychomotorische Hemmung empfindet. Auch der Umgebung fällt eine gewisse „Zerstreutheit" auf. Ob K. auch bei der Erkrankung vor 11 Jahren partiell gehemmt war, vermag er nicht mehr anzugeben.

Jetzige Diagnose: Manisch-depressives Irresein. Typisches zirkuläres Symptom: partielle Hemmung. Zahlreiche depressive Abortivanfälle mit geringer Hemmung.

## Fall 17.

C. C. unverh. Zugeherin. Geb. 1844 (zur Zeit der Erkrankung 51 Jahre).

Verpflegung in der Irrenklinik: 19. August 1895 bis 4. Mai 1896.

Diagnose: Melancholie. Krankheitsdauer: ca. $1\frac{1}{2}$ Jahre.

Heredität: Keine erbliche Belastung.

Vorgeschichte: Wenige Tage vor der Aufnahme in die Klinik wurde die verstimmte Kranke vom Bezirksarzt untersucht. Sie war einsilbig und äußerte allerhand Unwürdigkeitsideen und Wahnvorstellungen. Sie fühle, daß sie krank sei, sie sei aussätzig, das Fleisch faule an ihren Geschlechtsteilen. Sie meint ferner, man könne ihr nicht helfen, da sie dessen nicht würdig sei, sie habe sich schlecht aufgeführt, deshalb dürfe sie jetzt nicht ins Bett. Nachts höre sie Stimmen und Geräusche.

Status: fehlt. Körperlich: Haut an Gesicht, Oberarmen und Beinen myxödematös, im übrigen gesund.

Verlauf: 21. August 1895. Die Kranke gibt an, sie sei eine gute Schülerin und nach der Schulentlassung viele Jahre als Dienstmädchen in Stellung gewesen. Im Jahre 1893 hatte sie Blinddarm- und Bauchfellentzündung und war über 1 Jahr krank. Danach war sie körperlich sehr schwach. Seit einigen Wochen ist sie deprimiert.

23. August. Sitzt oder liegt stumm und scheinbar teilnahmslos im Bett. Patientin ist scheu, ängstlich und leicht bekümmert. Sie macht sich sehr viele Vorwürfe, sie habe schlecht gelebt, sich mit Vieh abgegeben etc., nun sei ihr Blut vergiftet, sie rieche übel, weil sie faul sei. Alle Bewegungen sind sehr träge und langsam.

24. August. Leichte Depression. Versündigungs- und Unwürdigkeitsideen.

26. August. Sie sei eine schlechte Person. Will im Hemd in den Garten; wenn man im Kopf nicht ganz klar sei, dann könne man etwas derartiges tun.

28. August. Stumme Verzweiflung, weil sie nicht ist, wie sie sein soll. Sie verpeste das Krankenzimmer, in ihren Adern fließe Gift usw.

30. August. Versteckt sich in den Ecken, weil sie nirgendwo Ruhe habe.

4. September. Hält sich nicht für wert, ärztlich behandelt zu werden. Glaubt, sie sei zur Strafe hier.

10. September. Stabiler Zustand.

23. September. Sitzt still abseits, fleißig arbeitend. Redet man sie an, so schaut sie zögernd auf, aber dann gleich wieder vor sich hin. Spricht nicht.

5. Oktober. Sitzt meist abseits, nicht jammernd, aber in unverkennbarer Weise deprimiert, scheu und ängstlich. Die Bewegungen sind langsam, gehemmt. Sie beschäftigt sich mit Nähen, macht langsam Stich für Stich mit peinlicher Sorgfalt und deutlicher Hemmung. Nur nach langem Zureden gibt sie die Hand, sie sei dazu nicht anständig genug, sie verdiene nicht, daß man sich um sie kümmere.

16. Oktober. Allgemeines Gefühl der eigenen Schlechtigkeit. Zahlreiche Selbstvorwürfe. Schlaf und Appetit genügend.

28. Oktober. Schlief nachts auf dem Erdboden, weil sie kein anständiges Bett verdiene. Macht sich Vorwürfe, weil sie einen Sohn hat. Orientiert, kennt die Mitkranken.

20. November. Etwas freier. Verkehrt aber nicht mit den anderen Kranken. Viele Vorwürfe. Zuweilen Anflug von Galgenhumor.

1. Dezember. Die alten Gedanken, aber weniger Hemmung. Arbeitet fleißig, spricht manchmal von selbst mit ihrer Umgebung.

12. Dezember. Wesentlich zugänglicher. Intensives Krankheitsgefühl.

20. Dezember. Noch leicht deprimiert, äußert noch dieselben Unwürdigkeitsideen.

2. Januar 1896. Vollkommen klar und orientiert. Tadelloses Gedächtnis.

15. Januar. Zukunftsbefürchtungen. Ihre Äußerungen verraten oft einen gesunden Humor. Die anfänglichen Wahnideen, daß man ihr Gift ins Essen tue, sie verfolge usw., haften nur noch ganz locker.

30. Januar. Geselliger, lacht zuweilen. Die Antworten beweisen, daß sie nicht unbegabt ist. Sehr fleißig, anstellig und geschickt. Etwas empfindlich.

Februar. Leichte Influenza.

25. März. Sehr fleißig und ruhig, zuweilen witzige Bemerkungen.

10. April. Hat die Nachricht von dem Tode ihres Bruders in durchaus normaler Weise aufgefaßt. Humoristische (nicht manische) Auffassung des Lebens. Krankheitseinsichtig.

4. Mai. Entlassen.

13. Februar 1902. „Macht den Eindruck einer geistig normalen Person; will keine Nachwehen der Krankheit mehr verspürt haben." (Nachuntersuchung in der Irrenklinik.)

Nachuntersuchung: Oktober 1906. Nach der Entlassung aus der Klinik war die Kranke noch ungefähr $^3/_4$ Jahr verstimmt und zum Weinen geneigt. Nach und nach heiterte sich die Stimmung auf und wurde wie früher. Seit fünf Jahren ist Fräulein C. Strickerin und verdient sich kärglich ihren Lebensunterhalt. Bei der ersten Untersuchung gibt sie an, sie sei seit der Erkrankung in ihrer Stimmung und Arbeitsfähigkeit ganz gleichmäßig. Bei einem späteren Besuche abermals nach Abortivanfällen gefragt, macht sie ganz andere Angaben. Sie erzählt, daß sie hier und da ohne äußere Veranlassung „schwere Stunden" habe: sie muß dann darüber nachdenken, wie schlecht es gerade ihr in der Welt geht und weint häufig dabei. Sie fühlt sich müde und matt, die Augen tun weh, „das Denken setzt dann manchmal aus, so daß ich im Augenblick gar nicht weiß, was ich denke, gerade wie in der Krankheit". Sie ist nicht ängstlich oder unruhig. „Ich bin nur so gehemmt in allem. Ich kann nicht machen, was ich will. Ich hab schon oft darüber nachgedacht, warum auf einmal so eine Schwermut kommt und mirs dann auf einmal so schwer ist." Sie ist dann ganz still, „da mag ich mich nicht unterhalten, da bin ich für mich". Sonstige Angaben über Hemmung werden nicht gemacht. Diese Anfälle, die Fräulein C. selbst als krankhaft empfindet, kommen alle paar Wochen und dauern angeblich nur $^1/_4$—1 Stunde. Wenn sie schlafen kann, ist die Verstimmung vorbei. Jetzt ist Frl. C. ganz gesund und krankheitseinsichtig.

Ergänzung zur Krankengeschichte: Fräulein C. war, ihren Angaben zufolge, eine gute Schülerin. Nach der Schulentlassung diente sie 35 Jahre als Köchin. In der Stimmung will sie vor der Erkrankung immer ganz gleichmäßig gewesen sein. Die Periode kam bis zum 55. Jahre, war aber schon drei Jahre zuvor unregelmäßig. Sie führt die Erkrankung, die erste derartige in ihrem Leben, auf eine heftige seelische Erregung (fortwährender Streit mit der Hauswirtin) zurück. Sie wurde ängstlich, verstimmt, glaubte sich vergiftet und machte sich Vorwürfe. Sie hatte im Beginn der Erkrankung das Gefühl, als ob sie das Gedächtnis verloren habe, was sie sehr unglücklich machte. Sie konnte nicht mehr recht denken, sie hatte keine Lebensfreude, „weil sie so verstimmt und niedergedrückt" war. „Es lebte nichts mehr um mich herum, ich war ganz allein für mich." In der Klinik fiel es ihr schwer, einen Entschluß zu fassen „da hat mich etwas gehemmt, da war ich unschlüssig. Wenn ich etwas lesen wollte, konnte ich es nicht so gut begreifen, da habe ich mich sehr darauf besinnen müssen, bis ichs verstanden habe. Damals war mir alles ganz gleichgültig. Nichts ging mich mehr was an. Ich habe mich für nichts mehr interessiert." Manchmal hatte sie den

Willen, sich aus dieser Apathie herauszureißen, sie vermochte es aber nicht. Das Arbeiten ging flott.

Wie war der Wille? „Ich war wankelmütig, ich wußte nicht recht, was ich wollte, eben hatte ich einen Plan gemacht, im nächsten Moment verwarf ich ihn, und dachte, es geht nicht."

Das Essen schmeckte ihr nicht, im Gegensatz zu sonst. Sie meint, daß der Schrecken, den sie bei der Todesnachricht des Bruders gehabt, sie wieder gesund gemacht habe. „Da wurde ich ganz klar in meinem Denken, vorher war ich unklar." Sie will niemals Sinnestäuschungen gehabt haben. Die Angst hielt nicht lange an, das Schlimmste war die Verstimmung.

(Aus dem jetzt verfertigten schriftlichen Krankheitsbericht des Fräulein C.)

„Infolge der vielen Reibereien, die ich mit meiner Wirtsfrau zu bestehen hatte, wurde ich mißmutig und schließlich schwermütig. Ich bekam heftige Kopfschmerzen und Schwindel, mein Denkvermögen ließ nach." —

„Was wunder, wenn man da den Glauben nicht nur an die Menschheit, sondern auch an Gott verliert und eine Schwermut davon trägt, mit der man seine übrigen Lebenstage zu kämpfen hat." —

„Meine Nerven waren so erschüttert, daß ich keinen klaren Gedanken mehr hatte, und ich konnte auch keinen Schritt mehr gehen. Mein ganzer Körper zitterte und bebte." —

„Ich hörte in meiner Betäubung schweres Poltern und Kirchengeläute, ich glaubte, ich versänke in einen Abgrund. Nachdem ich lange Zeit für alles teilnahmslos gewesen war, wurde mir wieder besser; ich widmete mich der Arbeit und hatte Interesse daran, ich sprach wieder mit meinen Leidensgefährten. Ich besuchte den Gottesdienst, ich fand wieder Trost im Gebet."

„Es wurde Weihnachten und nochmals kam die geistige Unruhe. Es packte mich Sehnsucht nach lieben Verwandten und Bekannten, ich hatte immer eine Ahnung, es müßte etwas passiert sein."

„Die Herren Ärzte sagten mir, ich könnte nun bald wieder den Kampf mit dem Leben aufnehmen, aber wie bangte mir davor."

„Noch lange Zeit drückte mich eine Schwermut nieder, daß ich kein Wort sprechen konnte."

Zusammenfassung: Die bisher geistig gesunde 51 jährige Frau wird verstimmt, ängstlich, und äußert allerhand Selbstvorwürfe, Unwürdigkeits- und Versündigungsideen, zu denen bald ängstliche Wahnvorstellungen hinzukommen, welche die Verbringung in die Irrenklinik notwendig machen. Sinnestäuschungen sind offenbar niemals aufgetreten, wohl aber Illusionen. Bei einem gewissen bald mehr, bald weniger ausgeprägten Krankheitsgefühl verschwindet die Angst nach kurzer Zeit und weicht einer apathischen Depression. Nach wenigen Wochen bessert sich dieser Zustand, jedoch erscheint die Kranke gehemmt. Die oben geschilderten Symptome verschwinden nach und nach, zeitweise wird die Verstimmung von leichtem Humor durchbrochen. Nach neunmonatlichem Aufenthalte in der Klinik wird die Patientin krankheitseinsichtig entlassen. — Die Nachuntersuchung 10 $\frac{1}{2}$ Jahre später ergibt, daß die Patientin gesund geworden ist. Seit der Erkrankung treten jedoch unmotivierte, kurzdauernde, von Fräulein C. selbst als krankhaft empfundene Verstimmungen mit leichter Hemmung auf. Die Untersuchte ist jetzt ganz gesund und völlig krankheitseinsichtig. Es kann ihren jetzigen mündlichen Angaben und schriftlichen Aufzeichnungen zufolge keinem Zweifel unterliegen, daß zur Zeit der Erkrankung, die sie in die Klinik führte, eine sehr erhebliche psychomotorische Hemmung bestanden hat.

Jetzige Diagnose: Manisch-depressives Irresein. Typische zirkuläre Symptome: erhebliche psychomotorische Hemmung, Stimmungsschwankungen. — Zahlreiche depressive Abortivanfälle mit leichter Hemmung.

## Fall 18.

F. A., verh. Spitalmeistersfrau. Geb. 1843 (z. Z. der Erkrankung 49 Jahre).

Verpflegung in der Irrenklinik: 28. Juli 1892 bis 3. April 1893.

Diagnose: Melancholie. Krankheitsdauer: 3 Jahre.

Heredität: Mutter leicht erregbar, eine Tante war vorübergehend geisteskrank. Pat. ist unehelich geboren.

Vorgeschichte: Die Kranke entwickelte sich normal. Sie war von fröhlicher Gemütsart, nur ziemlich leicht erregbar. In der Schule lernte sie gut. Sie heiratete im Jahre 1868 und lebte in zufriedener, sorgenfreier Ehe. Fünf Kinder leben und sind gesund, vier sind in früher Jugend gestorben. Die Periode war bisher stets regelmäßig. Ostern bekam Pat. die Nachricht, daß die blödsinnige Schwester ihres Mannes, die man wegen ihrer Gemeingefährlichkeit vor drei Jahren in eine Pflegeanstalt gebracht hatte, gestorben sei. Kurz vor Pfingsten fing Pat. an verstimmt zu werden, grübelte darüber nach, ob es recht gewesen sei, das unglückliche Geschöpf aus dem Hause zu schaffen. Diese Ideen nahmen zu und bildeten sich nach der Richtung lebhafter diesbezüglicher Selbsvorwürfe aus. Die Kranke machte sich ferner Gedanken, ob ihr Mann auch immer rechtzeitig die Pflegekosten bezahlt, ob er bei einer Erbteilung nicht zuviel bekommen habe usw. In der letzten Zeit mehrten sich die Selbstvorwürfe; sie habe die ihr anvertrauten Kranken vernachlässigt, einen Meineid geschworen usw. Schlaf und Appetit waren nicht sehr erheblich beeinträchtigt. Kein Suicidversuch.

Status: Pat. ist besonnen, geordnet und orientiert. Die Auffassung ist gut, der Gedankengang geordnet. Die Stimmung ist eine sehr schnell wechselnde, die Kranke ist bald ruhig, bald ängstlich erregt. In dieser Erregung hat sie große Angst und macht sich heftige Vorwürfe. In der Ruhe erkennt sie selbst das Krankhafte dieser Erregung an, und wiederholt in objektiver Darstellung die oben geschilderte Entwickelung ihrer Krankheit. Das Gefühl für ihre Familie ist gegen früher nicht verändert. Lebhaftes Arztbedürfnis. Körperlich: gesund.

Verlauf: 30. Juli 1892. Die labile Stimmung dauert an. Viel Präkordialangst. Schlaf und Appetit auffallend gut. Für Besuch sehr dankbar. Selbst in den anscheinend ruhigen Momenten zeigt sich die innere Angst in dem krampfhaften Festhalten der gereichten Hand.

3. August. Klinische Vorstellung: Produziert ihre Selbstvorwürfe und Versündigungsideen. Das Gedächtnis sei nicht schlechter geworden. Die Erlebnisse ihrer Kindheit fallen ihr in der letzten Zeit viel häufiger ein. Suicidgedanken seien ihr gekommen, doch habe sie nie an deren Verwirklichung gedacht.

31. August. Opiumkur erfolglos. Das Befinden hat sich langsam etwas gebessert. Die schlechten Tage werden durch einzelne gute Stunden unterbrochen, in denen Pat. fleißig arbeitet, sich freier fühlt und auf baldige Besserung hofft. Morgens ist die Stimmung eine ganz besonders deprimierte. Das Aufstehen und Anziehen fällt Pat. sehr schwer. Sie versucht vergebens, sich dazu zu zwingen und macht sich die Unmöglichkeit als Faulheit zum Vorwurf.

September. Langsame Besserung. Vorübergehend schlechte Tage mit massenhaften Selbstvorwürfen. Viel Heimweh.

16. Oktober. Hört die Vorwürfe, die sie sich macht, von einer „inneren Stimme". Kein wirkliches Stimmenhören, das Gewissen mache ihr die Vorwürfe.

25. Oktober. Unfähig zur einfachsten Tätigkeit. Schmerzhaft empfundene Hemmung. Viele Selbstanklagen. Ängstlich.

10. November. Hat mehrere recht schlechte Tage gehabt. Alles, was sie mache, sei verkehrt. Sie wolle ja nie etwas Schlechtes, aber wenn sie den Mund auftue, so rede sie nur dummes Zeug. Seit ihrer frühesten Kindheit habe sie alles falsch gemacht. Viel Heimweh. Nachdem sie sich einmal über Pflegerinnen beklagt hatte, und späterhin ihr Mann schrieb, man plane eine Veränderung bezüglich des Wärterinnensystems in dem Spital ihres Heimatsortes, glaubt sie, dies durch ihre Klagen veranlaßt zu haben und macht sich große Vorwürfe. Meint, ihr Mann müsse alles in der Klinik für sie besonders teuer bezahlen, damit er ja recht ins Elend gerate. Wein wirkt abends recht gut.

10. Dezember. Einsichtiger für ihre Krankheit. Klagt neben ihren alten Ideen und dem Heimweh viel über plötzliches Zucken in allen Gliedern, Kopfschmerzen und Schlaflosigkeit.

1. Januar 1893. Der Zustand bessert sich entschieden. Sehr arbeitsam, überläßt sich weniger ihren trüben Gedanken. Die Versündigungsideen bestehen fort. Körperlich erholt, der Schlaf ist noch schlecht.
10. Januar. Wieder mehrere schlechte Tage.
30. Januar. Erholt sich zusehends. Arbeitet mit großem Eifer und etwas übertriebenem Pflichtgefühl. Redet anderen deprimierten Kranken aufs eindringlichste zu. Viel Heimweh. Keine Freude an der Arbeit. Schlaf noch sehr schlecht.
15. Februar. Der Gegensatz der Stimmung zwischen abends und morgens ist frappant. Fürchtet, sie mache dem Arzt und den Pflegerinnen viel Mühe, arbeite nicht genug usw.
15. März. Die Besserung schreitet fort. Trotzdem fühlt sich Patientin noch „sehr wackelig". Noch oft Stunden starker Hemmung. Viel Heimweh. Hat aber dabei selbst die Empfindung, daß es nicht gut für sie sei, wenn sie zu Hause wäre. Freier Ausgang.
3. April. Die Stimmung war besser, aber doch noch recht labil. Vom freien Ausgang nicht zurückgekehrt.

Katamnese: 8. April 1893. „Meine Frau kam nach Hause mit den Worten: „Ich hab's vor Heimweh nimmer aushalten können". Die ersten Tage war sie aufgeregt, jetzt schläft sie viel und zeigt wenig Lust zur Arbeit."

Katamnese: 24. Februar 1894. „Meine Frau hat immer noch ihre Nervenzuckungen, kann nicht den ganzen Tag arbeiten und muß sich öfters niederlegen. Hie und da macht sie sich auch Vorwürfe. Schlaf und Appetit ziemlich gut."

Katamnese: Juni 1902. „Seit 1895 gesund. Etwas reizbar, aber heiter. Seit 1895 keine Verstimmung mehr. Arbeitsfreudigkeit gut. Leidet an Herznervenleiden, das öfters starke Schmerzen verursacht. Der linke Fuß ist zeitweise pelzig. Bei kühler Luft kann sie nicht ausgehen." (Auskunft des Mannes.)

Nachuntersuchung: September 1906. Frau A. gibt an, daß sie nach der Entlassung noch ungefähr $1/_2$ Jahr lang krank gewesen sei. Dann wurde sie ganz gesund und war gerade so wie früher auch. Von einer besonderen Reizbarkeit will sie nichts wissen. Die Traurigkeit verlor sich langsam. Das Gefühl der Müdigkeit hielt länger an. Im Jahre 1898 hatte sie, ihren Angaben zufolge, abermals einen ähnlichen Zustand. Sie war damals zwar viel leichter krank, aber auch ängstlich, verstimmt und gleichzeitig gereizt. Auch Selbstvorwürfe traten wieder auf. Sie fühlte sich müde und schwer. „Alles lag berghoch vor mir. Alles war mir schwer, was mir sonst eine Leichtigkeit war, es war mir zuviel, nicht im Willen, aber im Vollbringen". Sie hatte damals das Gefühl, als ob ihr „der Kopf dumpf wäre", sie fühlte sich gleichgültiger wie früher. Denken und Entschließen waren nicht gestört. Ihr Mann wechselte damals die Stellung, weil sie sich dem ihr bei früheren Arbeit des Mannes zufallenden Teil nicht mehr gewachsen fühlte. Damals keine körperlichen Beschwerden, keine Selbstmordgedanken. Das Schlimmste war nicht die Angst, sondern die Unfähigkeit, etwas zu tun, die Schwere im ganzen Körper. Diese Verstimmung dauerte ungefähr vier Monate. Sie kam langsam, ohne Grund, und wich nach und nach. Auch damals war es ihr morgens schwerer als abends. Nachher angeblich nichts Manisches. In den letzten 8 Jahren ist kein Anfall mehr aufgetreten, in der Stimmung will sie ganz gleichmäßig gewesen sein. Seit ca. 25 Jahren treten jedoch nur wenige Stunden andauernde „Beklemmungen" auf: Frau A. empfindet nur Angst vor einem unbestimmten Unglück, das ihr und den Ihrigen bevorsteht, hat aber kein Gefühl der Hemmung. Diese Beklemmungen, die Frau A. als etwas Ungewohntes, Fremdes empfindet, und die ganz der Herzbeklemmung während der Krankheit ähneln, treten einige Male im Jahre auf. Jetzt ist Frau A. völlig gesund und krankheitseinsichtig. Eine körperliche Untersuchung ergibt keinen pathologischen Befund.

Ergänzung zur Krankengeschichte: Frau A. gibt an, daß sie seit 1877 im Krankenhaus täglich von 6 Uhr morgens bis 11 Uhr abends habe arbeiten müssen, und während 23 Jahren sich keine Ruhe gegönnt habe. Vor 1892 will sie gesund gewesen sein, insbesondere traten keine Verstimmungen auf. Sie war immer gut aufgelegt, so daß sie häufig um ihren Humor beneidet wurde, aber niemals auffallend lustig. Die oben geschilderten Beklemmungen bestehen seit nunmehr 24 Jahren. Die Periode kam regelmäßig bis 1894, dann noch einmal im Jahre 1897, seitdem nicht mehr. Den Beginn der Erkrankung im Jahre 1892 führt sie auf die Aufregung über den Tod der Schwägerin zurück. Die Krankheit begann langsam: Patientin wurde niedergeschlagen, machte sich Vorwürfe und glaubte, sie habe sich versündigt. Sie empfand monatelang eine sehr heftige Beklemmung und litt dauernd unter einer großen Angst. Im Jahre 1892 hatte sie ebenfalls das Gefühl der Schwere und der Arbeitsunfähigkeit, so daß sie immer im Bett liegen wollte. Das Denken fiel ihr schwer, das Entschließen nicht. Sie fühlte sich nicht gefühllos, in ihrem Willen nicht gehemmt. Sinnestäuschungen traten nicht auf. Das Schlimmste war die Angst, die sie unendlich quälte.

Zusammenfassung: Die seit vielen Jahren in ihrem Berufe außerordentlich angestrengte, geistig bisher gesunde Frau erkrankt mit 49 Jahren, vielleicht im Verlauf seelischer Erregungen. Angst, Selbstvorwürfe, Versündigungsideen und vereinzelte ängstliche Vorstellungen, die bei lebhaftem Krankheitsgefühl die Krankheit beherrschen, machen die Überführung in die Irrenklinik notwendig. Die Stimmung schwankt dort im Anfang zwischen stiller Ruhe und heftiger ängstlicher Erregung. Wenige Monate nach der Aufnahme in die Klinik bessert sich das Befinden erheblich, bemerkenswert bleibt jedoch ein rascher Wechsel in der Stimmung zwischen morgens und abends. Sinnestäuschungen treten niemals auf. Es unterliegt keinem Zweifel, daß die Kranke psychomotorisch gehemmt gewesen ist. In der Krankengeschichte finden sich nur dreimal diesbezügliche Angaben (31. August und

25. Oktober 1892 sowie März 1893). Auffallend ist ein gewisser Betätigungsdrang während der Depression im Januar 1893. Nach $^3/_4$ jährigem Aufenthalt in der Klinik wird die Kranke gebessert entlassen. Zu Hause fallen weniger die Erregungen und die Selbstvorwürfe, als die Arbeitsunfähigkeit und große Ermüdbarkeit auf. Nach zwei Jahren ist die Kranke ganz gesund. Eine schriftlich erhobene Anfrage im Jahre 1902 ergibt, daß Frau A. gesund (?) geblieben ist („reizbare Heiterkeit"), und keine Verstimmung mehr durchgemacht hat. — Bei der Nachuntersuchung, 13 $^1/_2$ Jahre nach der Entlassung aus der Klinik, wird im Gegensatz hierzu festgestellt, daß Frau A. im Jahre 1898 nochmals eine leichte, wenige Monate dauernde, mit ausgesprochener psychomotorischer Hemmung ohne Sinnestäuschungen und Wahnideen einhergehende Verstimmung durchgemacht hat. Eine sehr ausgesprochene Hemmung bestand nach den jetzigen Angaben der Frau A. auch während der Erkrankung im Jahre 1892. Seit 25 Jahren treten mehrfach im Jahre nur wenige Stunden dauernde Beklemmungs- und Angstgefühle auf, die ganz den während der Depressionen empfundenen Herzbeklemmungen entsprechen sollen. Jetzt ist Frau A. gesund und krankheitseinsichtig.

Jetzige Diagnose: Manisch-depressives Irresein. Typische zirkuläre Symptome: subjektive und objektive Hemmung. Deutliche, wenn auch nicht extreme Stimmungsschwankungen. Betätigungsdrang. — Rezidiv 3 Jahre nach erfolgter Genesung. Abortivanfälle??

## Fall 19.

W. F., verh. Landwirtsfrau. Geb. 1847 (zur Zeit der Erkrankung 48 Jahre).

Verpflegung in der Irrenklinik: 14. Juli 1895 bis 25. August 1895.

Verpflegung in der Irrenklinik: 11. August 1896 bis 13. September 1896.

Diagnose: Melancholie. Krankheitsdauer: ca. 2 Jahre.

Heredität: Großvater, Onkel und Tochter starben durch Selbstmord.

Vorgeschichte: Die Patientin war bisher gesund. Sie gebar 16 Kinder, von welchen zwei leben und gesund sind. Die jetzige Erkrankung begann im Anschluß an den Tod der Tochter, die, hochschwanger, ihrem Leben ein Ende machte, als sie von der Mutter wegen ihres Fehltritts zur Rede gestellt wurde (Dezember 1894). Seitdem ist die Kranke „verschlossen" und weint viel. Im Februar wurde Patientin schlaflos, es stellten sich Aufregungszustände ein. Sie glaubte der Teufel, den sie auf der Straße und die Treppe heraufkommen hörte, würde sie holen. Als sie Selbstmordgedanken äußerte, wurde sie in die Klinik verbracht. Status: Patientin ist besonnen, geordnet und orientiert. Sie fühlt sich nicht krank. Sie gibt an, sie mache sich Vorwürfe, daß sie ihre Tochter in den Tod getrieben habe, seitdem leide sie unter schweren Gedanken. Sie könne nichts mehr arbeiten. „Ich mag nicht mehr schaffen und ich muß es doch. Seit dem Tod meiner Tochter habe ich an nichts mehr Freude." Die Kranke erzählt ferner, daß sie in der letzten Zeit wenig geschlafen habe, im Wachen habe sie „immer nachdenken" müssen. Verstand und Gedächtnis seien gut, das Essen schmecke ihr. Körperlich: Analgesie bei abgelenkter Aufmerksamkeit, im übrigen gesund.

Verlauf: 15. Juli 1895. Gut geschlafen. Gegen Morgen laut jammernd, bleibt dabei im Bett. Fleht, nach Hause zu ihren Kindern zu dürfen.

16. Juli. Recht geringe Kenntnisse. Jammert zeitweise sehr laut.

17. Juli. Abwechselnd ruhig und apathisch, dann wieder laut schreiend. Keine Wahnvorstellungen, Angst wird nicht zugegeben.

18. Juli. Unwirsch und unzugänglich. Weint nach ihren Kindern.

21. Juli. Macht zwei Strangulationsversuche mit ihrem Taschentuch.

25. Juli. Sitzt ruhig und teilnahmslos im Bett, blickt vor sich hin und äußert auf Befragen nur, daß sie nach Hause wolle.

31. Juli. Sehr stumpf. (?) Weint zuweilen.

5. August. Weint häufiger. Sie sei ganz gesund.

12. August. Regt sich über den Besuch des Mannes nicht auf. Drängt nicht nach Hause.

25. August. Ruhig, arbeitsam, noch leicht gedrückt. Entlassen.

Nach der Entlassung aus der Klinik fühlte sich die Kranke ganz wohl bis zum Frühjahre 1896. Sie arbeitete im Haushalt und auf dem Felde, und zeigte keinerlei Erscheinungen einer Geisteskrankheit. Seit einem Vierteljahr ist der Schlaf wieder schlechter und der Appetit gestört. Vor einigen Wochen glaubte sie nachts eine Gestalt am Fenster vorbeifliegen zu sehen. Das erste Zeichen der wiederkehrenden Geistesstörung war eine impulsive Brandstiftung: die Kranke legte ohne irgend welchen Grund glühende Kohlen in die Scheuer des Nachbars.

11. August 1896. Besonnen, geordnet und orientiert. Spricht spontan fast nichts. Keine Affektäußerungen, starrer Gesichtsausdruck. Unwirsche Antworten. Erscheint nur wenig gehemmt. Die Kranke gibt an, daß sie seit zwei Monaten schwere Gedanken habe und nicht schlafen könne. Sie macht sich Vorwürfe, sie habe nicht recht gelebt, zeitweise sei sie auch ängstlich gewesen. Das Gedächtnis ist intakt.

12. August. Liegt still zu Bett und starrt fortwährend auf einen Punkt. Klagt über Heimweh. Jetzt mache sie sich keine Vorwürfe mehr.

17. August. Weint manchmal leise vor sich hin. Meist sitzt Patientin teilnahmslos da. Sie gibt zu, das Feuer gelegt zu haben, erinnert sich an alle Details, vermag aber kein Motiv für die Tat anzugeben.

18. August. Freundlicher. Weint leise. Orientiert.

19. August. Kein Krankheitsgefühl.
29. August. Gibt zu, krank gewesen zu sein, weinerlich. Erzählt ungefragt die Familiengeschichte einer anderen Kranken aus ihrer Heimat.
13. September. Entlassen.
Katamnese: 24. März 1902. „Verrichtet wieder alle Arbeiten; ganz gesund."
Schriftlicher Bericht: September 1906: „Der Mutter geht es sehr gut. Man merkt auch nicht mehr das Geringste bei ihr."

Nachuntersuchung: Oktober 1906: Die Kranke war bei der Entlassung im Jahre 1896 noch nicht ganz gesund. Die Verstimmung machte nach einigen Wochen einem normalen Verhalten Platz. Seitdem arbeitet Frau F. fleißig und interessiert sich für alles. Nach Ablauf der Krankheit traten nach Aussagen der Patientin im Abstand von 1—2 Jahren „gedrückte Tage" auf, die ohne Grund kamen. In diesen Tagen ist die Kranke etwas ängstlich und unruhig, in ihrer Arbeitsfähigkeit aber nicht beeinflußt. Sie fühlt sich nicht gehemmt. Diese Verstimmungen kamen bisher nur im Sommer. Pat. empfindet sie als krankhaft. Der Umgebung ist von diesen Stimmungsschwankungen nichts bekannt. Pat. macht jetzt einen leicht gedrückten Eindruck und gibt selbst an, sie habe wieder schwere Gedanken, wie vor 10 Jahren. Sie ist sehr zugänglich, antwortet aber langsam und zögernd. Nach den Angaben der Tochter hat sich diese Verstimmung unmittelbar an die schriftlich ihr zugegangene Aufforderung, zur Untersuchung in die Irrenklinik zu kommen, entwickelt. Seitdem sei die Mutter, ganz besonders nachts, leicht ängstlich, während sie vorher ruhig und vergnügt gewesen sei. Die Kranke selbst versichert auf das Bestimmteste, daß die Verstimmung erst nach dem Eintreffen des Briefes aufgetreten sei. Sie fürchte sich, sie müsse wieder nach Heidelberg, um dort zu bleiben. Ihren Angaben zufolge schläft sie seitdem unruhig und arbeitet schwerer. Sie fühlt sich müde und geht früher wie vordem zu Bett. Es beherrscht sie dauernd eine leichte Unruhe, die jedoch der Umgebung nicht aufgefallen ist. Sie hat das Gefühl, als ob sie jetzt gleichgültiger geworden sei.

Wie ist das Gedächtnis? „Viel kann ich nicht denken. Voriges Jahr um diese Zeit habe ich alles gekocht, dieses Jahr nichts."

Haben Sie das Gefühl, daß Sie die Gedanken nicht zusammenbringen? „Erst seitdem der Brief kam, vorher nicht."

Wie ist's mit dem Entschließen? „'s ist mir den ganzen Sommer nicht schwer gefallen, erst seit dem Brief."

Das Zeitungslesen und Begreifen fällt ihr nicht schwer. Auf entsprechende Fragen versichert sie immer wieder, daß sie erst in den letzten Wochen sich gleichgültig und „ähnlich wie vor 12 Jahren" fühle. Auch vereinzelte Selbstvorwürfe sind wieder aufgetreten, aber weder Sinnestäuschungen noch Wahnideen. Es besteht ein intensives Krankheitsgefühl. Für die Erkrankung vom Jahre 1895—1896 ist Frau F. krankheitseinsichtig.

Ergänzung zur Krankengeschichte: Bis zum Tode der Tochter war die Kranke psychisch völlig gesund, in der Stimmung niemals schwankend.

Im Anschluß an diese seelische Erschütterung entwickelte sich die Krankheit, die sich vornehmlich in Angst und Selbstvorwürfen äußerte. Nach der ersten Entlassung aus der Klinik war die Kranke nicht ganz gesund. Vereinzelte Selbstvorwürfe und Angstgefühle traten bis zur zweiten Internierung immer wieder auf. Bezüglich der ersten Erkrankung werden auf Fragen nach psychomotorischer Hemmung genau dieselben Antworten gegeben wie jetzt. Insbesondere scheint, was auch den Angehörigen auffiel, zwischen dem ersten und zweiten Aufenthalt in der Irrenklinik die Arbeitsfähigkeit gelitten zu haben. Sinnestäuschungen seien niemals aufgetreten. Für die Brandstiftung vermag die Kranke keine plausible Erklärung zu geben. Der Gedanke, das Haus anzustecken, sei ihr plötzlich in den Sinn gekommen, und alsbald habe sie ihn verwirklicht. Die Periode war im Jahre 1894 unregelmäßig und ist seit 1895 weggeblieben.

**Schriftliche Anfrage: Dezember 1906:** „Meiner Mutter geht es wieder besser. Die Angst, nach Heidelberg zu müssen, ist weg. Sie schläft seit Ihrem Besuch viel ruhiger. Sie ist immer noch verstimmt, aber nicht auffallend. Mit dem Arbeiten geht es ihr auch wieder leichter. Sie sorgt für die ganze Haushaltung und geht abends nicht mehr sofort nach dem Essen ins Bett, sondern flickt oder strickt noch zwei Stunden."

**Zusammenfassung:** Die geistig bisher gesunde 48 jährige Frau wird im Anschluß an den Selbstmord ihrer Tochter verstimmt, und wenige Wochen später schlaflos, ängstlich und unruhig. Vereinzelte Selbstvorwürfe und Wahnvorstellungen treten auf, Selbstmordideen machen die Aufnahme in die Irrenklinik notwendig. Hier wird die Kranke ungefähr sechs Wochen behandelt. Sie äußert selbst Hemmungsgefühle: sie könne nicht mehr arbeiten, habe an nichts mehr Lust und Freude. Sie hat kein Krankheitsgefühl. In der Klinik lassen sich keine Anhaltspunkte für Sinnestäuschungen oder Wahnideen finden, es wird eine apathische, nur zeitweise von Jammern und krankhaftem Heimweh unterbrochene Depression bei ablehnendem Verhalten beobachtet. Nach der Entlassung aus der Klinik soll die Kranke ungefähr $^3/_4$ Jahr gesund gewesen sein, bis eine impulsive Brandstiftung aufs Neue die Geisteskrankheit dokumentierte und ein Verbringen in die Klinik notwendig machte. Während der nun folgenden fünf Wochen, welche die Pat. in psychiatrischer Behandlung stand, wurde abermals nur eine apathische Verstimmung mit vereinzelten Vorwürfen ohne Wahnideen bei abweisendem Verhalten beobachtet. — Die Nachuntersuchung, 10 $^1/_4$ Jahre später, stellte im Gegensatz zu obiger Anschauung fest, daß die Kranke zwischen der ersten und zweiten Aufnahme in die Klinik nicht wieder hergestellt war. Wenige Wochen nach der zweiten Entlassung wurde die Kranke offenbar gesund. Verschiedentlich sollen jedoch in den verflossenen Jahren leichte, nur von der Kranken selbst beobachtete, unmotivierte, nach wenigen Tagen vorübergehende Verstimmungen, die ohne Hemmung mit leichter ängstlicher Unruhe einhergingen, aufgetreten sein. Seit sechs Wochen ist die Kranke (angeblich durch die Aufforderung, nach Heidelberg in die Klinik zu kommen) abermals deprimiert, ganz vereinzelte Selbstvorwürfe sind wieder aufgetreten, aber weder Wahnideen noch Sinnestäuschungen. Es besteht bei lebhaftem Gefühl für die Veränderung eine der Kranken zum Bewußtsein kommende, auch objektiv feststellbare psychomotorische Hemmung. Für die Erkrankung vom Jahre 1895 hat Frau F. völlige Einsicht. Auch damals empfand die Patientin, ihren jetzigen Angaben zufolge, ein Gefühl psychischer Hemmung.

Jetzige Diagnose: Manisch-depressives Irresein. Typisches zirkuläres Symptom: partielle Hemmung. — Abortivanfälle (ohne Hemmung). Recidiv mit partieller subjektiver und objektiver Hemmung.

---

## Fall 20.

K. K., verh. Landwirt. Geb. 1838 (zur Zeit der Erkrankung 55 Jahre).
Verpflegung in der psychiatrischen Klinik in W.: 20. Februar 1893 bis 25. Mai 1893.
Verpflegung in der Irrenklinik: 30. Mai 1893 bis 2. Oktober 1895.
Verpflegung in der Heilanstalt zu X.: 2. Oktober 1895 bis 30. Juni 1899.
Verpflegung in der Kreispflegeanstalt zu Y.: 30. Juni 1899 bis 1. Oktober 1900.

Diagnose: 1. Melancholie, 2. Blödsinn nach Melancholie.
Krankheitsdauer: ca. 8 Jahre.
Heredität: Keine erbliche Belastung.
Vorgeschichte: Pat. ging in gesunden Tagen „seine eigenen Wege", er soll grübelig und leicht erregbar gewesen sein. Eine geringe Ursache konnte ihn so in Wut bringen, daß er alles hätte zusammenschlagen können. Sein Schwager behauptet, es sei unmöglich gewesen, ein volles Jahr gut mit ihm auszukommen. Einige Jahre vor dem Beginn der jetzigen Erkrankung war er wegen eines Magenkatarrhs längere Zeit in ärztlicher Behandlung. Auch die Klagen Anfang Januar 1893 erstreckten sich auf dieses Leiden: Druck und Völle in der Magengegend, Appetitlosigkeit, Stuhlverstopfung. Seit einigen Wochen macht sich außerdem bei dem Kranken eine unmotivierte schmerzliche Gemütsverstimmung bemerkbar. Pat.

ist niedergeschlagen, klagt über Druck, Brennen, Beklemmung und Beängstigung. Er zog sich von dem Verkehr mit seiner Familie zurück, wollte niemand mehr sehen und machte eines Nachts einen Selbstmordversuch, der den letzten Anstoß zur Verbringung in die psychiatrische Klinik zu W. gab.

Krankengeschichte der psychiatrischen Klinik zu W.:

20. Februar 1893. Ängstlich melancholischer Affekt.

24. Februar. In seiner Stimmung außerordentlich beeinflußbar. Schläft schlecht. Verläßt bei der Nachtvisite das Bett, um dem Arzt entgegenzugehen und ihm zu versichern, daß er sich außerordentlich jung und stark fühle.

25. Februar. Sehr träger Stuhlgang.

8. März. Melancholisch-hypochondrische Verstimmung.

13. März. Hat Wahnideen über allerhand Unglück und Strafen, welche ihn und seine Familie treffen sollen.

19. März. Ist über den Besuch seines Schwagers sehr erstaunt, da er meinte, seine Verwandten seien auch in der Anstalt. Die melancholische Stimmung nimmt ab, manchmal ist Pat. sogar heiter und hoffnungsvoll. „Die zeitweilig sehr stark wieder auftretende melancholische Verstimmung ist die Folge von immer wieder hervortretenden Wahnideen über Unglück in der Familie." Glaubt im Vorsaal Stimmen und Tritte seiner Angehörigen zu hören, welche, wie er meint, auch hier leiden müssen.

28. März. Fünf Tage ohne Stuhlgang.

12. April. Vollständige Abulie. Zweifelt immer wieder daran, daß er gesund werden würde.

19. April. Äußert spontan nur sehr selten seine Wahnideen. Er zweifelt sehr oft an ihrer Wirklichkeit, sie drängen sich ihm aber immer wieder als Zwangsgedanken auf, welche er dann wieder verwirft.

21. April. Klagt über große Schwäche und Müdigkeit und ist sehr deprimiert.

22. April. Psychische Verschlechterung, bezieht oft Gespräche seiner Umgebung auf sich und sein Unglück.

10. Mai. Meist sehr verstimmt.

19. Mai. Unverändert. Arbeitet andauernd.

25. Mai 1893. Abgeholt.

Status (der Heidelberger Klinik): Pat. ist besonnen, geordnet und orientiert. Die Auffassung ist gut, das Benehmen natürlich. Pat. spricht leise und mühsam, stöhnt dazwischen laut. Er ist bei lebhaftem Krankheitsgefühl sehr deprimiert und klagt: er sei traurig, es stehe schlecht mit ihm, er sei schwer krank und werde immer schwächer und elender in Sprache und Kräften. Er könne nichts mehr arbeiten, er sei nichts mehr wert. Klagen über Angst und unbestimmte ängstliche Befürchtungen, die seine Angehörigen betreffen. Macht sich Vorwürfe wegen des Suizidversuches. Körperlich: gesund.

Verlauf: 6. Juni 1893. Sehr retardierter Stuhlgang. Hypochondrische Beschwerden, die sich auf die Verstopfung beziehen.

18. Juni. Nimmt sehr wenig Nahrung, fürchtet sich vor dem Essen. Da er keinen Stuhlgang mehr habe, dürfe er nicht so viel hineinessen, auch der Urin gehe am Ende nicht mehr richtig ab. Äußert spontan keine Wahnideen. Auf Befragen sagt er nur: er wisse nicht, wo seine Angehörigen seien, es sei ihnen wohl ein Unglück zugestoßen.

1. Juli. Hat bis jetzt 10 Pfund an Körpergewicht abgenommen.

10. Juli. Fragt spontan, ob er nicht nach Hause entlassen werden könne. Im übrigen ganz unverändert.

1. August. Ängstlicher Gesichtsausdruck. Spricht leise, zagend.

14. August. Durch Besuch der Angehörigen nicht aufgeheitert. „Bisher sei es ihm so vorgekommen, als ob sie auch dauernd hier seien, jedoch habe er sie nie sprechen hören."

8. September. Fragt spontan hie und da: „Komme ich wieder heim?" Immer ängstlich, verzagt.

10. Oktober. Behauptet, nicht genau zu wissen, wie lange er hier sei. Vielleicht drei Monate. Klagt darüber, daß ihn alles schmerze, er fühle sich matt und schwach. Im Kopf habe er Schwindel und Sausen, er sei sehr ängstlich. Hier sei er, weil er gemütskrank sei. Macht sich unbestimmte Vorwürfe.

Januar 1894. Ganz allmählich etwas freier, aber noch sehr teilnahmslos, spricht spontan nicht, hat aber etwas mehr Hoffnung, daß es jetzt besser werde. Keine Selbstanklagen.

März. Bei Besuch der Frau wenig Affekt. Drängt nicht nach Hause. Hofft, es werde noch besser.

Mai. Ganz langsame Erholung. Steht in leicht gebückter Haltung ganz apathisch umher. Mutlos, flüstert nur mit leiser Stimme: „Ich hoffe, es wird besser, mir wärs recht".

August. Unverändert. Seine Klagen drehen sich stets um den mangelhaften Stuhlgang. Kein Affekt. (?)

Oktober. Absolut stabil.

Dezember. Keine Veränderung. Pat. sitzt oder steht mit schüchternem Gesicht und gebeugter Haltung in den Ecken herum. Er antwortet nur ganz leise und zaghaft: „Es ist halt immer das Gleiche". Klagt dauernd über Verstopfung. Auf die Versicherung, daß er gesunden und wieder heimkommen werde, sagt er: „Meinen Sie wirklich. Das wäre ein großes Glück." Ist so gerührt, daß ihm die Tränen die Wangen herunterlaufen. Immer sehr höflich. Auffallend blaue Hände.

Juni 1895. Ganz unverändert. Ruhig, still, leicht ängstlich.

August. Ängstlich. Öfters Stuhlbeschwerden. Auf die Frage nach seinem Befinden antwortet er stets: „Es geht schon so".

2. Oktober. Unverändert nach X. überführt.

(Aus der Krankengeschichte der Heilanstalt X.).

Oktober 1895. Der Gesichtsausdruck des Kranken ist traurig und ängstlich. Die Stimmung ist eine sehr deprimierte. Auf Fragen einfacher Art gibt Pat. richtige und ziemlich prompte Antworten. Klagt, er habe immer große Angst ohne zu wissen warum. Er fürchte, es werde etwas mit ihm geschehen.

November. Ziemlich vorgeschrittene geistige Schwäche (?) mit stets depressiver ängstlicher Stimmung. Der zugängliche, im übrigen ruhige Kranke steht fast immer an derselben Stelle. Leidet an Stuhlverstopfung.

Mai 1896. Katamnese der Klinik: Ganz stumpf. Erkennt den Heidelberger Arzt nicht.

März 1897. Aus dem Entmündigungsgutachten: „Nachdem der Affekt mehr in den Hintergrund getreten war, entwickelte sich eine rasch zunehmende geistige Schwäche. K. ist stets deprimiert und sehr ängstlich, insbesondere auch bezüglich seiner körperlichen Funktionen. Er gibt auf Fragen zögernde Antworten, wobei er sich oft darüber beklagt, daß er seine Gedanken nicht mehr zusammenbringe. Er steht stets an dem gleichen Platz, verkehrt mit Niemanden, hat für nichts Interesse und beschäftigt sich nicht. K. befindet sich in einem bleibenden Zustande von Gemütsschwäche".

Juni 1897. Katamnese der Klinik: Unverändert. Erkennt den Heidelberger Arzt nicht. Cyanose der Hände.

30. Juni 1899. K. blieb stets der gleiche ängstliche stumpfsinnige Patient. Nach Y. überführt.

Katamnese: 28. Januar 1902. Am 1. Oktober 1900 vollständig gesund aus Y. entlassen.

Eine Krankengeschichte aus Y. fehlt.

Katamnese: September 1906. „Das Befinden des K. ist sehr gut. Es haben sich bisher keine weiteren Anfälle geistiger Störung gezeigt. K. arbeitet fleißig, ist immer sehr freundlich und zuvorkommend gegen Jedermann, bietet jedem den Gruß und unterhält sich mit den Leuten." (Bürgermeisteramt).

Nachuntersuchung: Oktober 1906. K. gibt an, daß er, als er von Y. entlassen wurde, noch nicht völlig wiederhergestellt gewesen sei.

Seit 1901 sei er wieder vollständig gesund und ebenso munter wie früher. — Er arbeitet sehr fleißig auf dem Felde, ist voller Interessen und nimmt nicht nur an den Vorgängen in seiner Familie, sondern auch an denen des Dorfes regen Anteil. Er liest regelmäßig Zeitung. Anfänglich gibt K. mit absoluter Sicherheit an, er sei seit 1901 in seiner Stimmung und Arbeitsfähigkeit ganz gleichmäßig gewesen. Einige Stunden später zufällig noch einmal nach leichten Verstimmungen seit 1901 gefragt, macht er ganz andere Angaben: Seitdem er von Y. zurück sei, habe er ab und zu, im Abstand von Wochen oder Monaten, seinen „schweren Tag", an welchem ihm das Arbeiten recht schwer falle. „Da zanken sie, daß ich nichts fertig bring, da freut mich auch das Arbeiten nicht so. In der Arbeit ist man nicht fertig und das Gemüt ist nicht so wie sonst. Das kommt ohne Grund. Ich wills schön und gut machen, aber ich brings nicht fertig." An solchen Tagen ist er leicht verstimmt, jedoch weder ängstlich, noch unruhig, nur hegt er die Befürchtung, er könne am Ende wieder schwer krank werden. Er gibt sich alle Mühe, daß seine Angehörigen von seiner Verstimmung nichts merken. Vor drei Jahren hat er einen etwas länger dauernden schwereren Depressionsanfall durchgemacht, der ohne äußere Veranlassung langsam kam und ging und ungefähr drei Wochen anhielt. Er aß in dieser Zeit wenig, arbeitete nichts mehr, „das Denken fiel ihm schwer, wie in der Krankheit". „Man tappt halt dann herum wie ein Schaf, da fürchtet man sich schier vor allem, da schreckt man vor jedem Geräusch zusammen, da war die Schwermut wieder da. Man tut dann oft gerade nur so simulieren und schaut in ein Ecke hinein. Es ist halt kein Gemüt und keine Freude da. Wenn man geschlagen und gestoßen wird, dann schafft man, und wenn die Leute fort sind, dann steht man wieder da und glotzt vor sich hin." Damals sei er ganz besonders ängstlich gewesen, daß die Erkrankung von 1893 repetiere. Auch seine Angehörigen hätten die Veränderung seines Wesens bemerkt und die Befürchtung ausgesprochen, daß man ihn wieder in eine Anstalt verbringen müsse. Die psychomotorische Hemmung schildert er in sehr typischer Weise. Er habe keine Freude mehr empfinden, keinen rechten Entschluß fassen können usw. „Als die Schwermut weg war, da freute ich mich über alles." Ob auf diese Depression ein leichter manischer Zustand folgte, ist aus den Angaben des K. nicht zu entnehmen. Vor der Erkrankung des Jahres 1893 will K. weder eine leichte Depression noch „schwere Tage" gehabt haben. K. ist jetzt vollständig gesund und krankheitseinsichtig. Er erscheint außerordentlich lebhaft, sehr gesprächig und bis zu einem gewissen Grade ablenkbar. Das Gedächtnis ist ausgezeichnet, er erinnert sich an alle Details im Verlaufe seiner Krankheit und gibt über diese selbst sehr gute Auskunft.

Ergänzung zur Krankengeschichte: K. will bis Ende 1892 psychisch vollkommen gesund gewesen sein. Er gibt an, daß er früher sehr jähzornig gewesen sei, Stimmung und Arbeitsfähigkeit seien jedoch gleichmäßig gut gewesen. Mit 33 Jahren habe er zum ersten Male nachts geglaubt, man rufe seinen Namen. Er sprang auf, sah aber „nichts hinten und nichts vorn". Seit jener Zeit sei es ihm noch oft bis in die jüngste Zeit hinein nachts, wenn er am Einschlafen sei, so vorgekommen, als ob man seinen Namen rufe. Öfters sei er schon aufgestanden, um nach dem vermeintlich Rufenden zu sehen. — Die Krankheit, die ihn jahrelang in Irrenanstalten führte, hat nach den Angaben des K. langsam, Ende 1892 eingesetzt. Er fühlte sich verändert und ohne Grund verstimmt. Nach und nach wurde er ängstlich und fürchtete sich vor allen Menschen, zumal er sehr viel Stimmen hörte. Unter anderem wurde ihm immer zugerufen, er solle ja nichts essen, die Nahrung sei vergiftet. Er hörte ferner, er werde umgebracht, lebendig begraben, das Essen gehöre anderen Kranken usw. Von der Wahrhaftigkeit der Stimmen war er so überzeugt, daß er trotz des quälendsten Hungers nichts zu sich nahm. Wenn man ihn nicht in Y. lange Zeit künstlich ernährt hätte, wäre er zweifellos verhungert. Jahrelang hat K. die Stimmen gehört und außerordentlich unter ihnen gelitten. Schon bald nach Beginn der Verstimmung traten ängstliche Vorstellungen auf. K. glaubte, seine ganze Familie sei vergiftet, sie alle seien in der Irrenanstalt, sein Hab und Gut sei versteigert usw. Auch wenn seine Frau ihn besuchte, konnte er sich von der Grundlosigkeit seiner Befürchtungen nicht überzeugen. Vor seiner Umgebung hatte er eine fürchterliche Angst, da er immer glaubte, er solle umgebracht werden. „Man glaubt gar nicht, daß man einen so blinden Wahnsinn bekommen kann." Vereinzelt will er auch Gestalten gesehen haben, er sah auf dem Boden und an der Wand Schattenbilder, „die schönsten Damen und Herren", ferner seine Angehörigen auf dem Felde arbeiten usw. Vor diesen Gestalten fürchtete er sich nicht, nur vor den lebenden Menschen. Wenn die Wärter Fleisch aßen, so glaubte er, man verzehre sein Vieh, das nach der Versteigerung in die Anstalt geschickt worden sei. Viele Jahre meinte er, daß er nicht nur die ganze Anstalt, sondern auch das Essen aller Kranken bezahlen müsse. Er gibt an, daß während der Krankheit „alles in ihm verblendet war". Nach Symptomen subjektiver Hemmung, besonders zu Beginn der Erkrankung, befragt, antwortet er: „Ich hatte keine Freude mehr zum Geschäft, alle Nerven und alle Kräfte waren weg. An einem Rade habe ich oft den ganzen Morgen geschnitzt, aller Mut war weg von mir. Alle Freude und alle Hoffnung waren hin. Man darf einem alles geben und man freut sich nicht. Die Gedanken sind bald klar, bald ganz verwirrt. Das Gedächtnis ist weg. Wenn ich nach meinem Alter und Geburtstag gefragt wurde, vermochte ich keine Antwort zu geben." Auf die Frage, wie die Krankheit in Y. endlich gewichen sei, antwortete K.: „Nach und nach ist die Schwermut vergangen, alles freute mich wieder. Ich sah die Leute auf dem Felde arbeiten und mein Gedächtnis ist mir wieder gekommen." Für sein jahrelanges apathisches Herumstehen vermag er keine Erklärung zu geben, „das war halt die Krankheit".

Zusammenfassung: Der bisher gesunde, nur etwas grüblerische und leicht aufgeregte 55jährige Mann erkrankte ohne äußere Veranlassung an einer sich langsam entwickelnden Verstimmung. Den Angaben der Krankengeschichte zufolge wird bei lebhaftem Krankheitsgefühl die Stimmung immer gedrückter und hoffnungsloser. Es kommen einzelne Selbstvorwürfe und Beziehungsideen hinzu. Unbestimmte ängstliche Befürchtungen und hypochondrische Klagen des ängstlich verzagten Kranken beherrschen viele Jahre das Krankheitsbild. Der Kranke muß zeitweise objektiv gehemmt erschienen sein (er antwortet langsam und mühsam). Ihm selbst ist nach der Krankengeschichte diese Hemmung auch zum Bewußtsein gekommen. Der Kranke klagt, er könne nichts mehr arbeiten, er fühle sich schwach im Kopf, er könne die Gedanken nicht mehr zusammenbringen. Der anfangs tiefe Affekt blaßt, den spärlichen Angaben der Krankengeschichte zufolge, nach und nach ab, so daß der teilnahmslose und apathisch in den Ecken herumstehende Kranke viele Jahre den Eindruck eines verblödeten Menschen macht.

Nach 8jährigem Bestehen der Krankheit wird K. ganz gesund. — Die **Nachuntersuchung**, 6 Jahre nach der Entlassung aus der Kreispflegeanstalt ergibt, daß K. seitdem leichte Verstimmungen mit ausgesprochener subjektiver psychomotorischer Hemmung durchgemacht hat. Diese leichten ohne Grund auftretenden Verstimmungen vergingen immer wieder sehr schnell und fielen offenbar der Umgebung nicht auf. Vor drei Jahren bestand jedoch eine schwerere, drei Wochen dauernde Depression ohne Halluzinationen, ohne Wahnideen, mit leichter ängstlicher Unruhe und deutlicher psychomotorischer Hemmung, die auch den Angehörigen als krankhaft imponierte. Jetzt ist der Kranke vollständig gesund, vielleicht „allzu lebhaft" und für alle Depressionen völlig krankheitseinsichtig. Aus seinen Angaben ist zu entnehmen, daß er während der 8jährigen Depression offenbar jahrelang außerordentlich lebhaft halluziniert hat und von einer großen Angst und ängstlichen Vorstellungen beherrscht wurde. Während der Krankheit fühlte sich K. dauernd gehemmt. Es unterliegt keinem Zweifel, daß die anscheinende Apathie, der Blödsinn, der Ausdruck einer sehr hochgradigen Hemmung gewesen sind.

**Jetzige Diagnose: Manisch-depressives Irresein.** Typische zirkuläre Symptome: psychomotorische Hemmung. Plötzliche kurzdauernde Stimmungsschwankung? — Depressive Abortivanfälle und Rezidiv mit ausgesprochener Hemmung.

---

Von unseren 5 Fällen sind 3 erblich schwer belastet. Bei 2 Kranken spielt vielleicht eine seelische Erschütterung die Rolle der auslösenden Ursache.

Fall 16 machte auch während der Krankheit — im Journal niedergelegte — Angaben über partielle Hemmung. Auf die 7 Jahre nach der Entlassung eingegangene schriftliche Auskunft, daß K. im Winter „etwas ängstlich" sei, scheint kein allzugroßes Gewicht gelegt worden zu sein. Tatsächlich handelte es sich aber, wie die persönliche Nachuntersuchung ergab, um ausgeprägte depressive Abortivanfälle, die mit partieller Hemmung einhergehen. Von der in der Krankengeschichte erwähnten Hemmung will der Untersuchte jetzt nichts mehr wissen.

Bei Fall 17 ist schon auf Grund typischer, in der Krankheitsgeschichte erwähnter zirkulärer Symptome die entsprechende

Diagnose zu stellen, die vollinhaltlich durch die Nachuntersuchung bestätigt wurde. Eigentümlicherweise machte der Untersuchte erst bei der zweiten Untersuchung, dann aber auch ganz präzis, Angaben über depressive Abortivanfälle, die nie länger als eine Stunde (?) dauern sollen.

Auch bei Fall 18 finden wir in der Krankengeschichte typische zirkuläre Symptome. Auffallende Widersprüche bestehen zwischen den jetzigen eigenen Angaben der Untersuchten und der schriftlichen Auskunft des Ehemanns. Dieser gab an, daß seine Frau noch 2 Jahre krank, danach „reizbar und heiter" (vielleicht gereizte Hypomanie), dann aber von Verstimmungen frei geblieben sei. Unsere frühere Kranke will von einer Reizbarkeit nach Ablauf der Erkrankung nichts wissen. Sie gibt an, nur noch $^1/_2$ Jahr und nicht 2 Jahre krank gewesen zu sein. Dahingegen macht sie ganz exakte Angaben über eine rezidivierende Depression, von welcher der Mann nichts erwähnt, die ihm aber unbedingt aufgefallen sein muß, da die Frau infolge ihrer Unfähigkeitsgefühle darauf drang, die ihr viele Pflichten und Arbeit auferlegende Stelle zu wechseln. Ob die eigenartigen „Beklemmungen" der Frau A. als depressive Abortivanfälle anzusprechen sind, möchte ich nicht mit Sicherheit entscheiden. Es spricht manches dafür: das ausgesprochene Gefühl für das ihren Empfindungen, ihrem Gedankenkreis sonst Fremde, ferner die Übereinstimmung mit den Gefühlen während der Krankheit. Um angina pektoris Anfälle handelt es sich zweifellos nicht, dafür liegt der Beginn in zu jugendlichem Alter, zudem ist das Herz pathologisch nicht verändert. — Unser Fall ist jedenfalls ein guter Beweis dafür, wie wenig auch negative Angaben das Negierte ausschließen.

Ganz ebenso ist es bei Fall 19. Hier berichtet die Tochter, daß die Mutter völlig gesund sei, während diese tatsächlich nach 10 Jahren zum erstenmal ein Rezidiv hat. Auf die psychische Veränderung aufmerksam gemacht, nimmt die Umgebung dann endlich Notiz davon (s. Katamnese Dezember 1906). Auch hier finden wir in der Krankengeschichte die Hemmung ausdrücklich erwähnt. Bei der zweiten Aufnahme in die Klinik handelt es sich aber nicht, wie aus dem Journal hervorgeht, um ein Rezidiv, sondern um eine Exacerbation. Eigentümlich ist, daß die zweite Depression durch ein relativ harmloses Moment (Furcht vor der Klinik) ausgelöst wird.

Ganz besonderes Interesse verdient Fall 20. Die Krankengeschichte ist hier sehr mangelhaft (so findet sich z. B. niemals eine Notiz über Halluzinationen)! Sie berichtet aber doch auch über mancherlei zirkuläre Symptome. Wichtig ist unser Fall ganz besonders für die Frage des vorgetäuschten Schwachsinns. Offenbar war der Kranke jahrelang so gehemmt, daß er den Eindruck eines Blödsinnigen machte. Ich verweise hier ganz besonders auf die jetzige Bemerkung K.'s, daß er weder Alter noch Geburtstag anzugeben vermochte. Mir scheint aber doch, daß eine genaue Analyse der bestehenden Symptome, trotz der Stumpfheit und des scheinbar mangelnden Affekts, auf die richtige Fährte hätte führen müssen. Dafür spricht mir die Bemerkung in dem Entmündigungsgutachten, der Kranke klage darüber, er könne seine Gedanken nicht zusammenbringen. Jedenfalls brachte hier einzig und allein die Nachuntersuchung volle Klärung. Ganz wie bei Fall 17 erfahren wir von depressiven Abortiv- oder schwereren Anfällen anfangs nichts, trotz genauester diesbezüglicher Fragen, bis später, fast durch Zufall, die Rede noch einmal darauf kommt und nun unser Mann ganz andere, und wie man aus den Notizen ersehen kann, durchaus präzise Angaben macht. Vielleicht haben, trotzdem K. es in Abrede stellt, auch schon vor der schweren Erkrankung Stimmungsschwankungen, speziell auch nach der manischen Seite bestanden. Jedenfalls wäre das eine plausible Erklärung für die Angaben der Anamnese, daß K. von jeher außerordentlich reizbar und jähzornig gewesen sei, daß man nie ein volles Jahr in Frieden mit ihm habe leben können. Recht beachtenswert ist die Notiz der Krankengeschichte zu W. (S. 147), daß der Kranke plötzlich in der Nacht aufstand und dem Arzt sagte, er fühle sich, „jung und stark". Sollte es sich hier nicht am Ende um einen plötzlichen, schnell vorübergehenden Stimmungsumschlag handeln? Sehr charakteristisch gerade für die zirkuläre Depression sind die ganz im Vordergrunde stehenden hypochondrischen Klagen. — K. ist einer der wenigen von unseren Kranken, bei dem offenbar neben Visionen und Illusionen auch Halluzinationen bestanden haben. Ob sich K. zur Zeit der Nachuntersuchung in einem Zustande leichtester Hypomonie (sehr große Lebhaftigkeit, Ablenkbarkeit, s. ferner schriftl. Katamnese Sept. 1906) befunden hat, möchte ich nicht entscheiden. Die Möglichkeit muß immerhin zugegeben werden.

Die dritte Unterabteilung setzt sich aus fünf Fällen zusammen, welche eventuell schon vor, oder aber auch erst nach der depressiven Erkrankung im Rückbildungsalter, die sie in die Irrenklinik führte, leichte oder schwere Depressionen oder depressive Abortivanfälle durchmachten.

## Fall 21.

G. D., verh. Taglöhnersfrau. Geb. 1850 (zur Zeit der Erkrankung 45 Jahre).

Verpflegung in der Irrenklinik: 16. Juli 1895 bis 22. September 1895.
Diagnose: Melancholie. Krankheitsdauer: ca. 4 Monate.
Heredität: Keine erbliche Belastung.

Vorgeschichte: Pat. war gut veranlagt und immer sehr fleißig. „Im Jahre 1889 erkrankte sie an Lungenentzündung; im Anschluß daran traten Erscheinungen von Melancholie mit Wahnvorstellungen auf; nach vier Wochen erfolgte die Wiederherstellung. 1892 erkrankte Frau D. abermals unter den gleichen psychischen Erscheinungen, doch trat schon nach acht Tagen Heilung ein." (Aus dem bezirksärztlichen Fragebogen.) Vor einigen Monaten strengte sich die Kranke bei der Pflege zweier typhuskranker Kinder sehr an. Die Krankheit begann vor ungefähr 14 Tagen mit Schlaflosigkeit und großem Angstgefühl. Pat. sprach wenig, schaute starr vor sich hin, war traurig, weinte aber nicht. Sie äußerte, sie sei verloren, es könne ihr niemand helfen, sie komme in die Hölle, sie habe gebeichtet und keine Absolution bekommen und mache sich viele Vorwürfe. Vor einigen Tagen sah sie nachts ein Nachbarskind und ein schwarzes Männchen, die ihr sagten, sie solle sich das Leben nehmen. Sie versuchte, ihre Kinder zu erdrosseln und machte selbst einen sehr energischen Selbstmordversuch.

Status: Die Kranke ist besonnen, geordnet und orientiert. Sie benimmt sich natürlich, der Gedankengang ist geordnet. Sie gibt an, sie habe „so einen Wahn bekommen, als ob sie die Kinder nicht mehr leiden könne", sie habe viel Angst gehabt und immer denken müssen, sie wolle sich das Leben nehmen. Sie habe jetzt zwar keinen Wahn und keine Angst mehr, sei aber noch „krank im Gemüt". Wenn die Gedanken und die Angst kämen, dann mache sie sich sehr viele Vorwürfe. Stimmen will sie nicht gehört haben. Sie fragt besorgt, ob sie wieder gesund werden könne. Die in der Vorgeschichte erwähnten Aussprüche erkennt sie als Ausfluß ihrer Gemütskrankheit an. „Sie spricht leise. Die psychische Arbeit ist etwas langsam." Körperlich: gesund.

Verlauf: 17. Juli 1895. Gibt an, sie sei 1889 schon einmal schwermütig gewesen. Zuerst habe sie Lungenentzündung gehabt und dann sei es gerade so gewesen, wie jetzt. Anfang und Besserung ganz allmählich. Dauer dieses Zustandes vom Februar bis Mai 1889. Auch damals Selbstmordgedanken. In ihrer Jugend sei sie niemals schwermütig gewesen, habe aber seit ihrer Verheiratung, namentlich, wenn etwas Besonderes vorlag, alles schwer genommen. Menses vor vier Wochen; bisher regelmäßig. Seit mehreren Tagen Stuhlverstopfung.

18. Juli. Heimweh nach ihren Kindern. Weint.

23. Juli. Schlaf auf Hypnoticis gut. „Dadurch komme ich übers Heimweh weg."

24. Juli. Fühlt sich leichter.

25. Juli. Druck im Epigastrium. Konnte nachts nicht schlafen. „Die Kinder standen am Bett, da hab' ich weinen müssen, und dann kam wieder die Angst."

26. Juli. Fühlt sich freier. Hat großes Vertrauen zu Arzt und Anstalt. Benimmt sich recht verständig und einsichtig. Wünscht wiederholt arbeiten zu dürfen. Hartnäckige Verstopfung.

2. August. Durchfälle. Sehr matt. Seit fünf Tagen hohes Fieber und zeitweise Erbrechen.

6. August. Weniger Durchfälle. Sehr erschöpft. Orientierung unsicher. Fragt, ob es schon Nachmittag wäre. Erkennt Personen nicht.

9. August. Fühlt sich besser. Lächelt. Heimweh.

11. August. Weint, wünscht bald gesund zu sein.

22. September. Mit starker Gewichtszunahme (15 $\frac{1}{2}$ Pfund in drei Wochen) entlassen. Keine Spur der Verstimmung mehr. Arbeitet fleißig und gut.

Katamnese: 7. August 1902. „Frau sehr gesund, seit der Entlassung hat ihr nichts mehr gefehlt." (Auskunft des Mannes.)

Nachuntersuchung: September 1906: Frau D. war ihren Angaben zufolge nach der Entlassung körperlich schwach, jedoch guter Stimmung. Angst, Selbstvorwürfe und Verstimmung waren weg. Anfang des Jahres 1896 fing sie einen Hausierhandel an, den sie bis heute ununterbrochen betreibt. Sie gibt an, daß sie seit der Entlassung, vielleicht monatlich einmal, einen unmotivierten, etwa eine Stunde dauernden Zustand großer innerer Angst habe, „als ob ihr etwas passiere". 2—3 mal im Jahre kommen leichte, grundlose, nur wenige Stunden dauernde Verstimmungen, die auch der Umgebung auffallen. Sie ist dann aufgeregt und sehr reizbar, was ihr hinterher sehr leid tut. Frau D. empfindet sowohl die Angst als die Verstimmung als etwas ihrem inneren Wesen Fremdes, als etwas Eigentümliches. Weder bei der Angst noch bei der Verstimmung tritt ein Gefühl psychomotorischer Hemmung auf. Die Periode, bei der sie immer leicht aufgeregt war, kam mit Ausnahme der Krankheiten im Jahre 1889 und 1895, während deren sie mehrere Wochen zessierte, regelmäßig. Sie ist seit 1901 ausgeblieben. Jetzt ist die Kranke ganz gesund und krankheitseinsichtig.

Ergänzung zur Krankengeschichte: Bezüglich der Depression im Jahre 1889, die, den Angaben der Frau D. zufolge, die erste in ihrem Leben war, machte sie noch folgende ergänzende Angaben. Sie sei damals „auch so vergeßlich" gewesen, habe ihre Haushaltung nicht mehr versorgen können, so daß ihre Mutter habe helfen müssen. „Weil ich so dumme Gedanken hatte, war mir alles gleich." Auch damals

Angst, Selbstvorwürfe und Suicidgedanken, sowie die Vorstellung, sie hätten nichts mehr, sie könnten nicht mehr leben. Die Leute hielten sie damals für „nicht recht gescheit". „Auf einmal wars nach drei Monaten weg, wie weggeflogen." Nach dieser Verstimmung war sie ganz wie vorher, nicht besonders lustig oder gereizt. Sie bestreitet, 1892 einen ähnlichen Zustand zum zweitenmale gehabt zu haben. Damals habe sie wegen des Wegzugs von den Eltern nur starkes berechtigtes Heimweh gehabt. Bezüglich der Krankheit vom Jahre 1895 weiß sie keinen Grund für deren Ausbruch anzugeben. Appetit und Schlaf verschlechterten sich einige Wochen vor der Aufnahme in die Klinik. Sie wurde traurig, hatte Angst, zwangsmäßige Selbstmordgedanken quälten sie sehr, sie machte sich viele Vorwürfe, glaubte, sie sei verloren, und verdammt. Sie erinnert sich nicht, ein schwarzes Männchen gesehen, oder Sinnestäuschungen gehabt zu haben. Sie weinte und jammerte damals viel und war sehr unruhig. Ihre Kinder würgte sie „aus innerem Drang", da sie gar keine Freude „an ihnen noch an sonst etwas", hatte. Sie bekümmerte sich um nichts mehr. Sie war damals so vergeßlich, daß sie, wenn sie Feuer machte, die Töpfe auf den Herd stellte, ohne Wasser hineinzutun. Im übrigen macht sie keine Angaben über sonstige Hemmungsgefühle.

Zusammenfassung: Sechs Jahre vor Ausbruch der 1895 in der Klinik beobachteten Erkrankung machte die damals 39 Jahre alte Frau eine ähnliche kurz dauernde psychische Störung durch, die im Jahre 1892 noch einmal repetiert haben soll. Im Jahre 1895 erkrankte Frau D. ohne äußere Veranlassung aufs Neue. Schlaf und Appetit waren gestört, sie wurde unruhig und jammerte. Nach und nach entwickelte sich eine lebhafte Angst mit vereinzelten Wahnvorstellungen ängstlicher Art und Selbstvorwürfen. Der Gedanke, sich das Leben nehmen zu müssen, trat zwangsmäßig auf. Es bestand ein lebhaftes Krankheitsgefühl, Sinnestäuschungen traten offenbar niemals auf. Bei der Aufnahme in die Klinik, die wegen eines energischen Selbstmordversuchs erfolgte, war die Kranke fast krankheitseinsichtig und nur noch leicht deprimiert. Es scheint eine leichte objektive Hemmung bestanden zu haben (die psychische Arbeit ist etwas langsam). Von subjektiven Hemmungssymptomen ist in der Krankheitsgeschichte nichts erwähnt. In der Klinik wird nur noch eine geringgradige Verstimmung und krankhaftes Heimweh beobachtet. Schon nach wenigen Wochen bessert sich der Zustand so erheblich, daß die Kranke entlassen werden kann. — Die Nachuntersuchung 11 Jahre später ergibt, daß die Kranke bald nach der Entlassung ganz gesund geworden ist. Sie ist völlig krankheitseinsichtig. Seit 1895 treten jedoch mehrfach im Jahre kurze, unmotivierte Angstzustände und leichte Verstimmungen, in welchen die Kranke etwas gereizt, aber nicht psychomotorisch gehemmt ist, unabhängig von einander auf. Ihren jetzigen Angaben zufolge unterliegt es keinem Zweifel, daß die Kranke während ihres Aufenthaltes in der Klinik — und bei der Erkrankung im Jahre 1889 — zum mindesten eine partielle psychomotorische Hemmung empfunden hat.

Jetzige Diagnose: Manisch-depressives Irresein. Typisch zirkuläres Symptom: partielle Hemmung. — Zwei bis drei zeitlich getrennte Depressionsanfälle. Depressive Abortivanfälle.

## Fall 22.

L. M., led. Landwirt. Geb. 1830 (z. Z. der Erkrankung 64 Jahre).

1. Verpflegung in der Irrenklinik vom 30. März 1894 bis 3. November 1894.
2. Verpflegung in der Heilanstalt zu X.: 3. November 1894 bis 29. Juni 1896.
3. Verpflegung in der Irrenanstalt zu Y.: 24. November 1905 bis 7. Juli 1906.

Diagnose: 1. Melancholie. Krankheitsdauer ca. $2\frac{1}{2}$ Jahre.
Diagnose: 2. Dementia.
Diagnose: 3. Senile Demenz (Depressionszustand).

Heredität: keine erbliche Belastung.

Vorgeschichte: Pat. ist körperlich gesund und geistig gut veranlagt, er hatte vor 16 Jahren eine ähnliche Geisteskrankheit, die von selbst heilte. Als Ursache der jetzigen Erkrankung darf vielleicht der Kummer über den Verlust seines ganzen Vermögens angesprochen werden. Allmählicher Beginn; anfangs war Pat. traurig, klagte über Appetit- und Schlaflosigkeit, Ohrenreißen, Kopfschmerzen usw. Seit drei Tagen ist eine erhebliche Verschlechterung seines Zustandes eingetreten, der Kranke läuft unruhig und laut jammernd umher, er glaubt sich vergiftet und verfolgt. Über seine Verfolger schimpft er in der gemeinsten Weise. Er machte wiederholt Selbstmordversuche und griff seine Umgebung tätlich an. Keine Sinnestäuschungen, keine Gedächtnisabnahme.

Status: Pat. jammert und ringt stöhnend die Hände. Glaubt, seine Angehörigen seien von seiner Schwester, die ihn verfolge, vergiftet worden. War vor 15 Jahren schon einmal krank, das war aber „gar nicht der Rede wert", es war nur ein kleiner Anfall, der 6 Tage dauerte. Körperlich: In der Ernährung ziemlich reduziert, im übrigen gesund.

Verlauf: 3. April 1894. Unaufhörliches Jammern, das sich verstärkt, sobald Patient die Ärzte sieht, denen er auf Schritt und Tritt nachfolgt:

„Ich will Ihnen erzählen, was das schlechte Mensch vorhat. Wenn Sie Geduld haben, will ich Ihnen ganz genau sagen, wie es gegangen ist. Lesen Sie nur die Zeitung, da steht es drin usw."

7. April. „Ich muß heim, ich werde hier ja doch nicht gesund." Morgens stärkeres Jammern als abends.

11. April. „Ich möchte meine guten Freunde mit Fingernägeln aus dem Grabe kratzen. Ich bin ja zufrieden, wenn es nicht wahr ist, es ist aber doch wahr, das Luder hat meinen Neffen vergiftet."

13. April. „Mir kann niemand helfen, es heißt nachher, ich hätte hier gesoffen und dem Staat das Brot weggegessen."

23. April. Versteckt Brot ins Bett, damit er für die Not etwas habe. Sehr umständlich in seinem Erzählen.

1. Mai. Jammert Tag und Nacht, morgens immer stärker. Appetit und Schlaf ziemlich gut.

26. Mai. Über den Besuch des totgeglaubten Neffen sehr erfreut, jammert und heult aber in entsetzlicher Weise vor Freude. Droht später mit Selbstmord.

30. Mai. Jammert und weint sehr viel, erzählt außerordentlich weitschweifig. Glaubt, daß seine Angehörigen durch die Schuld seiner Schwester gestorben seien, die ihm selbst Milch gegeben habe, daß es ihm die ganze Zunge zusammengezogen habe. „Die Milch hat in dem Magen gekocht, als wenn man Kalk löscht. Sie hat an mir einen Vergiftungsversuch gemacht."

28. Juni. Jammert etwas weniger. Meint, seine Angehörigen würden durch Raubmord zugrunde gerichtet.

3. Juli. Auf Fragen, warum er so jammere, antwortet er „man wird genötigt". Er habe gehört, wie ein anderer Arzt gesagt habe, er sei pfiffig: „Ich bin gescheit wie ein anderer Mensch, der frei herumläuft". Der Kranke spricht anhaltend und läßt niemand zu Wort kommen.

15. Juli. Auffallend ruhiger. Daß seine Angehörigen tot sind, will er nicht gerade behaupten, aber daß ihnen etwas geschehen wird, ist sicher.

28. Juli. Jammert kaum noch.

4. August. Weint seit zwei Tagen wieder viel. Bleibt von selbst zu Bett. Läßt sich durch den Besuch seiner Angehörigen nicht von der Vorstellung abbringen, daß ihnen Schlimmes geschehen werde.

11. August. Entschieden ruhiger. Er sei nicht geisteskrank, sondern sondern nur traurig. Die alten Ideen.

28. August. Die Beruhigung machte Fortschritte.

30. August. Schreibt heute einen ganz verständigen Brief an seinen Neffen.

8. September. Als er heute von zu Hause ein Trosttelegramm erhält, ist er zuerst freudig erregt, sagt aber gleich danach, das sei nicht die echte Handschrift und ist auch fernerhin von der Echtheit des Telegramms nicht zu überzeugen.

20. September. Erhält heute eine Postkarte von seinem Neffen. Rot vor Freude bestätigt er, daß das die richtige Handschrift sei, um es aber später zu widerrufen.

24. September. Verstärktes Jammern.
3. November. Jammert weniger, meist nur, wenn er angesprochen wird; die Wahnideen bestehen unverändert fort. Nach X. überführt.

(Aus der Krankengeschichte der Heilanstalt zu X.)
November 1894. Starke depressive Verstimmung. Weint und schluchzt, er sei nicht geisteskrank, er werde nur von bösen Menschen verfolgt. Besonnen, geordnet und orientiert.

Januar 1895. Sehr deprimierte Stimmung. Hält sich für geistig gesund. Die früheren Vergiftungsideen werden jetzt dissimuliert.

April. Vorwiegend depressive Stimmung. Massenhafte Verfolgungsideen. Eine Partei seiner Angehörigen hält ihn hier gefangen und hintertreibt seine Entlassung. Schreibt sehr viele Briefe an seinen Neffen. Bei Besuch seiner Schwester vergreift er sich wegen seiner Internierung tätlich an ihr.

Juni. Jammert und klagt ständig. Arbeitet nichts.

August. Schimpft bei Fremden über seine ungerechte Internierung.

Februar 1896. Meist depressiver Stimmung. Bittet flehentlich um seine Entlassung. Beklagt sich häufig über seine Mitkranken.

Mai. Arbeitet fleißig. Die Stimmung ist heiter und zuversichtlich geworden. Gerät aber leicht ins Weinen und läßt sich nur schwer beruhigen. Äußert häufig seine Freude darüber, daß er so gut arbeiten könne, daß es ihm so gut bekomme. Zeigt kein über seine Person hinausgehendes Interesse.

Juni. Freut sich über seine Arbeitsfähigkeit. Keine Wahnideen mehr. Kommt leicht ins Weinen.

29. Juni. Sehr erfreut über seine Entlassung. Bedankt sich bei den Ärzten.

Katamnese: Januar 1902. „Völlig genesen."

Nachuntersuchung: Oktober 1906. Der Kranke war bei der Entlassung aus X. seinen Angaben zufolge gesund. Seit 5 Jahren wohnt er bei seiner Nichte. Hat nach deren Angaben alle paar Wochen, grundlose, 1—2 Tage dauernde „trübe Tage". Er ist dann gedrückt, läßt den Kopf hängen, spricht nicht viel und ist stiller als sonst. „Er weint dann um Tote die vor 50 Jahren starben." Die Umgebung hält diese Verstimmungen für krankhaft. Der Kranke selbst will von ihnen überhaupt nichts wissen, und meint nur, daß alle alten Leute manchmal mißgestimmt seien. Die Nichte gibt ferner an, daß M. sehr leicht gekränkt und beleidigt sei. Sein Gedächtnis ist ausgezeichnet, seine Interessen sind sehr lebhaft. „Er kümmert sich um alles, fast zuviel!" — Nach dem Tode der Schwester (Oktober 1905) wurde er sehr verstimmt, er hatte Selbstmordgedanken, alles war ihm zuwider. „Die Gedanken haben sich in mir hin und wider gestritten, wenn die Gedanken kommen, dann muß ich herumgehen, dann bin ich nicht Herr über mich, die wollen mich beherrschen." Er äußerte damals allerhand Wahnideen, er habe keine Heimat mehr. Er machte sich Vorwürfe, er habe sich wider den heiligen Geist versündigt usw. Er wußte aber immer, daß er schwer-

mütig sei. Er hatte an nichts mehr Freude, er las nichts mehr, weil er keine Interessen mehr hatte. Trotz seiner Angst wurde er so apathisch, daß man ihn wie ein Kind bedienen mußte. Entschließen? „Ich hab keinen Entschluß mehr gefaßt, ich hab halt so hingelebt."
Er will keine Stimmen gehört haben. Als die schweren Gedanken, speziell die Selbstmordgedanken immer zwangsmäßiger auftraten, so daß er schließlich glaubte, er sei vom Teufel besessen, verlangte er selbst nach der Irrenanstalt in Y. Keine Angaben über universelle Hemmung.

(Aus der Krankengeschichte der Irrenanstalt zu Y.)

Anamnese: Seit 1896 gesund, im ganzen still, aber leicht reizbar und sehr empfindlich. M. bekam vorige Woche beim Tode seiner Schwester Angstgefühle, er glaubte sich vom Teufel besessen. Viele Selbstvorwürfe, namentlich über frühere Onanie. Er weinte und jammerte viel, er sei der unglücklichste Mensch, er könne nicht mehr leben. In den letzten Tagen vor der Aufnahme war der Kranke sehr ungeordnet; er vernachlässigte sich sehr, wusch sich nicht mehr, legte sich angekleidet zu Bett, war unreinlich und wurde interesseloser. Er verlangte nach einer Anstalt, konnte sich aber doch nicht recht dazu entschließen und wollte seine Überführung immer wieder verschoben haben. Über sein Vorleben ist nur bekannt, daß er von jeher ein rechthaberischer, händelsüchtiger und unverträglicher Mensch war, der schon einmal im Alter von 35 Jahren geistesgestört war. Der Kranke glaubte sich damals vom Teufel besessen und wurde durch einen Pfarrer geheilt.

Verlauf: 25. November 1905. Ängstlich, er werde umgebracht, ist aber zwischendurch wieder in guter Stimmung. Orientiert. Gibt an, daß er seit dem Tode der Schwester „rappelköpfig" geworden sei. Er habe Angst bekommen und am ganzen Körper gezittert. Vor ungefähr sechs Jahren sei er schon einmal krank gewesen und in Heidelberg und X. verpflegt worden, wie lange, was ihm gefehlt habe, wisse er nicht mehr. Der Kranke jammert sehr viel, ist aber dabei außerordentlich geschwätzig, er renommiert, er habe ein feines, gutes Gedächtnis, er habe schon „geschafft wie ein Bär". Er betont immer wieder, daß er nicht krank sei, hier wolle man ihn umbringen. Somatisch: Periphere Arterien rigide, der Puls ist gespannt. Macht einen sehr senilen Eindruck. Im übrigen gesund.

27. November. Jammert viel, besonders wenn man ihn anspricht.

4. Dezember. Ruhiger. Hält daran fest, daß er von hier nicht mehr fortkomme.

8. Dezember. Ängstliche Wahnvorstellungen; was er esse, sei das letzte, er müsse sterben, seine Verwandten seien im Zuchthaus usw.

12. Dezember. Jammert viel. Die gleichen Wahnideen.

22. Dezember. Nach Besuch seiner Angehörigen sagt er, sie seien vor der Anstalt verhaftet worden. Neben seinen depressiven Befürchtungen bringt er auch häufig hypochondrische Vorstellungen vor.

2. Januar 1906. Weniger erregt. Die alten Ideen. Äußert sie jedoch nur, wenn man ihn anspricht.

3. Februar. Ruhiger. Hält sich nicht für krank.
14. April. Ab und zu schwachsinniges (?) Querulieren und kindliches Jammern. Die Stimmung ist besser. Zeigt auch mehr Interesse für seine Umgebung und beschäftigt sich etwas. Dauernd krankhaft gesteigertes Mißtrauen.
20. Mai. Die Stimmung hat sich gebessert. Zukunftsbefürchtungen. Sehr neugierig. Oft recht geschwätzig.
22. Juni. Gelegentlich Neigung zum Querulieren.
7. Juli. Gebessert entlassen.

Bei der Entlassung aus Y. war M. noch nicht ganz gesund. Die Wahnideen und die ängstliche Erregung verschwanden jedoch sehr bald, es blieb nur eine leichte Verstimmung, die auch heute noch besteht. Der Kranke hat selbst ein Gefühl dafür und gibt an, daß er noch häufig unter schweren Gedanken leide, die er aber bemeistern könne. Nur manchmal sei er innerlich unruhig. „Nur hie und da kommen noch nachts diese Lumpengedanken." Er fühlt sich leicht ermüdet, hat aber kein Gefühl psychomotorischer Hemmung und äußert keine hypochondrischen Klagen. Im übrigen ist der Kranke sehr attent und lebhaft, er gerät leicht ins Weinen, beruhigt sich aber schnell wieder. Keine senilen Züge. Auffassung, Urteilsfähigkeit, Gedächtnis und Merkfähigkeit sind ausgezeichnet. Der Interessenkreis ist keineswegs eingeschränkt. M. ist für beide Erkrankungen völlig krankheitseinsichtig.

Ergänzung der Krankengeschichte: Vor 25 Jahren will Pat. die erste ängstliche Erregung durchgemacht haben, die ohne Grund kam und nach wenigen Wochen verging. Auch damals glaubte er sich vom Teufel besessen, hatte schwere Gedanken und machte sich sehr viele Vorwürfe. Der Zustand war ein ähnlicher wie 1894 und 1905. Angeblich damals kein Hemmungsgefühl. Ebensowenig im Jahre 1894. Die zweite Erkrankung führt M. auf den Gram über den Vermögensverlust zurück.

Zusammenfassung: Mit 47 Jahren macht der Kranke eine kurzdauernde geistige Erkrankung durch. 16 Jahre später erkrankt er infolge seelischer Erregungen aufs Neue. Die Krankheit beginnt mit hypochondrischen Klagen und leichter Verstimmung. Allmählich wird der Kranke ängstlich, gleichzeitig aber sehr gereizt, und äußert massenhafte ängstlich gefärbte Wahnideen, die eine Aufnahme in die Irrenklinik notwendig machen. Anfangs besteht bei vagem Krankheitsgefühl eine lebhafte ängstliche Erregung, die sich mit einer gewissen Erregbarkeit, umständlicher Geschwätzigkeit und einem leicht gehobenen Selbstgefühl vergesellschaftet. Der Kranke äußert zahlreiche ängstliche Wahnvorstellungen. Im Verlauf schwinden Krankheitsgefühl und ängstliche Erregung mehr und mehr, auch die Wahnvorstellungen blassen nach ungefähr $1\frac{1}{2}$jährigem Bestehen ab, während die deprimierte Stimmung noch sehr deutlich ist. Später tritt eine leichte Gereiztheit immer mehr in Erscheinung. Die Stimmung heitert sich auf, das Selbstgefühl ist deutlich gehoben, und gebessert wird der Kranke nach $2^{1}/_{4}$jähriger Anstaltsbehandlung entlassen. Sinnestäuschungen sind offenbar niemals aufgetreten. — Die Nachuntersuchung $10^{1}/_{4}$ Jahre später ergibt, daß seit der Erkrankung mehrfach im Jahre wiederkehrende, ganz leichte, nur wenige Tage dauernde, der Umgebung aber als krankhaft auffallende Verstimmungen ohne nachweisbare Hemmung aufgetreten sind, von denen der Kranke selbst nichts wissen will. Nach einer starken psychischen Erregung erkrankt M. im Herbst 1905 aufs Neue unter ähnlichen Erscheinungen wie 11 Jahre zuvor. Er wird sehr ängstlich und unruhig; er äußert Selbstvorwürfe, Versündigungsideen und ängstliche Wahnvorstellungen. Zwangsgedanken plagen ihn sehr. Es unterliegt keinem Zweifel, daß eine partielle psychomotorische Hemmung, die dem Kranken zum Bewußtsein kam, und der Umgebung als Apathie und Interesselosigkeit imponierte, aufgetreten ist. Die Zunahme der Erregung macht eine abermalige Verbringung in eine Irrenanstalt notwendig. Hier schiebt sich während der ersten Tage in die ängstliche Erregung eine kurze Zeit guter Stimmung. Das anfänglich vorhandene Krankheitsgefühl verliert sich bei zunehmender Erregung. Die Wahnideen verschwinden nach wenigen Monaten. Später wird häufig eine gewisse Geschwätzigkeit, sowie eine deutliche Neugierde und Neigung zum Renommieren und Querulieren beobachtet. Nach achtmonatlichem Aufenthalt in der Anstalt wird der Kranke entlassen. Die krankhaften Symptome verschwinden ganz bis auf eine leichte Verstimmung und Rührseligkeit, die jetzt noch bestehen. Zur Zeit fehlt ein Gefühl psychomotorischer Hemmung. Der Kranke ist völlig krankheitseinsichtig und zeigt keinerlei senile Züge.

Jetzige Diagnose: Manisch-depressives Irresein. Typische zirkuläre Symptome bei der zweiten Erkrankung (Irrenklinik): Erregbarkeit, Geschwätzigkeit, Reizbarkeit, gehobenes Selbstgefühl. Bei der dritten Erkrankung kommen noch Stimmungsumschlag und Hemmungsgefühle hinzu.

Drei Depressionsanfälle, zahlreiche depressive Abortivanfälle.

## Fall 23.

Fräulein **A. D.**, ledig, ohne Beruf. Geb. 1851 (zur Zeit der Erkrankung 41 Jahre).
Verpflegung in der Irrenklinik: 18. Mai 1892 bis 14. Juli 1892.
Diagnose: Depressiver Wahnsinn. Krankheitsdauer: ca. 3 Jahre.
Heredität: Der Vater starb an einem Hirnschlag.
Vorgeschichte: Patientin ist gut beanlagt, von jeher leicht erregbar. In ihrer Jugend machte sie ein schweres Scharlachfieber durch und leidet seitdem an zeitweise auftretenden Kopfschmerzen, die in der letzten Zeit den Charakter der Migräne angenommen haben. Vor etwa einem Jahre fiel Patientin auf den Hinterkopf; der Sturz zog jedoch keine weiteren Folgen nach sich. In der letzten Zeit sind wiederholt Störungen in der Menstruation aufgetreten. Seit April leidet die Kranke unter Kopfschmerzen und Schlaflosigkeit. „Depressionsgefühle traten abwechselnd mit Exaltationen auf." Seit wenigen Tagen glaubt sich die Kranke verfolgt und macht sich Gedanken über ihre Vermögensverluste. Sie glaubt, ihr Geld lange nicht mehr, sie müsse arbeiten und könne doch nicht usw.

Status: Die Kranke ist ängstlich und scheu, gibt nur langsam und zögernd Antwort. Dumpfes Krankheitsgefühl. Patientin klagt über Unruhe, Schlaflosigkeit und Sorgen. Sie glaubt, alle Leute hätten ihr die Krankheit angesehen, sie habe den Schwager vor der Türe sprechen hören, nachts gehört, wie jemand die Treppe herunterlief. „Ich habe die schreckliche Ahnung, daß etwas mit mir vorgehen wird." Körperlich: gesund.

Verlauf: 20. Mai 1892. Will nicht auf den Abort, weil sie dort unrein gemacht werde und den Aussatz bekomme. Zunehmende Angst.

23. Mai. Die Angst hat sich erheblich gesteigert. Fürchtet sich vor jedem Geräusch, ihr drohe noch sehr Schlimmes.

27. Mai. Klopft an die Türe, um nachzusehen, ob im Nebenzimmer nicht Zwangs- und Folterwerkzeuge sind. Hält sich für unheilbar krank.

8. Juni. Glaubt, sie würde im Aborttrog gebadet, sie müsse den Unrat der anderen im Essen zu sich nehmen. Vage Angst vor allerhand Ungeheuerlichem.

25. Juni. Nachdem sich in den letzten Tagen die Angst gesteigert hatte, ist die Kranke heute außerordentlich ängstlich. Sie klammert sich an den Arzt mit der Bitte, daß ihr nichts geschehe. Angeblich keine Sinnestäuschungen.

29. Juni. Durch den Besuch ihrer Angehörigen beruhigt.

5. Juli. Geht täglich spazieren. Die ängstlichen Vorstellungen werden nicht mehr geäußert. Sehr lebhaftes Heimweh.

14. Juli. Entlassen.

Katamnese: 20. Februar 1894. „Befindet sich ganz wohl. Hat Lust und Liebe zum Arbeiten."

Nachuntersuchung: Oktober 1906. Den Angaben des Fräulein D. zufolge dauerte die Krankheit noch ungefähr drei Jahre. Sie war sehr gedrückt, litt unter Angst- und Verfolgungsideen und glaubte, speziell nachts, Stimmen zu hören, ohne aber zu verstehen, was sie sagten. Während dieser ganzen Zeit war sie von der Vorstellung beherrscht, es müsse ihr etwas Schreckliches passieren. Zeitweise kam sie sich „besessen" vor. Sie hatte das Gefühl, als ob das Gute und Böse sich in ihr streite. Sie fühlte sich zerrissen und von verschiedenen Stimmungen hin- und hergezerrt. „Alles war trost- und hoffnungslos. Ich konnte gar nicht begreifen, daß ich mich über etwas noch freuen konnte." Am quälendsten waren Angstgefühle und zwangsmäßig auftretende Selbstmordgedanken. Die Verstimmung wich nach ungefähr drei Jahren einer normalen Verfassung. Seit ihrer Jugend leidet die Kranke an unmotivierten, kurz dauernden Verstimmungen. Sie ist dann leicht ängstlich, das Arbeiten geht schwerer, sie liest weniger, weil sie weniger gut begreift. „Man ist halt zu nichts aufgelegt, nur was sein muß, tut man." Während dieser Zustände, die oft vier- oder fünfmal im Monat auftreten und 1—3 Tage dauern, fühlt sie sich sehr müde und empfindet Unannehmlichkeiten und Überanstrengungen intensiver. Sehr häufig sind sie von Kopfschmerzen begleitet, die aber erst im Verlauf der Verstimmung kommen. Die Periode trat mit 46 Jahren zum letzten Male auf, war aber schon sechs Jahre vorher unregelmäßig. Jetzt ist Fräulein D. ganz gesund und krankheitseinsichtig. Über den Verlauf der Krankheit vom Jahre 1892 geben ein jetzt angefertigter Krankheitsbericht und die schriftliche Beantwortung von Fragen nach psychomotorischer Hemmung die beste Auskunft.

Schriftlicher Krankheitsbericht: Vom 4. Lebensjahre an hatte ich immer Kopfweh, das sich mit den Jahren sehr steigerte. Im 24. Lebensjahre bekam ich eine Schwermut. Ich mußte immer weinen und alles kam mir so traurig und trostlos vor. Dieser Zustand hielt aber nur einige Wochen an. Im 25. Jahre verlobte ich mich. Mein Bräutigam nahm sich gewaltsam das Leben.

Kurz vor der Erkrankung kam die Krisis mit den Staatspapieren. Mich verfolgte nur der eine Gedanke: deinen Angehörigen bist du lästig, du fühlst dich so schwach und deine Existenz wird geraubt durch Verlust deiner Papiere. Dieser Jammer trat immer heftiger auf. Ich konnte nicht mehr essen und schlafen, ich bekam eine solche innerliche Unruhe, daß ich nicht mehr sitzen konnte. Ich glaubte, ich müßte, um nicht zu ersticken, immer hin- und herrennen. Bei der Entstehung der Krankheit legte sich ein Reif auf meine Stirn, der mir den Kopf gewaltig einklemmte. Meine Augen traten hervor, meine Stirn, die immer Falten hatte, wurde ganz glatt und ausgefüllt, meine Zunge kam mir so hoch vor, daß ich glaubte, sie hätte im Munde keinen Platz. Sodann stellte sich ein Verfolgungswahn ein. Ich erwartete stündlich eine Person, die mich fortholen würde. Ich glaubte, Männer seien im Haus. In der Nacht hörte ich unter meinem Fenster einen regelmäßigen festen Fußtritt. Ich fühlte mich so öde und leer in meinem Innern. Dann hatte ich Selbstvorwürfe von Versündigungen: „Ach wie schlecht warst und bist du doch", sagte ich mir stets. Dann kam der fast unwiderstehliche Selbstmordtrieb, ich probierte einmal das Hängen, allein ich brachte keine Schlinge fertig. Von einer Arbeit war keine Rede mehr, weil mir alles mißlang. Ich meinte auch, Blei in meinen Gliedern zu haben. Von den besten Menschen konnte ich ganze Geschichten über ihre Schlechtigkeit zusammendenken. Ich war entsetzlich müde, allein die Angst ließ mir keine Ruhe. In der Klinik hielt ich die Ärzte für Intriganten. In der Nacht hörte ich fortwährend ein fürchterliches Geschrei von Menschen, ein Hin- und Herfahren mit Droschken, ein Klirren von Geschirr, das in Scherben ging. „Das schreiben sie mir zu, die werden zu Hause schöne Rechnungen bekommen", dachte ich. Eine andere Kranke schmähte das Bild des Großherzogs. Ich ging darauf ganz verzweifelt herum und sagte: „Es ist ja doch nicht wahr, ich liebe ihn ja so sehr", mit einem Worte ich bezog alles auf mich. Wenn ein schreckliches Gewitter war, wenn man über Unglücksfälle sprach, wenn ich von einem Mord in der Zeitung las, so fühlte ich mich an all diesem schuld. Wenn einem etwas wegkam, kam ich mit der Versicherung, es gewiß nicht getan zu haben. Ich glaubte, ich würde verbrannt.

Die Unruhe und Schreckensgespenster gingen auch wieder mit nach Hause. Ich suchte Zerstreuung im Essen, ich sagte mir, solange du das besorgst, brauchst du keine Angst zu haben. Benütze deine Galgenfrist. Dann hatte ich die Idee, du magst tun was du willst, du stirbst doch nicht. — Ich hatte ein schreckliches Bedauern mit meinen Geschwistern: du hast sie alle unglücklich gemacht, sie werden auch fortgeführt und es wird ihnen alles genommen. Dann glaubte ich den bösen Geist in mir zu haben. Wenn man mich frug, wie es mir geht, erwiderte ich: „Ich bin besessen". Ich hatte eine gute und eine böse Stimme in mir. Sprach die gute Stimme, so folgte die böse gleich darauf, sogar mit Gotteslästerungen. Ich hätte vor mir selbst davon springen mögen. Ich hatte eigentlich die größte Angst vor meiner Person; allen Leuten jammerte ich vor, was ich für eine Angst hätte.

Das Frühjahr darauf (1893) war ich in W. Die Selbstmordgedanken waren schon verschwunden und nach und nach, kaum merklich, kam die Besserung. Ich freute mich wieder meines Lebens, liebte die Beschäftigung wieder, allein eine Überanstrengung fürchte ich bis auf den heutigen Tag. Die muß ich sehr büßen. Da klopft und zittert alles in mir, was erst durch vieles Ruhen schwindet. Theater, Konzerten, Gesellschaften gehe ich wie Feuer aus dem Wege. Als wir nach F. (1897) zogen, machte ich meiner Schwester den Vorschlag, das Dienstmädchen zu entlassen. Das brachte mich aber wieder sehr herunter. Die Freude am Leben wollte wieder schwinden, ich dachte, wenn ich nur keine ernstliche Krankheit bekomme. Der Appetit schwand, eine große Abnahme des Körpergewichts und der Kraft machte sich geltend. Das Kochen machte mir einen eingenommenen Kopf."

Schriftlich eingesandte Beantwortung nachstehender Fragen über Hemmung während der Krankheit. (1875 und 1892).

Wie war das Denken?

„Ich hatte einen immerwährenden Gedankengang, indem ich von einem Gegenstand auf den anderen verfiel."

Wie war das Gefühlsleben?

„Gänzlicher Mangel an Interesse für Beziehungen, die mir vorher die größte Befriedigung gewährten."

Wie ging es mit dem Entschließen?

„Ich hatte ein starres, zu keiner freien Tat mehr fähiges Wesen."

Wie war das Gedächtnis?

„Das Gedächtnis war während der Krankheit in bezug auf die Arbeit nicht so gut, indem ich bei Arbeiten, bei welchen man denken mußte, alle Anstrengung des Denkens dazu verwenden mußte, was aber heute noch zuweilen so ist. Strenge ich mich mit dem Denken sehr an, so legt sich manchesmal wieder der Reif um den Kopf, den ich im Anfang meines Berichtes beschrieb, allein auf das Ruhen hin ist er wie weggeblasen.

Wie ging es mit dem Arbeiten?

„Das Arbeiten war mir ein unliebsames Ding und verscheuchte mir nicht meine Trostlosigkeit. Vormittags arbeitete ich, nachmittags drängte es mich aber mit aller Gewalt, zu Bekannten zu gehen und ihnen den Kopf voll zu graunen."

Wie war es mit der Lebensfreude?

„Ich konnte mich über nichts mehr freuen, es trat eine völlige Gemütsstumpfheit ein."

Wie war das Gefühl für die Angehörigen?

„Meine Angehörigen bedauerte ich ungemein, konnte sie aber wieder mit meiner Stumpfheit aufregen. Die Zuneigung zu Verwandten und Bekannten machte einer Gleichgültigkeit Platz. Für alles schwand das Interesse, es wäre mir ganz gleichgültig gewesen, ob ich ein großes Vermögen gewonnen oder verloren hätte."

Fühlten Sie sich gehemmt? Wie äußerte sich die Hemmung?

„Ich fühlte mich in allem gehemmt. Die Energie war gänzlich geschwunden, ich ließ mich willenlos behandeln."

Es bleibt noch nachzutragen, daß Frl. D. niemals manische oder gereizte Zeiten durchgemacht haben will.

Zusammenfassung: Die von jeher leicht erregbare Patientin erkrankt mit 41 Jahren. Sie wird verstimmt, ängstlich, von Verfolgungsideen und ängstlichen Wahnvorstellungen gequält, die eine Anstaltsbehandlung notwendig machen. In der Irrenklinik, in welcher sie neun Wochen verpflegt wird, treten bei dumpfem Krankheitsgefühl ängstliche Erregungen und phantastische Vorstellungen in den Vordergrund. Sinnestäuschungen traten offenbar niemals auf. Gebessert wird die Kranke entlassen. — Die Nachuntersuchung $14^3/_4$ Jahre später ergibt, daß die Kranke nach ungefähr drei Jahren genesen ist. Jetzt ist sie gesund und krankheitseinsichtig. Der Depression im 41. Jahre ging eine leichte, wenige Wochen anhaltende, unmotivierte Verstimmung 17 Jahre voraus. Seit vielen Jahren bestehen mehrmals im Monat auftretende depressive Abortivanfälle, die mit ängstlicher Unruhe, Empfindlichkeit und deutlicher psychomotorischer Hemmung einhergehen. Bei beiden Depressionen empfand die Kranke eine sehr ausgesprochene Hemmung. Der Symptomatologie der zweiten Depression wäre noch nachzutragen, daß neben den in der Krankengeschichte erwähnten Zeichen hypochondrische Vorstellungen, Selbstvorwürfe und Versündigungsideen, Zwangsgedanken, Beziehungsideen und massenhafte Illussionen aufgetreten sind. Das Denken scheint nicht gehemmt, sondern im Sinne eines gesteigerten Vorstellungsablaufs erleichtert gewesen zu sein. Es bestand ein großes Mitteilungsbedürfnis.

Jetzige Diagnose: Manisch-depressives Irresein. Typische zirkuläre Symptome: psychomotorische Hemmung, Gedankenflucht, Mitteilungsbedürfnis.

Zwei Depressionsanfälle, zahlreiche depressive Abortivanfälle.

### Fall 24.

A. G., verh. Lehrersfrau. Geb. 1830 (zur Zeit der Erkrankung 65 Jahre).

Verpflegung in der Irrenklinik: 25. September 1895 bis 20. Juni 1896.

Diagnose: Melancholie. Krankheitsdauer: ca. 1 Jahr.

Heredität: Ein Bruder ist brustleidend und war mehrere Jahre lang aphonisch; er gewann die Stimme plötzlich wieder (Hysterie?).

Vorgeschichte: Patientin klagte als junge Frau über nervöses Kopfweh, besonders zur Zeit der Menses. Menopause mit dem 42. Jahr, ohne Beschwerden. Seitdem keine Kopfschmerzen mehr. Die ersten Spuren der jetzigen Erkrankung bei der bisher geistig gesunden Frau zeigten sich im Juli dieses Jahres. Große körperliche Abspannung, steigende Unlust, Zimmer und Haus zu verlassen, Scheu vor dem Verkehr mit Fremden waren die ersten auffallenden Erscheinungen. „Frau G. entschloß sich schwer auszugehen, um Besorgungen zu machen, war aber dabei ganz heiter, in Gesellschaft sogar recht vergnügt." Anfangs September machten sich bei der Kranken hochgradige Unruhe und quälende Angstgefühle bei zunehmender Schlaflosigkeit bemerkbar. Dabei war die Patientin sehr verschlossen, gab nur unvollkommen und widerwillig Auskunft über die sie quälenden Gefühle. Die Nahrungsaufnahme war sehr gestört. Besonders nachts war die Kranke außerordentlich ängstlich.

Status: Besonnen, geordnet und orientiert, gute Auffassung. Lebhafte ängstliche Erregung, die Kranke antwortet nicht viel, läuft nur händeringend und jammernd im Zimmer auf und ab, stöhnt: „Was soll das werden, was soll geschehen, jetzt muß ich sterben, ich habe alles in Unordnung gebracht usf. Körperlich: gesund.

Verlauf: 26. September 1895. Nachts sehr unruhig, lief jammernd im Zimmer umher, sie müsse fort, da sie den Aufenthalt in der Klinik nicht bestreiten könne, ihre Angehörigen seien gestorben.

28. September. Tag und Nacht andauernde ängstliche Unruhe. Die Kranke meint, sie sei zu schlecht für den Aufenthalt in der Klinik, sie mache so viel Mühe, verdiene das Essen nicht, ihr Mann lebe nicht mehr.

3. Oktober. Etwas ruhiger. Durch Klysma gelingt es, den seit 5 Tagen fehlenden Stuhl zu bewirken. Sträubt sich sehr gegen jede Maßnahme.

8. Oktober. Etwas ruhiger, solange sie in Ruhe gelassen wird. Jeder Versuch die Wäsche zu wechseln, sie zu der noch immer recht ungenügenden Nahrungsaufnahme zu bringen, regt sie im höchsten Grade auf. Nachher läuft sie dann jammernd und händeringend umher.

15. Oktober. Wesentliche Beruhigung. Liegt still, apathisch, mit deprimiertem Gesichtsausdruck im Bett. Antwortet auf Befragen langsam, aber zutreffend. Patientin hält sich für krank, meint aber, sie habe es selbst verschuldet, indem sie sich zuviel gehen gelassen habe. Sie weigert sich zu essen, weil sie nicht zahlen könne. Die Erregung steigert sich jedesmal, wenn man Patientin zu irgend etwas veranlassen will.

30. Oktober. Die Morphiumtherapie wurde gut vertragen. Leichte unruhige vage Angst und Depression. Äußerst zaghaft. Traut sich nicht recht, mit jemand zu sprechen. Ist nicht zum Lesen zu bringen. Nahrungsaufnahme mangelhaft. Die gleichen Unwürdigkeitsideen.

15. November. Schwankendes Befinden. Der Versuch, den Mann zu Besuch zuzulassen, regt Patientin sehr auf. Geringgradige innere Unruhe und Zaghaftigkeit. Ob ihr Mann noch lebt, weiß sie nicht, die Briefe, die sie erhält, sind nicht von ihm, sie können ja auch von einem anderen sein. All ihr Hab und Gut ist verkauft.

15. Dezember. Wenig Änderung, ißt etwas besser. Sehr zaghaft.

30. Dezember. War bei der Weihnachtsfeier nicht zu bewegen, in den Saal zu gehen. Sie gehöre da nicht hinein, sie sei nicht anständig genug angezogen.

15. Januar 1896. Langsame Besserung. Zunahme des Körpergewichts. Patientin ist bedeutend regsamer und munterer, lächelt manchmal.

30. Januar. Zeitweise noch ängstlich, schlechter Schlaf.

15. Februar. Die Kranke ist nicht zum Briefschreiben zu bewegen; sie meint, es habe doch keinen Wert. Häufig noch ängstlich.

3. März. Besuch der Angehörigen wirkte sehr günstig. Späterhin nicht erregt.

25. März. Erhebliche Besserung. Freut sich stets auf die Besuche des Mannes. Ist zu irgend einer Beschäftigung nicht zu bringen.

Der Rest der Krankengeschichte fehlt.

26. Juni. Entlassen.

Katamnese: 29. Juni 1896. „Meiner Frau geht es über Erwarten gut, die Ruhe und Zufriedenheit hat bis jetzt in der erfreulichsten Weise angehalten. Sie ißt und schläft sehr gut."
Katamnese: 15. Juli 1902. „Meiner Frau geht es sehr gut. Das frühere Leiden hat sich nicht mehr eingestellt, obwohl ich vor einem Jahre in großen Sorgen war, da meine Frau infolge des Ablebens meiner einzigen Tochter von schrecklichen „nervösen Anfällen" befallen wurde, die jedoch bald wieder vergingen."

Nachuntersuchung: Oktober 1906. Nach der Entlassung war Frau G. völlig gesund und ganz wie früher. Im Dezember 1900 starb ihre einzige Tochter, ohne daß Frau G., wie ich jetzt im Gegensatz zu den Angaben des Mannes erfuhr, sich über Gebühr darüber aufregte. Im April 1901 wurde sie verstimmt, unruhig und sehr ängstlich. Den Angaben der schon über 20 Jahre in der Familie bediensteten Haushälterin zufolge war der Zustand im Jahre 1901 ganz ähnlich, aber leichter wie der 6 Jahre zuvor. Die Kranke klagte über hochgradige Angst, ferner über Verdauungsbeschwerden, jedoch nicht über psychomotorische Hemmung. Man fürchtete allgemein, daß der Zustand vom Jahre 1895 repetieren würde. Die ängstliche Erregung stand nicht im Zusammenhang mit dem Verlust der Tochter und verging langsam nach mehreren Monaten. Danach ganz wie früher. Details sind nicht zu erfahren. — Frau G. macht einen leicht senilen Eindruck. Über die früheren Erkrankungen spricht sie sich nicht aus, sie ist aber einsichtig für das Krankhafte der beiden Erregungen. Leichte Stimmungsschwankungen wurden niemals beobachtet. Vor einem Vierteljahr starb der Mann. Diese Erregung ging an Frau G. spurlos vorüber.

Ergänzung zur Krankengeschichte: Von früheren Depressionen will Frau G. nichts wissen. Die Haushälterin versichert jedoch auf das Bestimmteste, daß Frau G. ihr vor vielen Jahren einmal erzählt habe, daß sie mit 18 Jahren sehr viel geweint habe, sehr aufgeregt, unruhig, ängstlich und schlaflos gewesen sei, ohne daß dafür ein Grund vorgelegen habe. Die Erregung soll ungefähr 6 Wochen gedauert haben, und Patientin in einer Kaltwasserheilanstalt ärztlich behandelt worden sein. Erst nach diesen Angaben will sich Frau G. an diesen Zustand erinnern, ist aber nicht dazu zu bewegen, nähere Angaben zu machen. Die Stimmung ist angeblich während des ganzen Lebens gleichmäßig ruhig gewesen, was auch die Haushälterin bestätigt. Die Ehe war eine sehr glückliche.

Schriftliche Auskunft des Hausarztes: „Frau G. war von jeher geistig minderwertig; auch in früheren Jahren hatte sie kein anderes Interesse, als das für ihren Haushalt. Sie verkehrte äußerst wenig und las nicht viel, höchstens Zeitungen. Ihre einzige Unterhaltung bestand im Kartenspiel mit ihrem Mann. Im höchsten Grade auffallend war der geringe Eindruck, welchen der Tod der einzigen Tochter auf die Kranke machte. Sie kam leicht darüber hinweg und vermied es stets, von der Verstorbenen zu sprechen. Auch das Ableben ihres Mannes im April dieses Jahres ging fast spurlos an Frau G. vorüber. Sie schlief, aß und trank, als ob nichts geschehen wäre. In der letzten Zeit sitzt sie den Tag über ohne jede Beschäftigung auf dem Kanapee. Sie hat keine Klagen bezüglich ihres körperlichen Befindens, beschwert sich jedoch über zunehmende Gedächtnisschwäche."

Zusammenfassung: Die bisher angeblich geistig gesunde 65jährige Frau wird ohne Grund müde, unentschlossen und menschenscheu. Hinzutretende Angst und Unruhe machen die Verbringung in die Irrenklinik notwendig. Es besteht ein gewisses Krankheitsgefühl. Schlaf und Appetit sind hochgradig gestört. Vereinzelte Unwürdigkeitsideen und ängstliche Vorstellungen werden geäußert. Sinnestäuschungen scheinen niemals aufgetreten zu sein. Die krankhaften Symptome blassen langsam ab. Nach $^3/_4$jährigem Aufenthalte in der Klinik wird die Kranke, offenbar geheilt, entlassen. Eine sieben Jahre später erhobene schriftliche Katamnese ergibt, daß im Anschluß an den Tod der einzigen Tochter „nervöse Anfälle", die jedoch bald wieder vorübergingen, aufgetreten sind. — Die Nachuntersuchung, $10^1/_4$ Jahre nach der Entlassung aus der Klinik, stellt im Gegensatz hierzu fest, daß diese „nervösen Anfälle" erst vier Monate nach dem Tode der Tochter aufgetreten sind, und daß es sich um eine mehrmonatliche ängstliche Erregung gehandelt hat, die allerdings leichter war, als die im Jahre 1895, der Umgebung aber als krankhaft imponierte. Ferner läßt sich aus den Angaben der Umgebung einwandfrei feststellen (was Frau G. anfänglich bestreitet), daß unsere Kranke mit 18 Jahren schon einmal eine mehrwöchentliche, auch damals als krankhaft erkannte grundlose ängstliche Erregung durchgemacht hat. Irgendwelche Anhaltspunkte für psychomotorische Hemmung sind aus den nur sehr spärlichen und widerstrebend gemachten Angaben der Frau G. nicht zu entnehmen. Jetzt macht sie einen leicht senilen Eindruck, ist jedoch für die verflossenen Anfälle ängstlicher Erregung einsichtig. Über Stimmungsschwankungen ist nichts zu erfahren.

Jetzige Diagnose: Manisch-depressives Irresein. Drei Depressionsanfälle. Partielle Hemmung?

### Fall 24.

F. G., verw. Landwirtsfrau. Geb. 1842 (zur Zeit der Erkrankung 57 Jahre).

Verpflegung in der Irrenklinik: 6. Januar 1900 bis 22. Februar 1900.

Diagnose: Melancholie. Krankheitsdauer: ca. 1 1/4 Jahre.
Heredität: Der Vater war ein sehr jähzorniger Mensch und trank viel. Eine Schwester des Vaters war alljährlich geistesgestört und starb durch Suizid.

Vorgeschichte: Die Kranke soll als Kind gesund gewesen sein. In der Schule lernte sie nicht gut. Nach der Schulentlassung beschäftigte sie sich in der Landwirtschaft. Die immer lustige und fleißige Patientin heiratete mit 21 Jahren und gebar sechs Kinder, von welchen zwei starben. Der Mann war ein Trinker, der elf Jahre nach der Eheschließung starb. Nach zwei Jahren verheiratete sich Frau G. aufs Neue, lebte aber auch mit dem zweiten Manne nicht gut. 1899 erkrankte die Tochter an Tuberkulose der Lunge und hatte einen Blutsturz. Die Kranke führt die seit jener Zeit bestehende Verstimmung auf die Erregung über den Gesundheitszustand ihrer Tochter zurück. Der Schlaf und Appetit wurden schlechter, sie regte sich sehr leicht auf und weinte viel. Die Kranke verrichtete nur noch leichte Arbeit und lag viele Tage im Bett, jammerte ab und zu, Gott möge ihr helfen, sie wisse gar nicht, was sie angestellt habe und warum sie so viel leiden müsse. Einzelne Wahnideen traten auf, die Krankeit sei ihr von einem Hexenmeister angetan worden, es lange nicht mehr, es fehle an Fleisch, Geld, Mehl, sie komme in die Hölle. In der letzten Zeit kamen lebhafte Angst und innere Unruhe hinzu. Nach einem mißglückten Selbstmordversuch wurde Frau G. in die Klinik verbracht.

Status: Die Kranke ist besonnen, geordnet und orientiert. Die Auffassung ist gut, das Benehmen natürlich. Die Stimmung ist gedrückt, es besteht ein lebhaftes Krankheitsgefühl. Das Gedächtnis ist gut. Über ihr Vorleben macht die Kranke prompte und richtige Angaben. Sie klagt, daß sie in der letzten Zeit traurig geworden sei „wegen der vielen Arbeit und ihrer Leistungsunfähigkeit". Weil sie die Arbeit doch nicht „schaffen" könne und so ungeschickt sei, habe sie sich das Leben nehmen wollen. Äußert auch hier die oben genannten Ideen. Der Stuhlgang ist in der letzten Zeit gestört. Körperlich: große Struma, im übrigen gesund.

Verlauf: 15. Januar 1900. Patientin befand sich vom ersten Tage an wohl. Die Depression ist unverkennbar, trotzdem aber fällt ihr das Lachen nicht schwer. Die Kranke steht täglich einige Stunden auf. Sie findet sich „glücklich dran" im Vergleich zu den anderen Kranken. Klagt nie. Völlig krankheitseinsichtig. Sehr geduldig.

31. Januar. Die Kranke ist seit acht Tagen außer Bett. Von einer Verstimmung ist nichts zu bemerken, sie ist gern hier und erholt sich gut. Einen Grund für die frühere Verstimmung vermag sie nicht anzugeben. „Vom ersten Tage an war sie mehr zur Zufriedenheit und Heiterkeit geneigt."

9. Februar. Die Kranke strickt fleißig, ruht sich gern aus, die Stimmung ist gleichmäßig. Patientin fürchtet sich ein wenig vor der Entlassung und entschließt sich nur ungern, dem Sohne mitzuteilen, daß er sie abholen kann.

16. Februar. Wird viel anspruchsvoller. Verbirgt hinter einer äußeren Willfährigkeit einen großen Eigensinn. Alles ist ihr nicht gut genug, verlangt zweiter Klasse verpflegt zu werden, ihre Angehörigen sollen nur das Geld herbeischaffen. Mit ihren Kindern spricht sie sehr energisch, verlangt, daß sie ihre Entlassung erzwingen.

22. Februar. Entlassen.

Nachuntersuchung: Oktober 1906. Frau G. gibt an, daß sie bei der Entlassung noch nicht ganz gesund, sondern ungefähr noch ein halbes Jahr schwermütig gewesen sei. Dann sei sie „ganz wie früher" gewesen. Übermäßig vergnügt oder gereizt war sie nicht. Im Jahre 1901 starb die Tochter, im Jahre 1904 der Mann, jedoch war Frau G., ihren Aussagen zufolge, danach nicht schwermütig wie im Jahre 1900. Seit der Erkrankung vor sechs Jahren war sie jedoch alljährlich schwermütig, „wenn es gegen Winter ging". „Es ist nicht so arg, ich bin halt nur gedrückt, kann aber dabei schlafen und essen, aber freilich, so schmeckts einem nicht wie sonst." „Mit dem Arbeiten gehts langsamer, man bringt nicht so viel fertig, man ist halt tölpelig und tappig. Freude hat man dann nicht so viel. Man kann sich halt nicht so regen. Es geht einem mit dem Schaffen nicht von der Hand. Man schafft aber doch." Das Denken fällt ihr in diesen Zuständen angeblich nicht schwer. Zeitung liest sie in dieser Zeit nicht, da sie sich für das, was in der Welt vorgeht, im Gegensatz zu sonst nicht interessiert. Das Gelesene versteht sie ebenso wie sonst. Diese Schwermutsanfälle kommen und gehen ohne Grund und dauern gewöhnlich ein paar Wochen. Körperliche Störungen gesellen sich nicht hinzu. Auch der Umgebung fällt diese Stimmungsänderung auf. Ihre Kinder pflegen dann zu sagen: „Jetzt ist der alte Kram wieder da". Das Sprechen fällt ihr nicht schwer. Sie geht viel zu den Nachbarn. „Ich will Aufmunterung haben." Die Anfälle sind viel leichter im Vergleich zu der Erregung vom Jahre 1900, „sonst könnte man nicht leben". Die letzte Verstimmung trat vergangenen Winter auf. Nach diesen Depressionen will Frau G. weder besonders lustig, noch gereizt, sondern „ganz normal" sein. Diese Schwermutsanfälle setzten mit Beginn des Klimakteriums im 52. Lebensjahre ein und traten auch vor dem Aufenthalt in der Heidelberger Klinik mehrfach auf. Jetzt ist Frau G. ganz gesund. Für die Erkrankung vom Jahre 1900, sowie für die vor und nachdem auftretenden leichten Schwermutsanfälle ist sie völlig krankheitseinsichtig.

Ergänzung zur Krankengeschichte: Bis zu ihrem 52. Lebensjahre will Frau G. in der Stimmung immer ganz gleichmäßig gewesen sein. Die Erkrankung vom Jahre 1900 führt sie auf die Erregung über die schwere Krankheit ihrer Tochter zurück. Sie wurde verstimmt, unruhig und ängstlich. Mit dem Arbeiten ging es schwerer. „Ich hab halt nicht so gekonnt, trotzdem ich wollte. Da hat mich nichts interessiert, ich hatte an nichts Freude. Ich habe Geld, Haus und Hof gehabt, aber keine Freude daran. Das Gefühl der Freude an den Kindern habe ich auch nicht mehr gehabt. Man hat so nicht essen können, weil einem nichts schmeckte; man hat keinen Appetit." Das

Denken sei ihr damals schwerer gefallen, „da hab ich nicht so viel gewußt". Vergeßlich oder entschlußunfähig fühlte sie sich jedoch nicht. Sinnestäuschungen will sie nie gehabt haben. Über ihre Krankheit spricht sie nicht gern.

Zusammenfassung: Die der Krankengeschichte zufolge psychisch bis zum Jahre 1900 gesunde 57 jährige Frau wird im Anschluß an eine schwere Erkrankung ihrer Tochter verstimmt, ängstlich und unruhig. Vereinzelte ängstlich gefärbte Wahnideen treten auf. Ein Selbstmordversuch macht die Verbringung in die Klinik notwendig. Hier wird nur noch eine ganz leichte Verstimmung beobachtet. Die Wahnideen sind nur noch angedeutet. Sinnestäuschungen treten nie auf. Die Kranke hat ein lebhaftes Gefühl für die psychische Veränderung. Sie klagt über ihre Leistungsunfähigkeit. Sehr bald schlägt die Stimmung um. Die Depression verwandelt sich in „Zufriedenheit und Heiterkeit", späterhin wird ein auffallend anspruchsvolles Benehmen beobachtet. — Die Nachuntersuchung, sechs Jahre nach der Entlassung aus der Klinik, ergibt, daß die Kranke gesund und krankheitseinsichtig geworden ist. Seitdem Frau G. im Klimakterium ist, also seit ungefähr 12 Jahren treten nahezu alljährlich im Winter leichte Depressionen mit partieller subjektiver psychomotorischer Hemmung auf, die ohne Grund kommen und gehen und nie länger als ein paar Wochen anhalten. Manische Züge sind nach diesen Verstimmungen nicht feststellbar. Frau G. selbst und ihrer Umgebung imponieren diese Verstimmungen als krankhafte Veränderungen. Es unterliegt keinem Zweifel, daß auch während der Psychose, welche Frau G. in die Irrenklinik führte, eine in der Krankengeschichte nicht erwähnte partielle subjektive psychomotorische Hemmung bestanden hat.

Jetzige Diagnose: Manisch-depressives Irresein. Typische zirkuläre Symptome: partielle Hemmung, Stimmungsumschlag, auffallend anspruchsvolles Benehmen.

Zahlreiche leichtere Depressionen mit partieller Hemmung.

---

Von den fünf Fällen unserer dritten Unterabteilung der zweiten Gruppe ist nur ein Fall erblich schwer belastet. Mehr oder weniger heftige seelische Erregungen scheinen bei drei Kranken die auslösende Ursache der schweren Psychose gewesen zu sein.

Bei Fall 21 bestätigt die Nachuntersuchung die schon aus der Krankengeschichte ersehbare Diagnose „zirkuläres Irresein". Jetzt aber stellt unsere frühere Patientin eine im Journal erwähnte dritte Depression (1892) entschieden in Abrede. Sie ist die erste unserer Kranken, welche zwei in ihren Symptomen verschiedene depressive Abortivanfälle unterscheidet, die aber angeblich erst nach der letzten schweren Depression aufgetreten sein sollen.

Auch bei Fall 22 erhärtet die Nachuntersuchung nur die schon aus der Krankengeschichte feststellbare jetzige Diagnose. Wir erfahren aber auch die interessante Tatsache, daß unser Kranker mit 75 Jahren den dritten schwereren Depressionsanfall (von dem er jetzt nahezu genesen ist), der ihn wiederum in eine Anstalt führte, durchmachte. Warum die Diagnose senile Demenz gestellt wurde, ist nicht recht ersichtlich, da von Demenzerscheinungen nach den Aufzeichnungen der betreffenden Krankengeschichte keine Rede sein kann. — Bei M. finden wir die interessante Tatsache, daß der Umgebung depressive Abortivanfälle auffallen, die der Kranke selbst in Abrede stellt. Den zwei klinisch beobachteten Depressionen mischten sich stets auffallend viele manische Züge bei.

Bei Fall 23 finden sich in dem sehr kurzen Journal keinerlei typische zirkuläre Symptome. Dagegen ergeben Nachuntersuchung und schriftlicher Krankheitsbericht durchaus genügende Beweise, um die Diagnose „Depressiver Wahnsinn" umzustoßen.

Fall 24 ist nach manchen Richtungen hin bemerkenswert. Vor allen Dingen beweist er wieder einmal die Unzuverlässigkeit der schriftlichen Katamnese: eine recht schwere Depression, die sich ohne Ursache entwickelt, wird als „nervöse Anfälle nach dem Tod der Tochter" bezeichnet. Auch hier ist es die Umgebung, die von einem früheren Anfall zu berichten weiß. Demnach hat unsere Kranke mit 18, 65 (47 Jahre Zwischenraum) und 71 Jahren depressive Anfälle durchgemacht, mit oder ohne Hemmung ist nicht zu eruieren.

Die letzte Kranke unserer Unterabteilung, Fall 25, ist schon der Krankengeschichte zufolge keine Melancholie im Sinne Kraepelins. Kurze Dauer. Leichtes manisches Stadium nach der Depression. Die berechtigte Änderung der Diagnose wird durch die Nachuntersuchung vollauf bestätigt. Schwere seelische Erschütterungen nach der einen schweren Depression gingen zweifellos ohne sehr erhebliche Schädigung des psychischen Gleichgewichts vorüber.

## III.

Unsere dritte Gruppe nachuntersuchter Fälle umfaßt sieben Kranke. Dieselben sind von der Erkrankung, die sie in die Irrenklinik führte, nicht, resp. noch nicht genesen.

Eine Kranke stand zur Zeit der Erkrankung im fünften, vier Kranke im sechsten, zwei im siebenten Jahrzehnt ihres Lebens. — Von diesen sieben ist es bei einer Patientin zweifelhaft, ob sie als krank angesprochen werden darf. Eine Kranke ist nahezu gesund, drei sind sehr erheblich gebessert und auf dem Wege der Gesundung. Ein Kranker ist zur Zeit manisch. Die letzte Kranke endlich muß durch Hinzutreten einer arteriosklerotischen Hirnerkrankung (sie ist 83 Jahre alt) als unheilbar bezeichnet werden.

Die bisherige Krankheitsdauer beträgt 3 Jahre, 5 Jahre, 8 Jahre (2 Fälle), 10, 11½ und 14 Jahre.

---

Die erste Unterabteilung besteht aus einem einzigen Fall, der im Verlaufe der Erkrankung keine typischen zirkulären Symptome bot.

### Fall 26.

A. N., unverh., ohne Beruf. Geb. 1832 (zur Zeit der Erkrankung 64 Jahre).

Verpflegung in der Irrenklinik: 17. November 1896 bis 9. Februar 1898.

Diagnose: Melancholie. Krankheitsdauer: seit 10 Jahren krank.

Heredität: Keine erbliche Belastung.

Vorgeschichte: Die Kranke war von jeher etwas still, aber psychisch immer gesund. Klimakterium gegen Ende der vierziger Jahre. Seit etwa einem Jahre klagt die Kranke über heftiges kontinuierliches

Ohrensausen. Von spezialistischer Seite wurde das Fehlen jeder organischen Veränderung im Gehörorgan festgestellt. Im Mai dieses Jahres entwickelte sich bei der Kranken langsam eine gemütliche Verstimmung. Sie fürchtete, daß sie das Ohrenleiden nie verlieren werde, daß ein Schlaganfall hinzutreten könnte und äußerte wiederholt, sie sei verloren. Ein lebhaftes Angstgefühl trat hinzu. Die Stimmung wurde zusehends gedrückter. Vor einigen Wochen fing die Kranke an, sich zu verstecken, da sie glaubte, sie solle verhaftet werden. Sinnestäuschungen wurden nicht beobachtet. „Das Gedächtnis hat etwas Not gelitten." Die Kranke wanderte in den letzten Nächten ruhelos umher, sprach ständig vor sich hin „ich werde geholt, verhaftet". Sie hat sich seit Monaten wenig, höchstens nur mit etwas Hausarbeit beschäftigt. Körperlich ist die Kranke gesund. Sie jammerte in der letzten Zeit viel, war immer orientiert, arbeitete nichts, sie könne nicht. Versündigungsideen allgemeiner Art. Selbstmordideen: „Schlagt mich doch tot, was tu ich denn auf der Welt". Machte aber keine Versuche, sich das Leben zu nehmen.
**Eine Krankengeschichte fehlt!**

Nachuntersuchung: September 1906. Eine Besprechung der Krankheit sowie eine Aufnahme des gegenwärtigen Status ist außerordentlich schwierig, da Fräulein N. nur widerwillig Auskunft gibt und schließlich ganz versagt. Den Angaben der Schwester zufolge war die Kranke bei der Entlassung im Jahre 1898 noch nicht ganz gesund. Sie klagte noch immer über Ohrensausen und war noch einige Wochen gedrückt und verstimmt. Langsam wurde sie dann „wieder gesund und ganz wie früher". Die Stimmung ist seitdem eine ganz gleichmäßige. In den letzten vier Jahren klagte die Kranke häufig über Schwindel. Den Angaben der Schwester zufolge arbeitet sie ununterbrochen den ganzen Tag, ebenso wie vor Ausbruch der Krankheit, und interessiert sich für alles. „Sie verfolgt die Tagesfragen und ist bei Besuch sehr lebhaft." Nur habe sie einige absonderliche Gewohnheiten, z. B. esse sie kein Fleisch, außerdem sei sie, seitdem sie von Heidelberg entlassen wurde, nur zweimal ausgegangen. Eine Untersuchung des Fräulein N. ergibt, daß sie zweifellos nicht ganz gesund geworden ist. Es besteht auch jetzt noch eine ganz leichte Depression, die sich schon in den Gesichtszügen ausdrückt. Die Kranke hat selbst ein Gefühl dafür. „Ich kann nicht sagen, ich bin ganz gesund, ich kann auch nicht sagen, ich bin krank." Sie gibt an, daß sie „immer noch nicht so recht vergnügt" sei, sie mache sich sehr viele Gedanken. An manchen Tagen sei sie ohne triftigen Grund verstimmter. Sie habe weder innere Angst noch Unruhe, noch mache sie sich Vorwürfe. Es bestehen auch keinerlei Wahnideen. Es ist der Kranken unmöglich, längere Zeit ruhig sitzen zu bleiben, auch während der Unterhaltung steht sie auf. „Ich habe von jeher kein Sitzfleisch." Ihr größtes Vergnügen findet sie in der Hausarbeit. Das Arbeiten fällt ihr zeitweise nicht schwerer. Die Absonderlichkeiten im Benehmen, welche die Schwester angab, sucht sie als natürlich hinzustellen, sie esse kein Fleisch, weil sie nicht beißen könne, sie gehe nicht aus, weil sie vom Fenster aus das Leben und Treiben auf der Straße ja auch verfolgen könne. Auch die jetzt vorhandene leichte Depression sucht sie als natürliche Reaktion auf ihre Lebensverhältnisse hinzustellen. „Man ist halt jetzt in den Jahren, wo es nicht besonders schön ist." Während der Unterhaltung seufzt die Kranke oft. Sie faßt gut auf, gibt prompt, aber ungern Antwort. Die Unterhaltung mit der Schwester verfolgt sie mit lebhaftem Interesse. Irgendwelche psychomotorische Hemmung wird strikte negiert. Die Kranke bestreitet, jemals Sinnestäuschungen gehabt zu haben. Für die Krankheit, die sie in die Irrenklinik führte, besteht völlige Krankheitseinsicht. „Ich war damals gemütskrank." Keine senilen Züge. Eine körperliche Untersuchung ist nicht möglich.

Ergänzung zur Krankengeschichte: Die Schwester gibt an, daß die Kranke von jeher sehr ruhig und still, in der Stimmung immer ganz gleichmäßig gewesen sei; auch als junges Mädchen sei sie nur ungern in Gesellschaft gegangen. Sie lebte zuerst bei den Eltern und half diesen bei der Landwirtschaft. Seit 32 Jahren wohnt sie bei der Schwester, der sie den Haushalt führt. Die Krankheit begann langsam, ungefähr 1 $^1/_2$ Jahre vor der Aufnahme in die Klinik in Heidelberg. Die Patientin klagte über Kopfsausen, wurde dann ängstlich, nahm keine Nahrung, behauptete, sie hätte von oben verboten bekommen, zu essen. Sie machte sich keine Selbstvorwürfe, jammerte aber viel in ihrer Angst. Zeitweise glaubte sie, sie würde von Polizisten geholt. Die Kranke will vor der Psychose niemals schwermütig oder auch nur ganz leicht mißgestimmt gewesen sein. Keine Angaben über Hemmung. Über die Erkrankung wird nicht gern gesprochen. Sie sei niemals von heiterem Temperament gewesen, meint die Schwester, die im übrigen in ihrem jetzigen Zustand keinerlei Veränderungen gegen früher finden kann.

Einem Briefe des Hausarztes der Schwester, der die Kranke nur flüchtig kennt, ist zu entnehmen: „Sie ist seit 30 Jahren bei ihrer Schwester und spielt dort seit dieser Zeit das „Aschenbrödel", sie arbeitet von früh bis spät als Magd. Ich erinnere mich nicht, sie jemals in besserer Kleidung gesehen zu haben. Daß sie niemals ausgeht, nie Fleisch ißt, meist von Milch und Zucker lebt, haben Sie ja bereits gehört. Ob Depressionserscheinungen schon vor 1894 bestanden haben, vermag ich nicht zu sagen."

Zusammenfassung: Bei der fehlenden Krankengeschichte und der unvollkommenen Nachuntersuchung ist es unmöglich, ein erschöpfendes Krankheitsbild zu schildern. Immerhin steht soviel fest: die von jeher etwas eigentümliche Patientin erkrankt im Anschluß an ein körperliches Leiden. Im Vordergrunde des Krankheitsbildes stehen gemütliche Verstimmung, lebhaftes Angstgefühl, Unruhe und vereinzelte ängstlich gefärbte Wahnideen. — Die Nachuntersuchung, 11 Jahre nach Beginn der Erkrankung ergibt, daß die Kranke nicht völlig gesund geworden ist. Es besteht zur Zeit nur eine ganz leichte gemütliche Verstimmung, ohne

Angst, ohne Selbstvorwürfe, ohne Wahnideen. Für diese Depression hat die Patientin völlige Krankheitseinsicht, ebenso wie für die schwere ängstliche Erregung vor 10 Jahren. Anhaltspunkte für eine schon in früheren Jahren aufgetretene Depression oder irgendwelche Charakterveränderung lassen sich nicht finden. Klagen über psychomotorische Hemmung werden nicht geäußert. Ob je Sinnestäuschungen aufgetreten sind, läßt sich nicht feststellen. Keine senilen Züge.

Jetzige Diagnose: Bei dem Fehlen der Krankengeschichte und der Unmöglichkeit einer eingehenden Nachuntersuchung ist es uns unmöglich, eine sichere Diagnose zu stellen.

Möglicherweise handelt es sich bei unserer Kranken um einen derjenigen Fälle, die Kraepelin zur Gruppe der „Konstitutionellen Verstimmung" rechnet. Dafür spricht die vorhandene Anamnese aus dem Jahre 1896, die Meinung der Schwester, daß unsere Kranke nie anders gewesen sei wie jetzt, und endlich auch die Meinung des Hausarztes, der Frl. N. als „Aschenbrödel von jeher" schildert. Vielleicht entwickelte sich dann bei ihr eine dem zirkulären Irresein zuzurechnende Depression, die nach 3 Jahren abklang. Diese Auffassung gewinnt an Wahrscheinlichkeit, da wir wissen, daß die konstitutionelle Verstimmung zum mindesten außerordentlich nahe mit dem manisch-depressiven Irresein verwandt ist.

Ein abschließendes Urteil über diesen Fall möchte ich mir nicht gestatten. Zweifelohne ist unsere Kranke jetzt nicht als „ganz gesund" zu bezeichnen. Ob die zur Zeit noch zu konstatierende leichte Verstimmung als Residuum der Erkrankung, die Frl. N. in die Irrenklinik führte, aufzufassen ist, oder ob es sich um eine von jeher bestehende Abnormität der Stimmnng handelt, vermag ich nach obigen Ausführungen nicht zu entscheiden.

Unsere zweite Unterabteilung setzt sich aus zwei Fällen zusammen, die beide im Verlaufe der Erkrankung deutliche Stimmungsschwankungen zeigten.

### Fall 27.

M. G., verw. Schuhmachersfrau. Geb. 1845 (zur Zeit der Erkrankung 58 Jahre).

Verpflegung in der Irrenklinik: 10. September 1903 bis 22. Februar 1904.

Diagnose: Melancholie. Krankheitsdauer: seit 3 Jahren krank.

Heredität: Eine Zwillingsschwester war vor 15 Jahren und ist seit 2 Jahren „gerade so schwermütig". Eine Tochter leidet an Zyklothymie und ist in Behandlung der psychiatrischen Poliklinik.

Vorgeschichte: Patientin, die von jeher etwas ängstlich und erregbar war, ist jetzt zum ersten Male geistig erkrankt. Vergangenen Winter strengte sie sich bei der Pflege des Mannes während dessen im März d. J. tödlich endenden Krankheit sehr an. Seit Juni ist Patientin verstimmt, ängstlich und unruhig, und machte wiederholt Selbstmordversuche. Sie arbeitete dabei regelmäßig im Haushalt und kannte immer ihre Umgebung. Sie machte sich zahlreiche Vorwürfe: durch Diebstahl habe sie Schande über die Kinder gebracht, sie habe ihre Familie ins Unglück gestürzt usw. In letzter Zeit hörte sie Stimmen, sie habe gestohlen, die Gendarmen kämen, um sie zu holen usw. Keine Gedächtnisabnahme. Schlaf und Appetit waren in letzter Zeit hochgradig gestört.

Status: Patientin ist besonnen, geordnet, orientiert und faßt gut auf. Ängstliche Agitiertheit mit lebhaftem Affekt: die Kranke läuft jammernd umher, ringt verzweifelt die Hände, setzt sich hin, krümmt sich zusammen, steht dann wieder auf usw. Es besteht kein Krankheitsgefühl. Im Laufe der Unterhaltung steigert sich die Unruhe so, daß Patientin schließlich auf Fragen nicht mehr antwortet und immer nur „Ach Gott, ach Gott!" wiederholt. Aus ihren Äußerungen ist zu entnehmen, daß sie sich viele Vorwürfe macht und von ängstlichen Vorstellungen gequält ist. Körperlich: ?

Verlauf: 21. September 1903. Andauernd schwere ängstliche Erregung, nur wenige Stunden durch Trionalschlaf unterbrochen. Läuft jammernd umher. Klammert sich an Arzt und Pflegerin und bittet, sie nach Hause zu lassen; sie sei nicht krank, habe aber gestohlen.

24. September. Unverändert. Äußert keine Wahnideen. Bittet nur, man möge sie aus dem Hause lassen, in das sie nicht gehöre, sie sei nicht krank und nur ängstlich, weil sie im Narrenhaus sei.

25. September. Anhaltend ängstlich erregt. Bewegt stundenlang den Oberkörper hin und her, indem sie die Hände ringt und laut jammert. Tiefer Affekt, bleibt nicht ruhig liegen, weil sie sonst geköpft werde.

3. Oktober. Der gleiche Zustand. Jammert unausgesetzt in der geschilderten Weise. Nahrungsaufnahme unregelmäßig. Hat in der ersten Woche ihres Hierseins 5 Pfd. abgenommen. Setzt sich bei Eintritt des Arztes sogleich mit ihm in Beziehung, sie gehöre nicht hierher. „Sie haben gesagt, ich hätte gestohlen, das ist doch gar nicht wahr." Hat heute eine erhebliche Pupillendifferenz bei erhaltener Reaktion: r. mittelweit, l. sehr weit.

4. November. Jammert den ganzen Tag und drängt auf Entlassung. Glaubt, sie solle geköpft werden.

10. Januar 1904. Ganz unverändert. Jammert den ganzen Tag vor sich hin. „Ach wär' ich doch nicht nach Heidelberg." Kommt

man ins Zimmer, so richtet Patientin sofort ihre Aufmerksamkeit auf den Eintretenden, betont unausgesetzt, sie sei ganz gesund, sie wolle nur nach Hause, schlägt in ihrer Verzweiflung die Hände zusammen und jammert laut. Bezieht das Jammern einer Nachbarin und indifferente Äußerungen häufig auf sich. Klagt, sie höre „schreien und pumpen", sie habe Angst. Läuft häufig verzweifelt, die Hände ringend, umher. Nachts nur selten unruhig. Nahrungsaufnahme genügend.

1. Februar. Ganz unverändert und einförmig. Verfolgt mit großer Aufmerksamkeit die Verhandlungen, die wegen ihrer Entlassung geführt werden. Erkundigt sich jeden Tag, ob noch keine Nachricht gekommen sei. Ist ganz einsichtslos.

22. Februar. Entlassen.

Nachuntersuchung: Oktober 1906. Den Angaben der Tochter zufolge litt die Kranke noch ungefähr $1^1/_2$ Jahre nach der Entlassung unter lebhafter Angst und glaubte, es geschehe ihr etwas. Seit ungefähr $^3/_4$ Jahren hat das Jammern aufgehört. Patientin macht sich auch keine Vorwürfe mehr. Die Stimmung ist noch immer gedrückt; sie selbst äußert ihrer Umgebung gegenüber häufig, sie wünsche wieder wie früher zu sein. Der Schlaf ist erst in den letzten Monaten einigermaßen befriedigend. Durch das fortwährende Umherlaufen bekam die Kranke wunde Füße, so daß sie jetzt nicht mehr gehen kann. In der letzten Zeit sind, wie die Tochter angibt, leichte Stimmungsschwankungen zu beobachten; die Kranke ist an manchen Tagen aufgeräumter und lacht dann auch bisweilen, dann kommen wieder Tage, an denen sie recht mißmutig und verstimmt ist. Über Widerspruch regt sie sich sehr auf und kann dann sehr zornig werden. Sie interessiert sich lebhaft für ihre Familie, sie verlangt nach Besuch und ganz besonders nach ihren Kindern. Über die Familienverhältnisse ist sie durchaus unterrichtet. Seitdem sie von Heidelberg zurück ist, erwartet sie täglich ihre Kinder und steht deshalb oft schon frühmorgens auf. Sie meint, stündlich könnten sie alle kommen. Durch ihr körperliches Leiden ist sie zu irgendwelcher Arbeit unfähig. — Die Kranke selbst macht einen lebhaften attenten Eindruck; sie faßt gut auf, gibt aber nur ungern Auskunft. Es unterliegt keinem Zweifel, daß sie jetzt dissimuliert. Sie ist verstimmt und will heiter erscheinen. Die früheren Wahnideen werden nicht völlig korrigiert. Die Kranke beeilt sich, auf entsprechende Fragen zu versichern, daß alle ihre Äußerungen in Heidelberg „dummes Zeug und nicht wahr" gewesen seien, sie habe „so dumme Gedanken" gehabt, es sei ihr damals alles so schwer gewesen, allein eine völlige Einsicht für die Krankheit geht ihr noch ab. Auch bezüglich ihres jetzigen Zustandes fehlt ihr die richtige Einsicht, trotzdem ein gewisses Gefühl für die Veränderung besteht: Einerseits behauptet sie, jetzt ganz gesund und keineswegs mehr gedrückt oder verstimmt zu sein, andrerseits gibt sie aber selbst an, so wie früher sei sie allerdings noch nicht, jetzt sei sie weniger lebhaft, „nicht mehr so lustig und fidel", doch fügt sie gleich lächelnd hinzu, das bringe wohl das Alter mit sich. Zur Zeit bestehen weder Wahnideen, noch Sinnestäuschungen, sondern nur eine leichte unfreie Depression. Fragen nach psychomotorischer Hemmung werden von der Kranken auf das Bestimmteste verneint. Trotzdem sie sich bisher weder mit Stricken noch mit Lesen beschäftigt hat, behauptet sie, daß sie große Lust hierzu habe, sie wisse selbst nicht, warum sie bisher so untätig herumgesessen habe.

Ergänzung zur Krankengeschichte: Die Tochter gibt an, daß ihre Mutter von jeher aufgeregt und zeitweise ängstlich gewesen sei, ganz besonders aber vor 20 Jahren nach dem Tode ihres Kindes. Damals sei die Kranke sehr erregt und ängstlich gewesen; sie habe ungefähr $1/4$ Jahr lang immer geweint, nach dem Kinde gejammert, sich bei den Nachbarn Ruhe holen wollen und sei täglich auf den Friedhof gegangen. Sie habe damals nicht viel gearbeitet und selbst geäußert, sie habe keinen Mut dazu; jetzt, da das Kind tot sei, habe sie an nichts mehr Freude. Der Umgebung erschien dieser Zustand als krankhafte Reaktion. „Das Gemüt war gestört", meint die Tochter. Selbstvorwürfe, Wahnideen und Halluzinationen wurden damals nicht beobachtet. Stimmungsschwankungen habe die Mutter bis zu der jetzigen Erkrankung, die nach dem Tode des Mannes im Jahre 1903 begonnen habe, nicht durchgemacht. Die Kranke will sich nicht mehr daran erinnern, Stimmen gehört zu haben und spricht sich über den Beginn und den Verlauf ihrer Krankheit nicht aus. Gegen die Ansicht der Tochter, daß die Erregung vor 20 Jahren eine krankhafte gewesen sei, protestiert sie sehr lebhaft. Sie gibt nur zu, daß es ihr damals „schwer" gewesen sei.

Zusammenfassung: Bald nach dem Tode ihres Mannes wird die 58jährige Frau verstimmt. Eine hinzukommende sehr lebhafte Angst mit Selbstvorwürfen, ängstlichen Vorstellungen, möglicherweise auch mit vereinzelten Halluzinationen macht die Verbringung in die Irrenklinik notwendig. Hier steht während des fünfmonatlichen Aufenthaltes die Angst ganz im Vordergrunde des Krankheitsbildes, während ein Krankheitsgefühl völlig vermißt wird. Mit dieser Angst paaren sich ängstliche Vorstellungen bei dauernd tiefem Affekt. Ungeheilt wird die Kranke entlassen. — Die Nachuntersuchung, $2^1/_2$ Jahre später, ergibt, daß die Kranke noch ungefähr $1^1/_2$ Jahre die in der Klinik beobachteten Symptome, wenn auch weniger intensiv, darbot. Seitdem ist sie ruhiger, aber immer noch verstimmt. In der letzten Zeit werden von der Umgebung leichte Stimmungsschwankungen und eine gewisse Reizbarkeit beobachtet. Die Kranke hat jetzt zwar Verständnis für das Krankhafte ihrer früheren Wahnideen, auch ein gewisses Gefühl für die Veränderung ihres Wesens, allein es kann weder von einem tiefen Krankheitsgefühl noch von Krankeitseinsicht die Rede sein. Eigentümliche Vorstellungen, vielleicht aus einer der Umgebung verheimlichten Angst resultierend, können jetzt noch festgestellt werden. Der

Interessenkeirs erscheint nicht eingeengt, die Lebhaftigkeit des Affekts nicht vermindert. Es besteht weder eine objektive noch eine subjektive Hemmung. Nach den Angaben der Tochter erscheint es nicht unmöglich, daß 17 Jahre vor Beginn der jetzigen Erkrankung schon einmal im Anschluß an eine seelische Erschütterung eine über das physiologische Maß erheblich herausgehende, $1/4$ Jahr lang dauernde, der Umgebung als krankhafte Reaktion imponierende ängstliche Verstimmung bestanden hat. Auch für den damaligen Zustand hat Frau G. keinerlei Krankheitseinsicht Es muß jedoch betont werden, daß die Angaben der Kranken wegen ihrer Neigung zu dissimulieren mit großer Vorsicht aufzunehmen sind.

Jetzige Diagnose: Manisch-depressives Irresein. Typische zirkuläre Symptome: Deutliche Stimmungschwankungen. Reizbarkeit.

Zweiter Depressionsanfall?

## Fall 28.

J. H., lediger Landwirt. Geb. 1846 (zur Zeit der Erkrankung 55 Jahre).

Verpflegung in der Irrenklinik: 23. Januar 1902 bis 27. August 1903.
Verpflegung in der Heilanstalt X. seit 27. August 1903.

Diagnose: Melancholie und Imbezillität. Krankheitsdauer: Seit 5 Jahren krank.

Heredität: Keine erhebliche Belastung.

Vorgeschichte: Der bis dahin geistig gesunde H. begann im Spätjahr 1901 ohne irgend welche äußere Veranlassung sich Vorwürfe zu machen, er habe sich versündigt usw. Er glaubte, er sei verdammt, er könne nicht mehr beichten, er komme in die Hölle. Eine große, speziell nachts, auftretende Unruhe veranlaßte die Verbringung in die Irrenklinik.

Status: Der Kranke ist besonnen, geordnet und orientiert. Er ist zugänglich, faßt gut auf, der Gedankengang ist geordnet. „Ein deutlicher Affekt tritt nicht hervor. Der Kranke ist weder deprimiert noch euphorisch, nicht ängstlich und nicht mißtrauisch. Nur eine leichte Erregung und eine Labilität der Stimmung sind bemerkbar." Über sein Vorleben macht der Kranke präzise Angaben, die für die jetzige Krankheit ohne Belang sind. Acht Wochen vor der Aufnahme sei es ihm plötzlich so vorgekommen, als ob er verloren sei. Er habe geglaubt, er habe gesündigt und empfand lebhafte Angst. Stimmen will er niemals gehört haben. Damals sei er krank gewesen, jetzt aber sei er gesund.

Allerdings mache er sich in den letzten Monaten viele Gedanken. Körperlich: gesund.

Verlauf: 23. Januar 1902. Wechselndes Verhalten. Bald gesellig, spricht dann mit anderen Kranken, bald wieder deprimiert und vor sich hinjammernd.

28. Januar. Beständiger Wechsel von Stunde zu Stunde zwischen ängstlicher Depression und halber Krankheitseinsicht. Dabei keine ausgesprochenen Selbstvorwürfe.

2. Februar. Zahlreiche Vorwürfe und ängstliche Befürchtungen: er komme ins Zuchthaus, ins Fegefeuer usw. Sehr geringe Kenntnisse. Macht einen entschieden imbezillen Eindruck.

8. Februar. Klagt den übrigen Patienten jammernd vor, er sei verdammt, er komme ins Zuchthaus usw.

14. Februar. Nachts wiederholt unruhig. Zahlreiche Selbstvorwürfe und Befürchtungen.

28. Februar. Gleichmäßig deprimiert. Kaum noch freie Zwischenzeiten. Jammert und weint, die Hände ringend, vor sich hin.

7. März. Bringt immer die alten Ideen ohne Variation, fast stereotyp, vor. Hat nach Angabe anderer Patienten in der Nacht geflucht.

21. März. Glaubt, sein Bruder und dessen Sohn säßen unschuldig im Zuchthaus. Keine Sinnestäuschungen.

4. April. Läuft Tag und Nacht jammernd herum. Großes Arztbedürfnis. Klagt über Angst. Er hört Männer- und Frauenstimmen, die ihm zurufen, er werde stückweise zerissen.

12. April. Beständige Unruhe. Lebhafter Affekt. Hört seit einigen Tagen die Stimmen „ganz hell"! „Komm ruff, komm ruff."

21. April. Seine Verwandten hätten keine Kleider, daheim sei alles versteigert. Zahlreiche Vorwürfe.

6. Mai. Hört angeblich nur die früheren Stimmen: er habe hier nichts zu tun, er solle hinauf. Stereotypes Jammern.

17. Mai. Zeitweilig ruhiger. Kommt dann bisweilen lächelnd dem Arzte entgegen. „Morgen lassen Sie mich heim, ich bin jetzt ganz gesund, ich höre nichts mehr." Klagt zeitweise über große Angst.

24. Mai. Lebhaftes Angstgefühl: „die Leute sagen, daß ich heute abend noch zusammengehauen werde".

28. Mai. Heute heiter und vergnügt.

8. Juni. In den letzten Tagen etwas ruhiger.

29. Juni. Heimgeholt.

2. Juli. Wiedergebracht. Der Bruder gibt an, daß H. anfangs tüchtig gearbeitet habe, dann seien die früheren Befürchtungen und die Angst wieder aufgetreten.

26. Juli. Die alten Wahnvorstellungen. Lebhafter Affekt. Läßt sich in ruhigen Zeiten zum Singen lustiger Lieder bringen.

23. August. Geringe Schwankungen. An manchen Tagen freier, kann sogar wieder lächeln. Dann wieder ängstliches Jammern.

1. September. Zeitweise ganz ruhig und aufgeräumt. Ob der Kranke jetzt noch Stimmen hört, ist sehr fraglich.

8. November. Jammert viel in der alten monotonen Weise. Wird mitunter ganz lebhaft, spricht dann geläufig von seinen häuslichen Verhältnissen. Stets zugänglich und arztbedürftig.

16. November. Mitunter für einige Zeit ganz vergnügt, lacht, erzählt dann, er habe schon früher Stimmen gehört.

22. November. Viel Heimweh, will beichten, weil er sich versündigt habe. Lebhafte Ausdrucksbewegungen, meint, er sei nicht geistes-, sondern seelenkrank. Schon vor mehr als 20 Jahren will er Stimmen gehört haben, aber nur des nachts beim Einschlafen.

13. Dezember. In der letzten Zeit freier. Arbeitet im Garten, vergißt dabei sein Jammern. Zeigt ein krampfhaft fröhliches Gesicht, sobald er den Arzt sieht.

14. Januar 1903. Entlassen.

25. Januar. Wiedergebracht wegen der alten Wahnideen und wiederauftretender Angst.

15. Februar. Bald lächelndes, bald kummervolles Gesicht. Jammert unbeobachtet sehr viel.

10. März. Jammert viel, arbeitet dabei fleißig im Garten. Leugnet, je Sinnestäuschungen gehabt zu haben. Dissimuliert.

29. April. Jammert den ganzen Tag. Während er beschäftigt ist, läßt das Jammern nach.

1. Juni. Immer zugänglich und arztbedürftig. Jammert stets in der gleichen Weise, fast ununterbrochen. Nimmt sich zusammen, sobald er den Arzt sieht, und versucht krampfhaft, lustig zu erscheinen, damit er heim darf.

30. Juli. Sehr einförmig und gleichmäßig. Drängt sich stets auf mit seinem monotonen Gejammer. Beschäftigt sich trotz seiner Depression, dissimuliert.

27. August. Nach X. überführt.

(Aus der Krankengeschichte der Heilanstalt zu X.)

September 1903. Örtlich und zeitlich orientiert. Zahlreiche Selbstvorwürfe, arbeitet langsam. Deprimiert.

Januar 1904. Arbeitet meist fleißig. Nur manchmal vorübergehend verstimmt, klagt dann über Heimweh.

4. April. Sichtlich verstimmt, wenn unbeschäftigt. Weint in der letzten Zeit viel und läuft unruhig umher. Flucht manchmal dazwischen.

12. April. Gibt an, er bekomme seit langem zugerufen, er müsse Pfarrer werden, seine Angehörigen hätten ihn schon in seiner Jugend ins Irrenhaus schaffen sollen, weil er damals „nicht recht" gewesen sei.

5. Oktober. Nach Besuch seiner Angehörigen sehr erregt. Drängt wild nach Hause.

4. November. Deprimiert, arbeitet aber fleißig. Klagt über Heimweh.

20. November. Arbeitet, klagt nur selten über Heimweh. Interesse und Initiative sehr gering. Queruliert viel.

22. November. Schimpft sehr entrüstet, verlangt unter Drohungen seine Entlassung.

Oktober 1905. Labile Stimmung, bald heiter, bald traurig. Konfabuliert in der letzten Zeit sehr viel, er habe die ganze Welt gesehen, sei in Frankreich und Mesopotamien gewesen.

Dezember. Zugänglich, jammert vor sich hin und spricht beständig, so daß er kaum zu unterbrechen ist. Sehr reizbar, aber nicht aktiv querulierend. Bestreitet, traurig oder krank zu sein, wird dabei lebhaft und fängt an zu lachen.

April 1906. Stört durch rücksichtsloses Schimpfen.

Nachuntersuchung: Oktober 1906. Örtlich und zeitlich orientiert. Zugänglich. Gerät leicht in zornige Erregung und schimpft dann. Benimmt sich natürlich. Klagt über Heimweh. Fühlt sich ganz gesund. Sehr attent. Verfolgt das Gespräch seiner Umgebung und macht häufig Zwischenbemerkungen. Die Stimmung ist ausgesprochen euphorisch. Der Kranke macht einen strahlend vergnügten Eindruck; er spricht außerordentlich schnell und wiederholt sich sehr häufig, er schweift ab und verliert vollständig den Faden. Es ist möglich, den Kranken für kurze Zeit zu fixieren und zu präzisen Antworten zu veranlassen. Bald jedoch schweift er wieder in durchaus ideenflüchtiger Weise ab. Deutlich gehobenes Selbstgefühl: er meint, er sei der gescheiteste Mensch, jetzt seien die „20 Käfer" heraus, sein Gedächtnis sei glänzend, er könne sich an jeden Pfennig erinnern, den er ausgegeben habe. Er renommiert sehr viel: er habe die Wasserleitung seines Ortes angelegt, er sei der größte Spaßvogel der Welt, sein Verstand reiche ungeheuer weit, nachts mache er große Reisen, nach Mesopotamien und Frankreich. Regt sich sehr auf und schlägt mit der Faust auf den Tisch, als man das bezweifelt. H. ist zur Zeit krankheitseinsichtig für seine Depression und die damaligen Wahnvorstellungen, hält sich aber jetzt für vollständig gesund. Nach Stimmen befragt gibt er an, daß er allnächtlich höre, er müsse Pfarrer werden und das Vaterunser beten für alle diejenigen, die in der Hölle seien. — Das Gedächtnis ist sehr gut, die Daten werden präzis angegeben. Über frühere Depressionen, über Hemmungssymptome ist nichts zu erfahren.

Zusammenfassung: Der offenbar von Jugend auf beschränkte 55jährige Landwirt erkrankt ohne äußere Veranlassung. Er macht sich Vorwürfe und wird sehr unruhig, so daß eine Verbringung in die Irrenklinik notwendig erscheint. Hier äußert der Kranke Selbstvorwürfe und Versündigungsideen, hat aber ein vages Gefühl für seine krankhafte Veränderung. Zahlreiche ängstliche Befürchtungen und Wahnvorstellungen beherrschen bei wechselndem Verhalten nahezu zwei Jahre das Krankheitsbild. Die anfangs labile Stimmung wird im Verlaufe ängstlich erregt, aber von freien Zwischenzeiten unterbrochen, in welchen der zum Dissimulieren neigende Kranke eine gewisse Krankheitseinsicht besitzt, und heiter und vergnügt erscheint. Im zweiten Jahre

scheinen diese freien Zwischenzeiten seltener geworden zu sein und bei lebhaftem Arztbedürfnis und dauernd regem Affekt die depressiven Symptome, vor allen Dingen krankhaftes Heimweh, im Vordergrunde gestanden zu haben. Ob je Sinnestäuschungen aufgetreten sind, läßt sich nicht mit Sicherheit entscheiden. Zweimal sehr gebessert entlassen, muß der Kranke jedesmal nach kurzer Zeit zurückgebracht werden. Nach ungefähr $3^1/_2$ Jahren tritt die Depression immer mehr und mehr in den Hintergrund, während sich eine gewisse Gereiztheit und Erregbarkeit bemerkbar macht.
— Die Nachuntersuchung, ungefähr 5 Jahre nach Beginn der Erkrankung, ergibt, daß die Depression völlig verschwunden ist. Der Kranke erscheint jetzt euphorisch, außerordentlich erregbar und reizbar. Das Selbstgefühl ist gehoben. Der Kranke hat eine ausgesprochene Neigung zum Renommieren. Es besteht bei außerordentlicher Monotonie im Reden (dabei deutlicher Rededrang) und einer nur für kurze Zeit möglichen Fixierbarkeit des Kranken eine ausgesprochene Ideenflucht. Für die überwundene Depression ist Patient offenbar einsichtig, während ihm das Gefühl für den jetzigen krankhaften Zustand vollständig abgeht.

Jetzige Diagnose: Manisch-depressives Irresein. Typische zirkuläre Symptome: Deutliche Stimmungsschwankung. Reizbarkeit, Erregbarkeit.

(Unproduktive) Manie nach der Depression.

Von unseren beiden Fällen wird nur bei der ersten, erblich schwer belasteten Kranken die Psychose durch eine heftige seelische Erschütterung ausgelöst.

Bei Fall 27 läßt sich erst auf Grund der Nachuntersuchung eine sichere Diagnose stellen. Doch sind es hier nicht die Angaben der dissimulierenden Kranken, sondern die der Tochter, die uns über den Verlauf der Krankheit einigermaßen Aufschluß geben. Dadurch läßt sich auch vielleicht erklären, daß wir gar nichts über Hemmung erfahren. Ob die Erregung 20 Jahre vor dem Beginn der jetzigen Psychose als erster Anfall aufzufassen ist, möchte ich nicht mit Sicherheit entscheiden. Manches spricht dafür. Da aber die Erregung die Folge eines schweren psychischen Traumas war, so kann es sich vielleicht auch nur um die abnorme Reaktion einer psychopathischen Persönlichkeit gehandelt haben. Jedenfalls sind die diesbezüglichen Angaben nicht sicher genug (zumal die Kranke sich gar nicht dazu äußert), um sie in einwandsfrei positivem Sinne zu verwerten.

Fall 28 ist der erste unserer bisherigen Kranken, der eine recht hochgradige, eine Anstaltsbehandlung erfordernde Manie nach der Depression durchmachte. Bei diesem Kranken wies schon die Analyse des Journals darauf hin, daß wir es mit einem Manisch-depressiven zu tun haben. In seiner jetzigen Verfassung können wir natürlich keine detaillierte Schilderung der Symptome der Depression erwarten. In der ausführlich geführten Krankengeschichte wird niemals etwas von psychomotorischer Hemmung erwähnt.

Die dritte Unterabteilung besteht aus drei Fällen. Unsere Kranken zeigten im Verlaufe der Psychose entweder eine mehr oder weniger ausgesprochene Hemmung oder auch deutliche Stimmungsschwankungen.

### Fall 29.

M. B., verh. Gärtnersfrau. Geb. 1850 (z. Z. der Erkrankung 48 Jahre).

Verpflegung in der Irrenklinik: 13. Febr. 1899 bis 11. Febr. 1900.
Diagnose: Melancholie. Krankheitsdauer: Seit 8 Jahren krank.
Heredität: Zwei Geschwister starben an Gichtern.

Vorgeschichte: Patientin war von Jugend an nervös, litt viel an Kopfschmerzen und war „oft aufgeregt". Im Sommer 1898 blieb die Periode aus, so daß Patientin meinte, sie sei gravide. Sie kam deshalb dreimal in die Heidelberger Frauenklinik und ließ sich diese Einbildung nur sehr schwer ausreden. Eine Affektion des Uterus brachte sie zu der Annahme, sie habe ein Karzinom und werde nie wieder gesund. Sie äußerte Klagen über Brennen und starken Schmerz im ganzen Körper, Steifheit im Rücken und heftigen Kopfschmerz, so daß sie vom 8. Dez. bis 23. Dezember 1898 in der Heidelberger Medizinischen Klinik verpflegt wurde. (Diagnose: Hypochondrie? Psychose?). Patientin klagte damals, seit Juli sei ein Brennen im ganzen Körper und unter der Haut aufgetreten, „grade als ob sie im Ofen wäre". Später sei Schwindel und Zittern hinzugekommen. Die früher häufig auftretenden Kopfschmerzen seien seitdem fortgeblieben. — „Es bestand vorübergehendes Brennen beim Wasserlassen, sowie ein unbestimmtes Druckgefühl im Leib. Patientin war vorübergehend etwas verstimmt, ängstlich, besonders nachts, hatte aber keine Halluzinationen und keine Verfolgungsideen. Jetzt ist die Stimmung wieder wie früher. Die Psyche ist ohne nachweisbare Störung. Gedächtnis und Stimmung sind gut" (Krankengeschichte der Medizinischen Klinik).

Eine genaue körperliche Untersuchung ergab ein Fehlen des Korneal- und Rachenreflexes, im übrigen war Patientin gesund. Nach Hause zurückgekehrt, begannen die Klagen aufs Neue. Die Kranke glaubte, ihr Hals sei verdreht, sie könne nicht schlucken und nicht essen. „Die Glieder brannten und zuckten." Es traten öfter, im Intervall von ungefähr zwei Tagen, Krampfanfälle auf, die bis zu einer halben Stunde dauerten: Frau B. zuckte mit dem ganzen Körper, streckte sich starr aus, verdrehte die Augen und verlor das Bewußtsein. Sie verletzte sich nie und biß sich nie auf die Zunge. Seit drei Wochen traten die Anfälle zurück und blieben schließlich ganz aus. Patientin klagte nun über starken Kopfschmerz, jammerte laut, sie werde nie wieder gesund. Die Stimmung wurde zusehends gedrückter. Seit Weihnachten arbeitete die Kranke fast nichts mehr und blieb dauernd im Bett. Einmal machte sie den Versuch, sich mit einem Messer zu verletzen, ein anderes Mal rannte sie nachts im Hemde fort.

Status: fehlt.

Verlauf: 20. Februar 1899. Klagt bei Besuch sehr über die Klinik. Es geschehe gar nichts für sie, sie werde immer kränker. Seit ihrer Ankunft habe sie nicht geschlafen. Jammert viel, besonders wenn sie den Arzt in der Nähe weiß.

1. März. Jammert laut und ist sehr redselig bezüglich ihrer Leiden. Ihre Augen seien durch die Schmerzen ganz verdreht, alle Nerven im Leibe zuckten, sie könne nicht schlafen, nie wieder gesund werden.

3. März. Im ganzen ruhiger. Klagt aber noch viel über Nervenzucken. Meint, sie schlafe ganz gut und hätte nur früher in die Klinik gehen sollen.

10. März. Gibt seit mehreren Tagen unaufgefordert an, es gehe ihr frühmorgens immer am schlechtesten. Nachmittags werde ihr besser und abends sei sie meist ganz munter und ohne viele Beschwerden.

15. März. Queruliert sehr viel. Bringt in ziemlich eintöniger Weise ihre hypochondrischen Beschwerden vor.

25. April. Nachdem Patientin längere Zeit fleißig gearbeitet hatte und die hypochondrischen Klagen mehr in den Hintergrund getreten waren, sind diese seit acht Tagen wieder lebhafter. Patientin jammert den ganzen Tag, sobald sie eines Arztes habhaft werden kann. Klagt besonders über abnorme Sensationen im Leib. Es sei alles verdreht, sie habe keinen Stuhlgang usw.

29. April. Bestürmt ihre Schwester bei Besuch, man solle sie doch nach Hause nehmen. Nimmt wenig Nahrung, „da doch nichts abgehe". „Ich möcht' am liebsten fort, in den Bach oder irgendwohin, ich bin doch verloren. Mein ganzer Körper ist nicht wie es sich gehört. Mein Hals ist verdreht, ich sollte essen und ich kann doch nicht. Da wäre es das Beste, wenn ich von diesen Martern los wäre, ich bin doch auf ewig verloren." Greift mit den Fingern in den After und holt den Kot heraus, da er von selbst nicht mehr abgehe.

19. Mai. Verfolgt aufmerksam die Vorgänge der Umgebung. Klagt, sie könne nicht essen, der Leib sei hart und faul.

20. Mai. Trostlos. Bittet, in eine Kiste gepackt, ans Meer geschickt und den Fischen zum Futter vorgeworfen zu werden. Sie werde nie mehr gesund. Sie könne nicht sterben, sei von Gott verlassen.
31. Mai. „Schlagt mich tot, ich bin ja doch verloren."
6. Juni. Etwas ruhiger.
15. Juni. Jammert wieder viel über ihren Leib. Man müsse ihn aufhacken, sie habe seit Monaten keinen Stuhlgang, das Essen stecke höher als der Kopf, der Hals sei zu.
22. Juni. Steht mit der Hand an der Gurgel herum. Krümmt sich und verlangt, daß man sie verbrenne, umbringe. Durch Besuch sehr erheblich geschädigt. Auch an ruhigen Tagen durch die Angehörigen erregt. Weint und schreit nachher.
4. Juli. Immer dieselben Klagen. Beobachtet gut. Das Jammern wird nachgerade unerträglich. Patientin reißt sich die Haare aus, schreit und brüllt, wälzt sich am Boden. Erklärt hinterher, durch das Wälzen am Boden habe sie Darmverschlingung bekommen, im Leib sei alles verfault.
12. Juli. Nachts stundenlanges untröstliches Schreien. „Ertränken Sie mich, schneiden Sie mir doch den Hals ab. In mir ist alles kaput." Verschmiert Hände und Bettzeug mit Kot. Kümmert sich intensiv um ihre Umgebung.
24. Juli. Viel ruhiger. Gibt zum erstenmal an, daß es ihr erheblich besser gehe.
10. August. Die Beruhigung hielt nicht lange an. Bringt wieder die gleichen Klagen vor. Beobachtet sehr gut. Kümmert sich um die anderen Kranken, redet ihnen zu. Schmiert mit Kot. Krümmt sich zusammen. „O mein Leib, Sie müssen mich umbringen, ich bin ja doch verdammt."
19. August. Erheblich besser. Erkennt ihre früheren Klagen als unsinnig an. Meint, das sei eben ihre Krankheit gewesen.
30. August. Schwankungen in kurzen Zeiträumen.
15. September. Das Befinden war in den letzten 14 Tagen recht erfreulich. Mit der Opiumkur konnte man aussetzen. Die Kranke zeigte reges Interesse an allen Vorgängen im Saal. Sie weiß alles, man kann sich bei ihr über jede Äußerung und das Verhalten der Mitkranken erkundigen. Nach dem Besuch der Tochter wieder erregter, bringt die alten Klagen wieder vor.
27. September. Ganz wie früher. Die alten hypochondrischen Klagen. Trotzdem beobachtet sie alles und berichtet über andere Kranke, wenn man von diesen keine Auskunft erhält.
24. Oktober. Bedeutend ruhiger. Hat weniger Sensationen im Leib.
5. November. Immer noch die alten Klagen. Mit den Händen arbeitet sie fast dauernd am After.
15. November. Befinden seit zwei Wochen gut. Hie und da schmerzhafte Äußerungen. Hoffnung auf baldige Genesung.
22. November. Liegt gekrümmt im Bett. Preßt die Hände gegen ihren Leib, klagt über furchtbare Schmerzen, arbeitet mit den Händen am After herum.

5. Dezember. Der Zustand ist im großen und ganzen besser. Alle paar Tage kommen die Depressionen wieder stärker zum Vorschein, erreichen aber bei weitem nicht den früheren Grad. Schmiert fast täglich.
15. Dezember. Erträgt den Besuch ihrer Angehörigen gut.
23. Dezember. Täglich sechs Stunden auf. Strickt, lacht, ist aber immer noch unfrei. Hat Sinn für Komisches.
31. Dezember. Strickt und näht fleißig. Zustand immer noch labil.
7. Januar 1900. Die Stimmung ist wieder etwas schwankender. Liegt am Morgen wieder zusammengekrümmt im Bett und jammert: „Mein Leib, mein Leib". Durch das sofortige Aufstehen wurde sie aus ihrer Verstimmung gerissen und fühlte sich den Tag über wohl.
15. Januar. Patientin befindet sich viel besser. Arbeitet ununterbrochen. Stets freundlich. Unfreie Heiterkeit.
26. Januar. Patientin fühlt sich seit 8 Tagen ganz gesund. Bei einem Besuch der Angehörigen war sie wieder sehr unruhig. Die Stimmung ist noch nicht gefestigt.
9. Februar. Drängt sehr nach Hause. Die Stimmung ist noch immer schwankend. Ihre Traurigkeit dissimmuliert sie in unvollkommener Weise. Schmerzverzogener Ausdruck, künstliche Heiterkeit.
11. Februar 1900. Entlassen.

Katamnese: 16. Juni 1902. „In N. besucht. Ganz unverändert. Seit 4 Jahren gleiches Bild. Jammert viel. Anscheinend stets die gleichen hypochondrischen Klagen. Keineswegs verblödet. Attent, lebhaft. Erkundigt sich spontan voller Interesse nach Ärzten und Kranken der Anstalt. Kennt alle Namen. Keine ausgesprochenen Selbstvorwürfe. Gelegentlich Insuffizienzgefühl. Behauptet, die Ärzte hätten sie zu dem gemacht, was sie jetzt ist. Keine Halluzinationen. Schläft gut. Ißt regelmäßig, allerdings am liebsten, wenn niemand dabei ist."

Nachuntersuchung: Oktober 1906. Der Ehemann gibt an, daß die Kranke die ersten 4 Jahre nach der Entlassung ganz unverändert deprimiert gewesen sei. Sie habe fast andauernd gejammert und die gleichen Klagen und Wahnideen wie in der Klinik vorgebracht. Seit 2 Jahren schwanke sie deutlich in der Stimmung, sie sei manchmal lustig und lebhaft, so daß man meinen könnte, sie sei ganz gesund. Bald aber komme wieder der Rückschlag und mit ihm das alte Jammern. Den Aussagen des Mannes zufolge hat unsere Kranke ein großes Schlafbedürfnis, sie liegt Sonntags oft den ganzen Tag im Bett und hat schon manchmal 3 Tage hintereinander geschlafen. Sie ist nicht dazu zu bringen, im Hause zu arbeiten oder für den Mann zu kochen. Im Garten dagegen arbeitet sie in den letzten Jahren andauernd „wie eine Taglöhnerin". Sie ist körperlich sehr unreinlich, vernachlässigt sich und ihren Haushalt sehr. Sie geht nur ungern aus, da sie behauptet, daß die Leute sie ansähen. Krampfanfälle wurden nicht mehr beobachtet. Die Periode ist seit 1899 nicht mehr aufgetreten. — Frau B. ist jetzt noch immer in deprimierter Stimmung, sie hat aber ein lebhaftes Krankheitsgefühl und nur den einen Wunsch, so zu werden, wie sie vor der Krankheit war. Die Auffassung ist ausgezeichnet. Patientin ist außerordentlich attent und schlagfertig. Erkundigt sich voller Interesse nach Ärzten und Kranken der Anstalt. Erscheint bis zu einem gewissen Grade redselig. Sie erzählt unaufgefordert von einer ganzen Reihe von Kranken aus ihrem Dorf, die auch in der Klinik waren und wieder gesund geworden sind. „Nur ich muß so sein." Äußert nur ganz vereinzelte Selbstvorwürfe. Betont aber immer wieder, sie mache sich Gedanken, daß sie überhaupt nach Heidelberg gegangen sei, dort sei sie erst „so" geworden. Vereinzelte hypochondrische Wahnideen bestehen immer noch: inwendig sei alles verdreht usw. Sie hat wenig Hoffnung, je wieder gesund zu werden. Jammert auch während der Unterhaltung. „Ach Gott, ach Gott, wär ich nur nicht nach Heidelberg", ist aber sehr leicht abzulenken, wird dann ruhig, gibt sehr gut Auskunft und erscheint nicht mehr deprimiert, bis das Jammern wieder anfängt. Sie will niemals Sinnestäuschungen gehabt haben. Sie habe keine Angst und keine innerliche Unruhe. Sehr ausgeprägtes Gefühl subjektiver Hemmung. Sie könne nicht mehr so denken, nicht mehr so rechnen wie früher. Ihr Gedächtnis habe nachgelassen. Sie habe an nichts mehr Freude. Mann und Kinder könne sie nicht mehr leiden, sie könne zwar arbeiten, aber viel weniger und schlechter als früher. Sie habe gar keine Interessen mehr (der Mann bestreitet dies). Vor der Krankheit habe sie arbeiten können: 1 Zentner auf den Kopf, das sei wie Rauch gewesen.

Ging das Entschließen früher leichter? „Ja ich glaub's. Wenn ich habe fortfahren wollen, dann bin ich gleich fort."

Im Vordergrund stehen jedoch nicht Hemmungsgefühle, sondern hypochondrische Ideen und Jammern.

Frau B. findet selbst, daß es ihr seit 3 Jahren besser geht. Volle Krankheitseinsicht für die damals geäußerten Wahnideen hat sie noch nicht. Es besteht aber ein an Einsicht grenzendes Gefühl für die Veränderung in ihrem ganzen Wesen.

Ergänzung der Krankengeschichte: Frau B. gibt an, vor der Erkrankung immer „gesund und lustig", niemals schwermütig oder verstimmt gewesen zu sein. Die Krankheit hat sich unmittelbar im Anschluß an das Ausbleiben der Periode entwickelt. Auch der Mann vermag keine Angaben über frühere Stimmungsschwankungen zu machen.

Zusammenfassung: Bei der 48jährigen bisher gesunden Frau entwickelt sich langsam eine Verstimmung. Im Vordergrunde des Krankheitsbildes stehen weniger Angst und Unruhe als hypochondrische Wahnideen, welche die Ursache der Aufnahme in die Klinik sind. Keine ausgesprochenen Selbtvorwürfe. Im Anfang komplizieren psychogene Symptome (Krampfanfälle), die aber bald verschwinden und dann dauernd wegbleiben, das Krankheitsbild. Sinnestäuschungen sind niemals aufgetreten. Während des Aufenthaltes in der Klinik werden keine Beobachtungen über psychomotorische Hemmung in der Krankengeschichte niedergelegt. Die Kranke, die dauernd sehr attent ist, sehr scharf beobachtet und häufig bis zu einem gewissen Grade ablenkbar und erregbar erscheint, sowie zeitweise redselig, querulierend und anspruchsvoll ist, hat ein lebhaftes Arztbedürfnis und Krankheitsgefühl. Vorübergehend werden leichte, aber deutliche Stimmungsschwankungen beobachtet. Die Depression und das einförmige Jammern gewinnen jedoch nach kurzer Zeit wieder die Oberhand. Gebessert wird die Kranke entlassen. — Der Nachuntersuchung zufolge, (6½ Jahre nach der Entlassung aus der Klinik), scheint das Krankheitsbild fünf Jahre ziemlich stabil gewesen zu sein. Es wird von einer der Kranken intensiv zum Bewußtsein kommenden Verstimmung, sowie von hypochondrischen Klagen beherrscht. In den letzten drei Jahren treten deutliche Schwankungen auf. Der Zustand bessert sich außerordentlich langsam. Zur Zeit ist die Kranke noch immer deprimiert. Sie äußert bei lebhaftestem Krankheitsgefühl vereinzelte Selbstvorwürfe und hypochondrische Klagen. Arbeitsfähigkeit, Gefühlsleben und Interessenkreis haben nicht gelitten. Objektiv erscheint die Kranke in keiner Weise gehemmt (ganz im Gegenteil wird eine gewisse Redseligkeit und Ablenkbarkeit beobachtet), es werden dagegen sehr lebhafte Klagen über subjektive Hemmung geäußert. Es besteht ein an Krankheitseinsicht grenzendes Krankheitsgefühl.

Jetzige Diagnose: Manisch-depressives Irresein mit hysterischen Zügen. Typische zirkuläre Symptome: Ablenkbarkeit, Redseligkeit, Querulieren, anspruchsvolles Benehmen. Erregbarkeit. Stimmungsschwankungen. Psychomotorische Hemmung.

## Fall 30.

E. D., verw. Maschinistenfrau. Geb. 1840 (zur Zeit der Erkrankung 59 Jahre).

Verpflegung in der Irrenklinik: 13. Februar 1899 bis 19. Oktober 1899.
Verpflegung in der Irrenanstalt Z: Seit 19. Oktober 1899.

Diagnose: Melancholie. Krankheitsdauer: Seit 7¾ Jahren krank.

Heredität: Keine Geisteskrankheiten in der Familie.

Vorgeschichte: Patientin ist seit 12 Jahren Witwe, hat 6 Kinder geboren, von welchen drei am Leben sind. Sie soll bisher geistig stets gesund gewesen sein, bis eine Gemütsbewegung vor einem Vierteljahre sie aus dem psychischen Gleichgewicht brachte. (Die unverheiratete Tochter wurde zum dritten Male gravide.) Die Depression artete in heftige Tobsucht aus. Die Kranke äußerte, sie wisse, daß sie bald sterben müsse, deshalb wolle sie lieber freiwillig in den Tod gehen. Es trat eine allmähliche Beruhigung ein, bis gestern ein akut einsetzender Tobsuchtsanfall mit hypochondrischen Vorstellungen die Verbringung in die Klinik notwendig machte. Die Kranke schlug alles zusammen, riß ihr Bett auseinander, zertrümmerte das Hausgerät und schrie mit voller Stimme: „sie müsse das tun". Sie hatte die Vorstellung, sie müsse verhungern, weil ihr Magen verschlossen sei, es gehe nichts mehr durch. Sie behauptete ferner, sie sei verzaubert, sie sei ein Geist, ein Gespenst, ihre Augen seien starr, sie könne dieselben nicht mehr bewegen.

Status: Die Patientin ist besonnen, geordnet und orientiert. Äußert wiederholt, trotzdem sie ihren Aufenthaltsort kennt, sie sei hier „vor dem Richterstuhl Gottes, am Ort der Qual". Die Auffassung ist gut, das Benehmen natürlich, das Gedächtnis zeigt keinerlei Lücken. Der Gedankengang ist geordnet. Die Kranke antwortet fließend, ohne sich zu besinnen. Die Stimmung ist deprimiert. Patientin äußert einzelne Selbstvorwürfe: sie habe geflucht, gelogen und gestohlen, und vereinzelte Wahnideen: sie sei kein natürlicher Mensch mehr, sie komme jetzt in die Hölle, sie sei von aller Welt verlassen. Körperlich: gesund.

Verlauf: 26. Februar 1899. Bei Besuch recht deprimiert, sonst ziemlich gleichgültig.

3. März. Die Kranke lag bisher ziemlich teilnahmslos im Bett; sie hatte zweimal Anfälle, in denen sie mit lauter gellender Stimme schrie und unverständliche Worte ausrief. In diesem Zustande war sie durch Zureden nicht zu beeinflussen. Die Anfälle dauerten ungefähr 10 Minuten. Behauptet hinterher, sie habe schreien müssen.

Stimmen? „Ich habe auch viele Stimmen gehört."

Was haben sie gesagt? „Allerlei."

7. März. „Gott hat beschlossen, daß ich lebendig sterben soll, ich komme nicht in den Himmel." Auf die Frage, ob sie Stimmen höre, erwiderte sie, sie habe drei Nächte lang allerlei gehört, Musik, Kälbergeschrei, Hundeheulen und Rasseln. Bei dem Versuche, sie mit einer Nadel zu stechen, schreit sie laut und gellend, „Schonung! Schonung!"

10. März. In Ruhe gelassen, ist Patientin ganz still, ohne spontan zu sprechen.

20. März. Die Kranke lag in den letzten Tagen ruhig zu Bett und hat nicht mehr geschrieen. Sie ist abweisend, und nur mit großer Mühe zum Sprechen zu bringen.

7. April. Wenn man sie nach ihrem Befinden fragt, ist Patientin immer ziemlich abweisend: „ich bin nicht in der Schule, ich brauch' mich nicht ausfragen zu lassen".

14. April. Patientin ist in den letzten Tagen bedeutend zugänglicher, strickt fleißig und verträgt sich gut mit den anderen Kranken. Immer allerhand religiöse Redewendungen. „Man muß sich Gott fügen, tun was Gott beschlossen hat" usw.

16. April. Die Kranke wird von ihren Kindern abgeholt. Sie ist nicht besonders heiter, aber mit der Heimkehr einverstanden.

17. April. Patientin wird nachmittags wiedergebracht. Sie habe selbst nach der Klinik verlangt. „Wenn es nun einmal von Gott bestimmt sei, wieder herzukommen, wolle sie es lieber gleich selbst tun."

20. April. Liest viel in katholischen Büchern. Die Stimmung ist deprimiert. Sie weiß, daß sie gemütskrank ist.

5. Mai. Beschäftigt sich fleißig, sehr weinerlich.

7. Mai. Weiß, wie lange sie hier ist. Orientiert. Krankheitsgefühl. Erscheinungen? Ja ein Schatten an der Wand, einmal war's hell, und dann war's wieder weg.

11. Mai. Liest viel im Gebetbuch.

25. Mai. Seit 10 Tagen fleißig bei der Arbeit. Immer verstimmt, in sich gekehrt. Klagt, daß sie viel durchzumachen habe. In den letzten drei Tagen lächelt sie wieder, meint aber dabei, es sei ihr gewiß nicht ums Lachen. Die Depression läßt merklich nach.

10. Juni. Läßt sich noch leicht zu Tränen rühren. Betet viel. Sieht ihre Zukunft sehr schwarz vor sich.

20. Juni. Ist sehr fleißig, spricht sehr wenig. Lächelt öfters.

30. Juni. In der letzten Woche ist der Zustand weniger gut. Kleine Anlässe bringen sie schon zum Weinen. Immer sehr fleißig und höflich.

10. Juli. Immer gedrückter Stimmung.

20. Juli. Sorgen um ihre Kinder und um ihre Zukunft.

1. August. Arbeitet ohne Unterlaß. Immer traurig.

10. August. Keine Besserung. Jede kleine Angelegenheit bringt sie aus der Fassung. Weint viel und leicht.

22. August. Es scheint wieder besser zu gehen. Die Kranke lächelt manchmal.

28. August. Die Stimmung ist deutlich besser. Geht mit zufriedenem Gesicht umher, um alles mögliche für die Kranken zu besorgen. Empfindet selbst, daß es ihr besser geht.

15. September. Befindet sich in letzter Zeit recht wohl. Arbeitet unaufhörlich. Der Schlaf hat sich gebessert, will noch nicht nach Hause zu ihrem Sohn: „Sie habe noch nicht den Mut dazu".

27. September. Das Befinden ist in den letzten zehn Tagen deutlich schlechter. Macht sich dadurch mißliebig, daß sie anderen Kranken Vorschriften und religiöse Ermahnungen gibt. Führt immer das Wort „unser Heiland" im Munde. Labile Stimmung.

Wird am 19. Oktober 1899 nach einer außerbadischen Irrenanstalt verbracht, wo die Kranke sich zur Zeit (November 1906) noch befindet.

(Aus der Krankengeschichte der Irrenanstalt Z.)

5. November 1899. Die Kranke war die ersten Tage ihres hiesigen Aufenthaltes in sehr gedrückter Stimmung und weinte viel, hielt sich aber sonst ruhig und störte nicht. Über ihre Vergangenheit und ihre gegenwärtige Lage ist sie völlig orientiert. Der Grund ihrer Traurigkeit ist angeblich die unerwartete Ortsveränderung und die große Entfernung von ihren Kindern. In den letzten Tagen machte das weinerliche Wesen einer stillen, dumpfen, psychischen Depression Platz. Die Kranke klagt

nicht spontan, trägt aber immer den traurigen, fast maskenartigen Gesichtsausdruck zur Schau. Über ihre Krankheit befragt, spricht sie sich mit einer gewissen Einsicht aus: die beständige schwere Arbeit, die täglichen Sorgen um ihr Fortkommen, die Schande ihrer Tochter hätten ihr so zugesetzt, daß sie zunächst ganz hinfällig und nicht mehr imstande gewesen sei, zu schaffen, während sie vorher tüchtig habe arbeiten können. Sie habe aus dieser plötzlichen Veränderung geschlossen, daß der „böse Feind" sie verfolge. Dann seien Aufregungszustände hinzugetreten, in denen sie Geräusche und Stimmen gehört, hellen Schein und dunkle Schatten gesehen habe. Sie gibt ziemlich genaue Details über das, was sie während ihrer Erregung angestellt hat. Ebenso weiß sie über die Vorgänge in der Heidelberger Klinik durchaus Bescheid.

16. November. Immer das gleiche stillgedrückte, ruhige Verhalten. Arbeitet fleißig, keine Wünsche und keine Klagen.

Diagnose: Melancholie.

18. November. Nach dem Besuche ihrer Tochter offenbar gedrückter und verstimmter.

5. Dezember. Stimmung andauernd hoffnungslos und niedergeschlagen, „was auch das stille, halb gehemmte Verhalten und die maskenhaft gedrückte Miene verraten".

8. Januar 1900. Keine Veränderung. Immer gleichmäßig gedrückt und verzagt. Arbeitet unverdrossen. Der Besuch der Kinder erregt die Kranke weniger als früher.

1. Februar. Immer dasselbe gedrückte Wesen. Spricht wenig. Viele Sorgen. Immer willig bei der Arbeit. Greift überall an, wo es etwas zu tun gibt.

15. März. Die Kranke wurde gegen Mitte Februar zeitweilig angstvoll und ruhelos und äußerte allerhand Wahnideen: die Welt gehe unter, alle Menschen würden umgebracht, hunderttausend Menschen müßten auf einmal sterben. Seitdem wieder ruhiger. Trägt das stille, scheu zurückgezogene, und gedrückte Verhalten zur Schau.

2. April. Die Stimmung ist andauernd depressiv. Das Verhalten scheu und verschlossen.

1. Mai. Immer ruhig, mäßig deprimiert. Keine Wahnideen.

2. Juli. Die Kranke wurde Ende Juni sichtlich deprimierter. Sie beschäftigte sich zwar noch, doch wurde sie oft „starr", mit traurigem, ernst vor sich hinblickendem Gesichtsausdruck. Äußert wieder Wahnideen: alle Leute kämen in die Hölle usw. Klagt viel über Bedrückungsgefühle und Engigkeit auf der Brust.

1. August. Ist in der letzten Zeit starr und gehemmt. „Regte sich wenig, kam zu nichts und hat tagelang nichts gegessen, so daß sie ganz erschöpft ist." Glaubt, sie müsse ewig leben, der Teufel wolle sie holen, ihre Kinder seien tot. „Ich bin schlimmer als der ewige Jude, ich habe keine Zeit, kann nicht gehen und nicht stehen." Irrte zeitweise angstvoll umher. „Zu einer Arbeit kommt sie bei ihrer psychischen Hemmung noch nicht recht."

2. Oktober. Die Kranke machte im August eine recht unruhige und erregte Zeit durch. Sie ging ruhelos jammernd umher. „Wohin soll ich gehen,

ich bin ganz verwirrt, wir sind alle verwirrte Menschen. Ich bin mehr als verloren, ich bin nicht wert, daß ich hier bin." Zeitweilig machte die Kranke einen verstörten Eindruck, aus ihren Mienen sprachen Angst und Verzweiflung. In ihrer Unruhe und Ratlosigkeit kam sie, die bisher zu jeder Arbeit fähig war, zu keiner Beschäftigung. Ging nur immer ziemlich planlos umher. Seit Mitte September ist eine gewisse Beruhigung eingetreten, so daß die Kranke auch wieder etwas arbeiten kann.

3. Dezember. Dauernd deprimiert. Irrt zuweilen ruhelos und angstvoll umher. Äußert, sie sei für ewig verloren, sie könne nicht sterben, sei nicht wert, hier zu sein usw.

7. Januar 1901. Immer noch die gleichen Ideen.

25. Februar. Andauernd in stiller, deprimierter Gemütsstimmung. Äußert wiederholt, sie habe sich versündigt, sei auf ewig verdammt, sei unwürdig zu leben. Das ganze Wesen der Kranken ist ein stumpf-gleichmütiges und wenig willenskräftiges.

29. April. Die Stimmung ist anhaltend deprimiert. Immer die gleichen Versündigungs- und Kleinheitsideen.

1. Juli. Andauernd verstimmt und voller Selbstvorwürfe. „Ich habe alles vergiftet mit meinen Sünden."

12. September. Keine Veränderung. Wünschte, sie wäre nicht geboren.

7. November. Voller Selbstvorwürfe und Kleinheitsideen.

13. Dezember. Weniger Klagen, doch andauernd deprimiert. Beschäftigt sich immer.

20. Februar 1902. Andauernd deprimiert, voller Selbstanschuldigungen und Unwürdigkeitsideen.

24. März. Deprimiert. Immer die gleichen Ideen.

22. April. Überträgt ihre Unwürdigkeits- und Verlorenheitsideen von sich auf andere und quält dadurch manche Patienten.

29. April. Ziemlich erregt, weint und jammert. Sie sollte schon lange nicht mehr leben, sie gehöre ins Zuchthaus. „Ich kann nicht leben, ich sollte in der Luft schweben. Ich habe Stimmen gehört, Tierstimmen, ich bin irrend, ich habe mich Gott widersetzt, ich bin schuldig." Verfällt dabei in lautes, jammervolles Schreien.

26. Juni. Nachdem die Kranke sich Mitte Mai etwas beruhigt hatte, trat Anfang Juni wieder eine gewisse Erregung ein: „Sie habe ihre Kinder mit lebendigem Leibe in die Hölle gestoßen, sie müsse in die Lüfte fliegen." Beschäftigt sich regelmäßig.

14. Juli. Behauptet, sie sei so schlecht, daß sie nicht wert wäre, daß die Erde sie trüge. Weint viel.

14. September. Bewegt sich andauernd zwischen ruhigen und erregten Zeiten. Viele Selbstvorwürfe.

18. Dezember. Etwas ruhiger. Immer noch die alten Ideen.

15. April 1903. Unverändert.

3. August. Dauernd deprimiert, voller Selbstvorwürfe und Kleinheitsideen.

9. Dezember. Im ganzen ruhiger. Die depressiven Ideen werden mit weniger Affekt vorgetragen. Beschäftigt sich andauernd fleißig.

Lücke.

7. September 1906. In dem psychischen Verhalten der Patientin ist gar keine Veränderung eingetreten, sie beschäftigt sich fleißig und bringt, wenn man sie nicht anredet, ihre depressiven Ideen spontan nicht vor. Fragt man sie aber danach, so meint sie, es wäre besser, wenn sie nie geboren wäre, sie sei die größte Sünderin, sie sei an allem Elend der Welt schuld. Arbeitet in den letzten Jahren dauernd sehr fleißig.

Nachuntersuchung: Oktober 1906. Die Kranke ist besonnen, geordnet und völlig orientiert. Sie faßt gut auf und gibt gut Auskunft. Ihr Benehmen ist natürlich. Das Gedächtnis zeigt keine Lücken, der Gedankengang ist geordnet. Die Stimmung ist deprimiert. Die Depression steigert sich leicht beim Eingehen auf die traurigen Vorstellungen der Kranken. Sehr tiefer Affekt. Die Kranke ist bis zu einem gewissen Grade von ihren traurigen Vorstellungen abzulenken. Es besteht ein intensives Krankheitsgefühl.

Patientin klagt über innere Unruhe, hat aber keine Angst. Sie macht sich vereinzelte Selbstvorwürfe und äußert spontan leise jammernd Kleinheits- und Versündigungsideen: sie sei ein schlechter Mensch, sie habe Fehler gemacht, sich vergangen usw. Ihre Krankheit führt sie auf eine „Verfolgung von Seiten des bösen Feindes zurück". „Er geht umher wie ein brüllender Löwe und sucht, wen er verschlinge." Allerhand depressive Ideen: „Wäre ich doch als Kind gestorben, hätte ich doch keine Kinder und keine Enkel. Es wäre mir am liebsten, wenn man mich umbrächte."

Wie ist das Denken? Meinen Verstand habe ich.

Fällt Ihnen das Denken schwer? Nein, ich kann alles sagen und auslegen.

Wie steht es mit der Lebensfreude? Ich habe an nichts mehr Freude, ich kann gar keine Freude mehr empfinden.

Wie ist das Entschließen? Nicht gut, ich weiß nicht wo hinaus noch hinein.

Wie geht es mit dem Arbeiten? In der Küche kann ich arbeiten, das fällt mir nicht schwer. Schwere Arbeit könnte ich nicht mehr verrichten.

Können Sie noch Freude empfinden? Ich kann gar nichts mehr empfinden.

Ist das Gefühl wie früher, oder fühlen sie sich stumpf? Ja, ich fühle deutlich, daß ich stumpf geworden bin.

Lesen Sie Zeitung? Manchmal nimmt man Sonntags vor lauter Langeweile eine Zeitung. Das Begreifen und Auffassen geht gut.

Wie ist das Gedächtnis? Mein Gedächtnis habe ich noch. Ich kann mich noch an alles erinnern.

Die Kranke klagt ferner, daß sie sich immer müde und matt fühle. Sie gibt von selbst an, daß sie sich nicht mehr getrauen würde, einen eigenen Haushalt zu führen, „weil sie's nicht mehr könne". Keine Sinnestäuschungen. Keine körperlichen Klagen, außer Druck im Epigastrium.

Ergänzung zur Krankengeschichte: Die Patientin führt ihre Krankheit auf die seelische Erschütterung zurück. Sie erinnert sich, daß ihr zu Beginn der Krankheit das Arbeiten trotz des intensivsten Willens sehr schwer gefallen sei. „Es ging halt nicht." Sie sei zu Hause herumgesessen und habe vor sich hingestarrt. „Ich mußte damals sehr viel denken, mehr als sonst." Langsam kamen dann die innere Unruhe und die Angst. Gestalten will sie niemals gesehen haben, Stimmen hat sie nie gehört, nur zu Beginn der Krankheit ein Schlagen, Läuten und Rasseln, aber keine Worte. Nach früheren Depressionen befragt, gibt sie an, daß sie mit 17 Jahren einen Schwermutsanfall durchgemacht hat, der 4 Wochen dauerte. „Es fing genau so an wie die jetzige Krankheit. Ich hatte auch so einen Druck (zeigt dabei aufs Herz) und das Arbeiten ist mir halt schwer gefallen. Ich hatte Kopfweh und Schwindel. Ich war krank im Gemüt." Sie sei damals nicht ängstlich, nicht innerlich unruhig gewesen, habe keine derartigen Vorstellungen wie bei der jetzigen Erkrankung gehabt. Sie erinnert sich noch genau, daß sie damals „springen" sollte und „doch nicht konnte, weil ihr alles so schwer fiel". Sie hatte zu dieser Zeit oft Kopfschmerzen und häufig Schwindelgefühle, auch soll die Periode damals zum ersten Male aufgetreten sein. Ob ihr das Denken schwer fiel, vermag sie heute nicht mehr anzugeben. Die Verstimmung sei von selbst gekommen und gegangen. Ihrer Umgebung sei nichts aufgefallen, weil sie sich sehr zusammengenommen habe. Nachdem die Verstimmung vorüber war, sei sie nicht besonders vergnügt oder unternehmungslustig gewesen. Vom 17. bis zum 59. Jahre sei sie völlig gesund, und in der Stimmung ganz gleichmäßig gewesen. Die Periode verlor sie im 52. Lebensjahre.

Zusammenfassung: Im Anschluß an eine seelische Erregung erkrankt die angeblich bisher gesunde 59jährige Patientin. Sie wird verstimmt, die Arbeitsfähigkeit nimmt ab, untätig sitzt die Kranke herum. Eine plötzlich einsetzende tobsüchtige Erregung mit hypochondrischen Vorstellungen und ängstlich gefärbten Wahnideen macht die Überführung in die Irrenklinik notwendig. Hier wird die Kranke schnell ruhig, fast teilnahmslos. Bei einem gewissen Gefühl für die krankhafte Veränderung ist die Stimmung gedrückt. Bald gesellen sich jedoch Angst und innere Unruhe hinzu, die aber nach kurzer Zeit in ihrer Intensität erheblich abnehmen. Im Verlaufe treten Selbstvorwürfe, Zukunftsbefürchtungen, Kleinheits- und Versündigungsideen hinzu, die bald mehr, bald weniger nachdrücklich geäußert werden, aber bis zum heutigen Tage, wenn auch in geringerer Intensität, bestehen bleiben. Zeitweise kommt es zu Angstexacerbationen mit ängstlichen Wahnideen. In den ersten Jahren der Anstaltsbehandlung wechselt die Arbeitsfähigkeit: zeitweise ist die Kranke „unverdrossen" fleißig, zeitweise ist sie zu keiner Arbeit zu bewegen. In der Krankengeschichte ist wiederholt von „ratlosem, gehemmtem, wenig willenskräftigem Wesen" („sie kommt zu gar keiner Beschäftigung") die Rede, das in auffallendem Gegensatz zu dem sonstigen Verhalten der deprimierten Kranken steht. Dauernd besteht ein lebhaftes Gefühl für die krankhafte Veränderung. — Die Nachuntersuchung, nach 8 jährigem Bestehen der Krankheit, ergibt, daß die Verstimmung weniger intensiv ist. Vereinzelte Selbstanklagen und Wahnideen bei lebhaftem Krankheitsgefühl treten immer noch auf. Die Kranke klagt über ein sehr erhebliches Gefühl partieller Hemmung, während sie objektiv keineswegs gehemmt erscheint. Es läßt sich ferner feststellen, daß 42 Jahre vor Ausbruch der jetzigen Psychose eine unmotivierte, wenige Wochen dauernde, der Patientin selbst als Gemütskrankheit imponierende leichte Depression bestanden hat, die mit einer gewissen psychomotorischen Hemmung einherging. Über Stimmungsschwankungen ist nichts zu erfahren.

Jetzige Diagnose: Manisch-depressives Irresein. Typische zirkuläre Symptome: objektive und subjektive partielle psychomotorische Hemmung. Deutliche Schwankungen der Stimmung und der Arbeitsfähigkeit.

Zweiter Anfall.

## Fall 31.

R. K. led. berufslos. Geb. 1838 (zur Zeit der Erkrankung 57 Jahre).

Verpflegung in der Irrenklinik: 31. März 1895 bis 16. März 1897.
Verpflegung in der Heilanstalt X. seit 16. März 1897.

Diagnose: Melancholie. Krankheitsdauer: seit 1 $^3/_4$ Jahren krank.

Heredität: Die Mutter der Patientin war schwermütig und starb in vorgerücktem Lebensalter durch Suizid. Bruderssohn idiotisch, drei Brudurstöchter manisch-depressiv.

Vorgeschichte: Die gut veranlagte Patientin soll von jeher etwas aufgeregt und herrschsüchtig gewesen sein. („Hysterischer Charakter.") Sie war stets sehr umsichtig und fleißig, psychisch bisher immer gesund. Seit dem Tode der Schwester, anfangs dieses Jahres, ist sie sehr niedergeschlagen. Sie klagt über Herzklopfen, über Mangel an Energie, über Unentschlossenheit. Nach und nach wurde sie ängstlich erregt, behauptete, sie könne nicht mehr arbeiten, sie habe nie etwas gekonnt, sie sei immer faul gewesen, jetzt habe sie kein Geld mehr zum Leben. Sie darbte und hungerte deshalb ganz ohne Grund. Mit zunehmender Erregung schlug sie sich selbst und behauptete, die Leute redeten Schlechtes über sie, sie bekomme ein Kind usw.

Status: Patientin ist besonnen, geordnet und orientiert. Sie faßt gut auf und gibt prompt Antwort. Gedächtnis und Intelligenz sind gut. Die Kranke ist ängstlich, unruhig, und äußert eine Reihe von ängstlichen Vorstellungen: sie habe all ihr Geld verloren, sie könne nichts mehr bezahlen, sie habe ihren Bruder betrogen usw. Sie klagt über Beeinträchtigung ihres Denkens, sie finde sich schwer zurecht, wenn sie erzählen wolle; sie könne keinen Entschluß fassen. Meint, ihre Gedanken seien nicht in Ordnung; sie sei immer unlogisch gewesen. Es besteht keinerlei Krankheitsgefühl. Sinnestäuschungen werden entschieden in Abrede gestellt.

Verlauf: 2. April 1895. Sehr erregt, schrieb den ganzen Nachmittag Briefe an ihren Bruder, in welchen sie sich gegen die Anschuldigung, sie sei gravide, verteidigt. Fängt jeden Brief nahezu mit denselben Worten an und vollendet ihn nicht. Gibt nicht zu, Angst zu haben, ihre Unruhe sei natürlich.

6. April. Jammert, sie müsse fort, sie glaube, sie käme ins Zuchthaus, sie habe ihren Bruder ins Unglück gebracht. „Sie verstehen mich nicht, ich bin ihnen allen ein Rätsel, ich verstehe mich selbst nicht." Glaubt durchaus nicht, daß sie krank und schwermütig ist.

7. April. Behauptet, ihre Schwester sei hier. Sie habe ihre Stimme genau erkannt. Erzählt immer wieder von ihrem „großen Fehler", daß sie dem früheren Arzt einmal ihr Bein gezeigt habe, an welchem rote Flecken waren.

10. April. Nachts sehr ängstlich, jammert laut, sie sei schwer belastet von Sünden, gehöre ins Zuchthaus.

14. April. Beschwert sich heftig über eine Kranke, die immer Schlechtes über sie aussage.

16. April. Energisch ablehnend. Gibt die Hand nicht. Sieht sehr selbstbewußt aus. Abends außerordentlich aufgeregt.

19. April. Nennt den Arzt „Räuberhauptmann". Fängt an zu jammern, wenn man mit ihr spricht. Glaubt, der Arzt wolle sie zur Heirat zwingen.

20. April. Schreit laut um Hilfe, weicht vor dem Arzt entsetzt zurück. Später leugnet sie, daß sie geschrieen habe, sie sei nicht aufgeregt.

22. April. Beklagt sich, man habe sie ganz taumelig gemacht. Wünscht einen andern Arzt. Glaubt, ihren Neffen vor dem Fenster gesehen zu haben.

25. April. Schreit oft laut. Will die Ventilation untersucht haben, es rieche nach Menschen und Leichen. Die Wärterin sei eine schreckliche Person. Die habe gemordet. Sie habe es gerochen.

1. Mai. „Es passieren schreckliche Dinge im Saal, die Wand kracht, schwarze Männer sind drin."

6. Mai. Schläfrig, apathisch. Ißt schlecht. Temperatur 37,5. Koprostase.

7. Mai. Soporös benommen. Bromopium und Hypnotica ausgesetzt.
8. Mai. Noch apathisch und benommen. Beim Blick nach abwärts bleibt das linke Augenlid etwas zurück.
11. Mai. Jammert leise um ihr Geld, das ihr gestohlen worden sei. Nachts sehr unruhig, jammert nach ihrem Geld. Wirft die Betten heraus, beißt um sich. Bezieht indifferente Äußerungen von anderen Kranken auf sich. Gerät in die höchste Angst. Nimmt fast keine Nahrung. Nebelhafte Vorstellungen: der König sei begraben, man wisse aber nicht welcher, Kinder seien umgebracht, wem sie gehörten, wisse man nicht.
16. Mai. Leicht benommen. Desorientiert. Verkennt den Arzt. Voll vager abenteuerlicher Klagen. Wird künstlich ernährt.
7. Juni. Andauernde Sondenfütterung. Die Kranke greift oft andere Patienten an, „weil sie zuviel essen".
18. Juni. Starke Unruhe. Nur abgerissene Äußerungen: „Ich glaube, wir haben die Verhandlung selbst zu machen".
22. Juni. Ganz verstört. Sehr unruhig. Spricht nur einzelne Worte, niemals ganze Sätze. Sehr widerstrebend, starke Muskelspannung. Preßt die Zähne fest auf die Lippen.
27. Juni. Die Zahnabdrücke sind auf den Lippen zu sehen. Schwer zu behandelnde Stomatitis.
30. Juni. Bleibt nicht im Bett, läuft ziellos in allen Zimmern herum. Benommen. Sieht sich ratlos ihre Umgebung an.
3. Juli. Große Unruhe. Bricht das ganze Bett ab.
16. Juli. Anhaltende Nahrungsverweigerung. „Tiefer Stupor mit starker Hemmung und Benommenheit." Oft unsauber.
23. Juli. Läßt sich heute Milch geben. Erzählt, sie sei unter der Erde gewesen. Da sei die Welt gebildet worden. Der Arzt sei der erste Mensch. Weiß nicht, wo sie ist. Spricht nur in Bruchstücken.
31. Juli. Nestelnde Unruhe bei starker Hemmung.
2. August. „Leichte deliriöse Unruhe, keine oder nur karge inhaltsleere Antworten." Sie sei schon 10 Jahre hier. Nachmittags triebartige Unruhe. Drängt an die Türen. Temperatur 38,1.
5. August. Sitzt starr im Bett und streckt die Finger in die Luft. Weiter, stierer Blick.
7. August. Wie benommen. Fast reaktionslos. Nachmittags wieder die gleiche planlose Unruhe. „Liegt in katatonischen Stellungen, streckt die Glieder starr in die Luft, das Bein oft in Mastbaumstellung." Der Versuch, mit dem Löffel Nahrung einzuflößen, scheitert immer wieder. 1—2 Löffel Flüssigkeit werden geschluckt, dann wird der Mund zusammengepreßt.
13. August. Nachmittags kurzes Auftauen: „Sagt mir doch, wie man das Wort Essen zusammenbringt". Singt mit einer anderen Patientin mit feiner Stimme: „Ach, wie ist's möglich dann".
Weshalb essen Sie nicht? „Weil ich Niemand gehabt habe."
Wie lange nichts gegessen? „Schon eine ganz lange Zeit."

14. August. Wieder kataleptische Starre des Rumpfes und aller Glieder. Hypalgesie. Pupille links weiter als rechts. Unvollkommene Reaktion. Facialis links schlaffer, rechte Lidspalte enger.

15. August. Fütterung ohne Widerstand. Läßt sich selbst die Schüssel in die Hand geben, hält aber alles krampfhaft fest. Weint nachmittags heftig: sieben Matratzen seien auf sie geworfen worden und fünf Männer müßten sie suchen.

23. August. Geht einigemale im Zimmer umher, sobald man sie aber anfaßt, wird sie ganz steif. Benennt die Wärterin mit falschem Namen.

30. August. Will heim „wo sie geboren sei".

10. September. Unverändert.

25. September. Seit mehreren Tagen geht es besser mit der Nahrungsaufnahme. Auf Fragen lächelt die Kranke eigentümlich süßlich und sagt mit leiser Stimme: „Es geht gut".

20. Oktober. Liegt ganz ruhig im Bett. Nahrungsaufnahme gut. Heute deutliche Pupillendifferenz. Die linke ist erheblich weiter als die rechte, beide reagieren, die linke jedoch prompter als die rechte.

15. November. Spricht absolut nichts mehr. „Katatonische Starre in der Körperhaltung. Negativismus. Mutacismus."

24. Dezember. Gebeten, das Datum und ihren Namen ins Notizbuch zu schreiben, schreibt sie: „Heidelberg, den 24. Dezember". Dann die ganze Seite herunter ihren Namen in deutscher und lateinischer Schrift.

Februar 1896. Liegt jetzt ganz ruhig und teilnahmslos im Bett ohne jede Andeutung katatonischer aktiver Bewegung. Der starre Negativismus besteht nicht mehr. Auf mehrfache Aufforderung reicht die Kranke ungemein zögernd die Hand, dazwischen gelegentlich auch einmal ruckweise. Sie ist dabei leicht ängstlich, ohne indessen etwas zu äußern. Die Nahrungsaufnahme ist gering, nur auf fortwährendes Drängen nimmt die Kranke einen Löffel nach dem anderen, häufig laut stöhnend.

April. Ziemlich unverändert. Einige Male äußert die Kranke, sie komme nicht mehr fort, sie sei hier nicht mehr in Heidelberg, sie habe ihre Familie ins Unglück gestürzt, gibt aber keine nähere Auskunft.

Mai. Patientin wird nach und nach etwas lebhafter. In Gegenwart der Ärzte ist sie zwar wenig verändert. Sie ist noch sehr traurig und etwas ängstlich. Die Tränen treten ihr leicht in die Augen. Auf Aufforderung macht sie langsam und ohne Manieren die gewünschten Bewegungen, sie zeigt weder Stereotypie noch Negativismus. Ihre Äußerungen gehen über die früheren nicht heraus. Im Beisein der Pflegerin ist sie viel freier und gibt dann an, man glaube von ihr alles Schlechte, als ob sie ihre Familie ins Unglück gestürzt hätte. Kennt die Pflegerin mit Namen. Zeitlich und örtlich nicht orientiert. Abends steht Patientin, die sonst nur zur Defäkation das Bett verläßt, auf und dreht selbst das Gas aus. Dabei ganz schnelle und ungehemmte Bewegungen. Als ihr dies durch eine Vorrichtung unmöglich gemacht wird, bittet sie die Wärterin, allabendlich das Licht auszumachen, sie liege lieber im Dunkeln.

Juli. Ganz unverändert. Bei Besuchen weint sie viel, erkennt auch ihre Familie, spricht aber nicht. Nachher äußert sie: „Die dürfen alle nicht fort, jetzt bleiben alle hier".

August. Die Kranke verläßt nur zur Defäkation das Bett. Sobald man sie anredet, beginnt sie zu weinen, es gehe ihr sehr schlecht, sie käme nie fort.

Oktober. Ganz unverändert. Stets im Bett. Sträubt sich gegen jeden Versuch, sie anzukleiden. Versichert jedesmal weinend: „Ich komme ja doch nie fort". Dem Arzte gegenüber sehr zurückhaltend, aber nicht unfreundlich. Spricht nur mit einer anderen Patientin ausführlich und erzählt viel von ihrer Jugend. Hält sich nicht für krank.

Dezember. Glaubt, sie sei an allem Unglück schuld. Die Wärterin sei viel zu gut für sie.

Februar 1897. Ißt, auch wenn die Speisen ihr in den Mund gebracht werden, nie allein. Will verhungern, weil sie alle Leute im Hause unglücklich gemacht habe.

März. Unverändert. Nahrungsaufnahme schlecht.

16. März. Nach X. überführt.

(Aus der Krankengeschichte der Heilanstalt X.)

16. März. Bei der Aufnahme ängstlich widerstrebend. Weint viel. Läßt sich durch eingehendes Fragen zu korrekten und zusammenhängenden Antworten bringen. Zeitlich anscheinend nicht orientiert. Läßt sich nur mit großem Widerstreben zu Bett bringen.

1. April. Ißt jetzt meistens allein, wenn auch nur unter Protest und Weinen. Angesprochen, kommt die Kranke leicht ins Weinen und jammert stereotyp.

3. Juni. Steht jetzt nachmittags auf und geht mit einer Pflegerin spazieren, ist dabei verhältnismäßig lebhaft und teilnehmend. Dem Arzt gegenüber immer noch sehr weinerlich, klagt, daß sie so viel durchmachen, so viel Schreckliches hören müsse. Gibt über den Inhalt des Gehörten nichts an.

1. August. Spielt Klavier, unterhält sich zuweilen ganz munter mit den anderen Kranken.

10. Oktober. Gleichmäßig depressiv ohne stärkeren Affekt. Widersetzt sich einer Verlegung in einen anderen Saal sehr energisch.

11. Oktober. Durch die Versetzung ziemlich alteriert, weint heftig. Will nicht aufstehen.

16. Oktober. Bei dem Besuch der Schwester schmerzliches Weinen und zahlreiche Selbstvorwürfe.

21. Oktober. Ißt andauernd sehr wenig. Stuhlverstopfung. Wenig Initiative, will häufig gar nicht aufstehen, sträubt sich sehr dagegen. Hat immer die große Angst, wenn sie außer Hause geführt werde, würde sie nicht mehr hereingelassen. Weint viel und wird tiefschmerzlich gestimmt in der Unterredung. Manchmal ist sie aber auch ablenkbar und erzählt sehr klar und anschaulich von ihrem früheren Leben. Sie vergißt sich dabei ganz und hat dann natürliche belebte Gesichtszüge und klare Augen.

26. Oktober. Sträubt sich gegen alles.

3. November. Hat unendliche Angst bei dem Gedanken, sie würde nicht mehr ins Haus gelassen, wenn sie ausgehe. Kommt leicht ins Weinen. Das Essen ist hier nicht gut. Die Eier sind keine wirklichen Eier.

8. November. Weint viel. Leistet gegen alles passiven Widerstand. Steht selten auf; sagt zu allem: „Ich kann nicht."

2. Dezember. Macht täglich nachmittags einen kleinen Spaziergang. Zerstreut sich in der Unterhaltung mit anderen Kranken. Glaubt an keine Genesung. Das Leben habe keinerlei Reiz mehr für sie. Versteht man es, sie abzulenken, so kann sie recht interessant erzählen und zeigt auch reges Interesse, besonders für Naturschönheiten.

Februar 1898. Klagt über Rückenschmerzen.

14. März. Klagt über Fußschmerzen. Andeutung von Spitzfuß (psychogen).

April. Klagt über Ohrenschmerzen. Eine große Cerumenmasse wird durch Ausspülen entfernt. Gegen alle Maßnahmen sehr widerstrebend.

14. Mai. Die Weinerlichkeit weicht langsam.

Juni. Dauernde Stuhlverstopfung. Klagt jetzt vorwiegend über Halsschmerzen, sie könne nicht schlucken und nicht atmen (Rachen- und Gaumenschleimhaut normal).

16. Juni. Dauernd verstopft. Glaubt, sie müsse bald sterben.

17. Juli. Als man ihr Blumen ins Zimmer stellt, ist sie sehr wenig damit einverstanden und äußert sehr erregt, man wolle sie nur an früher erinnern. „Nein, nein, das ist nichts für mich."

19. Juli. Leichte Stomatitis. Jammert viel. Tut selbst nichts zur Behandlung der Entzündung. Läßt das Mundwasser ausfließen.

22. Juli. Fortgesetztes Seufzen und Jammern. Stomatitis ist besser.

23. Juli. Kann kaum noch sprechen, offenbar lokal bedingt. Leichte Ptosis rechts. Das Mundwasser läßt die Kranke seufzend und wimmernd, schlaff und matt in sich zusammensinkend, wieder ausfließen. Kann nicht mehr artikuliert sprechen, angeblich auch nicht mehr schlucken.

25. Juli. Schluckt nichts mehr. Sträubt sich in eigentümlich wilder krampfhafter Weise gegen die Verlegung in ein anderes Zimmer.

1. August. Sehr schwach. Nur durch Einläufe zu ernähren. Die Mundaffektion bessert sich. Patientin ist sehr widerstrebend gegen jede Behandlung. Spricht nicht, macht sich durch Zeichen verständlich und klagt viel über Schmerzen im Halse und im Leib.

10. August. Stuhlentleerung durch Klysmen geregelt.

Oktober. Ziemlich unverändert.

Dezember. Spricht etwas, aber immer flüsternd.

21. Februar 1899. Unverändert.

3. Juli. Im wesentlichen gleich.

21. August. Sehr schlaff und energielos. Spricht kein Wort und gibt durch Zeichen zu verstehen, daß sie die Sprache verloren zu haben glaubt. Ins Strickzimmer geführt, fängt sie sofort an, fleißig zu stricken.

15. Oktober. Beschwert sich über andere Kranke, die sie „alte Weiber" tituliert. Behauptet, nicht gehen zu können, und ist erfinderisch

in Vorwänden, um nicht spazieren zu gehen. Erzählt viel von früheren Erlebnissen. Immer weinerliche Miene und jämmerlicher Ton.

18. Dezember. Verkehrt mit ihrer Umgebung, beschäftigt sich mit Stricken. Die Klagen über herumziehende Schmerzen dauern fort, doch ist die Kranke leicht abzulenken.

4. März 1900. Klagt über lästige brennende Empfindungen in Mund und Schlund, die Kauen und Schlucken schmerzhaft machen, aber auch in der Ruhe vorhanden sind. Will, seitdem sie im Februar eine vierzehntägige Influenza überstanden hat, den Geruch verloren haben.

24. März. Noch sehr wehleidig und gedrückt. Klagt immer über Mißempfindungen im Mund, für welche objektiv keine Veranlassung wahrzunehmen ist.

30. April. Die Schmerzempfindungen im Mund und Hals dauern fort.

28. Juni. Immer dieselben hypochondrischen Klagen.

14. August. Heute nachmittag Ohnmachtsanfall mit Erbrechen. Ließ den Urin ins Bett. (Hatte morgens sechs Tropfen Opium erhalten).

24. August. Steht nachmittags auf, hat aber große Sehnsucht nach dem Bett. In den letzten Wochen wiederholt reizbar gegen andere Patienten. Kritisiert diese in einer Weise, die ihr früher ganz fern lag.

20. November. Bringt wieder zahlreiche Klagen vor, hat neuerdings auch Schmerzen im Leib, die jedenfalls nicht durch Verstopfung bedingt sein können.

4. Dezember. Gestern Abend plötzlich schwer verstimmt, weinte, klagte sich an, sie sei die allerschlechteste, sie habe ihre Familie ins Unglück gebracht, sie müsse hingerichtet werden.

5. Dezember. Die Verstimmung und die Selbstanklagen sind wieder zurückgetreten.

25. Januar 1901. Liegt stets zu Bett. Läßt sich kaum zum Waschen und Frisieren aus dem Bett nehmen, hat überall Schmerzen.

1. Februar. Spricht tageweise nicht, deutet nur auf die geschlossenen Lippen und wimmert. Manchmal deutet sie an, daß ihr die Kraft und die Stimme zum Sprechen versagen.

2. März. Unzugänglicher und widerstrebender. Will sich weder kämmen noch waschen lassen. Das hingestellte Essen nimmt sie zuweilen erst, nachdem sie es vorher ostentativ zurückgewiesen hat. Sagte einmal zur Pflegerin, der Arzt könne sie nicht zur Bahn bringen, er möge machen was er wolle. Ein andermal behauptet sie, das Bett sei so ungeheuer hoch, daß man nicht hineinkommen könne.

8. März. Ißt immer schlechter, hat Stuhlverhaltung; setzt sich gegen Einläufe energisch zur Wehr. Warf gestern der Wärterin ein Glas Bier nach.

9. März. Behauptet, kaum mehr sprechen, sich nicht rühren zu können. Ißt nichts.

11. März. Die Mahlzeiten werden der Kranken jetzt einfach hingestellt. Solange sie sich unbeobachtet glaubt, ißt sie mit gutem Appetit. Kommt jemand dazu, so behauptet die Kranke, sie könne nichts essen, in ihrem Mund sei alles zu, und rückt mit Energie ihren Stuhl vom Tisch.

12. März. Strickt heute, nachdem ihr der Strickstrumpf kunstgerecht in die Hand gegeben wurde, munter los, nachdem sie verhindert worden ist, die Arme in den Schoß zu legen.

17. März. Nicht mehr so widerstrebend. Patientin sitzt den ganzen Tag ruhig im Lehnstuhl und strickt einen Strumpf nach dem anderen, nur am Sonntag will sie feiern. Die Kranke setzt nur denjenigen Anordnungen, die, wie sie glaubt, vom Arzt ausgehen, Schwierigkeiten entgegen. Häufig behauptet sie, solange man dabei steht, sie könne nicht arbeiten und nicht essen. Nötigt man ihr aber Strumpf oder Besteck in die Hand und entfernt sich dann, so findet man beim Wiederkommen die Kranke nach 10 Minuten entweder in die Arbeit vertieft oder vor leer gegessenen Schüsseln sitzend. Alles Neue erscheint ihr unüberwindlich.

1. April. Bringt man die Kranke auf ein ihr liegendes Thema aus Kunst, Literatur oder aus ihren früheren Erlebnissen, so wird sie ganz lebhaft, vergißt alles und sich selbst und erzählt mit überraschender Klarheit.

22. April. Behauptet heute, nicht gehen zu können. Lernt nach methodischer Behandlung das Gehen wieder.

11. Juni. Sehr matt, interessiert sich für alles. Hat nur wenig Klagen. Es ist ihr unmöglich, allein zu gehen.

11. Oktober. Fortdauer des guten Zustandes. Geistig regsam, interessiert sich für alles. Erzählt und hört gern erzählen. Auf dem Gebiet des Willens recht schwach, ohne Initiative. Läßt sich durch in dieser Hinsicht überlegene Kranke leicht beeinflussen.

26. Januar 1902. Will Gratulationsbriefe nicht beantworten, scheut sich vor der Anstrengung. Geht noch nicht allein, benützt aber den stützenden Arm so wenig, daß es sich wohl nur um einen psychischen Einfluß handeln kann, der ihr das Freigehen unmöglich macht.

30. April. Manchmal recht nörgelnd und kleinlich gegen einzelne Patienten.

23. Juni. Noch immer ängstlich im Gehen; ist sehr besorgt, daß sie fallen könnte. Interessiert sich sehr für ihre Familie, liest auch gern Briefe ihrer Angehörigen, beantwortet sie aber nicht.

30. Juli. Zuweilen recht nörgelnd. Regt sich über die Wiederherstellungsmöglichkeit des Heidelberger Schlosses sehr auf, gegen die sie sich mit einer gewissen Gereiztheit ausspricht.

30. Januar 1903. Frei von depressiven Ideen. Keine hypochondrischen Klagen. Kein Verlangen nach Entlassung oder nach lebhafterem Verkehr mit den Angehörigen.

5. Juli. Wunschlos und ohne Initiative. Beschäftigt sich mit Handarbeiten und liest Zeitungen. Ergeht sich gern in Erinnerungen aus ihrer Jugendzeit. Vorzügliches Gedächtnis. Interessiert sich sehr lebhaft für die Vorgänge in ihrer Vaterstadt.

10. September. Sucht die Pflegerin zu dirigieren.

10. Oktober. Sehr gereizt gegen eine andere Kranke. Korrigiert und mäkelt fortwährend an ihr.

Juli 1904. Nimmt die Nachricht von dem Tode eines nahen Anverwandten ohne tieferen Affekt auf.

18. September. Fühlt sich wohl. Nur zeitweise rheumatische Schmerzen bei Witterungsänderung. Nimmt Briefe und Besuche gern an, schreibt aber nie.

22. Oktober. Mußte ein neues Korsett bekommen, regte sich darüber sehr auf. Liegt noch im Bett, klagt über Magenschmerzen, Appetitlosigkeit und schlechten Geschmack.

6. Januar 1905. Entschloß sich nach längerem Zögern und Zureden, an ihre Verwandten zu schreiben. Sagt nachher, es sei ihr gewesen, als ob sie das Schreiben verlernt hätte.

15. Juni. Ist sehr entrüstet über die Konstellation der politischen Verhältnisse.

20. November. Schreibt jetzt öfters Briefe, kommt mehr und mehr in Verkehr mit ihren Verwandten. Freut sich über Besuche.

31. Januar 1906. Auch in kleinen Angelegenheiten zugänglicher, freut sich sehr über ein neues Seidenkleid. Gegen ihre Umgebung noch leicht nörgelnd. In ihrem Urteil über Kunst, Politik usw. etwas einseitig und ablehnend.

14. Juli. Lehnt alle Einladungen von Verwandten zu Besuch oder dauerndem Aufenthalt ab. Fürchtet sich vor dem Einleben in eine neue Umgebung.

1. Oktober. Gleichmäßig zufrieden, bei Besuchen sehr lebhaft und heiter. Sieht vortrefflich aus. Hat noch über rheumatoide Schmerzen in den Ellenbogen und Kniegelenken zu klagen, die mit der Witterung wechseln.

Nachuntersuchung: Oktober 1906. Die sehr lebhafte und gesprächige Patientin faßt sehr gut auf und gibt bereitwillig Auskunft. Die leicht gehobene Stimmung ist etwas labil; die Kranke kommt leicht ins Weinen, beruhigt sich aber schnell. Ihre Interessen sind sehr lebhafte, sie liest regelmäßig verschiedene Zeitungen, verfolgt die jüngst erschienene Literatur und ist in allen Fragen des öffentlichen Lebens ausgezeichnet bewandert. Die Urteilsfähigkeit der Kranken hat in keiner Weise Not gelitten. Ihre gegenwärtige Lage beurteilt sie durchaus richtig. Trotzdem einer Entlassung seitens der Ärzte nichts im Wege stehen würde, kann sie sich nicht entschließen, von X. weg zu gehen. Den Mut, einen eigenen Haushalt zu führen, besitzt sie nicht mehr. Sie fühlt sich in der Anstalt „wie im sicheren Hafen", sie hat für nichts zu sorgen, hat ihr Auskommen und lebt nicht über ihre Verhältnisse. In der Anstalt werden ihr die größtmöglichen Freiheiten gewährt. Mit ihrem Schicksal, das ihr diese schwere Krankheit sandte, hat sie sich abgefunden. Mit ihren Verwandten und früheren Freunden steht sie seit einem Jahre in sehr lebhafter Korrespondenz. Sie schreibt allerdings nicht oft, wenn aber, dann sehr ausführlich. Fräulein K. ist über die Verhältnisse in der Familie bis ins kleinste Detail orientiert und nimmt an dem Geschick ihrer Angehörigen den lebhaftesten Anteil. In der Anstalt strengt sie sich in keiner Weise an. Sie selbst findet, daß sie auf psychische Erregungen noch abnorm stark reagiert und hütet sich ängstlich vor denselben, da sie sich ihnen nicht gewachsen fühlt und zu ihrer Überwindung immer mehrere Tage braucht, wenn sie doch einmal kommen. Diese außerordentliche Erregbarkeit ist ein weiterer Grund, der sie die Reize der Außenwelt fürchten läßt. Den Trieb zur Arbeit hat sie jetzt, im Gegensatz zu früher, nicht mehr, zumal sie auch sehr schnell ermüdet. Sie meint, in der Anstalt sei das Arbeiten ja auch wertlos. Die Kranke weiß selbst, daß sie noch außerordentlich empfindlich ist. Seit ungefähr zwei Jahren beobachtet sie, daß sie in der Stimmung deutlich schwankt, ohne daß dafür eine äußere Veranlassung gefunden werden könnte. So hat sie Tage, an denen sie „weniger gut gestimmt und leicht gedrückt" ist. Dann ist sie empfindlicher und weicht jedwelcher Erregung aus, wenn sie nur irgend kann. An der gemeinsamen Unterhaltung nimmt sie an diesen Tagen keinen Teil, sie liest entweder nur ganz leichte Bücher oder beschäftigt sich mit Stricken, weil ihr das Begreifen und Überlegen schwer fällt. „Wenn ich in der Stimmung bin, nehme ich Schwerverständliches nicht in die Hand." Eine gesteigerte Entschlußunfähigkeit, Zerstreutheit und andere Symptome subjektiver Hemmung will sie nicht empfinden. An diesen Tagen geht sie nicht aus, weil sie „jeder Schritt schmerzt und ihr schwerer fällt", auch spürt sie dann wieder ihre alten rheumatischen Schmerzen, vor denen sie sich ängstlich hütet. Sie ißt auch weniger, und das Essen macht ihr keine Freude. Diese leichten Verstimmungen treten in ganz unregelmäßigen Abständen auf und dauern meist nur wenige Tage. Die Kranke weiß wohl, daß diese Stimmungsschwankungen, die vor der Krankheit niemals aufgetreten sind, nicht normal sind. Für die schwere Krankheit besitzt sie völlige Einsicht. Vereinzelte hypochondrische Klagen (Rheumatismus usw.) äußert sie auch jetzt noch.

Ergänzung zur Krankengeschichte: Die Kranke gibt an, bis zum Tode ihrer Schwester immer in ganz gleichmäßiger Stimmung gewesen zu sein. Im Anschluß an deren Tod will sie erkrankt sein. Anfangs fiel ihr alles außerordentlich schwer. „Ich habe gar nichts mehr klar und geordnet machen können, ich hätte notwendigerweise viele Briefe schreiben müssen und konnte mich nicht dazu entschließen. Alles war mir einerlei und das war ganz gegen meinen Charakter." An die Heidelberger Zeit und an die ersten drei Jahre in X. hat sie nur eine ganz verschwommene Erinnerung und ist nicht imstande, darüber irgendwelche Angaben zu machen. Sie weiß nur, daß sie jahrelang keinen Hunger hatte. „Ich aß nichts, weil ich immer satt war." Sinnestäuschungen will sie nie gehabt haben. Sie habe oft während der Krankheit nichts sprechen können: „Ich konnte nicht, ich brachte nichts heraus. Ich habe sprechen wollen und nicht können." Sie sei ganz hoffnungslos gewesen. Sie sei jahrelang nicht aufgestanden, weil sie zu schwach gewesen sei. Sie habe nicht viel denken können, sie habe sich oft „matt zum Auslöschen" gefühlt und sich keine rechte Vorstellung machen können, wo sie war. Sie habe das Gefühl gehabt, als ob ihr Gedächtnis vollständig geschwunden sei. Auf diesbezügliche Fragen antwortet sie: „Schreiben konnte ich nicht, ich habe mich nicht entschließen können und habe auch nichts zusammengebracht. Einen Entschluß konnte ich nicht mehr fassen, ich habe alles gehen lassen, trotzdem ich früher so selbständig war." Jahrelang habe sie unter einer großen unbestimmten Angst gelitten. Seit fünf Jahren mache die Besserung in ihrem psychischen Befinden deutliche Fortschritte. Sie fühle, daß sie jetzt noch nicht ganz gesund und so wie früher sei.

Zusammenfassung: Die geistig bisher gesunde 57 jährige Patientin erkrankt unmittelbar im Anschluß an den Tod ihrer Schwester. Die Aufregung über diesen Verlust legt sich nicht mehr. Anfangs klagt Fräulein K. über Energielosigkeit, Unentschlossenheit und Beeinträchtigung ihres Denkens. Nach und nach nimmt die Erregung zu, die Kranke wird ängstlich und äußert zahlreiche Unwürdigkeitsideen. Selbstanklagen und vermeintliche Vorwürfe von seiten ihrer Umgebung mehren sich. Bei der Aufnahme in die Klinik besteht bei der ängstlichen, mit Selbstvorwürfen sich quälenden Kranken, die lebhafte Klagen über Hemmung (sie finde sich in ihren Gedanken nicht mehr zurecht, sie sei so unentschlossen) äußert, keinerlei Krankheitsgefühl. — Die Erkrankung wird eine tiefer greifende. Die ängstlich-unruhige Kranke jammert sehr viel, äußert zahlreiche Versündigungsideen und wird von ängstlichen Vorstellungen beherrscht. Ob je Sinnestäuschungen aufgetreten sind, erscheint sehr zweifelhaft, doch müssen massenhafte Mißdeutungen und Illusionen bestanden haben. Nach und nach trübt sich das Bewußtsein, die Kranke macht einen benommenen Eindruck und äußert nur noch vereinzelte nebelhafte, depressive Vorstellungen. Sie abstiniert und widerstrebt allen Maßnahmen auf das Heftigste. Das Bewußtsein trübt sich immer mehr. Katatoniforme Stellungen werden von der Kranken eingenommen, sie ist völlig mutacistisch und negativistisch, und liegt wochenlang in einem nur zeitweise durchbrochenen Stupor. Erst nach und nach löst sich dieser Zustand, die Kranke erscheint aber immer noch sehr gehemmt. Die früheren Selbstanklagen treten aufs Neue in den Vordergrund. Erst jetzt wird der ängstliche Affekt wieder deutlich. Nach zweijährigem Aufenthalte in der Irrenklinik wird die Kranke nach einer Heilanstalt überführt. Hier tritt von Anfang an der depressive Affekt sehr deutlich in Erscheinung. Der Zustand bessert sich ein wenig. Die Kranke wird freier und vermag sich wieder zu beschäftigen. Ein erneuter Rückfall tritt bald wieder ein. Die Stimmung ist wiederum eine ängstliche und hoffnungslose.

Hypochondrische Klagen treten in den darauf folgenden Monaten mehr und mehr in den Vordergrund und bleiben jahrelang bestehen. Leichte körperliche Affektionen geben den Anstoß zu schweren, offenbar psychisch bedingten Erscheinungen. Monatelang spricht die Kranke infolge einer Stomatitis kein Wort. Dann behauptet sie lange Zeit hindurch, nicht gehen zu können. Endlich, nach fünfjähriger schwerer Krankheit, hält die Besserung an. Die Verstimmung wird geringer, deutlich tritt jetzt eine Hemmung des Willens in Erscheinung. Es bedarf regelmäßig eines gewissen Anstosses von außen, um diese Hemmung langsam zu überwinden. An Stelle der ängstlichen Verstimmung tritt nach und nach eine leichte nörgelnde Gereiztheit. Die objektiv wahrnehmbare psychomotorische Hemmung beherrscht in den letzten Jahren für lange Zeit das Krankheitsbild und äußert sich in einem fast völligen Versagen der Willenshandlungen. Nach fünf Jahren wird auch diese objektive psychomotorische Hemmung überwunden. An die Stelle nörgelnder Gereiztheit tritt eine gewisse Heiterkeit. Die Willensfunktionen kehren ebenso wie die Interessen zurück. In der letzten Zeit ist die Kranke geistig außerordentlich regsam, das Gefühlsleben ist durch die lange Krankheit keineswegs geschwächt, das Gedächtnis ist ausgezeichnet. Körperlich hat sich die Kranke vollständig erholt und äußert nur noch ganz vereinzelte hypochondrische Klagen.

Die Nachuntersuchung nach 11 $^1/_2$ jährigem Bestehen der Krankheit ergibt, daß die z. Zt. leicht euphorische, redselige Kranke nahezu gesund geworden ist. Sie ist völlig krankheitseinsichtig, sie weiß auch, daß die jetzt noch bestehende geringe Erregbarkeit und Unentschlossenheit krankhafte Symptome sind. Von einer Schwächung des Geistes- oder Gemütslebens der sehr intelligenten Kranken kann keine Rede sein, ebensowenig ist ihre Urteilsfähigkeit irgendwie beeinträchtigt. Seit zwei Jahren beobachtet die Patientin selbst leichte Stimmungsschwankungen: in unregelmäßigen Abständen treten unmotivierte, schnell vorübergehende Verstimmungen auf, die mit einem deutlichen Insuffizienzgefühl verbunden sind. Für die ersten fünf Jahre der Krankheit ist die Erinnerung der bis zum Ausbruch derselben in der Stimmung ganz gleichmäßigen Kranken nahezu erloschen. Zu Beginn und im Verlauf der Psychose trat, den Angaben der Patientin zufolge, eine sehr intensive psychomotorische Hemmung auf.

Jetzige Diagnose: Manisch-depressives Irresein mit hysterischen Zügen. Typische zirkuläre Symptome: subjektive und objektive psychomotorische Hemmung. Erregbarkeit, Reizbarkeit. Herrschsucht. Deutliche Stimmungsschwankungen. Redseligkeit.

---

Erbliche Belastung ist nur bei einem unserer Fälle nachzuweisen. Bei zwei Kranken, die beide deutliche hysterische Züge haben, geht der Psychose eine heftige seelische Erschütterung voraus; bei allen dauert die Erkrankung schon viele Jahre.

Bei Fall 29 bringt die Nachuntersuchung nur die Bestätigung der schon aus der Krankengeschichte ersichtlichen Diagnose. Die Schwere der Depression hat sich erheblich gemindert, so daß es keinem Zweifel unterliegt, daß die körperlich kräftige Frau wieder völlig gesund werden wird. Trotz der langen Dauer kann von einem — wenn auch noch so leichten — geistigen Schwächezustand keine Rede sein. Die Heilung wird ohne jeglichen Defekt erfolgen.

Ganz ebenso liegen die Dinge bei Fall 30. Auch hier bestätigt die Nachuntersuchung nur die aus dem Journal zu stellende Diagnose: Manisch-depressives Irresein. So überrascht es uns auch nicht, wenn wir von der Kranken jetzt erfahren, daß sie in der Pubertätszeit, d. h. 42 Jahre vor der jetzigen Erkrankung, schon einmal eine Depression mit Hemmung durchgemacht hat. Von einem geistigen Schwächezustand, wie ihn Kraepelin nach langer Krankheitsdauer früher annahm, kann bei diesen zwei Fällen keine Rede sein. Wüßte man nichts von der Vorgeschichte der Kranken, so würde man auf Grund des gegenwärtigen Zustandsbildes die Diagnose mittelschwere zirkuläre Depression stellen.

Die längste Krankheitsdauer, nahezu 12 Jahre, finden wir bei Fall 31, der dadurch klinisch außerordentlich bedeutsam und wichtig ist, daß sich dem Krankheitsbilde ausgesprochene katatonische, später hysterische Züge beimischen, die manchmal das klinische Bild vollständig verwischen. Nach der Schilderung der Krankengeschichte unterliegt es keinem Zweifel, daß lange Zeit die Diagnose manisch-depressives Irresein aus dem Zustandsbild allein nicht zu stellen war. Diese Tatsache ist sehr wichtig für die Kenntnis dieser Psychose. In dem vierten Kapitel werde ich auf die Frage der Hysteromelancholie zu sprechen kommen. — Der Beginn der Psychose, die Verstimmung nach tiefer seelischer Erschütterung, das anfänglich vorhandene Krankheitsgefühl, die typischen Klagen über Hemmung, nach der zweifellos von dem aufnehmenden Arzte nicht eingehender gefragt wurde, die tiefe Angst, der außerordentlich lebhafte Affekt — alle diese Symptome mußten uns darauf hinweisen, daß wir es mit einer Manisch-depressiven zu tun hatten, und dementsprechend mußte die Prognose günstig gestellt werden. Auch durch den atypischen Verlauf dürften wir uns nicht beirren lassen. Es ist ja bekannt, daß Stuporzustände, wenn auch nicht allzuhäufig, beim zirkulären Irresein vorkommen. Gleichzeitig war unsere Kranke zweifellos benommen. Für die späteren Zustände mußte uns der dauernd vorhandene depressive Affekt immer daran erinnern, daß wir nach einem solchen Beginn der Krankheit nicht ohne weiteres das Recht haben, mit einem Verblödungsprozeß zu rechnen. Leider findet sich niemals ein genauer status in der Krankengeschichte. Ich glaube sicher, daß man wohl immer bei eingehender Analyse des Krankheitsbildes die richtige Diagnose hätte stellen können, abgesehen von den Zuständen, in welchen die Kranke benommen war. Der Verlauf gibt unserer Diagnose durchaus recht. Über die weitere Prognose läßt sich nichts sagen. Möglicherweise werden die seit zwei Jahren auftretenden geringgradigen Schwankungen nach der manischen und depressiven Seite dauernd bestehen bleiben, wie bei so vielen Zirkulären im höheren Lebensalter, so daß man niemals von einer Zeit völliger Gesundung wird reden können. Jedenfalls aber, und das sei nachdrücklich betont, kann von irgendwelchem geistigen Schwächezustand, der sich in verminderter Urteilsfähigkeit oder geringerer Lebhaftigkeit des Affektes äußert, gar keine Rede sein. Die krankhaften Störungen, die wir jetzt noch beobachten, labile Stimmung, Empfindlichkeit, Unentschlossenheit, sind rein zirkuläre Symptome.

Die **vierte Unterabteilung** umfaßt nur einen Fall: Wir finden im Verlauf der Psychose zirkuläre Symptome und die Kombination mit arteriosklerotischer Hirnerkrankung (Ausgang in Schwachsinn).

## Fall 32.

J. K., Landwirtswitwe. Geb. 1823 (zur Zeit der Erkrankung 69 Jahre).

Verpflegung in der Irrenklinik: 22. April 1896 bis 2. Juli 1896.

Diagnose: Melancholie. Krankheitsdauer: seit 14 Jahren krank.

Heredität: Großmutter und Mutter im Alter schwermütig, ein Bruder geisteskrank.

Vorgeschichte: Patientin war bisher immer gesund und fleißig. Gute Begabung. Vor vier Jahren starb der Mann plötzlich an einem Schlaganfall, bald darauf der Schwiegervater. Frau K. erkrankte kurz danach an einer Influenza. Damals soll ihr jetziges Leiden begonnen haben. Sie klagte viel über Kopfweh, sie mußte immer über die Todesursache ihrer beiden Angehörigen nachdenken, machte sich Gedanken, ob sie dieselben auch wirklich gut gepflegt habe. Sie redete sich ein, der Schwiegervater sei böse auf sie gewesen, sie habe ihre Pflicht nicht recht erfüllt und glaubte, sie habe ihn verhungern lassen. Bisweilen traten Selbstmordgedanken auf, die sie jedoch immer zu unterdrücken vermochte. Die oben geschilderten Gedanken blieben die vier Jahre über, wenn auch im geheimen, dauernd bestehen. Sie äußerte sie nur ganz selten. Seit etwa vier Wochen — ohne äußere Ursache — Verschlimmerung der Krankheit. Erzählt ihre Befürchtungen allen Leuten. Frau K. ist sehr unruhig, läuft herum, weint viel, jammert ängstlich vor sich hin und spricht davon, sich aus der Welt zu schaffen.

Status: Patientin ist vollkommen orientiert, besonnen und geordnet. Die Auffassung ist nicht erschwert, das Benehmen ist natürlich, der Gedankengang ist geordnet. Die Stimmung ist deprimiert. Es besteht fast völlige Krankheitseinsicht. Fragen werden prompt beantwortet. Die Kranke gibt an, daß sie Mann und Schwiegervater, die vor vier Jahren gestorben seien, (kennt genau die Daten) nicht gut gepflegt habe. Damals habe sie sich noch keine diesbezüglichen Vorwürfe gemacht. Die seien erst vor sechs Wochen aufgetreten. Seitdem habe sie keine Ruhe mehr, der Schlaf sei gestört, sie müsse weinen und jammern. Das Gedächtnis ist auch für die Ereignisse der jüngsten Vergangenheit gut. (Gibt genau die Geburtstage ihrer Kinder an.) Rechnen geht ziemlich gut. Somatisch: Altersemphysem. Herzdämpfung nach links verbreitert, erster Herzton gespalten. Urin: ohne Zucker und Eiweiß. Atherom.

Verlauf: 23. April 1896. Läuft unruhig umher, jammert aber nicht. Drängt nach Hause. Orientiert und besonnen.

25. April. Gestern war Patientin den ganzen Tag heiterer Stimmung und machte sich keine Vorwürfe. Schlief gut. Heute morgen wieder

unruhiger. Klagt über heftiges Heimweh. „Ich will recht brav sein und keine bösen Gedanken mehr haben. Ich tue mir nichts an, anderen tue ich auch nichts Böses an."

28. April. Einzelne hypochondrische Gedanken: der Leib sei so arg groß. — „Der Geist Gottes ist aus mir heraus, ich bin arg arm, weil ich den Glauben nicht habe." Schläft gut. Freundliches altes Mütterchen.

5. Mai. Patientin ist ganz ruhig, lächelt freundlich, schüttelt dem Arzte freundschaftlich die Hand. Die Unruhe ist in den letzten Tagen fast ganz verschwunden. Es besteht aber noch, wie sie selbst dem Arzt angibt, krankhaftes Heimweh. „Ich tu mir sicher nichts an, der Geist Gottes ist wieder da."

15. Mai. Weitere Besserung. Das Nachhausedrängen wird seltener. Keine Wahnideen mehr. Beschäftigt sich, soweit es ihre Kräfte erlauben.

25. Mai. Zuweilen empfindet Patientin morgens noch eine gewisse Unruhe. Sie ist aber ganz einsichtig und immer vergnügter Stimmung. Kein krankhaftes Heimweh mehr, eine gewisse Zaghaftigkeit und Rührseligkeit bestehen noch.

5. Juni. Stets freundlich, heiter, zufrieden und dankbar. Sie sei nur hie und da noch unruhig, habe aber keine Angst mehr. Freut sich morgens, daß sie „so arg gut geschlafen hat".

20. Juni. Es kommen immer noch Tage, an welchen Patientin eine leichte innere Unruhe verspürt; sie drängt dann nach Hause. Wenn sie ganz ruhig ist, sieht sie ein, daß es besser für sie ist, noch eine zeitlang dazubleiben, und daß das Heimweh bis zu einem gewissen Grade krankhaft ist. Schläft häufig auch am Tage mehrere Stunden.

24. Juni. Klinische Vorstellung: Gibt Namen und Alter richtig und prompt an. Seit April 1896 habe sie sich Vorwürfe gemacht. Ängstlich gewesen? „Selten."

Traurig? „Unruhig."

Will keinen Lebensüberdruß gehabt haben. Nur ein Gefühl, „als ob's da drinnen so leer wäre". Der Geist Gottes sei wieder da. Keine Demenz, Krankheitseinsicht. Immer noch Neigung, etwas viel zu sprechen. Gewisse Unruhe.

2. Juli. Entlassen. Patientin hatte in der letzten Zeit kein krankhaftes Heimweh mehr, war heiter, wenn auch etwas rührselig und hatte Krankheitseinsicht. Die Intelligenz ist eine gute.

Katamnese: Februar 1902. Zuweilen etwas ängstlich. Keine Wahnideen, keine Stimmen. Zugänglich, meist vergnügt. Kein Lebensüberdruß, keine Selbstvorwürfe. Gedächtnis gut. Geisteskräfte dem hohen Alter entsprechend. Am vergnügtesten bei der Arbeit. Blieb sich immer so ziemlich gleich. Appetit, ziemlich gut. Also im ganzen „recht ordentlich". (Auskunft des Schwiegersohnes.)

Nachuntersuchung: Oktober 1906. Den Angaben der Tochter zufolge hat sich die Krankheit nicht ganz verloren. Nachdem die Kranke von Heidelberg wieder nach Hause gekommen war, war sie nahezu $^3/_4$ Jahre ganz ruhig; sie war weder ängstlich noch machte sie sich Selbstvorwürfe. Im Herbst 1896 hielt man sie allgemein für gesund. Sie arbeitete wieder wie vordem und interessierte sich für alles. Sie schlief gut und jammerte nicht mehr. Im Frühjahr 1897 setzte die Krankheit aufs Neue ein, ganz wie früher. Die Kranke wurde wieder ängstlich, machte sich Vorwürfe, war unruhig. So blieb es mit geringen aber deutlichen Schwankungen die ganze Zeit. Im Winter bessert sich die Krankheit regelmäßig, ohne jedoch ganz zu verschwinden. Im Frühjahr wird es dann wieder schlimmer, sie jammert, läuft unruhig hin und her, die Selbstvorwürfe treten wieder auf. Deutliche Schwankungen in den Tageszeiten: die Kranke ist abends viel freier und ruhiger als morgens. — In diesem Jahre fiel sie dreimal bewußtlos um und war blau im Gesicht.

Frau K. selbst ist zugänglich und etwas ängstlich. Sie macht einen deprimierten Eindruck. Die Auffassung ist bei der im Verlauf der Unterhaltung recht lebhaft werdenden Kranken leicht erschwert. Es besteht ein intensives Krankheitsgefühl. „Seitdem ich von Heidelberg weg bin, bin ich nicht recht. Ich hab' immer die Unruh' dadrin. Was bin ich für eine fertige Frau gewesen und nachher bin ich so geworden."

Gedächtnis? Manchmal weiß ich gar nicht recht, wo ich bin.

Denken? Ich kenne oft meine eigenen Kinder nicht.

Lebensfreude? Ja, ich möchte schon leben, wenn ich nur recht beten könnte.

Wie geht es mit dem Beten? Manchmal finde ich die Worte, manchmal nicht.

Arbeiten? Ich kann nicht mehr, ich hab' keine Kraft mehr.

Wie sind die Gedanken? Manchmal zuviel, manchmal zu wenig. Wenn ich zuviel Gedanken hab' kommt mir's vor, als ob ich viele Sorgen hätte.

Die zeitliche Orientierung ist ganz ungenau. Sie kennt nur den Wochentag, aber weder Monat noch Jahr. Das Gedächtnis ist sehr lückenhaft, sie weiß nicht, vor wieviel Jahren sie in Heidelberg war, kennt aber noch den Namen ihrer Wärterin und entsinnt sich, daß sie abends regelmäßig ein Pulver bekam usw. Ihren Geburtstag gibt sie prompt und sicher an, die Todestage ihrer Angehörigen, sowie deren Geburtstage sehr ungenau. Die Merkfähigkeit ist anscheinend gut. Die Kranke macht einen geistig geschwächten Eindruck. Sie äußert viele Klagen, insbesondere, daß sie sich so viele unnötige Sorgen machen müsse, und bittet schließlich um Tropfen gegen ihre Unruhe. Ihr Interessenkreis ist im Vergleich zu früher nicht übermäßig eingeengt. Sie interessiert sich für die Vorgänge in ihrer Familie, liest auch noch in den Kirchenblättern und versteht das Gelesene. Sie hat durchaus Verständnis für ihre Situation und rühmt die Behandlung von Seiten ihrer Kinder. Jammert zuweilen: „O, wenn ich nur schlafen, recht beten und glauben könnte. Ich bete, aber es hat keine Kraft mehr. Wir könnten es so schön haben, da muß mich das Unglück treffen." Körperlich: Arteriosklerose der peripheren Arterien, keine Reflexdifferenzen. Sonstige körperliche Untersuchung nicht möglich.

Ergänzung zur Krankengeschichte: Die Patientin versichert auf das Bestimmteste, daß sie vor dem Tode ihres Mannes und ihres Schwiegervaters in der Stimmung immer ganz gleichmäßig, insbesondere niemals schwermütig gewesen sei. Sie weiß, daß sie, seitdem sie nach Heidelberg kam, immer an der gleichen krankhaften Verstimmung leidet. In ruhigen Momenten erkennt sie die Selbstvorwürfe als unbegründet an. Ebenso weiß sie, daß die übrigen Symptome Zeichen einer Gemütskrankheit sind.

Den Angaben der Tochter zufolge bestand die Verstimmung in ihren Anfängen schon 4 Jahre vor der Aufnahme in die Irrenklinik und entwickelte sich im Anschluß an die seelische Erschütterung.

Zusammenfassung: Die bisher geistig gesunde Frau erkrankt im Anschluß an den Tod ihrer nächsten Angehörigen mit 69 Jahren. Traurige Verstimmung, Angst, innere Unruhe und Selbstvorwürfe halten sich vier Jahre lang in mäßigen Grenzen, bis sie, bei intensivem Gefühl für die krankhafte Veränderung, ohne äußere Veranlassung stärker werden und zur Aufnahme in die Klinik führen. Hier sind diese Symptome nur leicht angedeutet; es werden ferner bei einem gewissen Rededrang deutliche Stimmungsschwankungen beobachtet. Sinnestäuschungen und Wahnideen sind niemals aufgetreten. Irgendwelche Symptome einer beginnenden senilen Demenz lassen sich nicht nachweisen. Völlig einsichtig wird die Kranke nach 10 wöchentlicher Anstaltsbehandlung entlassen. — Die Nachuntersuchung stellt folgendes fest: Nach der Entlassung aus der Klinik ging die Krankheit so sehr zurück, daß die Patientin während $^3/_4$ Jahren von der Umgebung für völlig gesund gehalten wurde. Dann traten die oben geschilderten Symptome aufs Neue in Erscheinung. Im weiteren Verlauf der Erkrankung wurden deutliche Schwankungen in der psychischen Verfassung der Kranken beobachtet. Stille Ruhe (Heiterkeit? Katamnese 1902) wechselte mit leichter ängstlicher Erregung und Selbstvorwürfen. Jetzt, nach 14 jähriger Krankheit, bietet die Kranke noch immer die oben genannten Symptome, hat aber ein an Einsicht grenzendes Krankheitsgefühl. Wahnideen und Sinnestäuschungen bestanden niemals. Zur Zeit ist die Kranke dem hohen Alter entsprechend (83 $^1/_2$ Jahre!) geistig geschwächt. Das Gedächtnis ist lückenhaft, die Merkfähigkeit anscheinend gut. Der Interessenkreis ist eingeengt, die Auffassung leicht erschwert, das Orientierungsvermögen in der Zeit unsicher. Die Fragen nach psychomotorischer Hemmung sind, trotzdem sie in positivem Sinne beantwortet werden, bei der geistigen Schwäche nicht zu verwerten.

Jetzige Diagnose: Manisch depressives Irresein verbunden mit arteriosklerotischer Hirnerkrankung.

Typisch zirkuläre Symptome: Rededrang, Stimmungsschwankungen.

Dieser Fall verdient besonderes klinisches Interesse, da wir es hier zum ersten Male mit einer zum Schwachsinn führenden Melancholie zu tun haben. Allein bei genauer Analyse des Krankheitsverlaufs können wir auch hier sehen, daß die Geistesstörung, welche die Kranke mit 73 Jahren in die Irrenklinik führte, wohl als eine zirkuläre Depression aufgefaßt werden kann. Im Laufe der nächsten 10 Jahre entwickelt sich eine senile Demenz, die das ursprüngliche Bild verwischt. So können wir leider bei der Nachuntersuchung nur diese Geistesschwäche feststellen, ohne daß die jetzigen Angaben der Kranken irgendwie die ziemlich dürftigen Angaben der Krankengeschichte ergänzen könnten. Natürlich sind die Fragen nach Hemmung nicht zu verwerten, auch wenn sie in positivem Sinn beantwortet werden, da derartige Unfähigkeitsgefühle ja ebensosehr Zeichen der senilen Veränderung sein können, für welche die Kranke ein lebhaftes Gefühl hat. Auch die körperlichen Zeichen der senilen Demenz: Arteriosklerose und Ohnmachtsanfälle finden wir bei unserer Kranken. Jedenfalls aber haben wir es nicht mit einer tiefen Verblödung zu tun.

Anhangsweise, und nur um mein Material vollständig zu bringen, möchte ich die zwei folgenden Fälle besprechen, die sich schon bei der Lektüre der Krankengeschichten als weder zur Melancholie noch zum manisch-depressiven Irresein gehörig erwiesen. Die persönliche Nachuntersuchung bestätigte diese Anschauung.

### Fall 33.

A. S., 57 Jahre alt, in der Irrenklinik vom 1. Juni bis 13. Juli 1894 (Diagnose: Melancholie) verpflegt. Aus der kurzen Krankengeschichte geht hervor, daß S. seit drei Wochen deprimiert ist, Selbstmordgedanken äußerte und Stimmen hörte, die ihm Böses nachsagten. Eine äußere Veranlassung für die Erkrankung, ganz besonders aber auch Alkoholabusus, wurden strikte negiert. Schon wenige Tage nach der Aufnahme bessert sich der Zustand, der Kranke hört aber noch einige Tage Stimmen, u. a. auch „Schnapslump". Keine Wahnideen, keine Selbstvorwürfe.

Der Kranke klagt, daß es ihm schwer ums Herz sei, daß er sich gemütskrank fühle. Nach drei Wochen ist die Verstimmung vorbei, S. wird völlig einsichtig für die „Schwermut" entlassen. — Die Nachuntersuchung des nunmehr 70 jährigen Mannes, insbesondere eine ausführliche Anamnese, die bei dem Schwiegersohn erhoben wurde, bestätigte unsere Anschauung, daß es sich um eine typische Alkoholhalluzinose mit Angst und Verstimmung gehandelt hat. Vor allen Dingen halluzinierte der auch jetzt noch zum Dissimulieren neigende, potus entschieden in Abrede stellende Mann (potator strenuus), vor der Aufnahme in die Klinik in ganz typischer Weise.

## Fall 34.

Z. G., 61 Jahre alt, in der Irrenklinik vom 24. März bis 5. April 1894 (Diagnose: Melancholie) verpflegt.

Nach einer schweren fieberhaften Erkrankung klagt die bisher gesunde Frau über unerträgliche Magenschmerzen, die paroxysmal auftreten. Wenn die Anfälle kommen, tobt und schreit die Kranke ganz unsinnig, klagt über Angst, Beklemmungsgefühle und Herzklopfen. In der Klinik erscheint Patientin am ersten Tage „eingeschüchtert", später neugierig, wehleidig, aufdringlich. Magenkrämpfe oder Angstzustände treten nicht mehr auf. — Ganz ruhig, guter Stimmung, wird Patientin nach 12 tägigem Aufenthalt in der Klinik entlassen. — Die Nachuntersuchung ergibt keinerlei Anhaltspunkte für manisch-depressives Irresein oder Melancholie. Offenbar handelte es sich bei der von jeher aufgeregten und exaltierten Frau um eine hysterische Erregung (die Untersuchung des Herzens ergibt einen völlig normalen Befund). Auch jetzt zeigt Frau G. deutliche Züge des hysterischen Charakters. Abgesehen davon ist sie psychisch gesund. Die Anfälle, die sie selbst als Magenkrämpfe schildert, traten seit der Entlassung aus der Klinik wohl noch ab und zu, aber nie mehr in dieser Heftigkeit, auf.

## IV.

Es verstand sich, wie schon erwähnt, von selbst, daß ich mich, um ein einigermaßen abschließendes Urteil über die Melancholiefrage zu bekommen, nicht nur mit dem Material begnügen durfte, das ich nachuntersuchen konnte. Obgleich ich diese Fälle nicht willkürlich zusammengestellt hatte, konnten mir noch sehr wichtige Krankheitsbilder entgangen sein. So fand ich z. B. unter den im vorigen geschilderten 32 Fällen nur ein einziges Mal die Kombination von manisch-depressivem Irresein mit arteriosklerotischer Hirnerkrankung (Melancholie mit Ausgang in Schwachsinn). Die leichteren geistigen Schwächezustände, wie Kraepelin sie schildert, vermissen wir ganz. Die Prognose muß uns nach den bisherigen Fällen als durchaus günstig erscheinen. — Alle diese Punkte sind maßgebend, um uns nicht allein auf das nachuntersuchte Material zu beschränken. Nur so ist es uns möglich, einigermaßen bindende Schlüsse zu ziehen.

Es erschien mir nicht angängig, auch die folgenden Fälle in extenso zu bringen, teils um den Leser nicht zu ermüden, teils um den Umfang der Arbeit nicht außerordentlich zu vergrößern, hauptsächlich aber auch, weil mit Ausnahme der sechsten, nur 4 Fälle umfassenden Gruppe die Nachuntersuchung als Ergänzung zur Krankengeschichte fehlt. So entschloß ich mich die folgenden drei Gruppen in Tabellenform zu bringen. Der größte Wert wurde hierbei auf die zwei Rubriken „Krankheitsgeschichte" und „Weiterer Verlauf" gelegt. Ich bemühte mich, auf wenigen Zeilen eine Krankengeschichte in Stichworten zu geben, die einzelnen Symptome nacheinander aufzuzählen, ohne mich auch nur im geringsten auf Details einzulassen. Der körperliche Befund wurde, wenn er nichts Pathologisches ergab, ganz weggelassen. Naturgemäß legte ich besonderes Gewicht auf die Symptome, die mir als typische zirkuläre Zeichen imponierten. Ich verfolgte auch bei den folgenden Fällen den gleichen Weg, wie bei den vorhergehenden: wenn irgend möglich schon aus der Analyse der Krankengeschichte die Diagnose manisch-depressives Irresein zu stellen. So hege ich die Hoffnung, daß nach der Lektüre der vorhergehenden Krankengeschichten die folgenden verständlich sein werden.

---

Die persönliche Nachuntersuchung war in den folgenden acht Fällen nicht durchführbar. Wo es möglich war, versuchte ich mit einem Angehörigen oder dem behandelnden Arzt persönlich Rücksprache zu nehmen (Fall 35, 40, 41). War ich nur auf schriftliche Auskunft angewiesen, so wandte ich mich, wenn nötig, an die Angehörigen und an das zuständige Bürgermeisteramt.

## IV. Gruppe: Nicht nachuntersuchte, noch

| No. | Name | Alter | Aufenthalt in der Klinik oder einer anderen Anstalt | Diagnose | Heredität | Auslösende Ursache |
|---|---|---|---|---|---|---|
| 35 | D. M. ♂ | 60 J. | 14. September 1900 bis 9. Juli 1901 (³/₄ Jahre) | Melancholie | o | Gerichtliche Bestrafung der Frau |
| 36 | S. L. ♀ | 53 J. | 23. August 1894 bis 3. März 1895 (ca. ½ Jahr) | Melancholie | Schwester geisteskrank | Kaminbrand |
| 37 | K. G. ♀ | 51 J. | 13. Juni 1904 bis 16. April 1905 (10 Monate) | Melancholie | o | o |
| 38 | H. E. ♀ | 52 J. | 12. März bis 8. Juli 1895 (4 Monate) | Melancholie | o | o |
| 39 | N. D. ♀ | 55 J. | 18. Oktober 1892 bis 30. März 1893 (5 Monate) | Melancholie | o | o |

## lebende frühere Melancholiekranke.

| Krankheitsgeschichte | Weiterer Verlauf | Begründung der jetzigen Diagnose |
|---|---|---|
| Patient litt 3—4 mal an plötzlich einsetzenden kurzdauernden Zuständen von Verstimmung und Lebensüberdruß. 1892 schwere „Neurasthenie mit Selbstmordgedanken". ³/₄ J. arbeitsunfähig. Danach gesund. Jetzt geordnet, orientiert, deprimiert, Selbstanklagen, Versündigungsideen, Suizidgedanken. Klagen über Gedächtnisschwäche. Lebhaftes Krankheitsgefühl. Ängstliche Verfolgungs- und Vergiftungsideen. Sehr gebessert entlassen. | Mündlicher Bericht d. Sohnes 1906: Seit 5 J. völlig gesund, krankheitseinsichtig. Angeblich keine Stimmungsschwankungen. Krankheitsdauer: ca. 1 Jahr | Manisch-depressives Irresein (mehrfache Anfälle, Hemmung) |
| Immer orientiert. Angst, Unruhe, Jammern. Ganz verzweifelt. Neigung zu Dissimulieren. Verlauf: Anfangs noch hochgradige Angst, Beachtungsideen. Zeitweise ablenkbar und querulierend, gleichzeitig deprimiert. Gebessert entlassen. | Katamnese 1906: Nach der Entlassung gesund. Erkrankte 7 J. später unter gleichen Symptomen. (2 Monate Irrenanstalt N.) Jetzt gesund. Krankheitsdauer: ca. 1 Jahr | Manisch-depressives Irresein (Rezidiv, Ablenkbarkeit, Querulieren) |
| Vor 20 Jahren im Wochenbett geistesgestört. Suizidversuch. Danach gesund bis Herbst 1903. Jetzt: Orientiert, deprimiert, ängstlich phantast. hypochondr. Klagen. Jammern. Hysterische Züge. Vage Selbstvorwürfe. Lebhafter Affekt. Kein Krankheitsgefühl. Keine Halluzinationen. Insuffizienzgefühl (kann nicht mehr so denken wie früher). Ungeheilt entlassen. | Katamnese Dez. 1905: Noch krank. Katamnese Dez. 1906: Seit ½ Jahr gesund. (Ehemann, Bürgermeisteramt). Krankheitsdauer: ca. 2½ Jahre | Manisch-depressives Irresein(Rezidiv, Hemmung) |
| Gute Orientierung. Angst, Unruhe, vage Befürchtungen, Selbstvorwürfe, Versündigungsideen. Verlauf: Angst läßt nach. Fades Witzeln, süßliches Lächeln, Rededrang. | Katamnese 1906: „Schon lange gesund". Krankheitsdauer: ? | Manisch-depressives Irresein (Rededrang, Witzeln) |
| Orientiert, verstimmt, schlaflos, Selbstvorwürfe, körperliche Klagen, hypochondrische Ideen, Krankheitsgefühl. Verlauf: Deprimiert, dabei anspruchsvoll, querulierend. Gebessert entlassen. | Katamnese 1902: „Heiter, reizbar, egoistisch, sonst nichts Abnormes". Katamnese 1906: Keine Antwort. Krankheitsdauer: ? | Manisch-depressives Irresein (Anspruchsvolles Benehmen. Querulieren.) |

| No. | Name | Alter | Aufenthalt in der Klinik oder einer anderen Anstalt | Diagnose | Heredität | Auslösende Ursache |
|---|---|---|---|---|---|---|
| 40 | E. H. ♀ | 48 J. | 29. Oktober 1896 bis 11. Januar 1897 Heilanstalt Z: 11. Januar bis 2. November 1897, 8. Oktober 1898 bis 22. April 1900, (2 Jahre 10 Monate) | Melancholie | o | o |
| 41 | H. M. ♂ | 53 J. | 13. Oktober 1893 bis 20. Juni 1895 (1¾ Jahre) | Depressiver Wahnsinn | Bruder durch Suizid † | Grosse geschäftliche Aufregungen |
| 42 | B. K. ♀ | 49 J. | 11. Januar bis 20. Februar 1899 (6 Wochen) | Melancholie | Mutter geisteskrank, durch Suizid †, Großvatersbruder Trinker | o |

| Krankheitsgeschichte | Weiterer Verlauf | Begründung der jetzigen Diagnose |
|---|---|---|
| Besonnen, orientiert, ängstlich, Versündigungswahn, ängstliche Befürchtungen, hypochondrische Klagen. Heilanstalt: Lebh. ängstl. Affekt, Selbstvorwürfe, Unwürdigkeitsideen. Angst, Jammern, innere Unruhe. Krankheitsgefühl. Deutliche Schwankungen zwischen ruhiger Gesprächigkeit und ängstl. Selbstvorwürfen. Heimweh. Neigung zu Dissimulieren. Nach der ersten Entlassung recht ordentlich, dann verstärktes Auftreten obiger Symptome. Gebessert entlassen. | Mündlicher Bericht des Hausarztes (Bezirksarzt) 1906: Seit 2 Jahren ganz gesund und krankheitseinsichtig. Keine Stimmungsschwankungen. Krankheitsdauer: ca. 8 Jahre | Manisch-depressives Irresein (Stimmungsschwankungen) |
| Nur Entmündigungsgutachten. Krankengeschichte unauffindbar. — Beginn Sommer 1893 mit Reizbarkeit, Zornausbrüchen, Menschenscheu, Selbstvorwürfen, Arbeitsunfähigkeit. Immer orientiert. Angst, Unruhe. Verlauf: Absurde Wahnideen, ängstlich phantastische Befürchtungen. Stereotypes Jammern. Abnehmender ängstlicher Affekt. Deutliche geistige Schwäche (!!). Ungeheilt entlassen. | Mündlicher Bericht des Hausarztes (Psychiater) 1907: Seit 8 J. ganz gesund, krankheitseinsichtig. Entmündigung aufgehoben. Keine Stimmungsschwankungen. Katamnese 1906: Seit 1899 ganz gesund. Krankheitsdauer: ca. 6 Jahre | Spärliche Notizen! Manisch-depressives Irresein auf Grund der Reizbarkeit im Beginn und endlicher Heilung sehr wahrscheinlich |
| Gute Orientierung. Angst, Unruhe, ängstliche Befürchtungen. Lebhaftes Krankheitsgefühl. Klagen über Müdigkeit. Neigung zu Dissumulieren. Lebhafter Affekt. Verlauf: Traurige Verstimmung, geringe Angst, keine Wahnideen oder Sinnestäuschungen. Gebessert entlassen. | Katamnese 1906: Bald nach der Entlassung ganz gesund. (Sohn, Bürgermeisteramt). Krankheitsdauer: ca. $^1/_2$ Jahr | Manisch-depressives Irresein sehr wahrscheinlich |

Fassen wir das Ergebnis der vierten Gruppe kurz zusammen, so finden wir, daß alle 8 Kranke anscheinend gesund geworden sind. Die Krankheitsdauer ist in 2 Fällen unbekannt, in 4 Fällen schwankt sie zwischen $1/_2$ und $2^1/_2$ Jahren. Ein Kranker genas nach 6, eine Patientin nach 8 Jahren.

Drei Kranke machten dem Journal zufolge mehrere Depressionsanfälle durch. Bei drei anderen finden sich typische zirkuläre Symptome im Verlaufe. Bei den beiden letzten Kranken (Fall 41 und 42) erscheint die Diagnose manisch-depressives Irresein sehr wahrscheinlich, wenn sich auch in den Notizen keine typischen zirkulären Symptome finden. Ich komme im IV. Kapitel auf diese beiden Fälle zurück.

## V.

Nahezu die Hälfte der in den letzten 14 Jahren in die Heidelberger Irrenklinik aufgenommenen Melancholiekranken ist gestorben. Um das nun folgende Material von 39 Fällen übersichtlicher zu gestalten, teilte ich es in fünf mehr oder minder große Unterabteilungen, natürlich wie alle unsere Einteilungen eine nur ad hoc, der besseren Übersichtlichkeit wegen durchgeführte.

Ein Teil der Verstorbenen starb in Irrenanstalten. Über deren psychische Verfassung sind wir also mehr oder weniger gut unterrichtet. Wir sind imstande, uns über den Verlauf der Psychose eine einigermaßen klare Vorstellung zu machen.

Eine große Anzahl der Kranken starb aber nach längerer oder kürzerer Zeit außerhalb der Anstalt. Bei diesen erschien es mir von Wichtigkeit, in Erfahrung zu bringen, ob sie geistig gesund oder krank starben. Auch hier wandte ich mich in den allermeisten Fällen sowohl an die Angehörigen als auch an die zuständigen Bürgermeisterämter und an eruierbare Ärzte, um diesbezügliche Nachrichten zu bekommen. In manchen Krankengeschichten fanden sich Briefe der nunmehr verstorbenen Kranken an die Direktion oder Ärzte der Klinik, aus welchen hervorgeht, daß sie gesund und krankheitseinsichtig geworden waren. So erscheint es mir bei einer Anzahl von Kranken einwandsfrei festzustehen, daß sie vor ihrem Tode geistig gesund waren, bei anderen ist natürlich die entsprechende schriftliche Auskunft mit der nötigen Reserve aufzunehmen. Die Mitteilung, daß unsere früheren Patienten geistig krank gestorben seien, darf wohl stets als zutreffend verwertet werden.

## V. Gruppe:

**I. Unterabteilung:** Verstorbene Kranke, die zweifellos mehrere, zeitlich ge-

| No. | Name | Alter | Aufenthalt in der Klinik oder einer anderen Anstalt | Diagnose | Heredität | Auslösende Ursache |
|---|---|---|---|---|---|---|
| 43 | L. W. ♀ | 48 J. | 17. Dezember 1894 bis 6. April 1895 (4 Monate) | Melancholie | o | o |
| 44 | J. R. ♂ | 57 J. | 24. Februar bis 30. März 1892 (4½ Wochen) | Melancholie | o | o |
| 45 | J. K. ♀ | 40 J. | 22. September 1892 bis 9. Mai 1893 (7½ Monate) | Depressiver Wahnsinn | Muttersbruder schwachsinnig | o |

## Verstorbene Kranke.

trennte Depressionen vor oder nach der Involutionsmelancholie durchmachten.

| Krankheitsgeschichte | Weiterer Verlauf | Begründung der jetzigen Diagnose |
|---|---|---|
| 1889 schwermütig. (Schlaflos, Unruhe, Lebensüberdruß.) 1891 „sehr erschöpft". Jetzt: Besonnen, geordnet, orientiert. Deprimiert, ruhelos, erschöpft. Selbstvorwürfe. Hypochondrische Ideen. Klagen über Gedankenunruhe. Sehr ermüdbar. Lebhaftes Krankheitsgefühl. Nächtliche Visionen. Im Verlaufe deutliche Stimmungsschwankungen. Gesund entlassen. | Katamnese 1906: Erkrankte 1899 unter ähnlichen Symptomen aufs Neue. Diesmal Klagen über Hemmung. Nach zweimonatlicher Behandlung in einer Irrenanstalt gesund entlassen. Starb $\frac{1}{2}$ Jahr später an Darmblutung. Krankheitsdauer: ca. $\frac{1}{4}$ Jahr | Manisch-depressives Irresein (mehrere Anfälle, Stimmungsschwankungen) |
| Ausführliche Krankengeschichte fehlt. — Orientiert. Deprimiert. Selbstvorwürfe. Angst. Selbstmordgedanken. Wahnvorstellungen. Magenbeschwerden. Hypochondrische Klagen. Katamnese 1894: Wenige Wochen nach der Entlassung gesund. | Erkrankt 1901 aufs Neue unter ähnlichen Symptomen. Irrenklinik vom 11. Februar bis 28. März 1901. Diagnose: Man. depr. Irresein. Starb ungeheilt im Juni 1901 an Bronchitis. Krankheitsdauer: ca. $\frac{1}{4}$ Jahr | Die Diagnose: Manisch-depressives Irresein wird bei der zweiten Aufnahme in der Klinik auf Grund des Rezidivs gestellt |
| Geordnet. Orientiert. Deprimiert. Selbstmordgedanken und -versuch. Angst. Lebhafter Affekt. Unwürdigkeits-, Versündigungsideen. Phantastische, ängstlich gefärbte Wahnideen. Keine Sinnestäuschungen. Plötzlicher, kurzdauernder Stimmungsumschlag. (Angst und Lachen durcheinander.) Geheilt entlassen. — Katamnese 1894. Gesund, leicht erregbar und reizbar. | Erkrankt 1902 aufs Neue unter ähnlichen Symptomen. Dazu Personenverkennung, hypochondrische Klagen. Kurzdauernder Stimmungsumschlag. Zeitweise gereizt. 20. Oktober 1902 bis 5. März 1904 Irrenklinik. Dann Heilanstalt. Gestorben März 1905 ungeheilt bei lebhaftem ängstlichem Affekt an Herzlähmung. Krankheitsdauer: ca. 2 Jahre | Manisch-depressives Irresein. (Rezidiv, offenbar Manie nach der ersten Depression. Stimmungsumschlag. Reizbarkeit) |

| No. | Name | Alter | Aufenthalt in der Klinik oder einer anderen Anstalt | Diagnose | Heredität | Auslösende Ursache |
|---|---|---|---|---|---|---|
| 46 | E. K. ♀ | 58 J. | 20. September bis 29. September 1897 (9 Tage) | Melancholie | o | o |
| 47 | L. Sch. ♀ | 58 J. | 13. Mai bis 18. Mai 1893 (5 Tage) | Melancholie | Mutter altersschwachsinnig | o |
| 48 | E. Sch. ♀ | 51 J. | 24. Oktober 1894 bis 29. März 1895 (5 Monate) | Melancholie | Mutter, Bruder, Schwester geisteskrank | Erregung über die Krankheit der Schwester |
| 49 | S. H. ♀ | 53 J. | 2. September bis 16. November 1896 ($2\,^1/_2$ Monate) | Melancholie | o | o |
| 50 | H. Sch. ♂ | 63 J. | 17. März bis 6. Mai 1893 ($1\,^3/_4$ Monate) | Melancholie | Großvater † durch Suizid | o |

| Krankheitsgeschichte | Weiterer Verlauf | Begründung der jetzigen Diagnose |
|---|---|---|
| Vor 2 Jahren plötzlich aufgeregt, unruhig. Klagte über Schwäche. Krankheitsgefühl. Nach 8 Wochen gesund. Jetzt seit 8 Wochen ängstlich erregt. Ängstliche Befürchtungen. Krankheitsgefühl. „Mitteilungs- u. anlehnungsbedürftig." Orientiert. Rest der Krankengeschichte fehlt. | Katamnese 1906: „Nach der Entlassung aus der Klinik gesund. Starb 1903." Krankheitsdauer: ca. $^1/_4$ Jahr | Manisch-depressives Irresein. (Rezidiv, jedesmal baldige Genesung) |
| Vor 16 Jahren deprimiert. (Schwere Gedanken, schlechter Schlaf, Klagen über Veränderung und Interesselosigkeit, Arbeitsunfähigkeit. Nach $^1/_2$ J. gesund. Vor 8 J. Rezidiv. Vor 3 J. dritter Anfall. Jedesmal genesen. Jetzt besonnen, orientiert, deprimiert, weint. Angst, innere Unruhe. „Verliert leicht den Faden und schweift ab." Ruhiger entlassen. | Katamnese 1895: Stets wohl. Interessiert sich für alles. Katamnese 1906: Gestorben 1899. Krankheitsdauer: ca. $^1/_2$ Jahr | Manisch-depressives Irresein. (Rezidive, jedesmalige Genesung, Hemmung, Gedankenflucht) |
| Vor 6 Jahren „Melancholia agitata." Mehrere Wochen in einer Anstalt. Gesund. Jetzt: Deprimiert, Angst, hypochondr. Ideen. Krankheitsgefühl. Gut orientiert. Im Verlauf: unzufrieden, querulierend. Nörgelnd und deprimiert entlassen. | Katamnese 1906: 1899 geistig gesund an den Folgen einer Uterusoperation gestorben. Krankheitsdauer: ? (nicht über 5 Jahre) | Manisch-depressives Irresein. (Rezidiv.) Ausgesprochener Mischzustand |
| Vor 35 Jahren erster Anfall (Klagen über Magenschmerzen. „Simulierte.") Dauer 3 Wochen. Jetzt: Krank seit $^1/_2$ Jahre. Besonnen, orientiert. Deprimiert, ängstliche Unruhe. Versündigungsideen. Magenbeschwerden. Ängstliche Befürchtungen. Zwangsweise Lastergedanken. Gebessert entlassen. | Katamnese 1906: „Krank bis 1898. Danach gesund. Starb 1905 an einem Herzleiden." (Schwester.) Krankheitsdauer: ca. 2 Jahre | Manisch-depressives Irresein. (Rezidiv, Genesung) |
| Ausführliche Krankengeschichte fehlt. War 1889 5 Wochen in einer Irrenanstalt. Damals deprimiert, ängstlich, hypochondrische Klagen (Obstipation!) Selbstmordgedanken. Krankheitsgefühl. Beim Denken unruhig. Deutlicher Stimmungsumschlag. Querulieren. Nach der Entlassung Schwankungen, dann gesund. Jetzt: ängstliche Erregung wie 1889. | Katamnese 1906: „Starb fast ganz normal 3 Wochen nach der Entlassung aus der Klinik (1893)". Krankheitsdauer: ca. $^1/_2$ Jahr | Manisch-depressives Irresein. (Rezidiv, Genesung, Gedankenflucht, Stimmungsumschlag, Querulieren.) |

| No. | Name | Alter | Aufenthalt in der Klinik oder einer anderen Anstalt | Diagnose | Heredität | Auslösende Ursache |
|---|---|---|---|---|---|---|
| 51 | J. Z. ♂ | 62 J. | 18. Januar bis 29. Mai 1897 (4 1/3 Monate) | Melancholie | Mutter schwermütig, in einer Anstalt | o |
| 52 | L. K. ♂ | 57 J. | 11. September 1897 4. Januar 1898 (4 Monate) | Melancholie | o | Geschäftliches Unglück |
| 53 | S. H. ♂ | 58 J. | 16. Mai bis 24. August 1893. Heilanstalt X: 24. August bis 23. September 1893. (†) (4 Monate) | Melancholie | o | Pleuritis? |
| 54 | M. B. ♀ | 76 J. | 2. Januar bis 31. Mai 1897. (†) (5 Monate) | Melancholie | o | o |

| Krankheitsgeschichte | Weiterer Verlauf | Begründung der jetzigen Diagnose |
|---|---|---|
| Von jeher eigentümlich. Vor 9 Jahren erster Anfall, „so wie jetzt". 8 Wochen Anstalt. Danach gesund, aber deutliche Stimmungsschwankungen. Jetzt: Orientiert, deprimiert, Selbstvorwürfe, Zwangsvorstellungen. Krankheitsgefühl. Keine Hemmung. Deutlicher Rededrang. Im Verlauf Angstparoxysmen, ängstliche Befürchtungen. Später: querulierend. Gebessert entlassen. | Katamnese 1902: Verblüffender unberechenbarer Wechsel der Stimmung. Gutes Urteil und Gedächtnis. Starb 1900 in einem plötzlich einsetzenden Angstanfall. Krankheitsdauer: ca. 4 Jahre | Manisch-depressives Irresein. (Rezidiv, Stimmungsschwankungen, Rededrang, Querulieren.) |
| Vor 22 Jahren infolge eines Schreckens $^1/_2$ Jahr schwermütig. Danach gesund. Vor 7 Jahren zweiter Anfall. (Depression mit Suizidgedanken nach einer Erregung.) Jetzt: seit 2 Mon. verstimmt, ängstlich. Trübe Gedanken. Versündigungsideen. Selbstmordversuch. Immer orientiert. Gebessert entlassen. | Katamnese 1902: Dauernd gemütsleidend. Erhängte sich im September 1902. Krankheitsdauer: ca. 5 Jahre | Manisch-depressives Irresein. (Rezidive, zweimal Genesung) |
| Vor 4 Jahren plötzlich ängstlich erregte Tobsucht. Nach wenigen Tagen gesund. Jetzt: Geordnet, orientiert. Deprimiert, ängstlich. Jammern. Hypochondrische Klagen. Wenige Tage dauernder Stimmungsumschlag. Ungeheilt gestorben. (Herzschwäche u. Pneumonie). | In der Irrenanstalt †. Krankheitsdauer: ca. $^1/_2$ Jahr | Manisch-depressives Irresein. (Rezidiv, plötzlicher Stimmungsumschlag) |
| Vor 10 Jahren Anfall von Schwermut und Angst. Danach gesund. Seit drei Monaten ängstlich, unruhig, schwermütig, Klagen über Gedächtnisabnahme (objektiv nicht feststellbar). Lebhaftes Krankheitsgefühl. Immer orientiert. Ängstliche Befürchtungen. Plötzlicher kurzdauernder Stimmungsumschlag (zweimal). Starb in ängstlicher Erregung an Apoplexie. | In der Irrenanstalt †. Krankheitsdauer: ca. $^3/_4$ Jahre | Manisch-depressives Irresein. (Rezidiv, plötzlicher Stimmungsumschlag, Hemmung) |

| No. | Name | Alter | Aufenthalt in der Klinik oder einer anderen Anstalt | Diagnose | Heredität | Auslösende Ursache |
|---|---|---|---|---|---|---|
| 55 | L. W. ♀ | 61 J. | 28. Mai bis 4. September 1898 (3¼ Monate) | Melancholie | Großmutter geisteskrank | o |
| 56 | S. N. ♀ | 64 J. | 5. August bis 7. Oktober 1903 (2 Monate) | Melancholie | Familie „nervös" | o |
| 57 | B. K. ♀ | 65 J. | 24. August bis 30. Dezember 1903. Heilanstalt X: 30. Dezember 1903 bis 14. Januar 1906. (†) (2⅓ Jahr) | Melancholie | Schwester „nervenleidend" | o |

Fassen wir die Ergebnisse dieser 15 Krankengeschichten kurz zusammen, so finden wir bei acht Fällen erbliche Belastung. Bei zwei Fällen geht eine seelische Erregung dem Ausbruch der Psychose voraus.

Drei Kranke (Fall 43, 44, 45) erkrankten mehrere Jahre nach der Entlassung aus der Klinik abermals an einem Depressionsanfall. Eine Kranke genas von dem Rückfall, zwei Kranke

| Krankheitsgeschichte | Weiterer Verlauf | Begründung der jetzigen Diagnose |
|---|---|---|
| Vor 14 Jahren nach dem Tode des Mannes in ähnlicher Weise erkrankt. Wurde gesund. Jetzt: Orientiert, deprimiert, ängstlich, Selbstvorwürfe, trübe Gedanken. Klagen über Arbeitsunfähigkeit und Gedächtnisabnahme. Hypochondrische Klagen. Illusionen. Beziehungsideen. Zeitweise querulierend. Gebessert, in plötzlichem Anfall von Herzschwäche gestorben. | In der Irrenanstalt †. Krankheitsdauer: ca. $1/2$ Jahr | Manisch-depressives Irresein. (Rezidiv, Hemmung, Querulieren) |
| Vor 3 Jahren erster Anfall. (Deprimiert, schlaflos, unzufrieden.) Danach gesund. Seit $1/2$ Jahre aufs Neue verstimmt. Jetzt orientiert, ängstlich, ruhelos. Lebhafter Affekt. Selbstmordgedanken. Phantast. hypochondrische Klagen. Zeitweise Angstparoxysmen, manchmal ärgerlich gereizt. Abstiniert. Tod an Herzschwäche. | In der Irrenanstalt †. Krankheitsdauer: ca. $3/4$ Jahre | Manisch-depressives Irresein. (Rezidiv. Zeitweises Querulieren) |
| Vor 25 Jahren nach einem Partus „aufgeregt, leicht gereizt, streitsüchtig". Danach gesund. Vor 8 Jahren wochenlang zu Bett, wieder sehr gereizt. Dauer 14 Wochen. Danach sehr „lebenslustig". Jetzt: Besonnen, orientiert, deprimiert, ängstlich. Selbstvorwürfe. Versündigungsideen. Viel Jammern. Lebhafter Affekt. Krankheitsgefühl. Reizbar. Einförmiger Rededrang. Im Verlauf: Phantast. ängstl. Befürchtungen. Dauernd ängstlich, deprimiert, zeitweise querulierend. Ungeheilt an Bronchitis † | In der Irrenanstalt †. Krankheitsdauer: ca. $2 1/2$ Jahre | Manisch-depressives Irresein. (Rezidive, danach Genesung (einmal Manie?). Rededrang, Querulieren) |

starben ungeheilt. Ich führe sie in meiner Tabelle als geheilt an, da sie nur bei der ersten Aufnahme als Melancholieen angesehen wurden, das zweite Mal lautete auch die Diagnose der Irrenklinik: Manisch-depressives Irresein.

So finden wir also, daß sieben Kranke psychisch gesund, ein Pat. sehr gebessert, sieben ungeheilt (davon fünf in Irrenanstalten) starben. Die Krankheitsdauer der Genesenen schwankt zwischen $1/_4$ und 2 Jahren (bei einem Falle ist die Krankheitsdauer unbekannt). Von den acht Übrigbleibenden starben fünf Kranke (vier in der Anstalt) im ersten Jahre der Krankheit, drei Kranke nach $1/_2$, 4, resp. 5 Jahren. Als Todesursache finden wir dreimal Herzschwäche, einmal Apoplexie, einmal Bronchitis, einmal Suicid, einmal ist sie unbekannt.

**II. Unterabteilung: Verstorbene Kranke, die dem Journal zufolge, während der zirkuläre Sym-**

| No. | Name | Alter | Aufenthalt in der Klinik oder einer anderen Anstalt | Diagnose | Heredität | Auslösende Ursache |
|---|---|---|---|---|---|---|
| 58 | E. R. ♀ | 38 J. | 28. Dezember 1892 bis 10. Juni 1893 ($5^1/_2$ Monate) | Melancholie | o | Pneumonie? |
| 59 | H. K. ♂ | 55 J. | 3. Juli bis 22. Aug. 1903 ($1^1/_2$ Monate) | Melancholie | Vater schwermütig, zwei Brüder geistig abnorm | o |
| 60 | M. B. ♀ | 63 J. | 1. Oktober 1897 bis 17. August 1898 ($10^1/_2$ Monate) | Melancholie | Vater durch Suizid † | Tod des Neffen |

Die Tatsache, daß bei drei Kranken (¹/₅ der Fälle) trotz mehrfacher Anfälle keine typischen zirkulären Symptome in der Krankengeschichte erwähnt sind, verdient besonders in Anbetracht unserer Schlußfolgerungen hervorgehoben zu werden.

**nur einmal auftretenden depressiven Erkrankung des Rückbildungsalters deutliche ptome zeigten.**

| Krankheitsgeschichte | Weiterer Verlauf | Begründung der jetzigen Diagnose |
|---|---|---|
| Im Anschluß an eine Pneumonie deprimiert, ängstlich erregt. Immer orientiert. Versündigungsideen, Selbstvorwürfe. Trübe Gedanken. Klagen: hat keinen Sinn für die Arbeit, keine Liebe mehr für die Kinder, kann nicht mehr denken. Krankheitsgefühl. Suizidgedanken. Gebessert entlassen. | Katamnese 1894: Nach der Entlassung noch einige Wochen ängstlich. Seitdem gesund. Krankheitseinsichtig. Katamnese 1906: Geistig gesund 1897 gestorben. Krankheitsdauer: ca. ³/₄ Jahre | Manisch-depressives Irresein. (Typische Hemmungsklagen) |
| „Neigte schon in jüngeren Jahren zu Aufregungen." Seit 8 Tagen Angstanfälle. Nihilistische Wahnideen. Selbstvorwürfe. Krankheitsgefühl. Suizidgedanken. Immer orientiert. Klagen: wolle arbeiten, könne nicht, habe keinen Trieb mehr. Alles falle ihm schwer, müsse fortwährend denken. Neigung zu dissimulieren. Einsichtig entlassen. | Katamnese 1906: Schien nach der Entlassung aus der Klinik gesund, wurde dann offenbar wieder krank und erhängte sich März 1905. Krankheitsdauer: ca. 1³/₄ Jahr | Manisch-depressives Irresein. (Hemmungsklagen, Gedankenflucht) |
| Besonnen, orientiert, geordnet. Deprimiert. Hypochondrische, Versündigungs-, Unwürdigkeitsideen. Suizidgedanken. Klagen: Habe ihre Sachen nicht wie früher arbeiten können, beim Kochen sei nichts geraten. Im Verlauf: Plötzlicher kurzdauernder Stimmungsumschlag. Lebhafter Affekt. Gewisse Einsicht. Etwas gebessert entlassen. | Katamnese 1902: Nach der Entlassung unverändert. Kleinheitsideen. Selbstvorwürfe. Grüblerisch. Beging 1899 Selbstmord. Krankheitsdauer: ca. 1¹/₂ Jahr | Manisch-depressives Irresein. (Hemmungsklagen, Stimmungsumschlag) |

| No. | Name | Alter | Aufenthalt in der Klinik oder einer anderen Anstalt | Diagnose | Heredität | Auslösende Ursache |
|---|---|---|---|---|---|---|
| 61 | P. S. ♂ | 60 J. | 30. November 1893 bis 4. November 1894 (11½ Monate) | Melancholie | o | o |
| 62 | J. Sch. ♂ | 59 J. | 11. bis 18. Mai 1896 (7 Tage) | Melancholie | Vater sehr reizbar | o |
| | J. G. ♂ | 70 J. | 17. Juni 1896 bis 24. Juli 1898 † (2 Jahre 1 Monat) | Melancholie? Manisch-depressives Irresein?? | o | o |

| Krankheitsgeschichte | Weiterer Verlauf | Begründung der jetzigen Diagnose |
|---|---|---|
| Seit 6 Wochen deprimiert, ängstlich. Trübe Gedanken. Besonnen, orientiert. Klagen: könne dem Geschäft nicht vorstehen. Selbstvorwürfe, Suizidversuche. Im Verlauf: weniger Angst. Bei guter Stimmung entlassen. | Katamnese 1902: † 1896. Angst, Selbstvorwürfe, Wahnideen bis zum Tode. Gedächtnis und Urteil gut. Keine Arbeitslust und -kraft. Zustand besser wie in der Klinik. Krankheitsdauer: ca. 3 Jahre | Manisch-depressives Irresein. (Hemmungsklagen) |
| Besonnen, geordnet, orientiert. Deprimiert. Unruhig. Schlaf-, appetitlos. Fühlte sich der Arbeit nicht mehr gewachsen. „Keine Freude an nichts mehr." Selbstvorwürfe. Intensives Krankheitsgefühl. Fühlt sich schwach, „hinfällig". Zeitweise reizbar. Großer Teil der Krankengeschichte fehlt. | Katamnese 1902: Krankheit hielt noch einige Monate an. Später zeigte sie sich nur im Herbst und Frühjahr. † 1900 an Tuberkulose Krankheitsdauer: 2 Jahre? | Manisch-depressives Irresein. (Hemmungsklagen. Reizbarkeit. Rezidive? Schwankungen?) |
| Vielleicht mit 48 und 61 Jahren kurzdauernde depressive Anfälle. — Im Verlauf der jetzigen Erkrankung folgende Symptome neben- und durcheinander. Depressive Symptome: Angst, Lebensüberdruß (Suizidversuche), Selbstvorwürfe, Unwürdigkeits-, Versündigungsideen. Ängstlich phantastische, hypochondrische Klagen. Phantastische depressive Ideen. Nihilistische Wahnideen. Beachtungs-, Beziehungsideen. Negierende Ideen. Ängstliche Verfolgungsideen. Krankheitsgefühl. Jammern. Klagen über Gedächtnisverlust. Manische Symptome: Hyperästhesie der Sinnesorgane. Empfindlich. Anspruchsvoll. Querulieren. Schimpfen. Zornausbrüche. Rededrang, Fadenverlieren. Gehobenes Selbstgefühl. Klangassoziationen. Größenideen. Unvermittelter Stimmungswechsel. Sehr attent. — Gebessert, aber noch deprimiert, plötzlicher exitus. (Sektion: Atrophie des Großhirns ohne Verdickung. Trübung der pia mater. Pneumonie r.) | In der Irrenanstalt gestorben Krankheitsdauer: ca. $2^1/_2$ Jahre | Manisch-depressives Irresein. (Typischer Mischzustand) |

— 240 —

| No. | Name | Alter | Aufenthalt in der Klinik oder einer anderen Anstalt | Diagnose | Heredität | Auslösende Ursache |
|---|---|---|---|---|---|---|
| 64 | B. L. ♂ | 74 J. | 13. Dezember 1895 bis 31. Januar 1896 (1½ Monate) | Melancholie | 0 | 0 |
| 65 | H. K. ♂ | 52 J. | Vier Aufnahmen vom 3. Juni 1891 bis 27. April 1893. Dann Heilanstalt X: 10. März 1893 bis 6. Oktober 1894, 5. Januar 1895 bis 8. April 1896. (3¾ Jahre). | Melancholie | Uneheliches Kind. Tante geisteskrank | 0 |
| 66 | R. F. ♀ | 53 J. | 20. Februar bis 9. August 1893. — Heilanstalt X: bis 26. Oktober 1898 (5½ Jahre) | Melancholie. „Nachfolgender Blödsinn" | 0 | 0 |

| Krankheitsgeschichte | Weiterer Verlauf | Begründung der jetzigen Diagnose |
|---|---|---|
| Seit ¹/₂ J. deprimiert. Quälende Gedanken. Selbstvorwürfe. Versündigungsideen. Immer orientiert. Ängstliche Befürchtungen. Mehrfach plötzl. kurzdauernder Stimmungsumschlag. Intensives Krankheitsgefühl. Jammert viel. Schlechte Nahrungsaufnahme. Ungeheilt entlassen. | Katamnese 1896: Starb ungeheilt wenige Tage nach der Entlassung. Krankheitsdauer: ca. ¹/₄ Jahr | Manisch-depress. Irresein. (Stimmungsumschlag) |
| Seit 1 J. deprimiert, ängstlich, jammernd: könne nicht mehr arbeiten. Ängstliche Befürchtungen. Stets orientiert. Weitschweifiges Erzählen. Trübe Gedanken. Dreimal fast einsichtig, guter Stimmung entlassen. Jedesmal wiedergebracht. Dann 3¹/₂ Jahre ängstlich deprimiert. Später unzufrieden, empfindlich, gereizt, querulierend, raisonnierend, intriguirend. Sehr geschwätzig. „Perfide." Nervös querulierend entlassen. | Katamnese 1906: Bald nach der Entlassung zeigten sich keine Spuren geistiger Störung mehr. Starb 1898 an Magenkrebs. Krankheitsdauer: ca. 5 Jahre | Manisch-depressives Irresein. (Manie nach der Depression. Hemmung, Stimmungsschwankungen) |
| Orientiert, deprimiert, ängstlich, mißtrauisch. Selbstvorwürfe. Ängstliche Vorstellungen. Krankheitsgefühl. Selbstquälerisches Grübeln. Verlauf: Angst, Beziehungsideen, Personenverkennung, Größenideen, Selbstvorwürfe. Motorische Unruhe. Unschlüssig. In eine andere Anstalt transferiert. (Aus der Krankengeschichte der Heilanstalt X.) 1894 bis 1896. Sehr lebhafte ängstliche Erregung. Schreit stundenlang ihre Selbstanklagen laut hinaus. Sehr unproduktiv. Entmündigt. 1897. Verblödet. Ruhiger, aber immer ängstlich deprimiert. Betet stundenlang. Setzt sich das Nachtgeschirr auf den Kopf. Abgeschmacktheit in der Kleidung: stülpt den Oberrock über den Kopf, stopft sich die Brust mit Papier aus. Auf Fragen nie direkte Antwort. Sammelt allerhand unnützes Zeug. Zeitweise heftige Weinparoxysmen. Juni 1898. Verblödet, harmlos, immer weinerlich. Auf Fragen beziehungslose Antworten. Juli 1898. Klammert sich ans Treppengitter, sieht träumenden Auges blöde (?) vor sich hin, schreit und weint unablässig. Reagiert auf Fragen nicht, oder nur mit „ich will nach Haus". Oktober 1898. Ganz blödsinnig (!), unbelehrbar über ihren Zustand. Drängt immer nach Hause. Entlassen. | Verschiedentlich bezirksärztlich begutachtet. Zusehende Besserung, wird heiter, zeitweise labile Stimmung. Schenksucht. Queruliert. Gutes Gedächtnis und Urteil. Für die Krankheit fast einsichtig, für vieles Amnesie. Umgebung hält sie für geistig gesund. 1901: andauernde Besserung. Ungeduldig. Labile Stimmung, humorvoll. Urteil gut. „Fast gesund" (Bezirksarzt). Mehrfachem Antrag der F. auf Aufhebung der Entmündigung (zuletzt 4 Monate vor dem Tode) wird nicht stattgegeben. Starb Dez. 1902 an Brustkrebs. Krankheitsdauer: ca. 10 Jahre | Manisch-depressives Irresein. (Zuletzt manische Zeichen in der Depression, später leichte querulierende Hypomanie.) |

Von den neun Kranken der zweiten Unterabteilung sind vier erblich belastet. Bei zwei Patienten ging der Erkrankung eine seelische Erschütterung voraus.

Psychisch gesund starben zwei Kranke mehrere Jahre nach Ablauf der Psychose (Dauer derselben $^3/_4$ resp. 5 Jahre). Als sehr gebessert resp. auf dem Wege der Gesundung sind Fall 62 und 66 (Krankheitsdauer $2^1/_2$ resp. 10 Jahre) anzusehen.

Ungeheilt starben nach $^1/_4$ bis höchstens 3 jähriger Krankheitsdauer fünf Kranke (davon zwei durch Selbstmord, einer in der Irrenanstalt).

Ganz besondere Beachtung verdient Fall 63. Bei diesem Kranken mischten sich, wie man aus den Notizen der Krankengeschichte sieht, dauernd depressive und manische Züge bei Vorherrschen der ersteren. Dieser Kranke ist geradezu ein klassisches Beispiel dafür, wie viele Züge der beiden Phasen sich in einem Zustandsbilde paaren können, wie sie aber auch aus der Krankengeschichte heraus zu analysieren sind.

Einer unser interessantesten Fälle ist Fall 66. Die 53 jährige Patientin erkrankt im Rückbildungsalter zum ersten Mal. Sehr bald treten neben der ängstlichen Erregung dürftige Größenideen auf. Nach wenigen Jahren scheint der ängstliche Affekt zu verblassen und nun macht die dauernd depressive, über Ort und Zeit nicht orientierte Kranke, die ganz von ihren depressiven Vorstellungskreisen beherrscht wird, den Eindruck einer Blödsinnigen. Manische Züge, die sich im letzten Jahr der $5^1/_2$ jährigen Anstaltsbehandlung in die Depression mischen (Sammelwut, Abgeschmacktheit in der Kleidung usw.), werden als Äußerungen des Schwachsinns gedeutet. Leicht deprimiert, uneinsichtig, anscheinend verblödet, wird unsere Kranke entlassen. — Dadurch, daß umfangreiche Entmündigungsakten, auch aus den folgenden Jahren vorliegen, ist es mir möglich gewesen, den Verlauf der Psychose zu verfolgen. Demzufolge besserte sich die Stimmung zusehends. Die traurige Verstimmung blaßte mehr und mehr ab. Die Kranke wurde heiter, querulierte viel und fühlte sich besonders durch ihren Bruder, der ihr Vermögen während ihrer Abwesenheit schlecht verwaltet hatte, beeinträchtigt. Sie beantragte dreimal die Aufhebung der Entmündigung. Aus den ausführlichen bezirksärztlichen Gutachten aus den Jahren 1899, 1900 und 1901 ist zu entnehmen, daß der „Blödsinn" sich zusehends besserte, daß schließlich als einziges krankhaftes Symptom das

Querulieren gegen den Bruder (mit welchem die Kranke von jeher schlecht lebte) zurück blieb, sowie eine undeutliche Erinnerung an die Krankheit (was für besonders charakteristisch erklärt wird!). Im Jahre 1901 wurde Frau F. von ihrer Umgebung und von dem sie seit 20 Jahren behandelnden Arzt für gesund und „ganz wie früher" erklärt, während der Bezirksarzt die ausweichenden Antworten über ihre Krankheit als mangelhafte Krankheitseinsicht deutete. Trotz guten Gedächtnisses, guter Urteilskraft, vorwiegend heiterer Stimmung usw. erklärte er den Zustand als „Geistesschwäche, der sehr nahe an der Grenze der Gesundheit" stehe und befürwortete die Beibehaltung der Entmündigung. Nach den ausführlichen Gutachten kann es keinem Zweifel unterliegen, daß es sich bei der Kranken in den letzten Jahren um einen ganz leichten hypomanischen Zustand gehandelt hat. Nur will es fast scheinen, als ob die in den späteren Gutachten mehrfach zitierte Bemerkung des Entmündigungsgutachtens der Heilanstalt, es handle sich bei Frau F. um eine unheilbare Geistesstörung, die in bleibender Gemütsschwäche enden werde, den späteren Gutachtern bis zu einem gewissen Grade die Direktive für die klinische Beurteilung gegeben habe. — Der ganzen Symptomatologie nach kann es sich um keine andere Krankheit, als um ein — allerdings 10 Jahre dauerndes — manisch-depressives Irresein handeln. Der Blödsinn, der in Heilung überging, war also kein Blödsinn.

— 244 —

**III. Unterabteilung: Verstorbene Kranke, die, dem Journal zufolge, während deutlichen zirkulären**

| No. | Name | Alter | Aufenthalt in der Klinik oder einer anderen Anstalt | Diagnose | Heredität | Auslösende Ursache |
|---|---|---|---|---|---|---|
| 67 | B. W. ♀ | 56 J. | 28. Mai bis 1. Dezember 1893 (6 Monate) | Melancholie | Cousine geisteskrank | o |
| 68 | K. M. ♀ | 50 J. | 20. Mai bis 21. Juli 1892. 16. November 1892 bis 3. April 1893. 22. September bis 14. November 1897 (8½ Monate) | Melancholie | o | o |
| 69 | L. B. ♀ | 59 J. | 20. April bis 9. Juni 1896 (†) (7 Wochen) | Melancholie | o | o |

der im Rückbildungsalter zum ersten Mal auftretenden Depression keine sehr Symptome zeigten.

| Krankheitsgeschichte | Weiterer Verlauf | Begründung der jetzigen Diagnose |
|---|---|---|
| Orientiert, deprimiert, ängstlich. Ängstliche Befürchtungen. Klagt, sie könne den Haushalt nicht mehr versehen. Schlaflos. Jammern. Kein deutliches Krankheitsgefühl. Im Verlauf: Sehr große Angst. Sprach monatelang nichts. Bei der Entlassung keine Angst mehr. | Katamnese 1894: Sprach wenige Tage nach der Entlassung ganz vernünftig. Jetzt gesund. Katamnese 1895: Geistig gesund an Tuberkulose †. Krankheitsdauer: ca. $^3/_4$ Jahre | Manisch-depressives Irresein (Hemmung?) |
| GuteOrientierung. Angst, starke motorische Unruhe, Jammern, negierende hypochondrische Wahnideen. Klagen: sie habe kein Gefühl mehr. Gebessert entlassen. Bei der zweiten Aufnahme dasselbe Bild. Dritte Aufnahme. In der Zwischenzeit Schwankungen (?), „war an manchen Tagen schwermütig, an manchen normal". Verstärkung der Depression nach dem Tode der Tochter. Abermals Klagen über Gefühllosigkeit. Zeitweise mit der Umgebung schimpfend. Öfter Salivation. Krankheitsgefühl. Gebessert entlassen. (Sehr dürftige Krankengeschichte) | Katamnese 1902: Nie recht gesund. Klagen über Gefühllosigkeit und Schwermut, es sei ihr nicht zu helfen. Ihr Leiden sei ganz schrecklich, niemand könne helfen. 1902 durch Suizid †. Krankheitsdauer: ca. 10 Jahre | Manisch-depressives Irresein (Hemmung? Schwankungen? Reizbarkeit in der Depression) |
| Pat. war schon früher „nervenleidend". Details fehlen. Seit Januar 1896 Klagen über Schwäche. Schwankungen zwischen Depression und „Normalsein". Jetzt: deprimiert, ängstlich, Selbstvorwürfe. Krankheitsgefühl, „hat an gar nichts Freude". Geordnet, orientiert. Im Verlauf: Zunahme der Depression, zeitweise Angstparoxysmen und sinnlose Selbstvorwürfe. Versündigungsideen. Vergiftungsideen. Sehr lebhafter Affekt. Manchmal unwirsch, barsch. Rascher Exitus an Pneumonie. | In der Irrenanstalt gestorben. Krankheitsdauer: ca. $^1/_2$ Jahr | Manisch-depressives Irresein (früherer Anfall? Hemmung? Schwankungen? Reizbarkeit) |

| No. | Name | Alter | Aufenthalt in der Klinik oder einer anderen Anstalt | Diagnose | Heredität | Auslösende Ursache |
|---|---|---|---|---|---|---|
| 70 | H. M. ♂ | 54 J. | 21. Februar bis 27. April 1898 (2 Monate) | Melancholie | Bruder schwermütig | o |
| 71 | B. W. ♀ | 50 J. | 4. November 1897 bis 19. Dezember 1898. Heilanstalt X. bis 6. Mai 1900 (†) (2½ Jahre) | Melancholie | Vater und dessen Bruder geisteskrank | o |
| 72 | K. R. ♀ | 56 J. | 29. Juni 1898 bis 15. Februar 1902. Heilanstalt X. bis 22. November 1902 (†) (4½ Jahre) | Melancholie | Vater vorübergehend geisteskrank. Sohn leidet an Dementia praecox | Tod des Mannes |

Bei den sechs Kranken der dritten Unterabteilung finden sich zwar in der Krankengeschichte Notizen, die im Sinne typischer zirkulärer Symptome gedeutet werden können, sie sind jedoch nicht so präzis und einwandsfrei, wie diejenigen der 24 vorhergehenden Fälle.

Bei vier Kranken fand sich erbliche Belastung, und bei einer Kranken eine heftige Gemütsbewegung kurz vor Ausbruch der Krankheit.

Gesund wurde nur eine Kranke nach ³/₁ jähriger Krankheit. Ungeheilt starben fünf Patienten (davon drei in der Irrenanstalt).

| Krankheitsgeschichte | Weiterer Verlauf | Begründung der jetzigen Diagnose |
|---|---|---|
| Plötzlich starke Angst, Selbstvorwürfe, Versündigungsideen. Suizidversuche. Ängstlich phantastische Wahnideen. Krankheitsgefühl. Stets besonnen und orientiert. Verlauf: anfangs ängstliche Erregung, später Beruhigung. Leichte Depression mit Müdigkeit. „Stolz zufrieden" mit der geleisteten Arbeit. Sehr gebessert entlassen | Katamnese 1902: Nicht völlig gesund geworden. Wollte seine Arbeit wieder aufnehmen, es ging aber nicht. Unfähig zu anstrengender geistiger Arbeit. 1899 †. — Krankheitsdauer: ca. $2^{1}/_{4}$ Jahre | Manisch-depress. Irresein (Hemmung? Gehobenes Selbstgefühl?) |
| Orientiert, ängstlich jammernd, Selbstvorwürfe, ängstlich phantastische Befürchtungen. Halluzinationen? Lebh. Affekt. Krankheitsgefühl. Verlauf: Dauernd sehr ängstlich und niedergeschlagen. Selbstvorwürfe, depressive Vorstellungen. Angstparoxysmen. Zeitweise unwirsch, schimpfend, kümmert sich um ihre Umgebung, hilft anderen Kranken. Gebessert, aber noch ängstlich niedergeschlagen, an Tuberkulose gestorben | In der Irrenanstalt gestorben. Krankheitsdauer: ca. $2^{1}/_{2}$ Jahre | Manisch-depress. Irresein (Reizbar? Betätigungsdrang?) |
| Gute Orientierung. Angst, Selbstvorwürfe, Versündigungsideen, ängstliche Befürchtungen. Kein Krankheitsgefühl. Verlauf: Dauernd sehr ängstlich, Kleinheits- und nihilistische Wahnideen, lebhaftester Affekt, tiefe Verzweiflung, phantastische Befürchtungen, monatelanges Schreien. Immer zu fixieren. Zugänglich. Mitteilungsbedürfnis, spricht weitschweifig. von ihren Sünden. Bis zum Tode Wahnideen, lebhafte Angst, tiefer Affekt, ganz von depressiven Vorstellungen beherrscht. Stets orientiert. An Tuberkulose † | In der Irrenanstalt gestorben. Krankheitsdauer: ca. $4^{3}/_{4}$ Jahre | Manisch-depressives Irresein (Weitschweifiger Rededrang?) |

Die Krankheitsdauer beträgt bei drei Fällen $^{1}/_{2}$—$2^{1}/_{4}$ Jahre. Fall 68 starb nach 10jähriger, Fall 72 nach $4^{3}/_{4}$jähriger Krankheit. Bei diesen beiden Fällen kann der eingeholten Katamnese, resp. der Krankengeschichte zufolge ebensowenig wie bei den anderen Fällen von einem Ausgang in Schwachsinn die Rede sein. Wir haben es vielmehr bei beiden Kranken mit einem stets sehr lebhaften depressiven Affekt zu tun, der Fall 68 nach zehnjähriger Krankheit in den Tod treibt. Die Ursache des Selbstmords war die Aussicht einer abermaligen Verbringung in die Irrenklinik wegen der körperlichen Hilflosigkeit der Kranken.

IV. Unterabteilunng: Verstorbene Kranke, die, dem Journal zufolge, keine typischen zirku-

| No. | Name | Alter | Aufenthalt in der Klinik oder einer anderen Anstalt | Diagnose | Heredität | Auslösende Ursache |
|---|---|---|---|---|---|---|
| 73 | L. H. ♀ | 53 J. | 20. bis 24. April 1895 (†) (4 Tage) | Melancholie | o | o |
| 74 | A. Z. ♀ | 57 J. | 3. Mai bis 5. Juni 1894 (5 Wochen) | Melancholie | Mutter gemütskrank | o |
| 75 | H. Th. ♀ | 67 J. | 10. Januar bis 24. April 1899. Heilanstalt X. bis 16. Oktober 1899. Wiederaufnahme 3. April 1900 bis 20. Okt. 1902 ($3^{1}/_{4}$ Jahre) | Melancholie | o | o |
| 76 | E. K. ♂ | 62 J. | 30. April 1892 bis 24. August 1893 ($1^{1}/_{3}$ Jahre) | Melancholie | o | o |
| 77 | C. H. ♂ | 56 J. | 4. Januar bis 18. Juni 1892 ($5^{1}/_{2}$ Monate) | Melancholie | Bruder potator. | o |

während der zum ersten Mal im Rückbildungsalter auftretenden Depression lären Symptome zeigten.

| Krankheitsgeschichte | Weiterer Verlauf | Begründung der jetzigen Diagnose |
|---|---|---|
| Seit 12 Tagen erregt, ängstlich, schwermütig. Selbstvorwürfe, Versündigungsideen. Krankheitsgefühl. Verlauf: Immer orientiert, große Angst, nihilistische Wahnideen, motorische Unruhe. Plötzlicher Tod an Herzschwäche. | In der Irrenanstalt gestorben. Krankheitsdauer: ca. 1 Monat | Manisch-depressives Irresein möglich |
| Ziemlich plötzlicher Beginn. Ängstlich jammernd. Unwürdigkeitsideen, nihilistische Wahnideen, Selbstvorwürfe. Herzschwäche, Arteriosklerose, Dyspnoe, Cyanose, desorientiert, stuporös. Verlauf: Orientiert sich. Leicht deprimiert, ohne Wahnideen entlassen. | Katamnese 1902: Nach der Entlassung 14 Tage besser. Ungeheilt 1896 †. Krankheitsdauer: ca. 2½ Jahre | Manisch-depressives Irresein + Arteriosklerotische Hirnerkrankung? |
| Besonnen, geordnet, orientiert. Ängstlich, Selbstvorwürfe, Versündigungsideen, ängstliche Befürchtungen. Gutes Gedächtnis. Verlauf: ängstlich, massenhafte Selbstanklagen, ängstlich phantastische Wahnideen, ängstliches Umdeuten. Gewisses Krankheitsgefühl. Abstinent. Immer orientiert, keine Erinnerungslücken. Macht den Eindruck einer Schwachsinnigen, wird aber bei lebhaftem Affekt völlig von ihren depressiven Vorstellungen und Versündigungsideen beherrscht. Ängstlich deprimiert ungeheilt entlassen. | Katamnese 1906: „Bis zum Tode (1903) ängstlich, voll Wahnideen und ängstlichen Befürchtungen, wußte stets, daß sie krank war." Krankheitsdauer: ca. 4 Jahre | Manisch-depressives Irresein möglich |
| Krankengeschichte unauffindbar, nur kurze Zählkarte. „Trank gelegentlich sehr viel", danach gewöhnlich Depression. Seit 2 Jahren deprimiert, schlaflos, Selbstmordideen. Sehr abenteuerliche Wahnvorstellungen. Gebessert entlassen. | Katamnese 1906: Nach der Entlassung noch 2 Jahre krank. Dann ganz gesund. 1901 † an Ruhr. Krankheitsdauer: ca. 3½ Jahre | Diagnose auf Grund der ungenügenden Aufzeichnungen nicht zu stellen |
| Krankengeschichte unauffindbar, nur kurze Zählkarte. „Von jeher reizbar und zornmütig." Seit ¾ Jahren krank. Angst, Unruhe, ängstliche Befürchtungen. Selbstmordgedanken. | Katamnese: 4 Tage nach der Entlassung durch Suizid gestorben. Krankheitsdauer: ca. 1¼ Jahre | Diagnose auf Grund der ungenügenden Aufzeichnungen nicht zu stellen |

Bei den fünf Kranken der vierten Unterabteilung ist bei Fall 76 und 77 die Krankengeschichte unauffindbar. Über den Verlauf der Krankheit finden sich nur so kurze Notizen, daß eine Diagnosestellung unmöglich ist. Ich bringe diese beiden Fälle nur, um mein ganzes Material dem Leser zur Verfügung zu stellen.

Bei den drei anderen Kranken, von welchen eine vier Tage, die zweite fünf Wochen, die dritte $2^1/_4$ Jahre in psychiatrischer Beobachtung standen, lassen sich keine deutlichen zirkulären Symptome im Journal feststellen, doch erscheint der Schilderung nach die Diagnose manisch-depressives Irresein mög-

### V. Unterabteilung: Melancholiekranke, die

| No. | Name | Alter | Aufenthalt in der Klinik oder einer anderen Anstalt | Diagnose | Heredität | Auslösende Ursache |
|---|---|---|---|---|---|---|
| 78 | Ch. G. ♀ | 64 J. | 9. Oktober 1895 bis 8. Dezember 1896. Heilanstalt X. bis 29. Februar 1898 (†) (ca. $2^1/_2$ Jahre) | Melancholie | o | o |
| 79 | M. Z. ♀ | 57 J. | 7. Oktober 1893 bis 25. Februar 1895. Heilanstalt X. bis 7. August 1898 † ($4^3/_4$ Jahre) | Melancholie | o | o |

lich. Bei Fall 74 läßt der psychische Befund im Verein mit dem körperlichen die Möglichkeit zu, daß es sich um eine Kombination von zirkulärem Irresein mit arteriosklerotischer Hirnerkrankung gehandelt hat.

Fall 75 starb nach vierjähriger Krankheit ungeheilt. Der Krankengeschichte zufolge machte Patientin, die bei lebhaftem Affekt dauernd von depressiven Vorstellungen beherrscht wurde, einen schwachsinnigen Eindruck, der jedoch nicht näher begründet wird. Der ausführlichen Katamnese und den Notizen der Krankengeschichte zufolge erscheint es mir nach dem geschilderten Zustandsbild nicht angängig, von „Schwachsinn" zu reden.

**ungeheilt schwachsinnig starben.**

| Krankheitsgeschichte | Begründung der jetzigen Diagnose |
|---|---|
| Vor 32 Jahren der gleiche Zustand. (Jammerte, weinte, es lange nicht mehr, alles gehe kaput usw.). Dauer ¼ Jahr. Danach gesund bis vor 9 Wochen. Deprimiert, ängstlich. Orientiert. Selbstvorwürfe, Versündigungsideen, nihilistische, negierende, phantastisch ängstliche Wahnideen, abstiniert. Hypochondrische Klagen. Kein Krankheitsgefühl. Lacht zuweilen, jammert dann wieder. Geringer Affekt, Arteriosklerose, Emphysem, gesteig. PSR. Abnahme des Affekts. Unrein. Nur noch selten monotones Jammern. Keine Gefühls- und Intellektäußerungen. Erscheint völlig blödsinnig, aber immer noch deprimiert. Gestorben an Bronchitis. Sektion: Atherom der Basilararterien. — In der Irrenanstalt gestorben. Krankheitsdauer: ca. 2 ¾ Jahre | Manisch-depressives Irresein (Rezidiv, Stimmungsschwankungen) + Arteriosklerotische Hirnerkrankung (durch diese die Demenz) |
| 1886—1899 jedesmal im Sommer schwermütig, im Herbst „voll neuen Lebensmutes". 1889 3½ Monate in der Irrenklinik (Melancholie): Deprimiert, Angst, Selbstvorwürfe, Unwürdigkeits-, Versündigungsideen, Zukunftsbefürchtungen. Geheilt, krankheitseinsichtig entlassen. Nahezu 4 Jahre gesund. Jetzt: Orientiert, ferner ängstliche Umdeutungen, ängstliche Vorstellungen, fast nihilistischer Art. Verlauf: Meist ängstlich, oft mürrisch, verdrießlich, gereizt. „Wenn man mich auf einen Punkt fragt, so kann ich es ganz gut sagen, sonst kommen aber die Gedanken dazwischen." Deutliche Arteriosklerose. Gedächtnis und Intellekt nehmen zusehends ab. Dauernd deprimiert. Kein sichtbarer Affekt, für alles absolut gleichgültig. Erscheint völlig verblödet. An Herzschwäche gestorben. Sektion: Pachy- und Leptomeningitis chron. Atherom der Aorta. In der Irrenanstalt gestorben. Krankheitsdauer: ca. 5 Jahre | Manisch-depressives Irresein (mehrfache Rezidive, Gedankenflucht, Reizbarkeit) + Arteriosklerotische Hirnerkrankung (durch diese die Demenz) |

| No. | Name | Alter | Aufenthalt in der Klinik oder einer anderen Anstalt | Diagnose | Heredität | Auslösende Ursache |
|---|---|---|---|---|---|---|
| 80 | M. B. ♀ | 51 J. | 17. April 1895 bis 16. November 1896. 27. April 1897 bis 28. Juni 1897. Heilanstalt X. bis 2. September 1902 (†) (ca. 7 Jahre) | Melancholie | Vater durch Suizid †. Bruder geisteskrank | o |
| 81 | L. H. ♀ | 63 J. | 7. April bis 15. Oktober 1894. Heilanstalt X. bis 10. Juni 1895, ferner 22. August 1895 bis 25. Juni 1903 (†) (9 Jahre) | Melancholie | o | o |

| Krankheitsgeschichte | Begründung der jetzigen Diagnose |
|---|---|
| Seit Ende 1894 ängstlich, verzweifelt. Selbstvorwürfe. Hypochondrische Ideen. In Anfällen erregt. Traurige Gedanken kommen gegen ihren Willen. Intensives Krankheitsgefühl. Kein Intelligenz- oder Gedächtnisdefekt. Körperlich: leichte Arteriosklerose. Verlauf: Dauernd deprimiert. Oft Schwindelanfälle. Hemmungsklagen: „Es ist mir manchmal, als ob ich nichts denken tät, der Kopf ist so dumm, verwirrt und leer. Ich habe gar keine Gedanken, kein Herz und Gefühl mehr." Abends freier als morgens, lebhaftes Gefühl dafür. Krankheitseinsichtig, stumpf, deprimiert entlassen. Bei der Wiederaufnahme schlaffe Depression mit lebhaftem Krankheitsgefühl. Unrein. In der Heilanstalt: Apathisch. Teilnahmslose Depression. Sitzt traurig, unbeweglich, auf dem gleichen Fleck. Dauernd leidlich gute Auffassung und Orientierung. Völlig affektlos. Zunehmende Gedächtnisabnahme. Schimpft zeitenweise. Urin: reichlich Eiweiß. Erscheint völlig verblödet. An Herzschwäche gestorben. Sektion: Atheroma valv. mitral. und vasor. basilar. Myodegeneratio cordis. In der Irrenanstalt gestorben. Krankheitsdauer: ca. 8 Jahre. | Manisch-depressives Irresein (Hemmung, Reizbarkeit) und arteriosklerotische Hirnerkrankung (durch diese die Demenz) |
| Seit 2 Jahren deprimiert, arbeitsunfähig, immer ängstliche Befürchtungen. Jetzt ängstlich, unruhig, orientiert. Stereotypes Jammern. Gewisses Krankheitsgefühl. Motorische Unruhe. Bisweilen Querulieren. (Sehr dürftige Krankengeschichte!) In der Heilanstalt: Still deprimiert. Gutes Verständnis für Lage und Umgebung. Gleichmäßig ruhig entlassen. Wiederaufnahme nach 2 1/2 Monaten, wegen erneut einsetzender Angst. Orientiert. Apathische Depression. 1900: Apoplexie mit Hemiparese, Aphasie, halbseitiger Facialislähmung. Erholt sich. Stumpf schwachsinnig. An Herzschwäche gestorben. In der Irrenanstalt gestorben. Krankheitsdauer: ca. 11 Jahre | Infolge der mangelhaften Krankengeschichte keine sichere Diagnose möglich. Jedenfalls arteriosklerotische Hirnerkrankung. Vorher wahrscheinlich zirkuläre Depression |

Unsere letzte Unterabteilung verdient besonderes Interesse, da alle vier Kranke (nach $2^1/_2$, 5, 8 resp. 11 jähriger Krankheit) offenbar ungeheilt schwachsinnig in der Irrenanstalt starben. Bei allen finden sich, entweder bei der Sektion (Fall 78, 79 und 80) oder auch intra vitam (Fall 80 häufige Schwindelanfälle, Urin enthält reichlich Eiweiß, Fall 81: Apoplexie) Zeichen schwerer arteriosklerotischer Veränderungen.

Bei Fall 78, 79 und 80 erscheint die Diagnose manisch-depressives Irresein in Verbindung mit arteriosklerotischer Hirnerkrankung wohl zweifellos. Die beiden ersten machten verschiedene, zeitlich mehr oder weniger weit auseinanderliegende Depressionen durch. Alle drei Patienten zeigten vor dem Auftreten der klinischen Erscheinungen der senilen Demenz typische zirkuläre Symptome. Das Hinzutreten der senilen Demenz machte sich durch Mangel an Gefühls- und Intellektäußerungen, Gedächtnisabnahme, mangelhafte Orientierung, völlige Stumpfheit usw. bemerkbar.

Diagnostische Schwierigkeiten bietet Fall 81. Zweifellos haben wir es mit einer senilen Demenz zu tun. Die Frage ist nur, ob die anfängliche Psychose eine zirkuläre Depression war. Der sehr unzulänglichen Krankengeschichte zufolge scheint es sich anfangs um eine ängstliche Erregung ohne senile Zutaten gehandelt zu haben, so daß die Annahme einer zirkulären Depression trotz fehlender oder im Journal nicht notierter typischer Symptome recht viel für sich hat.

## VI.

Auch die vier „zweifelhaften Fälle" zogen wir in den Kreis unserer Nachuntersuchung. Es lag uns daran, auf Grund der persönlichen späteren Untersuchung die Diagnose wenn möglich zu klären, jedenfalls aber festzustellen, ob auch nach der Entlassung aus der Klinik Melancholie differentialdiagnostisch in Betracht kam.

Da die Krankengeschichten dieser Fälle ein relativ untergeordnetes Interesse beanspruchen, wählte ich auch zu deren Publikation die Tabellenform, wie bei den vorausgegangenen Fällen. Von den vier Kranken konnte ich drei persönlich nachuntersuchen. Die vierte Patientin sträubte sich hartnäckig gegen eine persönliche Rücksprache. Als ich in ihre Wohnung kam, verweigerte sie jedwelche Auskunft. Von der Umgebung wird sie für gesund gehalten. Irgendwelche Folgen der Geisteskrankheit (geringere Interessen, Charakterveränderung) will man nicht bemerkt haben. Ich konnte von der Kranken nur erfahren, daß sie weiß, daß sie geisteskrank war.

## VI. Gruppe:

| No. | Name | Alter | Aufenthalt in der Klinik oder einer anderen Anstalt | Diagnose | Heredität | Auslösende Ursache |
|---|---|---|---|---|---|---|
| 82 | J. Sch. ♂ | 48 J. | 14. März bis 15. Juni 1902 (3 Monate) | Melancholie? Unklarer Depressionszustand | Vater mehrere Jahre geisteskrank, dann gesund | Geschäftliche Verluste |
| 83 | B. M. ♀ | 42 J. | 2. Dezember 1904 bis 23. Juni 1905. Heilanstalt X. bis 14. August 1905 (8½ Monate) | Melancholie? Manisch-depressives Irresein? | Vater geisteskrank. Bruder Trinker | 0 |
| 84 | E. W. ♀ | 38 J. | 24. September 1904 bis 26. Januar 1905 (4 Monate) | Melancholie? Manisch-depressives Irresein? | 2 Schwestern geisteskrank, Onkel Kleptomane | 0 |
| 85 | R. L. ♀ | 44 J. | 8. Februar bis 3. Juni 1904. Heilanstalt X. bis 11. April 1905 (1 Jahr 2 Monate) | Melancholie? Dementia praecox? | Mutter geistig nicht normal | 0 |

# Zweifelhafte Fälle.

| Krankengeschichte | Nachuntersuchung | Begründung der jetzigen Diagnose |
|---|---|---|
| Immer eigensinnig. Seit 2 Jahren nach großen pekuniären Verlusten verstimmt, schlaflos, verzweifelt, reizbar, leicht gewalttätig. Jetzt: ängstlich verstimmt, unsinnige Selbstvorwürfe, nihilistische Wahnideen. Im Verlauf: Abnehmende Depression, erscheint stumpf, teilnahmslos, ohne Initiative. Affekt sehr gering. So entlassen. Krankheitsdauer: ca. 3 Jahre | Noch $^1/_2$ Jahr deprimiert. Dann leichte Manie (Betätigungsdrang, Euphorie, hitzig; flinke Arbeit, kein Ermüdungsgefühl usw.). Jetzt gesund, krankheitseinsichtig. Während der Depression ausgesprochene subjektive Hemmung (fünf Sinne fehlten, Denken, Begreifen, Arbeiten, Entschließen usw. schwer). Nie Schwankungen der Stimmung. | Manisch-depressives Irresein (Manie nach der Depression, während dieser Hemmung) |
| Seit 3 Jahren „zurückgezogen". Jetzt: Ängstlich erregt, Selbstvorwürfe, Versündigungs-, Kleinheitsideen. Ängstliche Befürchtungen. Kein Krankheitsgefühl. Verlauf: Dauernd deprimiert, Selbstvorwürfe, keine Wahnideen. Lebhafter Affekt. Dissimuliert. Suizidversuche. Einmal zornig erregt. Keine subjektive oder objektive Hemmung. — Allmähliche Abnahme der Depression. Gleichmäßig ruhig, fast einsichtig entlassen. Krankheitsdauer: ca. 4 Jahre | Bald nach der Entlassung leichte Manie (hurtige Arbeit, geht viel aus, „auffallend munter", leicht hitzig usw.). Jetzt gesund, krankheitseinsichtig. Während der Prodrome ausgesprochene Hemmung (keine Freude, keine Arbeitslust und -kraft: alles zu viel, keine Gedanken mehr, fühlte sich gleichgültig usw.). Nie Stimmungsschwankungen. | Manisch-depressives Irresein (Reizbarkeit, Manie nach der Depression, während dieser Hemmung) |
| Sommer 1904: Hast beim Arbeiten, gewisse Reizbarkeit, Vernachlässigung des Haushalts. Suizidversuch. Jetzt: Deprimiert, jammernd, Angst, Selbstvorwürfe, Versündigungsideen, ängstliche Befürchtungen. Klagen: habe nicht mehr arbeiten können, alles sei ihr schwer gefallen, sonst keine Hemmung. Verlauf: Plötzlich ruhiger. „Mein Kopf ist ganz leicht." Nahezu gesund entlassen. Krankheitsdauer: ca. $^3/_4$ Jahre | Bald nach der Entlassung gesund. Jetzt volle Einsicht. Während der Prodrome partielle Hemmung: fühlte sich schwach, brachte nichts fertig, war zerstreut, Denken „nicht so leicht, brachte Gedanken nicht so recht zusammen". Nie Stimmungsschwankungen. | Manisch-depressives Irresein (Reizbarkeit, Hemmung in der Prodromie) |
| Bisher gesund. Ängstlich jammernd, unruhig, wiederholt das Gesprochene mehrmals. Ängstliche Befürchtungen. Unsinnige hypochondrische Klagen. Hört Stimmen, komme ins Zuchthaus. Echolalie und Negativismus?? Verlauf: Deprimiert, ängstlich, scheu, Versündigungsideen. Gebessert entlassen. Krankheitsdauer: ca. 1$^1/_2$ Jahre. | Nachuntersuchung nicht möglich. Der Bruder gibt bei mündlicher Rücksprache an, daß Patientin seit der Entlassung gesund sei. Sie wisse, daß sie geisteskrank gewesen sei. | Manisch-depressives Irresein recht wahrscheinlich |

Dreyfus, Die Melancholie.

Bei Fall 82 war es der Beginn, der den Gedanken an Melancholie aufkommen ließ. Die rasche Abnahme des Affekts und der Depression sowie die zunehmende Stumpfheit machten wohl das klinische Bild noch verwirrender. Der Nachuntersuchung zufolge unterliegt es jedoch keinem Zweifel, daß es sich um eine zirkuläre Depression gehandelt hat. Der Affekt war nur scheinbar nicht vorhanden. Wir finden bei Manisch-depressiven gar nicht selten derartige Zustände, die, um richtig gedeutet zu werden, genauester Analyse und guter Kenntnis der Vorgeschichte bedürfen.

Fall 83 und 84 wurden zu einer Zeit in die Irrenklinik aufgenommen, als man der Melancholie als selbständige Krankheit schon recht skeptisch gegenüberstand. Das anscheinende Fehlen der Hemmung und sonstiger typischer zirkulärer Zeichen, die Tatsache, daß es sich um den ersten Anfall handelte, sowie die sonstigen Symptome schienen für Melancholie, das jugendliche Alter dagegen zu sprechen. Der Nachuntersuchung zufolge handelte es sich zweifellos um manisch-depressives Irresein.

Bei Fall 85 ließen das Verbigerieren, die katatonischen Symptome, die Art der Halluzinationen offenbar auch Dementia praecox in differentialdiagnostische Erwägung ziehen. Mir scheint, nach dem Beginn und weiteren Verlauf zu urteilen, diese Psychose nicht ernstlich in Frage zu kommen. Dadurch, daß die Krankengeschichte sehr wenig ausführlich ist und die Nachuntersuchung nicht möglich war, läßt sich eine sichere Diagnose nicht genügend stützen, immerhin erscheint mir die Ansicht, daß es sich um eine Attacke des manisch-depressiven Irreseins handelte, recht wahrscheinlich.

IV. Kapitel.

# Ergebnisse.

## I. Die klinische Stellung der Melancholie auf Grund der Kasuistik.

### 1. Die Art der Verwertung der Kasuistik.

Es bedurfte nach meiner Überzeugung des Aufwandes eines so großen Materiales, um das theoretische Verwerfen der Melancholie als selbständige Krankheit praktisch zu stützen. Ich bin mir wohl bewußt, daß manche dieses Material nicht für ausreichend erachten, um die Frage völlig zu klären. Es fehlen die ganz leichten Fälle, die nie der Internierung in einer Irrenanstalt bedürfen, des ferneren befaßte ich mich nur mit den Kranken, die in einem Zeitraum von 14 Jahren in die Klinik aufgenommen wurden. Diesem letzten Einwand vermag ich eine gewisse Berechtigung nicht abzusprechen. Ein größerer Zeitraum, von 25 Jahren zum mindesten, im Verein mit einem Material von vielen hundert Fällen wäre geeigneter, die Frage zu lösen. Allein in dieser Spanne Zeit würden sehr viele der ja erst in höherem Lebensalter Erkrankten gestorben sein, so daß wir auf die für die Krankengeschichte so notwendige Nachuntersuchung sehr häufig verzichten müßten, und dadurch voraussichtlich nur einen großen Ballast von nicht völlig geklärten Fällen schaffen würden. Die Forderung, daß von einer geringen Zahl gleichartig geschulter Beobachter die entsprechenden Kranken während 25 und mehr Jahren dauernd persönlich im Auge behalten werden, ist und bleibt wohl eine unerfüllbare. So wage ich es denn, auf Grund meiner 79 Fälle Schlüsse zu ziehen, in der Hoffnung, die Melancholiefrage einer Lösung entgegengebracht zu haben.

Wie man gesehen hat, setzt sich unser Material aus vielgestaltigen Fällen zusammen. Vor allen Dingen haben wir es mit zwei großen, ungleichwertigen Gruppen zu tun: auf der einen Seite stehen die persönlich Nachuntersuchten, auf der anderen die Wenigen, die nicht untersucht werden konnten, sowie die immerhin beträchtliche Zahl der Verstorbenen. Wie zu Anfang des III. Kapitels Abschnitt 4 erwähnt, wäre es ganz verfehlt und einseitig gewesen, nur auf Grund der Nachuntersuchungen Schlüsse ziehen zu wollen. Ich hätte dann ein ziemlich willkürliches Material bekommen. Infolgedessen mußte ich auch die restierenden Fälle in den Kreis meiner Betrachtung ziehen, ich mußte prüfen, ob sich unter ihnen Krankheitsbilder verbargen, die bei den Nachuntersuchten fehlten.

Wenn man diese Gruppe der Verstorbenen und nicht Untersuchten durchstudiert, so wird man leichtlich sehen, daß sich deren Krankengeschichten bezüglich der beobachteten Symptome nicht von denen der Nachuntersuchten unterscheiden. Nur wurde eben bei vielen Fällen die Kenntnis des Verlaufs der Psychose durch den Tod der Kranken leider abgeschnitten. Ich glaube aber, daß uns trotzdem hierdurch keine wesentlich neuen Gesichtspunkte entgangen sind, daß sich vielleicht nur die Zahl der Geheilten und der senil dement Gewordenen vergrößert hätte. So werde ich denn, unter Berücksichtigung aller Krankengeschichten, sowie ganz besonders auf Grund meiner Nachuntersuchungen die entsprechenden Schlüsse ziehen.

2. **Die Zugehörigkeit der Melancholie zum manisch-depressiven Irresein bezüglich Vorgeschichte, Zustandsbild, Verlauf und Ausgang.**

Ich will im Folgenden versuchen, als Ergebnis der vorliegenden Kasuistik meine im II. Kapitel theoretisch entwickelte Behauptung, daß die Melancholie ein Zustandsbild des manisch-depressiven Irreseins sei, zu begründen.

Bei der Durchsicht meines Materials wird man eine Anzahl von Fällen finden, die vor der im Rückbildungsalter auftretenden Melancholie einmal oder mehrfach in Heilung ausgegangene Anfälle (nur Depressionen) durchgemacht hatten. Bei diesen Fällen handelte es sich also bei der in der Irrenklinik beobachteten Melancholie nicht um eine erstmalige, im Rückbildungsalter auftretende Erkrankung, als welche die Melancholie bisher aufgefaßt wurde. Diese Verlaufsart fügt sich vielmehr ganz derjenigen des zirkulären Irreseins ein.

Was den Verlauf nach der Genesung der erstmals zur Zeit der Involution aufgetretenen Melancholie anlangt, so bieten unsere Fälle die verschiedenartigsten Möglichkeiten. Wir finden 1. eine einmalige Erkrankung ohne bisherigen Rückfall, 2. ein oder mehrfache leichtere oder schwerere geheilte Rezidive der Depression, 3. eine Manie nach der Melancholie.

Nun könnte man behaupten, die repetierenden Melancholieen sowie die Fälle mit anschließender Manie gehörten zum Formenkreise des manisch depressiven Irreseins, die einmaligen Erkrankungen jedoch zur Melancholie im Sinne Kraepelins. Diese Folgerung ist nach meiner Meinung bezüglich der letzten Behauptung nicht berechtigt, denn wer bürgt dafür, daß bei den in Betracht kommenden Kranken der bisher einmalige Melancholieanfall nicht noch repetieren wird? Wissen wir doch, was auch unsere Fälle beweisen, daß die einzelnen Attacken bis zu 40 und mehr Jahren auseinander liegen können. Außerdem ist, wie im II. Kapitel ausgeführt, bekannt, daß auch typische zirkuläre Depressionen nur einmal im Leben auftreten können, und daß gerade diese sich im Rückbildungsalter häufig zeigen. So bieten unsere Ergebnisse bezüglich des Verlaufs einerseits den Beweis, daß eine Reihe von Melancholiefällen zweifellos dem manisch-depressiven Irresein zuzurechnen ist, andererseits kann man für die restierenden einmaligen Erkrankungen die Diagnose Melancholie nicht aufrecht erhalten. Meine Kasuistik beweist nämlich, daß zwischen den einmal oder häufiger auftretenden, sowie den mit nachfolgender Manie verlaufenden und den einfachen Melancholieen, was Symptomatologie und Ausgang des melancholischen Anfalls anlangt, kein Unterschied nachweisbar ist, daß es ein Ding der Unmöglichkeit ist, irgendwelche stichhaltigen differentialdiagnostischen Momente anzuführen. So wenig uns also der Verlauf ein alleiniger Beweis für die Zugehörigkeit der Melancholie zum manisch-depressiven Irresein sein kann, so drängt er uns doch zu folgenden Schlüssen: Nach unseren heutigen Vorstellungen über die Umgrenzung des manisch-depressiven Irreseins gehören die periodischen und die in Manie übergehenden Melancholieen zu diesem. Da aber zwischen ihnen und den einmal auftretenden Melancholieen bezüglich Symptomatologie und Verlauf des einzelnen Anfalls keinerlei Unterschied besteht, so müssen wir auch diese einmalige Melancholie zum zirkulären Irresein zählen, ganz ebenso wie die klassische zirkuläre Depression. Allein bei unseren Fällen weist uns nicht nur die Kenntnis des Verlaufs den richtigen Weg zur Beurteilung der klinischen Stellung der Melancholie, sondern auch das Zustandsbild selbst.

Unsere theoretischen Auseinandersetzungen im II. Kapitel versuchten darzulegen, daß das melancholische Krankheitsbild in der Kraepelinschen Fassung nach unseren Kenntnissen des manisch-depressiven Irreseins, speziell dessen Mischzuständen, nur als zum zirkulären Irresein gehörig analysiert werden kann. Wie verhalten sich nun hierzu die eigens zu diesem Zweck so ausführlich publizierten Krankengeschichten? Da Kraepelin seine Schilderung der Melancholie zum großen Teil auf ihnen aufgebaut hatte, so durften wir auch erwarten, keine von seiner Darstellung sehr wesentlich abweichenden Bilder zu erhalten. Recht wichtig war aber noch für die Analyse der sämtlichen Symptome die spätere Nachuntersuchung. Wir ersehen nun sowohl aus unseren durch diese vervollständigten Krankengeschichten als auch aus der Mehrzahl der restierenden nicht ergänzten, daß die beobachteten Symptome sich durchweg Zug um Zug mit unserer Auffassung vereinigen lassen, daß alle beobachteten Symptome für die Zugehörigkeit zu den zirkulären Mischzuständen sprechen und absolut nichts dagegen.

Um es zusammen zu fassen: aus der eingehenden Analyse der einzelnen Symptome unter dem Gesichtspunkte, ob sie in das Bild des manisch-depressiven Irreseins passen, ob sich für die einzelnen Phasen ganz besonders charakteristische Zeichen finden lassen, mußten wir zu dem Ergebnis kommen, daß die gesamten bei der Melancholie beobachteten Symptome sich zwanglos und wie selbstverständlich den zirkulären Mischzuständen einreihen ließen.

Eine „Heilung mit Defekt", d. h. den Übergang der Melancholie in einen ihr eigentümlichen geringgradigen geistigen Schwächezustand konnte ich nicht feststellen. Alle diese Fälle heilten nach langjähriger Krankheit schließlich doch noch.

Das Hinzutreten einer arteriosklerotischen Hirnerkrankung zur Melancholie (vgl. die Ausführungen über senile Depression im II. Kapitel), das den Ausgang der Melancholie in Schwachsinn bedingt, fand ich relativ recht selten (ca. 8 %). Desto häufiger wurde aber bei langdauernden Melancholien ein derartiger geistiger Schwächezustand vorgetäuscht, der im weiteren Verlaufe einer völligen Genesung Platz machte. In der folgenden

Besprechung der statistischen und klinischen Ergebnisse wird die Frage der in Schwachsinn endenden Melancholie eingehend behandelt werden.

Wir ersehen also, daß Vorgeschichte, Zustandsbild, Verlauf und endlicher Ausgang der Melancholie ganz den Forderungen entsprechen, die wir an Krankheitsbilder des manisch-depressiven Irreseins stellen.

### 3. Die Eigenart der Melancholie.

Wir haben gesehen, daß die Melancholie ein Zustandsbild des manisch depressiven Irreseins ist. Fraglos aber bildet sie innerhalb des zirkulären Irreseins eine eigenartige Gruppe.

Der Mehrzahl dieser Fälle (bei uns natürlich, da sie Kraepelins Material darstellen, allen Fällen) kommt der gemeinsame Umstand zu, daß die erste schwere, meist langdauernde Erkrankung in das Rückbildungsalter fällt. Jedenfalls wurden unsere Kranken zum ersten Male zu dieser Zeit anstaltsbedürftig. Dieser Lebensabschnitt vermag wohl zweifellos dem zirkulären Irresein, vornehmlich aber der zirkulären Depression ein eigenartiges Kolorit zu geben. Dieses Alter, das mindestens die Jahre von 40—65 umspannt, hat auch sicherlich eine ganz besondere Bedeutung bezüglich des Ausbruchs dieser Psychose. Es bleibt ferneren Untersuchungen aufgespart, zu erforschen, ob es nur auf die zirkuläre Depression einen solch großen Einfluß hat, ob es nicht auch bei den Manieen in einer besonderen, bisher noch nicht näher bekannten Art und Weise eine Rolle spielt.

Die Eigenart der Melancholie liegt nicht nur in dem Zustandsbild, das von den klassischen Depressionen abweicht, und sie als gut charakterisierte zirkuläre Mischform mit nur particller oder gar keiner Hemmung und einer ziemlichen Anzahl manischer Symptome erkennen läßt, sondern auch in ihren Verlaufsmöglichkeiten nach der Genesung. Es scheint sich bei der Melancholie meist nur um einen schweren, oft sehr langdauernden Anfall zu handeln, während die depressiven Anfälle, die bisweilen vor, häufiger nachher auftreten, fast durchweg kurz und leicht sind. Die manischen Zeiten spielen im Verhältnis zu den Depressionen eine nur untergeordnete Rolle. Sie sind verhältnismäßig selten und kurz. Die der Melancholie folgenden Manieen machen wohl nur in Ausnahmsfällen eine Anstaltsbehandlung notwendig.

## 4. Wichtigkeit der Prognose.

Ein Moment kann nicht scharf genug betont werden. Bei dem Streit um die Diagnose handelt es sich nicht nur um eine wissenschaftliche Erörterung, die für die Praxis ganz ohne Belang ist. Kämen zwei Formen der prognostisch stets ungünstigen Paralyse in Betracht, wollte man hier zwei selbständige Krankheitsbilder abgrenzen, die im übrigen beide in relativ kurzer Zeit zum Tode führen und einer Behandlung ganz unzugänglich sind, so wäre das praktische Interesse ein relativ untergeordnetes. Ganz anders bei der Melancholie und dem manisch depressiven Irresein. Nach Kraepelin ist die Prognose der erstgenannten Krankheit zweifelhaft (32 % der Kranken fanden volle Genesung, 23 % wurden soweit gebessert, daß sie in die Familie zurückkehren konnten, ungeheilt blieben 26 %, während 19 % innerhalb der ersten zwei Jahre nach Beginn der Erkrankung zu Grunde gingen). Die Prognose des zirkulären Irreseins ist, was das Gesunden vom einzelnen Anfall betrifft, mit wenigen Ausnahmen gut.

Die logische Schlußfolgerung ist die: gehört die Melancholie tatsächlich zum manisch-depressiven Irresein, dann muß auch die Prognose eine gute sein. Ich glaube an Handen meines Materials diesen Beweis geführt zu haben und verweise auf die diesbezüglichen Zahlen. Die günstige Prognose erfährt durch drei Momente eine gewisse immerhin beachtenswerte Einschränkung, die aber mit der Psychose an und für sich nicht so sehr viel zu tun hat: die ängstliche Erregung im Rückbildungsalter bedeutet eine schwere Gefährdung des Herzens, das ja oft genug im höheren Alter auch bei geistig Gesunden nicht ganz intakt ist, und auf psychische Erregungen reagiert (Herztod bei Arteriosklerotikern, speziell Coronarsklerose nach heftiger seelischer Erschütterung!) Die schwere psychische Krankheit hat ferner eine Schädigung des in diesem Alter weniger widerstandsfähigen Körpers zur Folge und gibt ihn, zumal bei langdauernder Krankheit tödlichen körperlichen Erkrankungen (Lungentuberkulose usw.) leichter preis. Endlich das dritte Moment: die bekannte Tatsache, daß Manischdepressive sehr häufig an Arteriosklerose erkranken, macht es verständlich, daß diese Arteriosklerose nicht nur Schädigungen des Kreislaufapparats oder der Nieren zur Folge haben, sondern auch einmal das Gehirn ergreifen kann. Die senile Demenz, die jeden Geistesgesunden treffen kann, ist imstande, auch den Melancholischen (und offenbar diesen häufiger wegen der nahen Beziehungen des manisch-depressiven Irreseins zur Arteriosklerose) zu befallen, und dann durch ihr Hinzutreten das ursprüngliche Bild zu verwischen. Die Prognose ändert sich dann mit der Psychose. Allein diese drei möglichen Gefahren, die ebenso den in vorgerücktem Alter sich befindenden Maniakus, den Alkoholiker, den Hysteriker befallen können, spielen bei der Melancholie keine so sehr viel größere Rolle als bei den anderen Psychosen, die in diesem Alter auftreten. Sie haben mit der Prognose für den Anfall an sich direkt nichts zu tun. Andererseits weisen sie uns den Weg zur Prophylaxe: der Melancholische muß aufs Sorgfältigste ernährt werden, um ihn für eine oft so langdauernde Erkrankung widerstandsfähig zu erhalten. Ansteckende Krankheiten müssen von ihm ferngehalten, die Herztätigkeit muß von Anbeginn sorgsam überwacht und geregelt werden.

Wenden wir uns nach diesen Ausführungen zu den statistischen und klinischen Ergebnissen, die einerseits unsere Anschauungen stützen werden, andererseits vielleicht geeignet sind, die Kenntnis des manisch-depressiven Irreseins, speziell des Mischzustands, der früher als selbständiges Krankheitsbild Melancholie geschildert wurde, zu vertiefen.

## II. Statistische Ergebnisse.

Man wird überrascht sein, bei unseren Ergebnissen andere Resultate als die von Kraepelin in der letzten Auflage seines Lehrbuchs zitierten zu finden. Das hat verschiedenerlei Gründe. Zuvörderst weiß ich nicht ob Kraepelin bei Fixierung der Melancholie nur sein Heidelberger Material verwendete; dann aber beruhten seine aufs Sorgfältigste erhobenen Katamnesen naturgemäß zum allergrößten Teil nur auf schriftlichen Erkundigungen. Ferner ist die Krankheitsdauer der Melancholie, wie wir in der Kasuistik gesehen haben, unter Umständen eine sich über viele Jahre erstreckende. Fälle, die vor einigen Jahren noch ungeheilt waren, also vermutlich wegen der langen Krankheitsdauer als unheilbar angesehen wurden, sind inzwischen gesundet und verändern die Statistik ganz erheblich.

1. **Häufigkeit der Diagnose manisch-depressives Irresein anstatt Melancholie auf Grund der Kasuistik.**

Bei den diagnostischen Erwägungen, ob es sich in den beobachteten Krankheitsfällen um Melancholie oder zirkuläres Irresein handle, ergibt sich auf Grund der Nachuntersuchung oder des Studiums der Krankengeschichte fast in allen Fällen manisch-depressives Irresein. Betreffs der Begründung dieser Diagnose verweise ich auf Kapitel II. Nur in wenigen Fällen handelt es sich bei den Nachuntersuchten um Fehldiagnosen (Fall 33 und 34), oder bei den übrigen Fällen um aus der Krankengeschichte nicht zu begründende Diagnosen. Ich lasse im Nachfolgenden eine kurze Übersicht folgen, welche die Häufigkeit der Diagnose zirkuläres Irresein anstatt Melancholie am besten illustrieren wird.

I. 34 Nachuntersuchte:

30mal Diagnose manisch-depressives Irresein (Fall 1—25, 27—31).

1mal manisch-depressives Irresein + arteriosklerotische Hirnerkrankung (Fall 32).

1mal wahrscheinlich konstitutionelle Depression + manisch-depressives Irresein (Fall 26).

2mal Fehldiagnosen: Alkoholhalluzinose, Hysterie (Fall 33 und 34).

II. 8 nicht Nachuntersuchte:

6mal manisch-depressives Irresein (Fall 35—40).

2mal manisch-depressives Irresein sehr wahrscheinlich (Fall 41 und 42).

III. 39 Verstorbene:

30mal manisch-depressives Irresein (Fall 43—72).

3mal manisch-depressives Irresein + arteriosklerotische Hirnerkrankung (Fall 78—80).

2mal manisch-depressives Irresein möglich (Fall 73 und 75).

2mal manisch-depressives Irresein + arteriosklerotische Hirnerkrankung möglich (Fall 74 und 81).

2mal keine Diagnose zu stellen (Fall 76 und 77).

Das Resultat unserer Tabelle ist ein eindeutiges. Von insgesamt 79 Fällen mit der Diagnose Melancholie (die beiden Fehldiagnosen Fall 33 und 34 zähle ich im Folgenden nicht mehr mit) erwiesen sich 70 als Manisch-depressive.

Bei diesen 70 Fällen finden sich in der übergroßen Mehrzahl (63 mal) allein der Krankengeschichte, resp. der Nachuntersuchung zufolge typische zirkuläre Symptome, welche mit Notwendigkeit die Änderung der Diagnose Melancholie in manisch-depressives Irresein verlangen. Bedenkt man, wie unvollständig und mangelhaft die Krankengeschichten häufig geführt sind, und daß ich bei 34 von diesen 63 Fällen, die deutliche zirkuläre Symptome boten, einzig und allein auf das Journal angewiesen war, so ist dieses Ergebnis in seiner Eindeutigkeit doppelt überraschend. Es erlaubt wohl den Schluß, daß auch für die 7 Fälle (Fall 1, sowie 67—72), bei welchen sich keine deutlichen typischen zirkulären Symptome aus der Krankengeschichte analysieren lassen, eine andere Psychose nach der Lage der Dinge differentialdiagnostisch aber nicht in Betracht kommt, die oben genannte Diagnose mit umsomehr Berechtigung angenommen werden darf, als man in Verlegenheit wäre, eine andere zu stellen. Jedenfalls entsprechen diese 7 Fälle nach der Krankengeschichte mindesten ebensosehr dem manisch-depressiven Irresein als dem klassischen Bild der Kraepelinschen Melancholie. Es bleiben weitere 7 Fälle, bei welchen die Diagnose zirkuläres Irresein nach der Krankengeschichte sehr wahrscheinlich resp. möglich ist. Aus den meistens sehr kurzen Notizen (die Kranken sind mit einer Ausnahme gestorben oder konnten nicht nachuntersucht werden!) vermag ich jedoch keine bestimmte Diagnose zu begründen. Bei zwei Fällen endlich fehlt die Krankengeschichte völlig. Auf Grund der wenigen Sätze der Zählkarte ist eine Diagnose überhaupt unmöglich.

---

Die nachfolgenden Tabellen sollen eine Gesamtübersicht über die 79 Fälle, die unter der Diagnose Melancholie gingen, geben. Hätte ich die oben erwähnten 9 Fälle ausgeschieden, so wäre das Ergebnis ein noch günstigeres gewesen. Da aber immerhin bei der seinerzeitigen Diagnosestellung wohl genügende, wenn auch aus der Krankengeschichte nicht ersichtliche Anhaltspunkte für Melancholie gefunden werden mußten, diese aber nach unserer Ansicht als Zustandsbild des manisch-depressiven Irreseins aufgefaßt werden muß, so halte ich es für zweckmäßig, trotz möglicherweise unterlaufender Fehler alle diese Fälle in die Tabellen, wenn nichts anderes ausdrücklich vermerkt ist, aufzunehmen.

## 2. Zahlenverhältnis der Gesundeten, Gebesserten, Kranken und schwachsinnig Gewordenen.

Die erste nun folgende Tabelle soll eine Übersicht über die Zahl der Gesundeten, der Gebesserten (d. h. auf dem Wege der Gesundung sich Befindenden), der Kranken und der schwachsinnig Gewordenen geben.

| Gruppe | Zahl | Gesund geworden | Auf dem Wege der Gesundung | Krank | Unheilbar schwachsinnig |
|---|---|---|---|---|---|
| I. Nachuntersuchte Kranke . . | 32 | 25 | 5 | 1 | 1 |
| II. Nicht nachuntersuchte Kranke . . . | 8 | 8 | — | — | — |
| III. Verstorbene Kranke | 39 | 11 | 3 | 20 | 3 sicher, 2 wahrscheinlich |
| Summe | 79 | 44 | 8 | 21 | 6 |

Diese tabellarische Übersicht ist recht instruktiv. Von den 32 Nachuntersuchten wurden resp. werden 31 gesund. (Man vergleiche die Krankengeschichten.) Bis jetzt sind 25 Kranke genesen. 5 sind auf dem Wege der Gesundung. Es handelt sich bei ihnen nicht um eine bloße Besserung, die als stationärer Zustand aufgefaßt werden muß, sondern um eine unendlich langsam vorwärts gehende, in ihrer Tendenz aber durchsichtige Heilung, die, falls die Kranken sie erleben, eintreten wird, ebenso wie wir wissen, daß jede langdauernde Manie oder Depression zur Heilung kommen wird, wenn der Kranke nicht aus Gründen, die mit der Psychose in keinem Zusammenhang stehen, zugrunde geht. Der eine Kranke der 31 heilbaren Nachuntersuchten wird zweifellos auch wieder gesund; zur Zeit ist er manisch. Als unheilbar muß nur eine einzige Kranke bezeichnet werden, die senil dement geworden ist. Aus dieser Zusammenstellung der Nachuntersuchten ersehen wir also, daß unsere Anschauung, die Melancholie gehöre ihrer klinischen Stellung nach zum zirkulären Irresein, auch dadurch bewiesen wird, daß sie die gleiche günstige Prognose hat. Auch von der zweiten Gruppe, den nicht Nachuntersuchten, sind alle Kranken genesen, ein abermaliger Beweis für die gute Prognose.

Anscheinend ganz andere Zahlen gibt die dritte Gruppe — die verstorbenen Kranken — allerdings nur anscheinend. Wir hören, daß 11 Kranke genesen sind, 3 Patienten befanden sich auf dem Wege der Gesundung und starben an interkurrenten Krankheiten vor völliger Heilung. 20 Kranke starben ungeheilt, auf der Höhe der Erkrankung, teils an Herzschwäche, teils durch Selbstmord, teils an Krankheiten der inneren Organe. Auf Grund unserer Erfahrung bei den 40 noch lebenden Kranken müssen wir den Schluß ziehen, daß alle 20 Kranke — falls keine senile Demenz hinzugetreten wäre und die Diagnose Melancholie richtig war — hätten genesen müssen, wenn sie die tödliche Erkrankung nicht hinweggerafft hätte, resp. wenn sie sich nicht selbst aus der Welt geschafft hätten. Das gleichartige Krankheitsbild, das die Geheilten geboten hatten, ihre große Zahl, die häufig viele Jahre umfassende Krankheitsdauer zwingt uns nachdrücklich zu dieser Annahme. 5 von den Gestorbenen starben schwachsinnig durch Hinzutreten einer arteriosklerotischen Hirnerkrankung. Von diesen 5 Kranken sind 3 (Fall 78—80) zweifelsohne manisch-depressiv gewesen, bei den beiden anderen Fällen (74 und 81) steht die Diagnose Melancholie der Krankengeschichte zufolge ebensowenig fest wie zirkuläres Irresein.

Auffallend groß ist die Zahl der krank Gestorbenen. Zum großen Teil ist hierfür das Lebensalter verantwortlich zu machen, das die Kranken einer so schweren geistigen Erkrankung und den Schädlichkeiten langer Anstaltsbehandlung leichter unterliegen läßt. Die Todesursachen sind fast nur Erkrankungen des Herzens und der Lunge.

Prozentualiter ausgedrückt: von unseren 79 Fällen gesundeten, resp. befinden oder befanden sich auf dem Wege der Gesundung (44+8+1 [der manische Nachuntersuchte] = 53 Kranke) 66 %; 25 % starben ungeheilt an interkurrenten Krankheiten, 8 % wurden durch Hinzutreten einer arteriosklerotischen Hirnerkrankung schwachsinnig.

3. **Krankheitsdauer der Nachuntersuchten, nicht Nachuntersuchten und Gestorbenen.**

Über die Krankheitsdauer der Nachuntersuchten, nicht Nachuntersuchten und Gestorbenen, soll die nachfolgende Tabelle eine Übersicht geben.

— 270 —

| Zeit | Nachuntersuchte | | Nicht Nachuntersuchte | | Gestorbene | | Summe |
|---|---|---|---|---|---|---|---|
| | a) zweifellos manisch-depressive Kranke | b) sehr wahrscheinlich manisch-depressive Kranke | a) zweifellos manisch-depressive Kranke | b) sehr wahrscheinlich manisch-depressive Kranke | a) zweifellos manisch-depressive Kranke | b) manisch-depressive Kranke? | |
| bis $^1/_4$ J. | — | — | — | — | 3 (2 gesund, 1 krank) | 1 (krank) | 4 |
| „ $^1/_2$ „ | 2 (gesund) | — | — | 1 (gesund) | 5 (1 gesund, 1 gebessert, 3 krank) | 1 (gesund) | 9 |
| 1 „ | 5 (gesund) | — | 2 (gesund) | — | 5 (2 gesund, 3 krank) | — | 12 |
| 2 „ | 8 (gesund) | — | | | 5 (2 gesund, 3 krank) | — | 13 |
| 3 „ | 7 (6 gesund, 1 gebessert) | | 1 (gesund) | — | 5 (krank) | — | 13 |
| 4 „ | 2 (gesund) | — | — | — | 2 (1 gebessert, 1 krank) | 3 (2 krank, 1 gesund) | 7 |
| 5 „ | 1 (krank: manisch) | — | — | — | 4 (1 gesund, 3 krank) | — | 5 |
| 6 „ | — | — | — | 1 (gesund) | — | — | 1 |
| 7 „ | — | — | — | — | — | — | — |
| 8 „ | 4 (2 gesund, 2 gebessert) | — | 1 (gesund) | — | 1 (krank) | | 6 |
| 9 „ | — | — | — | — | — | — | — |
| „ 10 „ | — | 1 (gesund?) (gebessert?) | — | — | 2 (1 gebessert, 1 krank) | — | 3 |
| „ 11 „ | — | — | — | — | — | 1 (krank) | 1 |
| „ 12 „ | 1 (fast gesund) | — | — | — | — | — | 1 |
| „ 13 „ | — | — | — | — | — | — | — |
| „ 14 „ | 1 (unheilbar schwachsinnig) | — | — | — | — | — | 1 |
| unbekannt | — | — | 2 (gesund) | — | 1 (gesund) | — | 3 |
| | 31 | 1 | 6 | 2 | 33 | 6 | 79 |
| | 32 | | 8 | | 39 | | |

Aus unserer Tabelle ist ersichtlich, daß die Krankheitsdauer der Melancholie — ich gebrauche den Namen absichtlich weiter, indem ich darunter einen manisch-depressiven Mischzustand verstehe — im allgemeinen eine recht lange ist.
51 Kranke (64 %) waren bis zu drei Jahren krank, 12 Kranke (15 %) 3—5 Jahre, 7 Kranke (9 %) 6—8 Jahre, 6 Kranke (8 %) 10—14 Jahre. Bei drei Fällen (4 %) war die Dauer der Erkrankung nicht zu ermitteln.

Dieses Resultat weicht insofern von Kraepelins Angaben ab, als sich nach meinen Untersuchungen die Dauer der Melancholie in einem Drittel aller Fälle über drei Jahre, manchmal über einen viel längeren Zeitraum erstrecken kann. Dabei muß nachdrücklich hervorgehoben werden, daß auch eine Krankheitsdauer von vielen Jahren noch nicht beweist, daß der betreffende Kranke nicht wieder gesund werden kann. Unter den von uns nachuntersuchten Fällen waren zwei (Fall 13 und 20) acht Jahre krank. Eine Patientin (Fall 31) ist jetzt, nach 12 jähriger Krankheit fast, aber noch nicht völlig gesund. Gerade diese unter Umständen sich über viele Jahre hinziehende Dauer der Erkrankung ist außerordentlich wichtig für die Frage des Schwachsinns. Mir scheint, daß Kraepelin mit den leichteren, in einen geringgradigen geistigen Schwächezustand ausgehenden Fällen („bei welchen die Verstimmung nebst den Wahnideen schwinden, die Kranken aber doch trotz einer ungefähren Krankheitseinsicht stumpfer, willensschwächer und leistungsunfähiger geworden sind") solche Kranke im Auge hatte, die nach vielen Jahren noch nicht gesund waren. Wenigstens trifft seine Schilderung ganz auf die Kranken zu, die nach 5, 8, 10 Jahren gesundeten und im Verlauf der Psychose ein derartiges von ihm beschriebenes Zustandsbild boten, das man, wie z. B. bei Fall 29, 30, 65 und 66, als ein stationäres auffassen könnte, wenn nicht andere Fälle (z. B. Fall 20 und 31) uns lehrten, daß damit das definitive Ende der Krankheit noch nicht erreicht ist. Auch von den klassischen Bildern des manisch-depressiven Irreseins wissen wir, daß sich der einzelne Anfall über 8, 10, ja 15 Jahre hinziehen kann, bis die endliche Heilung die günstige Prognose dieser Krankheit bestätigt. Derartige langdauernde Manieen oder Depressionen zeitigen häufig im Verlauf atypische Zustandsbilder, die gar nicht selten Veranlassung geben, sie mit Verblödungsprozessen zu verwechseln, bis endlich der günstige Ausgang die ursprüngliche Ansicht im vollsten Maße rechtfertigt.

### 4. Krankheitsdauer der ungeheilt Gestorbenen.

Wie oben erwähnt, liegt die nicht als absolut günstig zu bezeichnende Prognose der Melancholie nicht in der Psychose als solcher begründet, sondern abgesehen von den anderen Faktoren auch in der schweren Schädigung, die der Organismus durch die nachhaltige seelische Erregung erleidet. Die nun folgende Aufstellung wird illustrieren, wie lange die **ungeheilt Gestorbenen** krank waren. (Im ganzen starben 25 Kranke ungeheilt, davon 13 in der Irrenanstalt, 5 durch Selbstmord).

Innerhalb $1/2$ Jahres starben 6 Kranke (davon 3 in der Irrenanstalt)
" 1 " 4 2 "
" 2 Jahren 2
" 3 " 4 3
" 4 " 3 1
" 5 " 3 2 "
" 6 " —
" 7 " — "
" 8 " starb 1 Kranker (in der Irrenanstalt)
" 9 " —
" 10 " 1
" 11 " —
" 12 " 1 (in der Irrenanstalt)

Man ersieht aus dieser Übersicht, daß offenbar die Gefahr, daß der Körper die Geisteskrankheit nicht aushält, in den ersten Jahren am größten ist.

**Im ersten Jahr der geistigen Erkrankung starben 10 Kranke (40 %)** innerhalb **1—3 Jahren 6 Kranke (24 %)** [mithin in den ersten drei Jahren zwei Drittel] innerhalb **3—5 Jahren 6 Kranke (24 %)** nach **5—12 Jahren 2 %**.

Gleichzeitig muß aber hinzugefügt werden, daß von den drei Fällen, deren Erkrankung länger als 5 Jahre dauerte, einer durch Selbstmord, zwei altersschwachsinnig starben.

Vielleicht ist man berechtigt, aus diesen Zahlen den Schluß zu ziehen, daß nach ca. 5 jähriger Krankheitsdauer in der Mehrzahl der Fälle die Gefahr der Körperschwächung durch die Psychose vorüber ist, daß als einzige Komplikation noch das

Hinzutreten einer senilen Demenz zu befürchten ist. Offenbar wächst aber die Möglichkeit der Gesundung mit längerer Dauer der Krankheit, da dann der Körper der Erregung anscheinend besser zu widerstehen vermag.

Wie ersichtlich, starben 5 Kranke (6 $^0/_0$) von den insgesamt 79 Fällen durch Selbstmord, eine keineswegs niedrige Zahl, die aufs Neue erhärtet, in welch hohem Maße die Melancholiker selbstmordgefährlich sind, wie notwendig die Internierung in einer geschlossenen Anstalt ist und wie vorsichtig man mit ihrer Entlassung sein soll. Von unseren 79 Kranken machte allerdings nur einer wenige Tage nach der Entlassung seinem Leben selbst ein Ende, während bei den anderen zwischen Entlassung und Suizid ein Zwischenraum von 1—10 Jahren liegt. Bei diesen dürfte es sich wohl um eine akute Exacerbation der Psychose gehandelt haben.

## 5. Beziehungen zwischen Krankheitsdauer der Melancholie und Alter der Erkrankten.

Die nun folgende Übersicht soll versuchen, ein Bild von den Beziehungen zwischen dem Alter unserer Kranken und der Krankheitsdauer der Melancholie zu geben. Es ist eine recht interessante Frage, zu erforschen, ob eine erstmalige Melancholie desto länger dauert, in je höherem Alter sie auftritt.

Nicht in die Tabelle aufgenommen wurden alle Kranken, die schwachsinnig wurden. Hier ist natürlich die Krankheitsdauer durch das Hinzutreten einer anderen, prognostisch absolut ungünstigen Psychose nicht zu ermitteln. Ferner wurden aus leicht ersichtlichen Gründen die Fälle nicht mitgezählt, deren Krankheitsdauer unbekannt ist, oder die ungeheilt starben, es sei denn, daß bei diesen die Dauer der Psychose drei Jahre überstieg, dann wurde es aber ausdrücklich als (krank †) bemerkt.

Wieviele Kranke von unseren drei großen Gruppen berücksichtigt wurden, geht aus folgender Übersicht hervor.

    I. Nachuntersuchte       31 (fehlt 1)
   II. Nichtnachuntersuchte  6 (fehlen 2)
  III. Verstorbene            17 (fehlen 22).

Bei weitem das größte Kontingent stellen mithin die Nachuntersuchten, was insofern von Vorteil ist, als die Angabe der Krankheitsdauer bei ihnen wohl mit einiger Sicherheit als richtig

— 274 —

bezeichnet werden darf, während sie bei den anderen Kranken vielleicht hie und da zu niedrig bemessen wurde.

| | I | | | | II | | | |
|---|---|---|---|---|---|---|---|---|
| Alter | Erster Anfall im Rückbildungsalter | | | | Ein oder mehrere Anfälle vor der Depression im Rückbildungsalter | | | |
| | Männer | Krankh.-dauer in Jahren | Frauen | Krankheitsdauer in Jahren | Männer | Krankh.-dauer in Jahren | Frauen | Krankh.-dauer in Jahren |
| 40 | — | — | — | — | — | — | * | 2 (gesund †) |
| 41 | — | — | — | — | — | — | * | 3 |
| 42 | — | — | * | 4 | — | — | — | — |
| 45 | — | — | — | — | — | — | * | 1/3 |
| 48 { | — | — | * | 2 | — | — | — | — |
|     | * | 1 | * | 8 | — | — | — | — |
|     | — | — | * | 8 (gebessert) | — | — | * | 1/2 (ges. †) |
|     | — | — | * | 1/2 | — | — | — | — |
| 49 { | — | — | * | 2 | — | — | * | 1 |
|     | — | — | * | 3 | — | — | — | — |
|     | — | — | * | 3 | — | — | — | — |
| 50 { | — | — | * | 1/2 | — | — | — | — |
|     | — | — | * | 10 (krank †) | — | — | — | — |
| 51 | — | — | — | — | — | — | * | 2 1/2 |
| 52 | * | 5 (gesund †) | * | 1 | — | — | — | — |
| 53 { | * | 3 | * | 1 | — | — | — | — |
|     | * | 6 | * | 10 (gebess. †) | — | — | * | 2 (gesund †) |
| 54 | — | — | * | 2 | — | — | — | — |
| 55 { | * | 5 (noch kr.) | * | 1 1/2 | — | — | — | — |
|     | * | 8 | — | — | — | — | — | — |
| 56 { | — | 1 1/4 | * | 4 (krank †) | — | — | * | 2 |
|     | — | — | * | 3/4 (gesund †) | — | — | — | — |
| 57 { | — | — | * | 12 (fast gesund) | * | 5 (gesund †) | * | 5/4 |
|     | — | — | — | — | — | — | * | 1/4 (ges. †) |
| 58 { | — | — | * | 2 | — | — | * | 1/4 (ges. †) |
|     | — | — | * | 3 (gebessert) | — | — | * | 1/2 (ges. †) |
| 59 | * | 2 | * | 8 (gebessert) | — | — | * | 8 (gebess.) |
| 60 | * | 3 (krank †) | — | — | * | 1 | — | — |
| 62 { | — | — | * | 3 3/4 | * | 4 (krank †) | — | — |
|     | — | — | * | 3 1/2 (gesund †) | — | — | — | — |
| 63 { | * | 8 | — | — | — | — | — | — |
|     | * | 3 1/2 (ges. †) | — | — | — | — | — | — |
| 64 | — | — | * | 10 (fast gesund) | — | — | * | 2 1/2 |
| 65 | — | — | — | — | — | — | * | 1 |
| 67 | — | — | * | 4 (krank †) | — | — | — | — |
| Summe | 11 | | 25 | | 3 | | 15 | |
| | davon | | davon | | davon | | davon | |
| 31 | 7 Nachuntersuchte | | 16 Nachuntersuchte | | 1 nicht Nachunters. | | 8 Nachuntersuchte | |
| 6 | 1 nicht Nachunt. | | 3 nicht Nachunters. | | 2 Verstorbene | | 1 nicht Nachunters. | |
| 17 | 3 Verstorbene | | 6 Verstorbene | | | | 6 Verstorbene | |

In der ersten großen Rubrik der Tabelle sind diejenigen Kranken vereinigt, die in dem betreffenden Lebensjahre erstmalig erkrankten. Auch hier ist mit der Möglichkeit zu rechnen, daß bei den insgesamt 13 Nichtuntersuchten resp. Verstorbenen (ein Drittel der hier aufgeführten Fälle) Fehler insofern mit unterlaufen sind, als sie — was aus der Krankengeschichte nicht ersichtlich ist — dennoch vielleicht schon frühere Anfälle durchmachten.

In der zweiten Rubrik vereinigte ich diejenigen Fälle, die vor der Erkrankung im Rückbildungsalter eine oder mehrere leichte oder schwere Depressionen durchmachten. Bei dieser wesentlich kleineren Gruppe ist die Gesamtzahl der Nichtuntersuchten resp. Toten etwas größer als die der Untersuchten.

Ich trennte außerdem die Geschlechter, um so die Beziehungen zwischen Alter, Krankheitsdauer und Geschlecht gleichzeitig untersuchen zu können.

Unsere Übersicht ergibt jedenfalls so viel, daß bestimmte Gesetze zwischen Dauer der erstmals auftretenden Melancholie und Alter nicht bestehen.

Man nahm bisher im allgemeinen an, daß die Krankheitsdauer mit zunehmendem Alter wächst, daß dadurch die anscheinend weniger günstige Prognose erklärt wird. Dies ist wohl nicht zutreffend. Wir finden zwei Kranke von 48 Jahren (Fall 29 und 40), die acht Jahre krank sind resp. waren, eine Kranke von 50 Jahren (Fall 68), die nach 10 Jahren noch nicht völlig geheilt starb, während wir weit älteren Patienten mit wesentlich kürzerer Dauer der Psychose begegnen.

Eine gewisse Tendenz, daß Patienten, die mit 50 Jahren und darüber zum erstenmal an Melancholie erkranken, mehrere Jahre krank bleiben, scheint vorhanden zu sein, doch besteht hier wohl sicher keine Gesetzmäßigkeit.

Auch zwischen der Krankheitsdauer bei Männern und Frauen möchte ich keinen Unterschied konstruieren, wenngleich aus unserer Übersicht hervorzugehen scheint, daß Männer meist länger krank sind. Frauen erkranken überhaupt viel häufiger an Melancholie, so daß ich den Zahlen des weiblichen Geschlechts keine ebenso großen des männlichen zum Vergleich entgegenhalten konnte.

Ein auffallender Unterschied in der Krankheitsdauer scheint dagegen bei den Kranken zu bestehen, die früher schon eine oder mehrere Depressionen durchmachten, gegenüber den erstmalig im Rückbildungsalter auftretenden Melancholieen; doch lassen sich auch hier keine sicheren Beziehungen zwischen Krankheitsdauer und Höhe des Alters bei der Wiedererkrankung festlegen.

Es ist eine bekannte Tatsache, das die einzelnen Attacken des zirkulären Irreseins sich nur in relativ seltenen Fällen im Verhältnis zu der Häufigkeit seines Vorkommens über mehrere Jahre erstrecken. So finden wir auch bei kaum einem Drittel der entsprechenden Fälle eine Krankheitsdauer von über drei Jahren, und diese meist nur, wenn die Wiedererkrankung nach dem 56. Jahre auftrat.

Unser Resumé ist also folgendes: **direkte Beziehungen zwischen der Krankheitsdauer der Melancholie und dem Alter der Erkrankten lassen sich nicht festlegen, wenngleich es den Anschein hat, daß mit höherem Alter auch die Psychose länger währt. Im Rückbildungsalter rezidivierende Melancholieen führen in den meisten Fällen schneller zur Gesundung.**

Daß das Alter keinen Einfluß auf die Heilbarkeit der Melancholie hat, abgesehen von der leichteren aber relativ seltenen Möglichkeit des Hinzutretens einer arteriosklerotischen Hirnerkrankung, sowie von einer größeren Hinfälligkeit des Körpers, darf wohl als bewiesen gelten. Unter den von mir nachuntersuchten Patienten erkrankt Fall 13 mit 63 Jahren und wird mit 71 Jahren wieder gesund. Fall 20 gesundet nach 8 jähriger Krankheitsdauer mit 63 Jahren. Fall 31 endlich ist jetzt mit 69 Jahren nach 12jährigen schweren psychotischen Erscheinungen fast gesund.

### 6. Dauer der Anstaltsbehandlung bei den einzelnen Kranken.

Ein gewisses Interesse beansprucht die Frage, wie lange der Aufenthalt der einzelnen Kranken in der Irrenanstalt währte und wie viele dort starben.

Diese Übersicht über die Behandlungsdauer unserer Melancholischen in Irrenanstalten erzielt natürlich ganz andere Zahlen als die Krankheitsdauer. Bis zu einem halben Jahre wurden 37 Kranke (47 %), $^1/_2$—1 Jahr 13 Kranke (16 %), 1—3 Jahre 19 Kranke (24 %), 3—5 Jahre 7 Kranke (9 %), 5—12 Jahre 3 Kranke (4 %) in Irrenanstalten verpflegt. Man ersieht aus diesen Zahlen, daß 50 Kranke (63 %), also nicht ganz zwei Drittel aller Fälle, nur ein Jahr in Anstaltsbehandlung war, daß ein weiteres Drittel unserer Patienten nach fünf Jahren entlassen oder gestorben war, daß nur ein verschwindender Bruchteil über 5 Jahre in psychiatrischer Behandlung stand.

— 277 —

| Zeit | Nachuntersuchte | | Nicht Nachuntersuchte | | Gestorbene | | Summe |
|---|---|---|---|---|---|---|---|
| | a) zweifellos manisch-depressive Kranke | b) sehr wahrscheinlich manisch-depressive Kranke | a) zweifellos man.-depressive Kranke | b) sehr wahrscheinlich manisch-depressive Kranke | a) zweifellos manisch-depressive Kranke | b) meist wohl manisch-depressive Kranke | |
| bis 1 Mon. | — | — | — | — | 4 (2 gesund, 2 krank) | 2 (krank, 1 davon in d. Anstalt) | 6 |
| bis ¼ J. | 7 | (6 gesund, 1 unheilbar schwachsinnig) | — | 1 (gesund) | 7 (2 gesund, 1 gebessert, 4 krank, davon 3 in d. Anstalt) | — | 15 |
| „ ½ „ | 3 | (2 gesund, 1 gebessert) | — | 3 (ges.) | 9 (4 gesund, 1 gebessert, 4 krank, davon 3 in d. Anstalt) | 1 (krank) | 16 |
| „ ¾ „ | 5 | (gesund) | — | 2 (ges.) | 2 (1 gesund, 1 krank) | — | 9 |
| 1 „ | 2 | (1 gesund, 1 gebessert) | — | — | 2 (krank) | — | 4 |
| „ 2 „ | 8 | (gesund) | 1 (gesund? gebess.?) | — | 1 (gesund) | 1 (krank in d. Anstalt) | 1 (gesund) | 12 |
| „ 3 „ | 2 | (gesund) | — | 1 (ges.) | — | 3 (krank in d. Anstalt) | 1 (krank) | 7 |
| „ 4 „ | — | — | — | — | 1 (gesund) | — | 1 |
| 5 „ | 1 | (krank: manisch in der Anstalt) | — | — | 2 (krank in d. Anstalt) | — | 3 |
| „ 6 „ | — | — | — | — | 1 (gebessert) | — | 1 |
| 7 „ | — | — | — | — | 1 (krank in d. Anstalt) | — | 1 |
| „ 8 „ | 2 | (1 gesund 1 gebessert, in der Anstalt) | — | — | — | — | 2 |
| „ 9 „ | — | — | — | — | — | 1 (krank in d. Anstalt) | 1 |
| „ 10 „ | — | — | — | — | — | — | .. |
| „ 11 „ | — | — | — | — | — | — | |
| „ 12 „ | 1 | (fast gesund in der Anstalt) | — | — | — | — | 1 |
| | 31 | 1 | 6 | 2 | 33 | 6 | 79 |
| | 32 | | 8 | | 39 | | |

Dieses Zahlenergebnis ist durchaus verständlich, da die Melancholie nicht selten nach einiger Zeit einen schleppenden Verlauf nimmt. Bei zahlreichen Kranken hält sich die Psychose späterhin in mäßigen Grenzen, die Selbstmordgefahr wird geringer, so daß eine Verpflegung im Kreise der Familie möglich ist. Andererseits spielen die sozialen und häuslichen Verhältnisse eine Rolle. So finden wir bei unzureichenden Vermögensverhältnissen, mangelnder Überwachungs- oder Pflegemöglichkeit Kranke in Irrenanstalten, die längst hätten entlassen werden können. Zur Zeit befinden sich von unseren 79 Kranken nur noch 3 in Anstalten. Von diesen könnten Fall 30 und 31 ohne weiteres entlassen werden, wenn die Angehörigen sich ihrer annähmen. Andererseits ist Fall 32 schon 14 Jahre krank und war nur ein Vierteljahr lang in einer geschlossenen Anstalt.

Immerhin glaube ich aus den vorliegenden Zahlenreihen den Schluß ziehen zu dürfen, daß die Anstaltsbehandlung im allgemeinen bei melancholischen Zustandsbildern drei Jahre nicht übersteigen wird. Bei der Beurteilung des Verlaufs einer Krankheit ist auch dieser Gesichtspunkt recht wichtig. Die Angehörigen wollen nicht nur über die Prognose, sondern auch über die mögliche Dauer psychiatrischer Behandlung unterrichtet sein.

Nach Kraepelins Prognose mußte man annehmen, daß 45 % der Kranken, also nahezu die Hälfte aller, entweder in der Irrenanstalt sterben, oder daß ihr psychischer Zustand eine Entlassung unmöglich macht. Nach meinen Zahlen starben 16 % in der Anstalt, 4 % befinden sich noch dort. Diese können ihrer geistigen Verfassung nach selbstverständlich so werden, daß sie keiner psychiatrischen Behandlung mehr bedürfen. Nehmen wir aber die jetzige höchste Zahl an, so finden wir, daß nur ein Fünftel aller Kranken — meist wohl wegen einer körperlichen Krankheit — nicht mehr aus der Anstalt herauskommt.

### 7. Häufigkeit des Vorkommens erblicher Belastung sowie einer auslösenden Ursache.

Die folgende Tabelle soll über die Häufigkeit der erblichen Belastung und einer die Melancholie auslösenden Ursache orientieren.

|  | Erbliche Belastung | Auslösende Ursache |
|---|---|---|
| 32 Nachuntersuchte | 16 = 50 % | 18 = 56 % |
| 8 nicht Nachuntersuchte | 3 = 37½ % | 3 = 37½ % |
| 39 Verstorbene | 19 = 49 % | 6 = 15½ % |
| Summe | 38 = 48 % | 27 = 34 % |

Man ersieht aus dieser Zusammenstellung, daß durchschnittlich die Hälfte aller Kranken erblich belastet war, und daß bei einem Drittel eine äußere Ursache den Anstoß zur Auslösung der Psychose gab.

Ich glaube, daß die auch von Kraepelin gemachte Angabe, daß wir bei 50 % der Kranken erbliche Belastung finden, als richtig zu verwerten ist, wenn wir unter erblicher Belastung nur schwere, auch dem Laien als Geisteskrankheiten imponierende psychische Veränderungen verstehen. Über das Vorhandensein leichterer psychopathischer Zustände, sowie leichter Hysterieen oder Zyklothymieen machen die Angehörigen bei der Frage bezüglich der Heredität wohl durchweg keine Angaben, da sie diese Zustände nicht als psychotische erkennen. Ich verweise hier als Beispiel nur auf Fall 27. Die Tochter unserer früheren Kranken leidet zur Zeit an einer ausgesprochenen zyklothymen Depression, ohne daß die Angehörigen hiervon eine Ahnung haben. Man wird bei den 32 Nachuntersuchten den größten Prozentsatz erblicher Belastung finden. Das ist dadurch zu erklären, daß ich bei der Nachuntersuchung jedesmal eingehend danach fragte und manche Angaben der Krankengeschichte ergänzen konnte.

Ein ganz auffallender Unterschied besteht in den Zahlen bei den einzelnen Gruppen bezüglich der auslösenden Ursache. Bei den Nachuntersuchten finden wir 56 %, bei den Verstorbenen nur 15½ %. Zweifellos ist die zweite Zahl zu niedrig. Ich fragte selbstverständlich bei den Kranken, die ich untersuchen konnte, nach der vermeintlichen auslösenden Ursache. Sehr häufig wird ja eine so schwere Erkrankung von dem Laien für ganz unbegreiflich angesehen, wenn nicht eine seelische Erschütterung, eine fieberhafte Krankheit als „Sündenbock" verantwortlich gemacht werden kann. Der Tod naher Angehöriger, schwere fieberhafte Erkrankung usw. wurden auch in den mir zur Verfügung stehenden Krankengeschichten, zweifellos mit Recht, durchweg als auslösende Ursachen angesprochen. Andererseits nahm ich bei den Nachuntersuchten auch langdauernde seelische Erregungen, wie schwere geschäftliche Verluste, berechtigte Sorgen um die Existenz, tiefen Kummer über mißratene Kinder usw. als psychische Traumen an, welche die Rolle der auslösenden Ursache spielten, und fügte sie der Krankengeschichte bei. So glaube ich, daß die Zahl 15 $^1/_2$ % bei den Verstorbenen ganz erheblich zu niedrig bemessen ist, daß man im allgemeinen wohl bei 35—40 % aller melancholischen Kranken eine auslösende Ursache zu finden vermag. Ich halte dies nicht für so unwichtig, wie es vielleicht erscheinen mag. Finden wir doch auch bei den klassischen Fällen des manisch-depressiven Irreseins recht häufig einen psychogenen Beginn der Krankheit.

8. **Beziehungen zwischen erblicher Belastung in Verbindung mit einer auslösenden Ursache und Ausbruch der Melancholie.**

Auf eine recht interessante Frage, über die Beziehungen zwischen erblicher Belastung in Verbindung mit einer auslösenden Ursache und dem Ausbruch der Melancholie, soll die nachfolgende Übersicht, der jedoch nur die bei den 32 Nachuntersuchten gewonnenen Resultate zugrunde liegen, einiges Licht werfen.

| Erbliche Belastung | Auslösende Ursache | Zahl der Kranken | % |
|---|---|---|---|
| nein | nein | 9 | $28^1/_2$ % |
| ja | nein | 5 | $15^1/_2$ % |
| ja | ja | 10 | 31 % |
| nein | ja | 8 | 25 % |
| | | 32 | |

Die Zahlen der vorangehenden Tabelle sind nur von einem kleinen Material gewonnen, da die Ergebnisse der persönlichen Nachuntersuchungen allein einigen Anspruch auf Richtigkeit machen dürfen, wenn sie auch vielleicht auf Seiten der Heredität, wie vorhin auseinandergesetzt, etwas zu niedrig genommen sind.

Ich weiß wohl, daß meine Zahlen für die Beantwortung einer derartig schwerwiegenden Frage viel zu klein sind. So mögen sie nur als geringfügiger Beitrag für derartige Untersuchungen mit großen Zahlenreihen aufgefaßt werden.

Was an unserer Tabelle überrascht, ist die große Zahl der Kranken, die, erblich belastet, infolge einer auslösenden Ursache im Rückbildungsalter schwer erkranken. Damit man aber ja kein zu großes Gewicht auf diese Zahl (fast ein Drittel der Fälle) lege, vergleiche man hiermit die um wenige Prozent niedrigere Anzahl der Kranken, die weder erbliche Belastung noch auslösende Ursache aufweisen. So erlaubt uns unsere Tabelle nicht, irgendwelche Schlüsse zu ziehen.

Die Frage, in welcher Beziehung Heredität, auslösende Ursache und Psychose stehen, hat zweifellos ein gewisses Interesse. Findet man bei einer großen Zahl von Kranken, daß diese drei Faktoren sich auffallend häufig vereint finden, so ergibt sich daraus eine klare Richtschnur für die Prophylaxe. Als nicht zu unterschätzender Faktor kommt gerade für die Melancholie, wie schon anderen Ortes auseinandergesetzt, das Rückbildungsalter in Betracht, das einen großen Einfluß auf diese Psychose in jeder Beziehung hat. In jenem Zeitabschnitt des menschlichen Lebens häufen sich die Depressionen. Zahllose leichte Depressionen, die in jener Zeit auftreten, erreichen keine solche Höhe, daß sie eine Überführung in eine Irrenanstalt nötig machen.

Fänden sich aber auffallend nahe Beziehungen zwischen Rückbildungsalter, Heredität, auslösender Ursache und Melancholie, so könnte man doch veranlaßt werden, auf den einzigen beeinflußbaren Faktor, die auslösende Ursache, besonders zu achten, d. h. von einem erblich schwer belasteten Individuum im Rückbildungsalter wenn irgend möglich jede seelische Erschütterung sorgfältig fernzuhalten.

Daß aber die „auslösende Ursache" der letzte Tropfen im Becher und nicht die tatsächliche Ursache der Melancholie ist, dürfte wohl als selbstverständlich vorausgesetzt werden. Man bedenke nur Fall 1. Hier spielt die Angst vor dem Tode der Frau im Verein mit körperlichem Leiden die Rolle der auslösenden Ursache der Melancholie. Nicht lange nach deren Abklingen stirbt die Frau tatsächlich, ohne daß bei unserem Kranken eine pathologische Reaktion erfolgte. Ganz ähnlich verhält es sich bei Fall 25. Hier ist es die Sorge um die Tochter, die den äußeren Anstoß zum Ausbruch der Krankheit gibt. In gesunden Tagen wird diese Sorge, ja selbst der Tod des Mannes ohne erhebliche nachhaltige Störung überwunden. Eine Anzahl von unseren Kranken, z. B. Fall 5 oder 10, von welchen die erste im Anschluß an ein psychisches Trauma erkrankte, überwindet ohne Störung des seelischen Gleichgewichts den Tod des Ehegatten.

Umgekehrt tritt bei Fall 22 die erste Depression anscheinend ohne äußere Ursache auf, während die zweite im 67., ganz besonders aber die dritte im 77. Lebensjahr die offenbar prompte Reaktion auf eine heftige Gemütsbewegung ist.

Die Frage der Beziehung zwischen psychischer Erregung und Psychose ist noch weit davon entfernt, geklärt zu sein. Sie verdient aber zweifellos größere Beachtung, als ihr im allgemeinen von Psychiatern geschenkt wird, ganz besonders aber die sehr nahe Beziehung zwischen psychischem Trauma und manisch-depressivem Irresein, dessen Ausbruch sich nur allzuoft an eine seelische Erschütterung anschließt.

### 9. Geschlecht, auslösende Ursache und Melancholie.

Über eine interessante Frage versucht die nachfolgende Zusammenstellung Auskunft zu geben, speziell, ob bei dem weiblichen Geschlecht sich prozentualiter häufiger eine auslösende Ursache der Melancholie findet, als bei dem männlichen. Wie erwähnt, findet man bei mindestens einem Drittel aller Kranken, meist aber noch häufiger, eine auslösende Ursache der Psychose. Die Vermutung lag nun nahe, anzunehmen, daß das eindrucksfähigere weibliche Geschlecht, bei welchem zudem das Rückbildungsalter weit mehr Bedeutung hat als beim männlichen, häufiger im Anschluß an eine äußere Ursache erkrankt. Für unsere drei Gruppen gilt bezüglich unterlaufener Fehler das über die auslösende Ursache schon Gesagte: zweifellos hätte sich bei den insgesamt 47 nicht nachuntersuchten Kranken häufiger eine exogene Ursache gefunden, als diese in der Krankengeschichte vermerkt wurde. Es muß natürlich ferner in Betracht gezogen werden, daß die Zahl der melancholischen Frauen die der Männer bei unserem Material stark überwiegt.

| Gruppe | Männer | Frauen |
|---|---|---|
| I. 32 Nachuntersuchte (8 Männer, 24 Frauen) | 3 | 15 |
| II. 8 nicht Nachuntersuchte (2 Männer, 6 Frauen) | 2 | 1 |
| III. Verstorbene (12 Männer, 27 Frauen) | 2 | 4 |
| Summe: 22 Männer, 57 Frauen | 7 = 32% | 21 = 37% |

Aus dieser Übersicht scheint hervorzugehen, daß das weibliche Geschlecht etwas häufiger im Verlauf äußerer Ursachen an Melancholie erkrankt als das männliche. Allein auch hier ist meine Zahlenreihe viel zu klein, um irgendwelche bindenden Schlüsse ziehen zu dürfen. Vielleicht aber kann sie doch einige Anhaltspunkte für fernere in größerem Maßstabe ausgeführte Statistiken geben. Wie sehr man bei kleinen Zahlenreihen irregeführt werden kann, beweist das Ergebnis der zweiten Gruppe. Hier finden wir, daß doppelt soviel Männer im Verlauf exogener Ursachen erkranken, während das Gesamtergebnis ein ganz anderes war.

## 10. Geschlecht und Melancholie.

Was die Beteiligung der Geschlechter an der Melancholie anbetrifft, so werden Frauen ungleich häufiger von dieser Psychose befallen als Männer, eine Tatsache, die übrigens ganz den Erfahrungen bei den klassischen Fällen des manisch-depressiven Irreseins entspricht.

Kraepelin meint, daß das weibliche Geschlecht etwa 60 % der Kranken liefere. Nach meinen nachfolgenden Zahlen wird man finden, daß die Frauen $2\frac{1}{2}$ mal so stark an der Melancholie beteiligt sind als die Männer.

| Gruppe | Männer | Frauen |
|---|---|---|
| I. 32 Nachuntersuchte . . | 8 | 24 |
| II. 8 nicht Nachuntersuchte . | 2 | 6 |
| III. 39 Verstorbene . . . . | 12 | 27 |
| 79 Kranke | 22<br>Männer 28 % | 57<br>Frauen 72 % |

## 11. Zahl der Kranken mit mehreren Anfällen.

Wenden wir uns nun einer andersartigen Frage zu, die in einer Gesamtübersicht behandelt werden kann.

Infolge der nosologischen Stellung der Melancholie als Zustandsbild des manisch-depressiven Irreseins wird es uns nicht Wunder nehmen, wenn wir hören, daß unsere Kranken entweder vor der Erkrankung, die sie in die Irrenklinik führte, oder nachher eine Attacke oder mehrere Anfälle, meist Depressionen durchmachten, von welchen sie fast durchweg nach kürzerer oder längerer Zeit gesundeten. Statistisch ist es unwichtig, ob wir es mit schweren oder leichten Attacken zu tun hatten, nur die Frage interessiert uns, ob es bei dem einen Anfall geblieben ist, oder ob nach der Genesung noch weitere Attacken mit gesunden Zwischenzeiten folgten. Bei der Beantwortung dieser Frage müssen wir uns klar sein, daß wir es auch hier mit mancherlei Fehlerquellen, die das Resultat beeinflussen werden, zu tun haben. Ein recht wichtiger Faktor ist der Umstand, daß von unseren 79 Kranken 47 nach früheren oder späteren Anfällen überhaupt nicht befragt werden konnten. Wir waren bei ihnen bezüglich der Vorgeschichte nur auf das Journal angewiesen, mit dessen Unvollständigkeit wir rechnen müssen. Über den Verlauf nach der Genesung wissen wir nichts. Bei den Nachuntersuchten spielt die Möglichkeit des Leugnens späterer Anfälle eine gewisse Rolle, ferner die Tatsache, daß über kurzdauernde, isolierte leichteste Manien wohl nie etwas zu erfahren sein wird.

| Gruppe | Kranke |
|---|---|
| I. 32 Nachuntersuchte . . . | 13 |
| II. 8 nicht Nachuntersuchte | 3 |
| III. 39 Verstorbene . . . . . | 17 |
| Summe . . | 43 = 54 % |

Von unseren 79 Fällen machten also über die Hälfte der Kranken mehrere zeitlich getrennte Anfälle, meist Depressionen, in ihrem Leben durch.

Bedenkt man aber, daß von unseren 13 in Betracht kommenden Nachuntersuchten nur bei drei in der Krankengeschichte etwas von früheren Depressionen erwähnt ist, während die Nachuntersuchung bei den restierenden 10 Kranken frühere oder spätere Attacken zur Kenntnis brachte, so wird man leicht einsehen, daß unser Prozentsatz wegen der vielen nicht befragten Kranken wohl sicher viel zu niedrig ist.

## III. Klinische Ergebnisse.

### 1. Tabellarische Übersicht über die 34 Nachuntersuchten.

Bei den rein klinischen, vielleicht die Kenntnis des manischdepressiven Irreseins erweiternden Ergebnissen werde ich mich vorwiegend auf die Erfahrungen beschränken, die ich bei den 34 von mir nachuntersuchten Kranken sammeln konnte. Ich werde auf die 47 anderen Fälle nur insoweit zurückgreifen, als die Notizen der Krankengeschichte von Belang für die von mir behandelten Fragen sind. Das nach meiner Ansicht Wertvolle, den nicht nachuntersuchten Fällen Fehlende, zur Kenntnis des gesamten klinischen Bildes aber unbedingt Notwendige ist die persönliche Nachuntersuchung, wenn möglich eine Reihe von Jahren nach der Genesung resp. Entlassung der einzelnen Kranken. Nur so werden wir eine gewisse Gewähr haben, wie schon anderen Ortes ausführlich auseinander gesetzt, über Verlauf und Ausgang der Psychose genau unterrichtet zu sein, wir werden aber auch wertvolle Ergänzungen zur Krankengeschichte von den Gesundeten erfahren können.

In Stichworten will ich in der nachfolgenden Tabelle eine Übersicht über die von mir nachuntersuchten Fälle bringen. Sie soll die Orientierung über das gesamte klinisch wichtigste Material erleichtern. (S. Tabelle S. 286—293.)

Über die rein statistische Seite kann ich hinweggehen, da ich diese, um keine einseitigen Zahlen zu bekommen, mit den betreffenden Ergebnissen aller Kranken abgehandelt habe. Das einzige, was vielleicht noch interessieren dürfte, wäre eine Übersicht über den Zeitraum, der zwischen der Entlassung aus der Klinik und der jeweiligen Nachuntersuchung unserer früheren Kranken liegt. Man wird aus der folgenden Zusammenstellung ersehen, daß von unseren 34 Nachuntersuchten 9 Kranke 1—4 Jahre, 23 Kranke 6—14 Jahre nach der Entlassung aus der Klinik einer Untersuchung unterzogen werden konnten.

| Zeitraum zwischen Entlassung aus der Klinik und Nachuntersuchung | Anzahl der Kranken |
|---|---|
| innerhalb 1 Jahres | 2 |
| nach 2 Jahren | 4 |
| ,, 3 ,, | 2 |
| ,, 4 ,, | 1 |
| ,, 5 ,, | — |
| ,, 6 ,, | 2 |
| ,, 7 ,, | 2 |
| ,, 8 ,, | 3 |
| ,, 9 ,, | — |
| ,, 10 ,, | 6 |
| ,, 11 ,, | 5 |
| ,, 12 ,, | 4 |
| ,, 13 ,, | 2 |
| ,, 14 ,, . . . . . | 1 |
| | 34 |

— 286 —

I. Gruppe: Ein

I. Unterabteilung: Keine deutliche Hemmung,

| No. | Name | Alter | Ursprüngliche Diagnose | Heredität | Auslösende Ursache | Dauer der Anstaltsbehandlung | Krankheitsdauer | Nach wieviel Jahren Nachuntersuchung n. d. Entlassung a. d. Klinik |
|---|---|---|---|---|---|---|---|---|
| 1 | P. Sch. ♂ | 48 J. | Melancholie | 0 | Seelische Erregungen | 7 Monate | 1 Jahr | 11 Jahren |
| 2 | L. B. ♀ | 58 J. | Melancholie | 0 | Tod des Mannes | $1^3/_4$ Jahre | 2 Jahre | 4 Jahren |
| 3 | Th. G. ♀ | 54 J. | Melancholie | 0 | Tod des Mannes | $1^1/_2$ Jahre | $2^1/_4$ Jahre | 7 Jahren |
| 4 | F. W. ♀ | 49 J. | Depressiver Wahnsinn | 0 | Körperlich. Leiden? | $3^1/_2$ Mon. | 3 Jahre | $13^1/_4$ Jahren |

2. Unterabteilung: Keine deutliche Hemmung,

| 5 | K. B. ♀ | 50 J. | Melancholie | 0 | Seelische Erregungen? | $1^1/_2$ Mon. | $1/_2$ Jahr | 12 Jahren |
| 6 | E. St. ♀ | 49 J. | Melancholie | Schwester geisteskrank | 0 | $1^3/_4$ Jahre | 2 Jahre | 12 Jahren |
| 7 | A. H. ♀ | 52 J. | Melancholie | Schwester und Sohn geisteskrank | Pneumonie? | $1/_4$ Jahr | 1 Jahr | $2^1/_2$ Jahren |

3. Unterabteilung: Deutliche

| 8 | G. R. ♂ | 56 J. | Melancholie | Bruder geisteskr. Vater † d. Suizid | Seelische Erregungen? | 1 Jahr | $1^1/_4$ Jahre | 11 Jahren |
| 9 | L. Z. ♂ | 53 J. | Melancholie | 0 | 0 | $1^3/_4$ Jahre | $2^2/_4$ Jahre | 3 Jahren |
| 10 | A. R. ♀ | 42 J. | Melancholie | 0 | 0 | 3 Jahre | 4 Jahre | $2^1/_4$ Jahren |
| 11 | M. M. ♀ | 62 J. | Melancholie | Schwester geisteskrank | 0 | $1^3/_4$ Jahre | $3^3/_4$ Jahre | $1/_3$ Jahr |

## Depressionsanfall.
### keine extremen Stimmungsschwankungen.

| Gesund, fast gesund, gebessert, ungeheilt | Jetzige Diagnose: Man.-depr. Irresein | | c) auf Grund welcher Argumente | Bemerkungen |
|---|---|---|---|---|
| | a) aus der Krankengeschichte | b) durch die Nachuntersuchung | | |
| Gesund | | | | Hysterische Züge, wenig Erinnerung an die Krankheit |
| Gesund | ja | — | Erregbarkeit, Rededrang, sehr wahrscheinlich psychomotorische Hemmung | Schlechte Auskunft bei der Nachuntersuchung |
| Gesund | ja | — | Stimmungsschwankungen, Reizbarkeit, Herrschsucht | Hysterische Züge |
| Gesund | ja | bestätigt | Reizbarkeit | Gibt schlecht Auskunft |

### extreme Stimmungsschwankungen.

| Gesund | ja | — | Plötzlicher Stimmungsumschlag mit Euphorie, Ablenkbarkeit, Gedankenflucht, Unbesinnlichkeit | — |
|---|---|---|---|---|
| Gesund | ja | bestätigt | Mehrfacher Stimmungsumschlag. Partielle Hemmung? | Wenig Erinnerung an die Krankheit |
| Gesund | ja | — | Plötzlicher Stimmungsumschlag. Partielle Hemmung? | — |

### partielle Hemmung.

| Gesund | ja | bestätigt | Partielle Hemmung | Wenig Erinnerung an die Krankheit |
|---|---|---|---|---|
| Gesund | — | ja | Partielle Hemmung. Gedankenflucht | — |
| Gesund | ja | bestätigt | Partielle Hemmung. Gedankenflucht, Erregbarkeit | — |
| Gesund | — | ja | Partielle Hemmung. Gedankenflucht. Empfindlichkeit. Reizbarkeit | — |

## 4. Unterabteilung: Partielle

| No. | Name | Alter | Ursprüngliche Diagnose | Heredität | Auslösende Ursache | Dauer der Anstaltsbehandlung | Krankheitsdauer | Nach wieviel Jahren Nachuntersuchung n. d. Entlassung a. d. Klinik |
|---|---|---|---|---|---|---|---|---|
| 12 | S. N. ♀ | 55 J. | Melancholie | Vater † an Gehirnentzündung | Gerichtl. Verurteilg. des Sohnes | $3/_4$ Jahre | 1 Jahr | $8^1/_2$ Jahren |
| 13 | K. B. ♂ | 63 J. | Melancholie | o | o | $1^1/_4$ Jahre | 8 Jahre | 8 Jahren |

## II. Gruppe: Mehrfache leichte
### 1. Unterabteilung: Ein Depressionsanfall vor

| 14 | K. K. ♀ | 49 J. | Melancholie | o | o | $1/_3$ Jahr | 1 Jahr | $1^1/_2$ Jahre |
| 15 | M. G. ♀ | 56 J. | Melancholie | Mutter, Bruder, Schwester, geisteskr. | o | $1^1/_2$ Jahre | $1^3/_4$ Jahre | 1 Jahr |

### 2. Unterabteilung: Erster Depressionsanfall im Rückbildungs-

| 16 | F. K. ♂ | 59 J. | Melancholie | Großmutter, drei Schwestern Vetter geisteskr. Bruder † d. Suizid | o | $1^1/_4$ Jahre | 2 Jahre | $11^1/_2$ Jahren |
| 17 | C. C. ♀ | 51 J. | Melancholie | o | o | $3/_4$ Jahre | $1^1/_2$ Jahre | $10^1/_4$ Jahren |
| 18 | F. A. ♀ | 49 J. | Melancholie | Tante geisteskrank | Seelische Erregungen? | $3/_4$ Jahre | 3 Jahre | $13^1/_4$ Jahren |
| 19 | W. F. ♀ | 48 J. | Melancholie | Großvater, Onkel, Tochter † | Selbstmord der Tochter | $1/_4$ Jahr | 2 Jahre | 10 Jahren |
| 20 | K. K. ♂ | 55 J. | Melancholie mit Blödsinn | o | o | $7^3/_4$ Jahre | 8 Jahre | 11 Jahren |

**Hemmung, Stimmungsumschlag.**

| Gesund, fast gesund, gebessert, ungeheilt | Jetzige Diagnose: Man.-depr. Irresein | | c) auf Grund welcher Argumente | Bemerkungen |
|---|---|---|---|---|
| | a) aus der Krankengeschichte | b) durch die Nachuntersuchung | | |
| Gesund | ja | bestätigt | Partielle Hemmung. Stimmungsumschlag. Reizbarkeit | — |
| Gesund | ja | bestätigt | Partielle Hemmung. Stimmungsumschlag. Gedankenflucht | Mit 71 Jahren genesen! |

**oder schwere Depressionsanfälle.**
**der jetzigen Erkrankung, keine Abortivanfälle.**

| | | | | |
|---|---|---|---|---|
| Gesund | — | ja | Zwei Anfälle (29 Jahre auseinanderliegend), partielle Hemmung | — |
| Gesund | ja | bestätigt | Zwei Anfälle (31 Jahre auseinanderliegend), Stimmungsschwankung, Gereiztheit, partielle Hemmung | — |

**alter, seitdem erst depressive Abortiv- oder auch schwere Anfälle.**

| | | | | |
|---|---|---|---|---|
| Gesund | ja | bestätigt | Partielle Hemmung. Zahlreiche depressive Abortivanfälle mit geringer Hemmung | — |
| Gesund | ja | bestätigt | Stimmungsschwankungen. Zahlreiche depressive Abortivanfälle, Hemmung | — |
| Gesund | ja | bestätigt | Stimmungsschwankungen. Subjektive und objektive Hemmung. Rezidiv nach 3 Jahren mit Hemmung | — |
| Gesund | ja | bestätigt | Partielle Hemmung. Zahlreiche depressive Abortivanfälle ohne Hemmung. Rezidiv nach 10 Jahren mit subjekt. u. objekt. Hemmung | Jetzt, nach 10jähriger Gesundheit, wieder leicht deprimiert! |
| Gesund | fraglich | ja | Hemmung. Stimmungsschwankung?? Depressive Abortivanfälle. Nach 3 Jahren Rezidiv mit ausgesprochener Hemmung | — |

### 3. Unterabteilung: Depressive Abortiv- oder schwerere Anfälle

| No. | Name | Alter | Ursprüngliche Diagnose | Heredität | Auslösende Ursache | Dauer der Anstaltsbehandlung | Krankheitsdauer | Nach wieviel Jahren Nachuntersuchung n. d. Entlassung a. d. Klinik |
|---|---|---|---|---|---|---|---|---|
| 21 | G. D. ♀ | 45 J. | Melancholie | o | o | 5 Wochen | $1/_3$ Jahr | 11 Jahren |
| 22 | L. M. ♂ | 64 J. | Melancholie, Dementia | o | Seelische Erregungen? | $2^1/_4$ Jahre | $2^1/_2$ Jahre | $10^1/_4$ Jahren |
| 23 | A. D. ♀ | 41 J. | Depressiver Wahnsinn | Vater † an Hirnschlag | Seelische Erregungen? | 10 Wochen | 3 Jahre | 14 Jahren |
| 24 | A. G. ♀ | 65 J. | Melancholie | Bruder hysterisch? | o | $3/_4$ Jahre | 1 Jahr | $10^1/_4$ Jahren |
| 25 | F. G. ♀ | 57 J. | Melancholie | Schwester geisteskrank | Krankheit der Tochter | 6 Wochen | $1^1/_4$ Jahre | $6^1/_2$ Jahren |

## III. Gruppe: Nicht, resp.
### 1. Unterabteilung: Ein Depressionsanfall. Keine

| 26 | A. N. ♀ | 64 J. | Melancholie | o | Körperl. Krankheit? | $1^1/_4$ Jahre | 10 Jahre | 8 Jahren |

### 2. Unterabteilung: Einmalige Depression. Im

| 27 | M. G. ♀ | 58 J. | Melancholie | Schwester geisteskrank. Tochter zyclothym | Tod des Mannes | $4^1/_2$ Mon. | 3 Jahre | $2^1/_2$ Jahren |
| 28 | J. H. ♂ | 55 J. | Melancholie und Imbecillität | o | o | $4^1/_2$ Jahre | 5 Jahre | 3 Jahren |

**vor und nach dem in die Klinik führenden Depressionsanfall.**

| Gesund, fast gesund, gebessert, ungeheilt | Jetzige Diagnose: Man.-depr. Irresein | | c) auf Grund welcher Symptome | Bemerkungen |
|---|---|---|---|---|
| | a) aus der Krankengeschichte | b) durch die Nachuntersuchung | | |
| Gesund | ja | bestätigt | Partielle Hemmung. Zwei bis drei schwerere, zahlreiche abortive Depressionsanfälle ohne Hemmung | — |
| Gesund | ja | bestätigt | Drei schwere, zahlreiche abortive Depressionsanfälle. Hemmung. Erregbarkeit, Geschwätzigkeit, Reizbarkeit. Gehobenes Selbstgefühl. Stimmungsumschlag | Rezidiv nach 10 Jahren. Jetzt noch leicht deprimiert! |
| Gesund | — | ja | Zwei schwere, zahlreiche abortive Depressionsanfälle. Hemmung. Gedankenflucht, Mitteilungsbedürfnis | Sehr gute Auskunft |
| Gesund | — | ja | Drei Depressionsanfälle (47 resp. 3 Jahre auseinanderliegend) | Gibt schlecht Auskunft |
| Gesund | ja | bestätigt | Zahlreiche leichte Depressionen mit Hemmung. Partielle Hemmung. Stimmungsumschlag, Reizbarkeit | — |

## noch nicht Genesene.

### Hemmung, keine Stimmungsschwankungen.

| Fast gesund. Gesund? | Krankengeschichte fehlt. Nachuntersuchung unvollkommen. Keine sichere Diagnose. Sehr wahrscheinlich: Konstitutionelle Depression und manisch-depressives Irresein |
|---|---|

### Verlauf deutliche Stimmungsschwankungen.

| Gebessert | — | ja | Stimmungsschwankungen, Reizbarkeit. 2 Anfälle?? | Gibt schlecht Auskunft. Dissimuliert |
| Z. Zt. manisch | ja | bestätigt | Stimmungsschwankungen, Reizbarkeit, Erregbarkeit. Jetzt manisch | Gibt schlecht Auskunft |

### 3. Unterabteilung: Partielle Hemmung, ev.

| No. | Name | Alter | Ursprüngliche Diagnose | Heredität | Auslösende Ursache | Dauer der Anstaltsbehandlung | Krankheitsdauer | Nach wieviel Jahren Nachuntersuchung n. d. Entlassung a. d. Klinik |
|---|---|---|---|---|---|---|---|---|
| 29 | M. B. ♀ | 48 J. | Melancholie | 0 | 0 | 1 Jahr | 8 Jahre | $6^{1}/_{2}$ Jahren |
| 30 | E. D. ♀ | 59 J. | Melancholie | 0 | Seelische Erregungen | $7^{1}/_{2}$ Jahre | $7^{3}/_{4}$ Jahre | 7 Jahren |
| 31 | R. K. ♀ | 57 J. | Melancholie | Mutter † d. Suizid. Brudersohn idiotisch. Drei Brudertöchter manisch-depressiv | Tod der Schwester | $1^{1}/_{2}$ Jahre | $11^{3}/_{4}$ Jahre | $10^{1}/_{2}$ Jahren |

### 4. Unterabteilung: Stimmungsschwankungen.

| | | | | | | | | |
|---|---|---|---|---|---|---|---|---|
| 32 | J. K. ♀ | 69 J. | Melancholie | Mutter, Großmutter, Bruder geisteskrank | Tod des Mannes | $1/_{4}$ Jahr | 14 Jahre | $10^{1}/_{4}$ Jahren |

### Anhang:

| | | | | | | | | |
|---|---|---|---|---|---|---|---|---|
| 33 | A. S. ♂ | 57 J. | Melancholie | 0 | 0 | 7 Wochen | $1/_{4}$ Jahr | 12 Jahren |
| 34 | Z. G. ♀ | 61 J. | Melancholie | 0 | 0 | 11 Tage | 4 Wochen | 12 Jahren |

auch deutliche Stimmungsschwankungen.

| Gesund, fast gesund, gebessert, ungeheilt | Jetzige Diagnose: Man.-depr. Irresein | | c) auf Grund welcher Symptome | Bemerkungen |
|---|---|---|---|---|
| | a) aus der Krankengeschichte | b) durch die Nachuntersuchung | | |
| Gebessert | ja | bestätigt | Ablenkbarkeit, Redseligkeit, Querulieren. Anspruchsvolles Benehmen. Erregbarkeit, Stimmungsschwankungen. Hemmung | — |
| Gebessert | ja | bestätigt | Objektive und partielle subjektive Hemmung. Stimmungsschwankungen. Zwei Depressionsanfälle | — |
| Fast gesund | ja | bestätigt | Subjektive und objektive Hemmung. Erregbarkeit, Reizbarkeit, Herrschsucht, Redseligkeit, Stimmungsschwankungen | Katatone und hysterische Züge |

**Kombination mit arteriosklerotischer Hirnerkrankung.**

| Unheilbar | ja | bestätigt | Rededrang, Stimmungsschwankungen | Altersschwachsinnig ($83^{1}/_{2}$ J.!), keine verwertbare Auskunft |
|---|---|---|---|---|

# Fehldiagnosen.

| Gesund | Krankengeschichte und Nachuntersuchung: Alkoholhalluzinose |
|---|---|
| Gesund | Krankengeschichte und Nachuntersuchung: Hysterische Erregung |

Es interessiert uns fürderhin an unserem Material einzig und allein noch das klinische Ergebnis. Was uns vor allen Dingen an den vielen Krankengeschichten aufgefallen sein wird, ist der Umstand, daß sich bei 30 von den 32 Nachuntersuchten, sei es in der Krankengeschichte, sei es durch die Nachuntersuchung, typische zirkuläre Symptome feststellen ließen. Dieses Ergebnis überrascht uns nicht, konnten wir ja auch schon in Kapitel II eine ganze Reihe derartiger Zeichen in der Kraepelinschen Schilderung der Melancholie finden, wiesen gerade sie uns doch den Weg, daß wir es bei der Melancholie mit einem eigenartigen zirkulären Mischzustand zu tun haben. Stände uns im Kraepelinschen Lehrbuch die Symptomatologie allein zur Verfügung, so wäre die Meinung, daß die Melancholie keine selbständige Existenzberechtigung habe, weniger hartnäckig bestritten worden. Was jedoch einzig und allein Bedenken erwecken konnte, war der Verlauf und vor allen Dingen der vermeintliche Ausgang der Psychose, der sich doch nur unvollkommen mit unseren Ansichten über das manisch-depressive Irresein vereinigen ließ. Dieser Punkt ist nunmehr, wie ich hoffe annehmen zu dürfen, in befriedigendem Sinne geklärt und löste die letzten Bedenken, die der Vereinigung der zwei in Rede stehenden Psychosen zu einem großen Formenkreis entgegenstanden.

## 2. Die einzelnen typischen zirkulären Symptome bei der Melancholie.

Die Schlußfolgerung, die wir nach meiner Meinung aus den ausführlich wiedergegebenen Krankengeschichten ziehen müssen, ist die: finden sich bei einer so übergroßen Mehrzahl der Nachuntersuchten typische, wenn auch nur vereinzelte zirkuläre Symptome, so müssen sie sich bei genauester Analyse des Zustandsbildes, das der Kranke bietet, bei schärfster Beobachtung des Verlaufs immer finden. Es bleibt zukünftigen Beoachtern melancholischer Krankheitsbilder vorbehalten, diese Ansicht zu bestätigen. Man wird zweifellos, wenn man in Zukunft nur darauf achten will, bei allen Melancholieen typische zirkuläre Symptome finden. Diese Forderung ist eine ganz selbstverständliche. Wenn wir ein Krankheitsbild umgrenzen, so müssen sich auch für dieses Bild charakteristische Zeichen finden und fixieren lassen.

Diejenigen typisch zirkulären Zeichen, die, wie sich herausgestellt hat, sehr häufig bei der Melancholie vorkommen, will ich im nachfolgenden genauer besprechen und dann auf das Symptom eingehen, das sich katamnestisch recht häufig ergeben hat und das nach meiner Meinung für die zukünftige Erhebung einer genauen Anamnese vielleicht einige Bedeutung erlangen wird, auf die Hemmung.

### a) Die Stimmungsschwankungen nach der manischen Seite.

Ich glaube, daß gerade dieses Symptom, das wir in unseren Krankengeschichten so häufig erwähnt finden, ohne daß ihm offenbar irgendwelche Bedeutung beigemessen wurde, als besonders auffälliges, für die Zugehörigkeit der Melancholie zum manisch-depressiven Irresein sprechendes Symptom angesehen werden darf. Der rasche oft unvermittelte Wechsel der Stimmung, der sich am extremsten in der ausgesprochenen, längere Zeit währenden Manie und Depression äußert, ist das Moment, von welchem unsere Psychose den Namen hat. Stellen wir uns nun vor, daß die Stimmungslage, wie wir sie langedauernd während der Manie finden, sich nur für kurze Zeit, für Stunden oder Tage in die Depression hineinschiebt, so haben wir das klassisch zirkuläre Moment der Stimmungsschwankung, des Stimmungsumschlags. Es bedeutet bei der Melancholie das Hineinschieben einer manischen Phase in die Depression. Gewiß werden wir bei seiner kurzen Dauer nicht alle Komponenten der Manie erwarten dürfen. Die so unmotiviert und plötzlich wechselnde Stimmungslage allein ist schon das Charakteristische, wenngleich wir auch andere manische Symptome manchmal angedeutet finden. In dieser euphorischen Verfassung finden wir alle Übergänge von übersprudelnder Lustigkeit bis zur stillen Gehobenheit, ja bis zum einfachen Gefühl des Wohlbefindens, das in so striktem Gegensatz steht zu der Angst und Verzweiflung, welche sonst die Kranken beherrscht. Nach meiner Meinung müssen die Unterschiede in der Stimmung zwischen morgens und abends, von welchen uns die Melancholischen so häufig berichten (meist fühlen sie sich abends auffallend „ruhig und wohl"), als die geringsten Stimmungsschwankungen, die wir feststellen können, angesprochen werden. Dieses Moment, das ich unter „Stimmungsschwankung" noch nicht verwertete, hat, wie ich annehme, eine große diagnostische Bedeutung im melancholischen Symptomenkomplex. Natürlich meine ich damit nicht die Differenz der Stimmungslage zwischen ängstlicher Erregung und stiller Depression. Es versteht sich von selbst, daß eine derartige Anschauung viel zu extrem und insofern durchaus unberechtigt wäre, als kein Kranker dauernd ängstlich erregt ist. Das Kriterium für die Stimmungsschwankung ist, abgesehen von der ärztlichen Beobachtung und der auffallend verschiedenen Stimmungslage, das meist sehr ausgesprochene Gefühl der Kranken für diese Veränderung. Sie sagen dann selbst, daß sie diesen Unterschied in der Stimmung deutlich empfinden, entweder als „wohltätige Ruhe" oder als „stille Gelassenheit", oder als „Gefühl der inneren Leichtigkeit", „Sorgenfreiheit", „Gehobenheit" usw. Oft wissen die Kranken ganz genau, daß diese Änderung der Stimmung sich zu einer bestimmten Stunde, meist des nachmittags, einzustellen pflegt; sie sehnen dann förmlich diese herbei. Sehr häufig besteht in dieser Zeit der Ruhe eine gewisse Einsicht für das Krankhafte der ängstlichen Erregung, ja sogar oft genug eine mehr oder weniger weitgehende Korrektur der eventuell bestehenden Wahnideen.

Von diesen leichtesten Formen führt eine breite Skala hinauf zu jenen extremen Stimmungsschwankungen, die ich einzig und allein diagnostisch verwertet habe. Diese sind so eklatant, daß sie jedem Beobachter auffallen müssen. Wir finden sie recht häufig in den Krankengeschichten vermerkt, ich zweifle aber nicht daran, daß sie noch viel häufiger vorkommen, resp. vorgekommen sind, und nur von den jeweiligen Beobachtern nicht in das Journal eingetragen wurden.

Diese extremen Stimmungsschwankungen pflegen meist ganz unvorbereitet zu kommen. Mit einem Schlage ändert sich die Situation: Die vorher ängstlich erregten Kranken sind euphorisch, zu Scherzen geneigt, sie lachen, oder aber sie liegen stillvergnügt, ganz ruhig da (gleichzeitig gehemmt?). In diesem Zustand sind die depressiven Symptome verschwunden, es besteht Einsicht für diese. Entweder schlägt nun diese Stimmung — und das ist bei weitem das häufigere — nach kurzer Zeit wieder um (Fall 5, 6, 12, 13), oder sie bleibt länger bestehen (Fall 7) und weicht dann langsam einer normalen ruhigen Verfassung.

Wir finden diese Schwankungen natürlich sowohl bei denjenigen von unseren Kranken, die nur einen Anfall durchmachten, als auch bei solchen mit mehreren Attacken. Sehr häufig erinnern sich die Kranken bei der Nachuntersuchung viele Jahre später nicht mehr an diesen raschen Wechsel der Stimmung. Der plötzliche, kurzdauernde Stimmungsumschlag geht, wenn er sich wiederholt, in ausgesprochene Stimmungsschwankungen über, für welche die Kranken auch späterhin ein sehr ausgesprochenes Gefühl haben. Gar nicht selten kennzeichnen nach langer einförmiger Depression die sich immer wiederholenden Schwankungen der Stimmung die Tatsache, daß der Kranke sich auf dem Wege der Besserung befindet. Wir finden sie also häufig beim Abklingen der heftigsten psychotischen Symptome (Fall 17, 18), oder aber in der Rekonvaleszenz (Fall 27, 29, 30, 31). Das Charakteristische dieser Schwankungen nach der manischen Seite bleibt aber, daß sie nicht lange dauern, manchmal nur Stunden, häufig einen Tag, selten länger als 1—2 Tage.

b) Die Erregbarkeit.

Auch dieses Symptom ist als ein exquisit manisches bekannt. Die Erregbarkeit der Melancholischen kann sich von leichter Empfindlichkeit bis zur Reizbarkeit, ja selbst bis zu heftigen Zornausbrüchen steigern.

Die Empfindlichkeit kann man besonders häufig während der Prodrome beobachten (Fall 11), meist aber finden wir in der Krankengeschichte eine ausgesprochene Reizbarkeit verzeichnet. Im allgemeinen werden ja gerade die Melancholischen als zugänglich und arztbedürftig geschildert. Nicht selten jedoch beobachten wir, wenn sie sich in gereizter Stimmung befinden, das Gegenteil: sie sind mürrisch, ablehnend, geben ungern und widerwillig Auskunft und werden, wenn man sich länger mit ihnen beschäftigt, außerordentlich gereizt. Andererseits finden wir aber auch keineswegs selten, besonders wenn die ersten akuten psychotischen Erscheinungen abgeklungen sind, eine sehr ausgesprochene Reizbarkeit, die sich in Querulieren und manchmal in recht wüstem Schimpfen äußert und in grellem Gegensatz zu dem sonstigen Gebahren der niedergeschlagenen oder verzweifelten Kranken steht. Für ein ganz besonders wichtiges manisches Symptom halte ich ein derartiges Querulieren, das der unzufriedenen, zum Nörgeln aufgelegten Stimmungslage der Kranken entspringt. Als Begleitsymptom der traurigen Verstimmung, der Selbstvorwürfe oder Versündigungsideen findet sich dann eine im Kontrast zu der gesamten psychischen Verfassung stehende Unzufriedenheit. Die Kranken beklagen sich über die Behandlung, den Arzt, den Aufenthalt in der Klinik usw.

Zur Erregbarkeit gehören aber nicht nur die geschilderten Symptome, sondern auch die Erregbarkeit des depressiven Affekts. Die deprimierten Kranken liegen ruhig oder still vor sich hinjammernd im Bett, um alsbald ihre depressiven Vorstellungen lauter und eindringlicher, eventuell heftig jammernd zu äußern, sobald sie eines Arztes ansichtig werden. Dieses Zeichen entspricht meiner Meinung nach ganz der Erregbarkeit der Manischen, die eben noch still da liegen können, um plötzlich mit ihren Witzen, Scherzen usw. zu beginnen, wenn sie glauben, ein Publikum vor sich zu haben, bei dem sie einige Wirkung erzielen können. Hier wie dort finden wir bei den einmal durch die Erregung geweckten Vorstellungen die selbsttätige Steigerung bis zu außerordentlicher Höhe und das langsame Abklingen. Vielleicht ist die bekannte Tatsache, daß der Besuch der Angehörigen bei melancholischen Kranken häufig verschlechternd auf ihr psychisches Gesamtbefinden wirkt, neben anderen Faktoren der Ausdruck gesteigerter Erregbarkeit.

Sehr nahe verwandt der Erregbarkeit ist die Ablenkbarkeit, der wir auch nicht selten bei den Melancholischen (z. B. bei Fall 5) begegnen. Die Kranken sind eben noch ganz in ihre depressiven Vorstellungen versunken, sie klagen und jammern in beweglichen Worten, um dann durch ein indifferentes Gespräch völlig abgelenkt zu werden und sich mit ganz anderen Vorstellungen zu beschäftigen, so daß sie sich selbst vergessen können. Als eine Form der Ablenkbarkeit verbunden mit einem leichten Betätigungsdrang darf wohl folgendes nicht selten beobachtetes Symptom gedeutet werden: trotz der Depression kümmern sich die Kranken lebhaft um ihre Umgebung, sie fassen sehr scharf auf (z. B. Fall 29), sie beobachten und verarbeiten alles, was in ihrer Umgebung vor sich geht.

c) Andere manische Symptome. (Mitteilungsbedürfnis, Rededrang, Gedankenflucht, gehobenes Selbstgefühl, Größenideen.)

Unter diesen möchte ich als erstes das von Kraepelin in seiner Darstellung der Melancholie geschilderte Mitteilungsbedürfnis behandeln: die Kranken sprechen sich dem Arzt und anderen Patienten gegenüber gern aus. Sie klagen in beweglichen Worten über ihr Leiden, über die traurigen Vorstellungen, die sie beherrschen. Von hier bis zur Geschwätzigkeit und weiter zum ausgesprochenen Rededrang ist nur ein Schritt. Gar nicht selten findet sich auch ein in die Augen springender Betätigungsdrang, der die Kranken veranlaßt, überall Hand anzulegen, den Mitpatienten zu helfen (Fall 29), ihnen „Lehren der Weisheit" zu geben (Fall 30) usw.

Sehr häufig wird uns über — mir diagnostisch außerordentlich wichtig erscheinende — Gedankenflucht berichtet, oft in der Krankengeschichte, häufiger noch bei der Nachuntersuchung (Fall 5, 9, 10, 13, 23 usw.). Sie ist bekanntermaßen das Gegenstück der Denkhemmung: eine Erleichterung des Ablaufs der Vorstellungen, die bis zum wilden Hin- und Herjagen der oft nicht zu Ende gedachten Gedanken führen kann. Die Kranken sprechen sich über die ihnen sehr peinlichen Empfindungen meist gerne aus. So klagte Fall 5: „Ich komme in der ganzen Welt herum mit meinen Gedanken". Fall 19 erwähnte bei der Nachuntersuchung: „Ein Gedanke schlug den andern nieder, ein Gedanke jagte den anderen und verwarf den vorhergehenden, die Gedanken bewegten sich dabei immer im Kreise". Die gleiche Kranke äußerte sich ihrem Arzt gegenüber in ähnlichem Sinne, sie habe dreiviertel Jahre lang „immerzu denken müssen, daß es ihr schier das Hirn zerrissen habe". Fall 13: „Ich kann nichts zu Ende denken, da mir andere Gedanken immer dazwischen kommen". Fall 23 antwortete schriftlich auf die Frage nach der Denkfähigkeit: „Ich hatte einen immerwährenden Gedankengang, indem ich von einem Gegenstand auf den andern verfiel". Aus den Krankengeschichten der Verstorbenen (Fall 47, 59 usw.) ließen sich derartige charakteristische Äußerungen noch reichlich vermehren; ich denke aber, daß die vorliegenden für die Charakterstik dieses Symptoms genügen.

Das gehobene Selbstgefühl äußert sich ebenfalls in den verschiedensten Variationen. Entweder wir finden nur ein anspruchsvolles Benehmen (Fall 22, 29) oder aber die ausgesprochene Absicht, über die Mitpatienten zu dominieren (Fall 3 und 31). Diese Äußerungen typisch manischer Symptome stehen in frappierendem Gegensatz zu dem sonstigen Verhalten der deprimierten Kranken, so daß sie auffallen müssen. Bei unseren Fällen finden sie sich meist als Symptome neben mehr oder weniger tiefer Depression. Nur bei Fall 3 scheint das anspruchsvoll herrische Benehmen der erste Fingerzeig gewesen zu sein, daß sich nach der Depression eine ganz leichte Manie mit vorwiegend querulierender Note einstellen werde.

Auch die dürftigen Größenideen, die Kraepelin als ein Zeichen vorgeschrittener geistiger Schwäche ansah, halte ich für ein manisches Zeichen, selbst wenn sie den depressiven Vorstellungskreisen aufs innigste verwoben sind. So z. B. äußerte Fall 10: „Der Kaiser wird mit einem großen Heere kommen und mich nach Amerika führen, dort werde ich vom ganzen Heere erschossen". Fall 66, (die Kranke hieß Fürst) sie sei Fürstin und verlange fürstliches Essen.

Überblicken wir die hier aufgeführten Symptome, so sehen wir, daß wir nahezu alle für die Manie typischen Symptome abgehandelt haben. Natürlich wird man niemals alle manischen Zeichen bei der Melancholie vereinigt finden, aber wohl einzelne bei jedem Melancholiker. Ich zweifle nicht, daß sich bei schärfster Beobachtung und Analysierung der klinischen Zeichen jedesmal im Zustandsbild oder Verlauf derartige manische Zeichen bei Melancholischen finden lassen werden. Bisher wurden sie nur nebenbei als eigentümliche Symptome in der Krankengeschichte erwähnt. Es wurde weder besonders darauf geachtet, noch wurden sie in richtigem Sinne gedeutet.

### d) Das Symptom der Hemmung und die partielle subjektive Hemmung.

Wir haben im II. Kapitel gehört, daß jedes melancholische Symptom sich auch bei der zirkulären Depression finden kann, daß aber nach Kraepelin die Melancholie sich von der Depression des manisch-depressiven Irreseins dadurch unterscheidet, daß ihr die psychomotorische Hemmung fehlt. Wir haben ferner gehört, daß, wenn man mit dem Begriff der partiellen subjektiven psychomotorischen Hemmung rechnet, auch dieses Symptom bei der Melancholie nicht vermißt wird. Was ich darunter verstehe, setzte ich in Kapitel II ausführlich auseinander. Es bedarf jetzt nur noch einer Besprechung, wie es sich mit der Hemmung bei unseren Untersuchten verhält.

Es unterliegt keinem Zweifel, daß eine sehr ausgesprochene psychomotorische Hemmung, wie sie der klassischen zirkulären Depression ihr typisches Gepräge gibt, der Melancholie, wie Kraepelin sie schildert, fehlt. Allein wenn man unsere hier publizierten Krankengeschichten durchmustert, so wird man finden, daß eine im Vordergrund stehende Hemmung auch bei dem Zustandsbild der Melancholie nicht immer vermißt wird. Man lese nur die Krankengeschichte von Fall 17 oder 23, die übrigens Kraepelin trotz des melancholischen Symptomenkomplexes wohl sicher in späteren Jahren zum manisch-depressiven Irresein gerechnet haben würde.

Nur bei ganz wenigen von unseren Fällen fehlen Angaben über partielle Hemmung sowohl in der Krankengeschichte als auch bei der Nachuntersuchung, während Kraepelin selbst, wie wir in Kapitel II gesehen haben, die partielle Hemmung bei seiner Darstellung der Melancholie deutlich schildert. Wie ist das zu erklären? Hier gibt es zwei Möglichkeiten: entweder sie fehlte tatsächlich, oder aber sie wurde, da sie nur als partielle Hemmung vorhanden resp. angedeutet war, vom Journalschreiber übersehen und bei der Nachuntersuchung nach vielen Jahren von den Kranken deshalb in Abrede gestellt, weil sie diese geringfügige Hemmung vergessen hatten. Es ist schwer, sich ein sicheres Urteil zu bilden, ohne die Betreffenden daraufhin selbst seinerzeit beobachtet zu haben. Ich halte es für durchaus denkbar, daß jedwelche Hemmung bei manchen Fällen von Melancholie völlig und dauernd fehlt. Andererseits aber bin ich überzeugt, daß man eine partielle Hemmung bei genauem Daraufachten, sei es in der Prodromie, im Verlauf oder im letzten Abklingen der Psychose in der übergroßen Mehrzahl der Fälle finden wird. Ein Symptom, das sich bei den klassischen Fällen der zirkulären Depression so regelmäßig findet, das in den atypischen Fällen häufig (ich erinnere nur an die „katatoniformen Zirkulären") der einzige Wegweiser ist, das anscheinend klarste und ursprünglichste Symptom des manisch-depressiven Irreseins, wird nach meiner Überzeugung nur in seltenen Fällen völlig vermißt werden.

Zu diesem Ergebnis führen auch unsere nachuntersuchten 32 Fälle. Bei der Mehrzahl ist die partielle Hemmung deutlich, bei einer kleinen Minderzahl ist sie angedeutet und bei ganz wenigen Kranken ist sie überhaupt nicht nachweisbar.

Die partielle subjektive Hemmung macht sich, wenigstens bei unserem Material, das sich, wie erwähnt, hauptsächlich aus ländlicher Bevölkerung rekrutiert, besonders in einer fast schmerzhaft empfundenen Arbeitsunfähigkeit bemerkbar. Ich setzte in Kapitel II schon auseinander, daß sich nach meiner Ansicht diese partielle Hemmung, wenn sie nicht sehr ausgesprochen ist, auch deshalb mehr in der Arbeitsunfähigkeit als in den höheren intellektuellen Funktionen äußert, weil wir es bei unserem Material mit relativ primitiv organisierten Individuen zu tun haben. Diese auf die Arbeitsfähigkeit sich erstreckende Hemmung wird von den einzelnen Kranken ganz verschiedenartig geäußert. Die einen führen die Unfähigkeit auf eine „Nervenschwäche" (Fall 6), „Schwäche der Finger", „Kraftlosigkeit der Hände", „Lahmheit aller Glieder" (Fall 8, 10) zurück; andere äußern sich zuweilen sehr drastisch: „Es war kein Trieb mehr da" (Fall 16), „der Wille fehlte, es überkam mich eine große Apathie" usw. Wieder andere klagen, daß ihnen alles schwer ankäme, alles sei ihnen beschwerlich. Ich führe ferner folgende Äußerungen an: „Ich konnte meine Haare nicht mehr machen, alles war mir zuviel" (Fall 15). „Ich war unfähig für die einfachste Tätigkeit, nicht im Willen, sondern im Vollbringen" (Fall 18). „Ich freue mich, ich wills gut machen, aber ich brings nicht fertig." „Ich konnte nicht, wie ich wollte" (Fall 25).

Sehr häufig wird diese Unmöglichkeit, das gewohnte Quantum Arbeit zu leisten, sehr schmerzhaft empfunden: „Früher konnte ich schaffen, ein Zentner auf dem Kopf war mir Rauch" (Fall 29). „Schon eine Tasse Kaffee hinauszutragen war mir zuviel" (Fall 11). „Ich arbeitete lückenhaft, alles, was ich tat, war verkehrt" (Fall 9).

Die oben erwähnte Kranke (Fall 11) äußerte sich wie folgt: „Manchmal war der Wille da, manchmal fehlte er".

Verschiedentlich dokumentierte sich die Unmöglichkeit des Arbeitens auch als Ratlosigkeit. „Ich machte Feuer und wußte nicht, was ich kochen sollte, ratlos stand ich am Herd" (Fall 15).

Derartige Beispiele ließen sich aus unseren Krankengeschichten noch vermehren. Es kam mir nur darauf an, zu erläutern, daß man Kranke, die das melancholische Zustandsbild bieten, auf das Genauste nach ihrer Arbeitsfähigkeit und -möglichkeit sowie nach den Gründen eventuellen Nichtkönnens ausfragen soll. Sehr häufig zeigt sich diese Arbeitsunfähigkeit in der Klinik nicht mehr, da die Kranken dort zur Untätigkeit verurteilt sind. Auch die Umgebung wird über dieses bei der „arbeitenden Klasse" ja direkt ins Auge springende Symptom öfters Bescheid geben können. Man erlahme deshalb nicht, gerade nach diesem sehr wichtigen Punkt möglichst detailliert und verschiedentlich zu fragen. Nicht selten wird man von den Patienten auf der Höhe der Krankheit keine verwertbaren Aussagen bekommen, sondern erst bei relativer Ruhe oder in der Rekonvaleszenz, vielleicht bei manchen auch erst nach der Gesundung eindeutige diesbezügliche Angaben erhalten. Es kommt bei der Beurteilung vorwiegend darauf an, daß die Kranken diese Arbeitsunfähigkeit als etwas ihrem sonstigen Verhalten deutlich Zuwiderlaufendes, als etwas Peinliches empfinden, gegen das sie nicht ankämpfen können. Sie müssen selbst fühlen, und angeben, daß im Zusammenhang mit der psychischen Veränderung dieses Versagen der Arbeitsmöglichkeit als etwas Schmerzliches empfunden wurde. Diese Arbeitsunfähigkeit wird nicht durch die Angst, die Ruhelosigkeit, das Absorbiertsein von besonderen Vorstellungen bedingt, sondern durch ein deutlich zum Bewußtsein kommendes Gefühl innerer Lähmung, durch eine Hemmung.

Sehr häufig aber greift die partielle Hemmung auch auf andere Gebiete über.

Das Gedächtnis erscheint den Kranken herabgesetzt „Ich hatte etwas getan, und wußte es hinterher nicht mehr" (Fall 17). „Ich brachte das Gedächtnis nicht mehr zusammen" (Fall 8).

Bei manchen Kranken ist auch die Entschlußfähigkeit gestört. Sie fühlen sich „wankelmütig und reuevoll" (Fall 11), „unschlüssig" (Fall 17). Fall 20 äußerte: „Man will dies oder jenes tun, und nichts tut man recht". Fall 22: „Ich faßte keinen Entschluß, ich lebte so dahin". Fall 30: „Ich wußte nicht, wo hinaus noch hinein". Diese Entschlußunfähigkeit wird ebenfalls als etwas Sonderbares, dem inneren Wesen Fremdes empfunden und ist von der klassischen zirkulären Depression her genügend bekannt.

Das Denkvermögen war in den allermeisten unserer Fälle nicht gestört, während gerade bei den klassischen Manisch-depressiven diesbezügliche Klagen so sehr charakteristisch sind. Nur einige unserer nachuntersuchten Patienten machten derartige Angaben: „Der Verstand und die fünf Sinne fehlten alle" (Fall 2). Fall 13 klagte über „Mangel an Fassungskraft und Überlegung". Fall 12, daß er keinen Sinn und keinen Gedanken mehr gehabt, Fall 19, daß er „die Gedanken nicht zusammengebracht habe".

Gar nicht selten fand sich das Gefühl der Gleichgültigkeit. Wo es vorhanden war, wurde es auch vom Patienten selbst als krankhaft erkannt: „Man darf einem alles geben und man freut sich nicht", meinte Fall 20. Fall 30 fühlte sich „abgestumpft". Fall 13 sagte: „Ob die Frau gestorben wäre oder nicht, ob ich Geld gehabt hätte oder nicht, alles war mir einerlei". Sehr drastisch sprach sich Fall 10 aus: „Mein Mann führte mich hinaus aufs Feld und ließ mich die Frucht schauen, ich sah sie gar nicht an". Fall 17: „Nichts lebte mehr in mir". Fall 25: „Ich hatte Geld und ein Haus, aber keine Freude dran". Selbst auf die Eßlust greift dieses Empfindungsunvermögen über: „Das Essen schmeckt nicht, man hat keinen Appetit, und keine Freude am Essen" (Fall 25). Eine andere Kranke (Fall 31) äußerte, sie sei „zu schwach" gewesen, um viel empfinden zu können.

Während die Mehrzahl der Kranken, auch retrospektiv angab, daß ihnen das Auffassen und Begreifen während der Krankheit keine Schwierigkeiten gemacht habe, machte Fall 11 trotz im übrigen nur partieller Hemmung auch darüber typische Angaben.

Bei manchen unserer Patienten zeigte sich eine leichte Teilhemmung als Unentschlossenheit. So meinten Fall 30 und 31, ihnen fehle der Mut, einen eigenen Haushalt zu gründen. In den Krankengeschichten wird man noch manches Symptom partieller Hemmung finden, das ich hier nicht aufführte. Das Charakteristische für die Hemmung ist, wie gesagt, daß sie sich bei den Melancholischen meist nur auf einige wenige Gebiete beschränkt. Durchweg erstreckt sie sich aber auf die Arbeitsfähigkeit, weniger oft auf die Gefühls- und Willenssphäre sowie auf die intellektuellen Funktionen. Diese letzteren können dann wieder nur teilweise ergriffen sein.

Wenn man unsere Kasuistik daraufhin ansieht, so wird man finden, daß sich diese partielle Hemmung oft schon in der mir zur Verfügung stehenden Krankengeschichte fand. Vermutlich wurde ihr jedoch seinerzeit nicht die richtige Deutung gegeben. Sehr häufig aber wurde die Feststellung der durch die Hemmung bedingten Erscheinungen durch die Nachuntersuchung außerordentlich erweitert, oder gar erst durch diese ermittelt. Das kommt wohl daher, daß dieses nach meiner Meinung diagnostisch überaus wichtige Symptom nicht genügend bekannt war.

Um es zusammenzufassen: es ist eine wichtige Aufgabe, alle Kranken, die das Zustandsbild der Melancholie bieten, wiederholt und aufs Eingehendste nach den Symptomen, welche die Hemmung zeitigen kann, zu befragen. In den allermeisten Fällen wird man eine partielle Hemmung feststellen können. Natürlich wird man auch hier nicht in Zuständen höchster Angst explorieren. Nach meiner Ansicht ist diese, wie schon erwähnt, wohl imstande, die oft wenig ausgesprochene Hemmung zu „übertönen". Andererseits kann die Hemmung wohl zweifelsohne, wie auch andere depressive Symptome, nur zeitweise, entweder im Vorläuferstadium, oder auf der Höhe, oder im Abklingen der Melancholie vorhanden sein. Auch darauf müßte bei der Exploration genügend geachtet werden.

### 3. Kurze Ergänzung der von Kraepelin geschilderten Symptomatologie der Melancholie.

Die folgenden symptomatologischen Schilderungen beschränken sich nur darauf, das von Kraepelin so trefflich geschilderte Bild der Melancholie zu ergänzen, hie und da vielleicht auch zu berichtigen.

Wahnbildungen abenteuerlichen und unsinnigen Inhalts sind nicht sehr häufig. Zweifellos kommen sie aber gerade bei der Melancholie häufiger vor, als bei sonstigen zirkulären Depressionen. Kraepelin meint, daß eine ungünstige Wendung der Krankheit sich im allgemeinen — abgesehen von der Abnahme der gemütlichen Erregung — durch die Ausbildung unsinniger Wahnideen ohne Zurücktreten der krankhaften Vorstellungen anzukündigen pflege. Ich kann auf Grund meines Materials diese Angabe nicht bestätigen, sondern muß im Gegenteil betonen, daß die Ausbildung unsinniger Wahnideen mit der Prognose nichts zu tun hat. Man vergleiche nur die Fälle 4, 9, 10, 22, 23, die im Verlaufe der Krankheit immer unsinnigere Ideen produzierten und schließlich doch genasen.

Davon, daß die Form mit phantastischen Wahnideen, die früher unter der Bezeichnung „depressiver Wahnsinn" ging, zur Demenz führt, wie Thalbitzer meint, kann keine Rede sein. Die fünf von mir zitierten Fälle, die ich noch um Fall 29, 30,

31, 41, usw. vermehren kann, beweisen, daß die phantastischen Wahnideen, die von derartigen Kranken geäußert werden, mit der Prognose nichts zu tun haben.

Beziehungen zwischen phantastischen Wahnideen und höherem Lebensalter bestehen meiner Ansicht nach nicht. Man wird bei unseren oben erwähnten Fällen finden, daß die unsinnigen Wahnvorstellungen bei relativ jugendlichen Individuen mindestens ebenso häufig, wenn nicht noch häufiger sind.

Wie schon Kraepelin hervorgehoben hat, bildet die Angst den Grundzug der melancholischen Verstimmung. Sie kann sich manchmal bis zu den höchsten Stufen steigern und das Leben direkt bedrohen. Ich erinnere hier nur an Fall 51, der in einem Angstanfall zugrunde ging. Oft wird diese Angst dissimuliert und äußert sich dann nur noch im Gesichtsausdruck. Oder sie spiegelt sich in den Wahnideen wieder, während die Kranken weder diesbezügliche Angaben machen, noch ängstlich erscheinen. Derartige Zustände verdienen besondere Beachtung. Verschiedentlich fand ich in den Krankengeschichten Bemerkungen über Teilnahmslosigkeit und Fehlen der Angst, während mir die Kranken bei der Nachuntersuchung erklärten, daß sie vor Angst fast vergangen seien, daß diese sie unendlich gequält hätte, daß sie sich nur nicht darüber hätten äußern können oder wollen.

Bei anderen Kranken klingt aber nach längerem oder kürzerem Bestehen der Melancholie die Angst tatsächlich ab. Die Wahnideen bestehen unverändert fort, werden aber schließlich nur noch verschwommen und wenig intensiv geäußert. Bei oberflächlicher Untersuchung und Beobachtung erscheint der depressive Affekt relativ schwächlich. Das ganze Bild macht den Eindruck der geistigen Schwäche, zumal die Kranken sich ihrer Umgebung gegenüber teilnahmslos verhalten und ganz von ihren depressiven Vorstellungskreisen beherrscht sind. Das sind die Zustände, die Kraepelin offenbar, wenn sie sich ohne Schwankungen über mehrere Jahre hingezogen hatten, als Zustände stationärer Versumpfung ansah, die vielleicht einer geringen Besserung aber keiner völligen Heilung mehr zugänglich erschienen. — Tatsächlich gesundeten zahlreiche derartige Kranke doch noch. Im nächsten Abschnitt werde ich auf die Beurteilung solcher Bilder näher eingehen.

Was die Sinnestäuschungen anlangt, so handelt es sich, wie bei den klassischen Fällen des manisch-depressiven Irreseins, bei der großen Mehrzahl der Kranken um Illusionen, häufig wohl auch um „Gedankenlautwerden", das sie dann als „Einsprechungen" bezeichnen, die jedoch mit Halluzinationen keineswegs identisch sind. Sehr oft haben wir es mit Visionen, oft ganz phantastischer und sehr plastischer Art zu tun, manchmal werden Halluzinationen durch symbolisierende Umdeutungen vorgetäuscht (Fall 10). Es kommen jedoch zweifellos, wenn auch selten, neben diesen Störungen Sinnestäuschungen, vorwiegend des Gehörs, vor (z. B. Fall 20). Überaus häufig erinnerten sich die Kranken bei der mehrere Jahre nach der Entlassung erfolgten Nachuntersuchung nicht mehr daran, ob sie von Halluzinationen heimgesucht waren, oder nicht.

Ein ausgesprochenes Gefühl für die krankhafte Veränderung, welche durch die geistige Erkrankung bedingt ist, wird auf der Höhe der Psychose fast nie beobachtet. Nicht selten geht das Krankheitsgefühl im Verlaufe (Dissimulation?) verloren. Weitaus die meisten Patienten wissen aber, daß sie „gemütskrank" sind. Diese Erfahrungen stimmen ganz mit den bei klassischen Manisch-depressiven gemachten überein.

Wie schon Kraepelin betont, erleiden die körperlichen Bedürfnisse bei der Melancholie ausnahmslos sehr schwere Störungen. Gar nicht selten muß zur künstlichen Ernährung geschritten werden. Verschiedentlich waren die Kranken unrein mit Kot und Urin.

Was den Verlauf der Psychose anlangt, so kann ich nur wiederholen, daß dieser sehr schleppend sein, sich über 8, 10 ja noch mehr Jahre hinziehen kann, bis die Melancholie heilt. Das Nähere findet sich in dem statistischen Abschnitt über die Krankheitsdauer.

Die Prognose der Melancholie muß, wie ebenfalls im statistischen Teil auseinandergesetzt wurde, als recht günstig bezeichnet werden. Jedoch bedrohen die körperlichen Schädigungen der Psychose das Leben (ca. 20%), ferner ist die Möglichkeit des Hinzutretens einer arteriosklerotischen Hirnerkrankung (8%) in Anbetracht des oft hohen Alters der Kranken und der nahen Beziehungen zwischen manisch-depressivem Irresein und Arteriosklerose in Betracht zu ziehen.

Kraepelin macht in seiner Darstellung der Melancholie darauf aufmerksam, daß eine Reihe von Kranken als Sonderlinge, kleinliche ängstliche Naturen, zu Grübeleien geneigt, geschildert werden. Ich kann diese Angabe nur bestätigen. Man muß also den Schluß ziehen, daß nicht selten die Melancholie auf dem Boden der psychopathischen Veranlagung entsteht. Ich möchte es dahingestellt sein lassen, ob diese Psychopathie sich bei genauer Kenntnis ihrer Äußerungen wirklich als solche erweisen würde, oder ob es sich vielleicht um minimale Schwankungen nach der depressiven und manischen Seite handelt. Ich vermag darüber nichts bestimmtes auszusagen. Die Kranken gaben bei der Nachuntersuchung nichts darüber an, im Journal fanden sich keine diesbezüglichen Notizen, vermutlich, weil in der Mehrzahl der Fälle nicht darauf geachtet worden war. Jedenfalls wäre ein derartiges Schwanken im Sinne der Zyklothymie bei der klinischen Stellung der Melancholie nichts überraschendes. In Zukunft müßte gerade darauf mehr geachtet werden als bisher.

Ich möchte noch kurz auf einen Punkt eingehen. Wir fanden bei einer Anzahl von Kranken, ich nenne nur Fall 1, 3, 13, 29, 31, neben der Melancholie hysterische Züge. Das wird uns nicht Wunder nehmen. Hysterische Beigaben finden wir bei allen Psychosen, bei der Epilepsie, der Paralyse, der Dementia praecox, bei den klassischen Fällen des manisch-depressiven Irreseins usw. Zumeist wohl wird man diese hysterischen Züge nur als Begleitsymptome beobachten, man wird, außer bei einzelnen Fällen der Epilepsie und Hysterie, der Zyklothymie und Hysterie, nicht in Verlegenheit kommen, entscheiden zu müssen, welches denn eigentlich die Grundkrankheit ist. Jedenfalls wird man bei den schweren Formen des zirkulären Irreseins immer mit der Diagnose „manisch-depressives Irresein mit hysterischen Zügen" auskommen können. Nur bei der leichtesten Form jener Psychose, der Zyklothymie, wird man nach meiner Meinung auf ein ziemlich breites Zwischengebiet stoßen, wo man zweifeln kann, ob man der einen oder der andern Psychose den Vorzug geben soll.

Bei der Melancholie, einer so schweren Form des manisch-depressiven Irreseins, wird man aber wohl niemals nötig haben, mit einer Hysteromelancholie zu laborieren. Hier wird man immer die Melancholie als Grundkrankheit, die Hysterie als Zutat erkennen können. Natürlich kann ein von jeher hysterischer Kranker eine Melancholie akquirieren. Die Grundverfassung wird dann dem melancholischen Zustandsbild eine gewisse Prägung geben. Allein auch hier wird man wohl mit der Diagnose der Melancholie auf hysterischer Grundlage auskommen können.

## 4. Der Ausgang der Melancholie in Schwachsinn.

Der Ausgang der Melancholie in Schwachsinn ist eine der wichtigsten Fragen, die wir zu besprechen haben, sowohl wegen der Prognose als wegen der klinischen Stellung der Melancholie. Nach Kraepelin geht diese bei 49% seiner Fälle in einen bald mehr bald weniger hochgradigen geistigen Schwächezustand aus. Somit wäre die Prognose eine recht zweifelhafte. In der theoretischen Auseinandersetzung über Melancholie und manisch-depressives Irresein im II. Kapitel führte ich aus, daß dieser Ausgang in Schwachsinn mit der Melancholie direkt nichts zu tun habe, daß er nach meiner Ansicht durch das Auftreten einer arteriosklerotischen Hirnerkrankung bedingt sei, die, wie zu jeder anderen Psychose, auch zur Melancholie hinzutreten könne und dem klinischen Bilde das Gepräge der depressiv gefärbten senilen Demenz gebe. Wenn man meinen theoretischen Deduktionen gefolgt ist, daß die Melancholie, wie Kraepelin sie schildert, ein Zustandsbild des manisch-depressiven Irreseins sein muß, so wird man auch diesen Schluß mit mir gezogen haben. Allein ich kann wohl verstehen, daß gar manchem doch Bedenken gekommen sein werden in der Erwägung, daß gerade zur Melancholie in nahezu der Hälfte aller Fälle eine arteriosklerotische Hirnerkrankung hinzutreten soll, während sie bei anderen Psychosen eine relativ seltene Komplikation ist.

Wie steht es nun bei unserem Material mit dem Ausgang in Schwachsinn? Man wird finden, daß der Ausgang in einen definitiven geistigen Schwächezustand ein recht seltener ist.

Von unseren 79 Kranken sind im ganzen 6 schwachsinnig geworden, davon sind 4 Kranke (2 mit mehreren Anfällen, 2 mit typisch zirkulären Symptomen) zweifellose Manisch-depressive. (Fall 32, 78, 79, 80). Bei Fall 81 handelt es sich möglicherweise um eine depressiv gefärbte senile Demenz von Anbeginn der Psychose, bei Fall 74 vielleicht um eine Kombination von manisch-depressivem Irresein und arteriosklerotischer Hirnerkrankung. Die Kranke war nur 5 Wochen in der Klinik und starb 2 Jahre nach der Entlassung, ob schwachsinnig, ist unbekannt und nicht festzustellen. Bei 4 von diesen zur Sektion gekommenen Kranken fanden sich schwere arteriosklerotische Veränderungen des Gehirns. Wie erklärt sich dieser außerordentliche Unterschied der

Kraepelinschen und meiner Zahlen, da wir jedenfalls zum größten Teil das gleiche Material benutzten? Wie schon in der statistischen Übersicht kurz angedeutet, ist die Ursache hierfür in der langen Krankheitsdauer der Melancholie zu suchen. Man wußte offenbar in früheren Jahren nicht, daß häufig auch nach 8 und 10 Jahren eine unkomplizierte Melancholie zur Gesundung führt.

Bei der Ventilierung der Frage, ob nicht doch eine größere Anzahl, als von mir angegeben, schwachsinnig wurde, kommen von unseren 79 Kranken nur die 39 Verstorbenen in Betracht. Alle anderen sind zweifellos, mit Ausnahme des von mir angegebenen Falles 32, nicht schwachsinnig geworden, wie man leichtlich aus der ausführlichen Kasuistik ersehen kann.

Durchmustert man aber die Journale unserer Nachuntersuchten und der acht noch lebenden nicht Nachuntersuchten, so wird man einigemale sehen, daß Kranke, die später genasen, im Verlaufe der Psychose für schwachsinnig gehalten wurden. Fall 10 erwähnt Kraepelin selbst in seinem Lehrbuch als Kranke mit dürftigen Größenideen (Zeichen vorgeschrittener geistiger Schwäche). Sie wurde nach 4 Jahren gesund. Fall 13 war, als von der Irrenklinik im Jahre 1902 eine schriftliche Katamnese erhoben wurde, mit 70 Jahren nach 7 jähriger Krankheit noch nicht gesund. Er genas ein Jahr darauf und ist seitdem im Vollbesitz seiner geistigen Kräfte. Fall 20 wurde nach 7 jähriger Anstaltsbehandlung ungeheilt schwachsinnig von der Heil- und Pflegeanstalt in eine Kreispflegeanstalt überführt. Ein Jahr später war er gesund. Fall 30 bot laut Krankengeschichte der Irrenanstalt, in der sich die Patientin im Jahre 1902, als das dortige Journal eingefordert wurde, befand, das Bild, das Kraepelin als leichten Schwächezustand kennzeichnet. Die persönliche Nachuntersuchung der immer noch deprimierten, jedoch wesentlich gebesserten Kranken ergab, das es sich um eine Manisch-depressive (2. Anfall, deutliche Hemmung) handelt. Von geistiger Schwäche kann keine Rede sein. Zweifellos wird die Kranke gesund. Fall 31 bot, als 1902 katamnestisch in der betreffenden Heilanstalt angefragt wurde, nach 7 jähriger Krankheit bei oberflächlicher Untersuchung das Bild eines katatonischen Blödsinns. Mir ist bekannt, daß diese Kranke, die jetzt fast völlig genesen ist, als Spätkatatonie aufgefaßt wurde. Bei Fall 41 findet sich in den Notizen der Heidelberger Klinik nach

1½ jähriger Anstaltsbehandlung vermerkt, daß der Kranke deutliche Zeichen geistiger Schwäche geboten habe. Drei Jahre später war er gesund.

Nun zu den Verstorbenen. Fall 66 wurde nach 5½ jähriger Krankheitsdauer von den beobachtenden Ärzten der Heilanstalt für schwachsinnig gehalten. Sie wurde „gänzlich verblödet" entlassen. Glücklicherweise standen mir die Entmündigungsakten zur Verfügung, nach welchen ich den Nachweis zu führen vermag, daß der „Blödsinn" immer mehr zurückging und schließlich einer leichten querulierenden Hypomanie Platz machte, in welcher die Kranke nach 10 jährigem Bestehen der Psychose, noch nicht ganz genesen, starb. Fall 65 scheint bei der Entlassung den spärlichen Notizen der Krankengeschichte zufolge als schwachsinniger Querulierer angesehen worden zu sein, während es sich um eine gereizte Manie handelte, die bald nach der Entlassung einer normalen Verfassung wich. Ebenso findet sich bei Fall 75 eine Notiz in der Krankengeschichte, „macht den Eindruck einer Schwachsinnigen". Ich glaube, es wird nicht nur bei dem Eindruck geblieben sein, sondern man wird die Kranke tatsächlich für schwachsinnig gehalten haben. Gegen diese Auffassung muß ich mich ganz entschieden wenden, wenn mir auch bei diesem Fall nur die Notizen der Krankengeschichte und die von mir eingeforderte ausführliche schriftliche Katamnese zur Verfügung stehen. Man hat nach meiner Meinung nicht die Berechtigung, — und das lehren auch unsere geheilten nachuntersuchten Fälle, die in einem gewissen Stadium für schwachsinnig gehalten wurden — einen deprimierten Kranken, der bei lebhaftem Affekt völlig von seinen depressiven Vorstellungen beherrscht wird, der aber für seine Umgebung keinerlei Interessen hat, für seine Wahnideen ganz uneinsichtig, eventuell auch mangelhaft orientiert ist, für schwachsinnig zu erklären, wenn die Psychose schon mehrere Jahre ziemlich unverändert bestand. Meiner Ansicht nach wird diese Auffassung durch die häufig später doch noch erfolgende Genesung in vielen Fällen als irrig erkannt werden müssen.

Man muß sich immer wieder vor Augen halten, daß sich die von ihren depressiven Vorstellungen völlig beherrschten Kranken, deren Affekt sich dauernd in einer ängstlichen Stimmungslage zu erkennen gibt, in einem möglicherweise vorübergehenden Zustand befinden, der nach Verschwinden des depressiven Symptomenkomplexes in Heilung übergehen kann. Man muß sich also gerade bei derartigen Fällen sorgsam hüten, von einem dauernden geistigen Schwächezustand zu sprechen, wie es der Name Schwachsinn involviert. Meine Untersuchungen sprechen vielmehr dafür, daß eine sehr beträchtliche Anzahl dieser Kranken, die unter dem Symptomenkomplex der Melancholie erkrankten und dann eventuell jahrelang das Bild einer „versumpften" Melancholie boten, genasen.

Wenn ich mir, ohne die vermeintlich Schwachsinnigen selbst in dieser Verfassung gesehen zu haben, erlauben darf, einige Anhaltspunkte für die Frage: „schwachsinnig oder nicht", zu geben, so sind es diese: ein lebhafter depressiver Affekt bei völligem Beherrschtsein von ängstlichen Vorstellungen kommt beim Schwachsinn nach Melancholie nicht vor. Mangelhafte Orientierung, fehlendes Interesse für die eigenen Angelegenheiten und die Umgebung, Monotonie der sprachlichen Äußerungen und Gewohnheiten, Uneinsichtigkeit für die Krankheit sind bei derartigen Patienten nicht beweisend im Sinne einer Demenz. Gedächtnis- und Merkfähigkeitsstörungen, Verödung des Gemütslebens können von ihnen vorgetäuscht werden. Man analysiere an Hand der Vorgeschichte aufs genaueste das Zustandsbild, das die Kranken bieten. Man forsche nach typischen zirkulären Symptomen, man frage insbesondere aufs Eingehendste und wiederholt nach Gefühlen der Hemmung. Bekanntermaßen täuscht gerade eine außerordentliche intensive Hemmung sehr häufig Schwachsinn vor. Man beachte alle diesbezüglichen verwertbaren Äußerungen (Fall 20 galt als schwachsinnig, klagte aber, er bringe seine Gedanken nicht zusammen!). Man suche nach manischen Zeichen (z. B. Querulieren!).

Ich glaube, daß man auf Grund dieser Überlegungen die Mehrzahl der in Betracht kommenden Fälle richtig wird deuten können. Möglicherweise werden aber immer noch einige Fälle übrig bleiben, die auch nach diesen Leitsätzen schwachsinnig erscheinen und später doch wieder gesund werden. Ich vermute, daß bei diesen das Urteil über den anscheinend fehlenden Affekt dazu verleiten wird, die Diagnose: Kombination mit arteriosklerotischer Hirnerkrankung zu stellen. Das wird sich solange nicht vermeiden lassen, als wir in der Psychiatrie mit so mangelhaften Untersuchungsmethoden arbeiten müssen, solange wir auf die stets subjektiven, oft erheblich von einander abweichenden Urteile der einzelnen Beobachter angewiesen sind.

Immerhin glaube ich, daß, wenn man sich die aus unseren Krankengeschichten ersichtlichen Erfahrungen zunutze macht, die Zahl der ja nicht ganz zu vermeidenden, eventuell sich später als unrichtig erweisenden Diagnosen: Melancholie, kombiniert mit arteriosklerotischer Hirnerkrankung ganz erheblich sinken wird.

Auf Grund der Kasuistik scheint mir auch der theoretisch im II. Kapitel gezogene Schluß, daß man den Begriff der „senilen Depression" ruhig fallen lassen könne, praktisch gestützt zu werden. Unsere Krankengeschichten beweisen, daß alle in Schwachsinn ausgehenden Melancholieen durch das Hinzutreten einer arteriosklerotischen Hirnerkrankung klinisch völlig geklärt sind. Gewiß mögen diese Bilder eine täuschende Ähnlichkeit mit den Depressionszuständen der senilen Demenz haben, ihre Genese ist jedoch eine völlig verschiedene.

## 5. Rezidive der Melancholie. Die depressiven Abortivanfälle.

Nachdem ich im Vorhergehenden über die klinischen Ergebnisse des Verlaufs des melancholischen Anfalls berichtet habe, will ich noch kurz über die Rezidivmöglichkeit der Melancholie sprechen. Leider ging mir für die Bearbeitung dieser Frage das Material der Nichtuntersuchten und der Verstorbenen verloren. Man wird aber sehen, daß trotzdem meine Zahlen bezüglich der Rezidive und der depressiven Abortivanfälle relativ recht hoch sind.

Bisher nahm man an, daß die Melancholie fast ausnahmslos nur ein einziges Mal, und zwar im Rückbildungsalter auftrete. Unsere Kasuistik lehrt uns aber, daß man in früheren Jahren einem eventuell der Melancholie vorangehenden depressiv gefärbten Anfall nicht genügende Beachtung schenkte. Bei zahlreichen Kranken, die das melancholische Zustandsbild boten, ersehen wir aus dem Journal, daß entweder schwere oder auch leichte Depressionsanfälle vorausgegangen sind. Keiner erreichte aber die Schwere des im Rückbildungsalter beobachteten.

Wie steht es nun mit denjenigen Fällen, die zum ersten Mal in der Involutionszeit erkrankten? Bleibt es hier tatsächlich bei dem einen Anfall, oder kommen nach der Genesung noch weitere Attacken vor? Auch hierüber gibt uns die Nachuntersuchung Aufschluß. Sie erweitert unsere Kenntnis über die

Möglichkeit des schwereren Rezidivs und der depressiven Abortivanfälle. Von drei Patienten, die im Rückbildungsalter zum ersten Mal erkrankt waren (Fall 18, 19 und 20) hörten wir, daß sie wenige Jahre nach Ablauf der Psychose abermals einen ähnlichen, wenn auch weniger intensiven Anfall, der mehrere Wochen resp. Monate dauerte, durchmachten. Zwei Kranke (Fall 22 und 24), die im Rückbildungsalter den zweiten Depressionsanfall erlebten, erkrankten mehrere Jahre später abermals. Auch diesmal ging die einige Monate währende Psychose in Heilung über. Die Möglichkeit, daß auch noch andere unserer Fälle, die noch relativ jung sind, oder noch nicht lange aus psychiatrischer Behandlung entlassen wurden (z. B. Fall 14 und 15), später noch einen oder mehrere Depressionsanfälle durchmachen können, ist nicht von der Hand zu weisen. Die erstmals im Rückbildungsalter auftretende Melancholie kann also später repetieren. Ob die späteren Anfälle, wie bei unserem kleinen Material, stets gelinder verlaufen, vermag ich nicht zu entscheiden.

Von diesen schweren Rezidiven führt ein breites Zwischengebiet zu den depressiven Abortivanfällen. Diese stellte ich durch die Nachuntersuchung bei insgesamt 8 Kranken fest. Von diesen hatten 3 (Fall 16, 17, 25) nur einen schweren Anfall im Leben. Bei 2 traten sie zuerst nach der ersten schweren Attacke auf (Fall 16 und 17). Bei Fall 18 kamen sie mit dem Ausbleiben der Periode, die ausgesprochene Psychose jedoch trat erst mehrere Jahre nachher auf.

Bezüglich der depressiven Abortivanfälle besteht also keinerlei Gesetzmäßigkeit. Einmal treten sie vor der Melancholie, ein andermal erst nachher auf. Sie finden sich im Gefolge des melancholischen Zustandsbildes, das als erster Anfall im Rückbildungsalter auftritt, ebenso wie bei jenen Kranken, die mehrere melancholische Anfälle in ihrem Leben durchmachen.

Dieses Ergebnis ist durchaus verständlich, wenn man die Melancholie zum Formenkreis des manisch-depressiven Irreseins rechnet. Auch hier finden wir ja bezüglich der Häufigkeit, Schwere und Dauer der einzelnen Anfälle, resp. Depressionen alle denkbaren Variationen.

Über das Wesen der depressiven Abortivanfälle ist bisher meines Wissens noch nichts geschrieben worden, so daß es wohl zweckmäßig erscheint, sie an Handen der an unserem Material gemachten Erfahrungen etwas eingehender zu besprechen. Daß derartige Abortivanfälle klinisch als abortive Depressionen aufzufassen sind, wird durch folgende Überlegungen klar. Man denke sich die Symptome der zirkulären Depression, vorwiegend deren unmotivierte Verstimmung, auf ganz kurze Zeit zusammengedrängt, so haben wir diese Abortivanfälle, die nach meiner Ansicht für die Kenntnis des manisch-depressiven Irreseins von recht großer diagnostischer Bedeutung sind, ebenso wie die periodischen Verstimmungen für die Epilepsie.

Diese abortiven Depressionen werden durch drei Momente charakterisiert. Einmal werden sie von den Betreffenden als etwas Krankhaftes, dem inneren Wesen Fremdes, Sonderbares, empfunden; sie sind ferner nur von kurzer Dauer, endlich kommen sie fast regelmäßig ohne äußere Veranlassung oder aber diese steht in keinem Verhältnis zu der Tiefe und Nachhaltigkeit der Verstimmung. Sie währen von angeblich nur einer Stunde (Fall 17) bis zu 1—2 Tagen, selten länger. Ihre Intensität ist außerordentlich verschieden. Häufig weiß die Umgebung der Kranken von solchen Abortivanfällen nichts (z. B. Fall 19 und 23), oder aber die Patienten vermögen sich nicht zu beherrschen und der Umgebung fällt die unmotivierte Änderung der Stimmung auf. Die allermeisten unserer früheren Kranken sprachen bei der Nachuntersuchung freimütig von diesen Anfällen, nur bei Fall 22 wurden von einem Angehörigen diese Zustände in klassischer Weise geschildert, während unser Kranker nichts davon wissen wollte.

Der Zwischenraum, in welchem diese Abortivanfälle auftreten, ist individuell ebenso verschieden wie die Dauer. Manche Kranken erklärten mir, daß sie derartige Verstimmungen 4—5 mal im Monat haben (Fall 23), bei anderen treten sie einigemale im Jahr auf (Fall 18), endlich hörte ich einmal, daß sie in Zwischenräumen von ca. 2 Jahren (Fall 19) auftreten sollen. Alle unsere Kranken fühlten sich in dieser Zeit ohne triftigen Grund verstimmt, gedrückt, trübsinnig, schwermütig. Bei mehreren Patienten trat eine ausgesprochene innere Ruhelosigkeit und leichte Angst hinzu. Ängstliche Befürchtungen und Vorstellungen stürmten ein, ohne daß die Betreffenden sich ihrer erwehren konnten. Bei einem Patienten (Fall 16) traten sogar Selbstvorwürfe wie bei der überstandenen Melancholie wieder auf. Manche unserer Nachuntersuchten behaupteten mit Nachdruck, daß diese Abortivanfälle an eine bestimmte Jahreszeit gebunden seien. Bei Fall 19 treten sie angeblich nur im Sommer, bei Fall 16 nur im Winter auf. Einmal gesellten sich zu den psychischen Veränderungen auch abnorme Gefühle (Fall 18), wenn ich die geschilderten Beklemmungen auch als Abortivanfälle ansprechen darf. Von einem Kranken (Fall 22) wurde mir berichtet, daß er an seinen trüben Tagen um Tote weint, die vor 50 Jahren starben. Fast durchweg sind die Kranken während der Abortivanfälle — zum mindesten partiell — gehemmt. Diese Hemmung äußert sich vorwiegend in einer deutlichen Arbeitsunfähigkeit, aber auch in Zerstreutheit, Nichtsprechenkönnen usw. Eine Kranke (Fall 24) meinte, daß diese Verstimmungen, in welchen sie abgesehen von der Hemmung auch sehr pessimistisch ist, stärker als gewöhnlich nach psychischen Erregungen einzusetzen pflegen.

Mit einer Ausnahme schilderten die Nachuntersuchten diese Anfälle als gleichartig. Nur eine Kranke (Fall 21) unterschied zwei qualitativ verschiedene Anfälle, die im übrigen ohne Grund kommen, nach kurzer Zeit verschwinden, und die sie als krankhaft anerkennt. Die eine Art sind Angstanfälle mit Befürchtungen ohne Verstimmung, ohne Hemmung. Die zweite Art entspricht dem Bilde einer geringgradigen gereizten Depression, es fehlt die Hemmung, die Kranke ist verstimmt und gleichzeitig gereizt.

Meist kommen und gehen diese Abortivanfälle sehr schnell. Fall 23 meinte, sie kämen wie angeflogen. Ich hörte niemals, daß ihnen ein noch so kurzes rein manisches Stadium folgte. Meiner Ansicht nach unterscheiden sich diese depressiven Abortivanfälle ganz wesentlich von den epileptischen und psychopathischen Verstimmungen (sofern man diese letzten von den zyklothymen Schwankungen scharf trennen will). Im allgemeinen wird man die zum manisch-depressiven Irresein gehörenden Abortivanfälle daran erkennen können, daß sie eine kurz dauernde abgeschwächte Depression darstellen, mit einer ganzen Reihe für diese charakteristischer Komponenten. Schwieriger kann sich die Differentialdiagnose gestalten, wenn wir es mit einem auf kurze Zeit zusammengedrängten manisch-depressiven Mischzustand (Fall 21) zu tun haben, der sich besonders in starker Gereiztheit äußert. Stellt man sich nun vor, daß in der

Pubertät derartige abortive Mischzustände eventuell im Verein mit periodisch auftretenden Kopfschmerzen und Schwindelgefühlen beobachtet werden, so kann sich unter Umständen die Differentialdiagnose zwischen manisch-depressivem Irresein und psychischer Epilepsie recht schwierig gestalten. Bei meinen Fällen, an denen ich zum erstenmale diese „periodisch und ohne Grund auftretenden Verstimmungen" studieren konnte, kam natürlich Epilepsie überhaupt nicht in Frage. Nachdem ich einmal auf diese Abortivanfälle aufmerksam geworden war, fand ich sie bei einer sehr großen Anzahl von typisch Manischdepressiven, die sie genau so schilderten, wie die von mir untersuchten Kranken.

Ich bin mir wohl bewußt, daß mit meiner Schilderung diese Abortivanfälle keineswegs erschöpfend behandelt worden sind. Dafür war mein Material viel zu klein. Ich glaube jedoch, daß diesbezügliche Erfahrungen, an einem großen Material gesammelt, uns noch mancherlei wertvolle Fingerzeige für die Diagnose des manisch-depressiven Irreseins geben können. Erst dann wird man auch mit Erfolg die Verstimmungen der Zirkulären von den bei anderen Psychosen vorkommenden abgrenzen können.

Manische Abortivanfälle, die den depressiven analog auftreten, konnte ich nicht eruieren. Es bleibt zukünftigen Untersuchungen vorbehalten, zu erforschen, ob sie überhaupt je festgestellt werden können.

Zusammenfassend bemerke ich: **diese depressiven Abortivanfälle sind meist wohlcharakterisierte, abgeschwächte zirkuläre Depressionen, welche die Grundzüge mit ihnen gemein haben.**

Ich zweifle nicht, daß sie bei genauer Erhebung der Anamnese sich häufig schon vor dem Auftreten der Melancholie nachweisen lassen werden. Zweifelsohne wird eine Nachuntersuchung mehrere Jahre nach der Genesung von einer Melancholie sie in überaus zahlreichen Fällen feststellen können. Sie sind ein diagnostisch wichtiges Symptom des manisch-depressiven Irreseins.

Anhang.
# Fehldiagnosen.

Ich möchte, um mein Material vollständig zu bringen, nur noch wenige Worte über die 25 Fälle sagen, die anfangs als Melancholie angesehen wurden, sich aber nachträglich als Fehldiagnosen entpuppten. Ich unterscheide hier zwei Gruppen. Bei der ersten Gruppe von 9 Fällen wurde die Diagnose Melancholie erst nach der zweiten Aufnahme in die Klinik, die oft mehrere Jahre nach der ersten Entlassung erfolgte, korrigiert, während sich bei der anderen größeren Gruppe von 16 Fällen schon im Verlauf der Beobachtung herausstellte, daß die Ansicht man habe es mit einer Melancholie zu tun, nicht mehr genügend gestützt werden konnte. Ich werde im folgenden diese beiden Gruppen gemeinsam besprechen. Es interessieren uns ja nur die Momente, die dazu verleiteten, die Diagnose Melancholie zu stellen, resp. umzustoßen, und diesen versuchte ich im Studium der einzelnen Krankengeschichten nachzugehen.

Die klinische Stellung der Melancholie mußte notwendigerweise dazu führen, daß man bei zahlreichen dieser Fehldiagnosen entweder im Verlauf der Krankheit, oder auf Grund einer späteren eingehenden Anamnese oder Katamnese einsah, daß man es nicht mit einer Melancholie, sondern mit einem Zustandsbild des manisch-depressiven Irreseins zu tun habe. So finden wir, daß bei den 25 Fehldiagnosen 10mal ($40^0/_0$) im weiteren Verlauf der Psychose zirkuläres Irresein diagnostiziert wurde. Die Fehldiagnose wurde natürlich nicht in meinem Sinn, der ich Melancholie und manisch-depressives Irresein als ein Krankheitsbild auffasse, als solche erkannt, sondern im Sinne der damaligen Beobachter.

Bei allen diesen in Betracht kommenden Kranken wurde nach meiner Meinung ausnahmslos die Diagnose Melancholie mit Fug und Recht gestellt. Das beobachtete Krankheitsbild entsprach ganz dem von Kraepelin gekennzeichneten Bild der Melancholie, es fehlten die von ihm aufgestellten klassischen Merkmale des zirkulären Irreseins, wenn sich auch fast durchweg in den Krankengeschichten typische zirkuläre Symptome, wie ich sie in Kapitel II schilderte, auffinden ließen. Bei 5 Kranken bestimmte der weitere Verlauf die Beobachter, die zuerst gestellte Diagnose umzustoßen. Die Kranken kamen nach mehreren Jahren wieder, aufs Neue erkrankt, diesmal eventuell mit deutlichen zirkulären Symptomen. Man erfuhr dann häufig, daß dem ersten Depressionsanfall mehrere, eventuell weniger intensive Attacken gefolgt waren, die jedesmal wieder in Heilung übergegangen, eventuell auch einer manischen Phase gewichen waren. Dieser Verlauf zwang natürlich zur Korrektur der ursprünglichen Diagnose. Es findet sich hierunter eine Kranke, die mit 70 Jahren zum erstenmal in ihrem Leben unter dem Bilde der Melancholie erkrankte, genas, mit 72 Jahren wieder erkrankte und abermals gesundete. Ein Kranker bekam mit 60 Jahren die erste Melancholie und schwankte in den 10 folgenden Jahren bis zu seinem Tode mehrmals nach der depressiven und manischen Seite. Bei 5 Fällen, bei denen während des ersten Aufenthaltes in der Klinik die Diagnose geändert wurde, stellten sich im Verlauf der klinischen Beobachtung deutliche zirkuläre Symptome ein, oder man erfuhr, daß schon mehrere meist nur depressive Anfälle vorausgegangen waren, oder aber es entwickelte sich unter den Augen des Beobachters aus einer Melancholie ein rein manisches Bild.

Einer dieser Kranken bekam nach 7 jähriger Depression einen Mischzustand mit vorwiegend manischen Komponenten, ein anderer war 8 Jahre lang, bis zu seinem Tode, deprimiert. Wir sehen hier wiederum bestätigt, daß wir auch bei den einwandsfrei Manisch-depressiven eine sehr lange Krankheitsdauer finden können. Natürlich standen alle diese Fälle, als sie zum ersten Male oder scheinbar zum ersten Male erkrankten, im Rückbildungsalter. Manche von ihnen waren über 60 Jahre alt.

Eine Melancholie, die sich später als Paralyse entpuppte, finden wir unter unseren Fehldiagnosen viermal. Häufig verleitete die anscheinend psychische Auslösung der Krankheit, das Jammern, die Angst und die Selbstvorwürfe zur Annahme einer

Melancholie, bis die körperlichen Störungen oder — abgesehen von anderen paralytischen Zeichen — der unvermittelte Stimmungsumschlag in demente Euphorie, die gerade bei den Paralytikern ein eigenartiges wohlbekanntes Gepräge hat, welches sich sehr wesentlich von den Stimmungsschwankungen der Manisch-depressiven unterscheidet, den richtigen Weg wies. Heute gibt uns, wie schon erwähnt, die Lumbalpunktion eine differentialdiagnostisch einwandsfreie Möglichkeit an die Hand, Melancholie und depressive Paralyse auseinander zu halten.

Störungen des Gedächtnisses, der Merkfähigkeit, der Orientierung, Verödung des Gemütslebens usw. bei Kranken, die ursprünglich ein melancholisches Zustandsbild geboten hatten, veranlaßte die seinerzeitigen Beobachter, in wenigen Fällen die anfängliche Diagnose Melancholie in senile Depression umzuändern. Meine Ansicht über solche Fälle setzte ich schon im II. Kapitel ausführlich auseinander. Um die Frage der senilen Depression nicht nur theoretisch, sondern auch praktisch zu verfolgen, hatte ich mir vorgenommen, gleichzeitig mit den Melancholischen die Kranken, die in den Jahren 1892—1906 unter der Diagnose senile Depression aufgenommen resp. entlassen worden waren, persönlich nachzuuntersuchen, um festzustellen, ob es sich ursprünglich um einen Depressionszustand der senilen Demenz oder um eine Melancholie mit vorgetäuschtem oder eventuell tatsächlich hinzugetretenen Schwachsinn gehandelt hatte. Da aber fast alle in Betracht kommenden Kranken, wie ich durch eingezogene Erkundigungen erfuhr, inzwischen gestorben waren, so war es mir unmöglich, die Frage der senilen Depression auch praktisch in Angriff zu nehmen. Die Krankengeschichten allein hätten nach meiner Ansicht hierfür durchaus nicht genügt.

Die größten Schwierigkeiten bereitet uns die sichere Abtrennung der Melancholie von manchen Formen der Spätkatatonie. Für leicht zu diagnostizierende Fälle hat schon Kraepelin die differentialdiagnostischen Überlegungen angeführt, die ich hier nicht zu wiederholen brauche. Beim Studium unserer sechs einschlägigen Krankengeschichten, bei welchen anfangs Melancholie, dann Spätform der Dementia praecox diagnostiziert wurde, kommen die Schwierigkeiten einer sicheren Abtrennung recht deutlich zum Ausdruck. Abnahme des Affekts, katatonische Symptome: Negativismus, Mutaciscus usw. waren meist maßgebend für die Änderung der Ansicht, manchmal auch neu hinzutretende

Halluzinationen und Wahnideen, wie man sie bei Dementia praecox-Kranken zu beobachten gewohnt ist, im Verein mit schwindender Depression. Es erscheint mir unmöglich, sichere und für alle einschlägigen Fälle zutreffende, für den jeweiligen Verlauf bedeutungsvolle differentialdiagnostische Symptome für die letztgenannten Krankheiten aufzustellen, solange das manisch-depressive Irresein, mit diesem die Melancholie sowie die Dementia praecox, speziell aber die Spätkatatonie, symptomatologisch noch nicht absolut sicher umgrenzt sind. Die Heidelberger Klinik neigt auf Grund eingehender Katamnesen in der letzten Zeit mehr und mehr und wohl mit vollem Recht dazu, den Formenkreis des manisch-depressiven Irreseins auf Kosten der Dementia praecox sehr beträchtlich zu erweitern. Unzugänglichkeit, scheinbares Fehlen des Affekts, katatonische Symptome usw. finden wir nach unseren Erfahrungen auch bei einwandsfreien Manisch-depressiven. Warum sollten sie dann nicht auch bei der Melancholie vorkommen und die Diagnose erschweren können? Die Abnahme des Affekts, die gemütliche Stumpfheit, welche für die Dementia praecox so charakteristisch erschien, wird gar nicht selten auch im Verlaufe anderer Psychosen vorgetäuscht. Das oft nur allzu subjektive Urteil des Beobachters bei der Beurteilung des Affekts spielt hierbei wohl sicher eine gewisse Rolle, indem häufiger, als es den Tatsachen entspricht, ein Fehlen des Affekts konstatiert wird. Der der Dementia praecox eigenartige Schwächezustand kann nach meiner Meinung in seltenen Fällen vorübergehend oder für lange Zeit von einer in endliche Heilung ausgehenden Melancholie kopiert werden. Die Dementia praecox kann zahlreiche melancholische Symptome aufweisen, speziell im Anfangsstadium. Hier können nur genaueste Kenntnis beider Krankheitsgruppen sowie unendlich viele Nachuntersuchungen in früheren Jahren sorgfältig beobachteter Kranker Klarheit und brauchbare Abgrenzungsmöglichkeiten schaffen. Des ferneren muß man einen Zeitraum von vielen Jahren, ja Jahrzehnten überblicken können. Zahlreiche genau verfolgte Lebensläufe der in Betracht kommenden Kranken müssen abgeschlossen vor uns liegen.

Eine große Frage, die notwendig einer Lösung bedarf, die aber nach dem Stande unserer Wissenschaft heute unmöglich beantwortet werden kann, die für die Psychiatrie von eminenter Bedeutung ist und nur nach vieler mühsamer Arbeit spruchreif werden kann, ist die sichere Umgrenzung und die daraus resultierende klare Abtrennung des manisch-depressiven Irreseins und mit diesem auch der Melancholie von der Dementia praecox.

---

Es ist mir eine angenehme Pflicht, meinem verehrten früheren Chef, Herrn Professor Nissl auch an dieser Stelle meinen verbindlichsten Dank auszusprechen für die Überlassung des Materials, sowie für das rege Interesse, das er meiner Arbeit entgegenbrachte.

# Literaturverzeichnis.

Agostini, Cesare, Manuale di Psychiatria. Milano 1897.
Aikin, J. W., Melancholia. Diagnosis and treatment. West. med. review 1903.
Albrecht, Paul, Die psychiatrischen Ursachen der Melancholie. Monatsschr. f. Psych. u. Neur. 1906, Bd. XX.
Ders., Manisch-depressives Irresein und Arteriosklerose. Allg. Zeitschr. f. Psych. 1906, Bd. LXIII.
Allison, H. E., Simple melancholia and its treatment. Medical Record 1897.
Alt, Über Melancholie. Sitzungsber. d. altmärk. Ärztevereins. Uchtspringe 7. September 1898.
Alzheimer, Einiges zur pathol. Anatomie der chron. Geistesstörungen. Ref. Neurol. Zentralbl. 1900.
Angelis, P. de, Melancholia et psicosi d'involuzione. Boll. di casa di salute Fleurent. Napoli Vol. XXIII.
Arnaud, La senescenza precoce nei melancholici. Riv. di pathol. nerv. et ment. IV. Ref. Neurol. Zentralbl. 1900.
Ders., Sur le délire des négations. Ann. med. psych. 1892.
Arndt, Rudolf, Lehrbuch der Psychiatrie. Wien 1883.
Athanassio, Les mélancoliques. Arch. de neurol. 1899.
Ders., L'oeil des mélancoliques. Arch. de neurol. 1899.

Ballet, Gilbert, La mélancolie intermittente. Presse méd. 1902.
Ders., Traité de pathologie mentale.
Bell, Digestion in melancholia. The journ. of americ. med. assoc. 1900.
Blandford, G. F., Die Seelenstörungen und ihre Behandlung, übersetzt von H. Kornfeld. Berlin 1878.
Boissier, Étude sur la mélancolie et la neurasthénie dépressive. Thèse de Paris 1894.
Bresler, Analyse eines Falles von Melancholie mit Verbigeration. Neurol. Zentralbl. 1897.
Brower, D. R., Melancholia, paretic dementia, two cases of organic dementia. Clinical review 1903.
Bruant, Paul, De la mélancolie. Thèse de Paris 1883.

Bruce, L. C. und de Maine, H. Alexander, Some observations on the various physical changes occuring during the acute und subacute stages of melancholia. Journ. of ment. sciences 1900.
Dies., The treatment of melancholia. Lancet, Vol. CLXI.
Brush, Eduard, An analysis of one hundred cases of acute melancholia. Brit. med. journ. 1897.

Capgras, Essai de réduction de la mélancolie en une psychose d'involution présénile. Thèse de Paris 1900.
Casquet, J. R. und Cones, J. H., Age in relation to the treatment of melancholia. The journ. of ment. science 1897.
Chatelain, Das Iiresein. Neuchatel 1891.
Christian, Étude sur la mélancolie 1876.
Clouston, T. S., Melancholia and the toxaemic theory; a clinical scetch. Scottish med. and surg. journ. 1902.
Collins, Remarks on melancholia. Med. Record Vol. LXVI, No. 26.
Cololian, Cholémie et mélancolie. Arch. de neur. 1905.
Corven, Th. Ph., Emphysema of subcutaneous areolar tissue, occuring in a case of stuporous melancholia. The journal of nerv. and ment. science VII, 1900.
Cramer, Über das Verhalten des Blutdrucks während der Angst der Melancholischen. München. mediz. Wochenschr. 1892.
Cullerre, A., L'excitation sexuelle dans des psychopathies anxieuses. Arch. de neur. 1905, Tome XIX.

Dagonet, H., Nouveau traité des maladies mentales. Paris 1876.
Ders., Traité des maladies mentales. Paris 1894.
Dana, Ch. L., A discussion on the classification of the melancholias. Med. record. Vol. LXVI.
Dees, Ein Fall von induzierter Melancholie. Allg. Zeitschr. f. Psych. 1892, Bd. XLVIII.
Déronbaix, Stupeur mélancolique et stupeur catatonique. Journ. de neur. 1905.
Devay, Mélancolie et goître exophthalmique. Arch. de neur. 1897.
Ders., Mélancolie. Echo med. de Lyon 1898.
Dheur, P., De l'état de sensibilité chez quelques mélancoliques. Gaz. hebdom. 1897.
Douglas, A., A case of melancholia agitans. New York state journ. of med. 1903.
Dumas, Les états intellectuels dans la mélancolie 1895.

Emminghaus, Allgem. Psychopathologie. Leipzig 1878.
Esquirol, Allg. u. spez. Pathologie und Therapie der Seelenstörungen. Leipzig 1827.
Ders., Die Geisteskrankheit in Beziehung zur Medizin und Staatsarzueikunde. Berlin 1838.

Farquharson, W. F., Über Melancholie. Allg. Zeitschr. f. Psych. Bd. LI.
Ders., Melancholia with special reference to its characteristics in Cumberland and Westmorland. Lancet 1895.
Fauser, A., Zur Kenntnis der Melancholie. Zentralbl. f. Nervenheilk. u. Psych. 1906.

Flemming, C. F., Pathologie und Therapie der Psychosen. Berlin 1859.
Forster, E., Über Melancholie. Charité Annalen 1906, Bd. XXX.
Friedmann, Max, Über die neurasthenische Melancholie. Deutsche med. Wochenschr. 1893.
Ders., Über die neurasthenische Melancholie. Monatsschr. f. Psych. u. Neur. 1905, Bd. XV.
Fritsch, Zur Differentialdiagnose der Melancholie. Jahrb. f. Psych. 1879.
Fursac, R. de, Manuel de Psychiatrie, 2. Aufl. Paris, F. Alcan.

Gasquet und Cours, Age in relation to the treatment of melancholia. Journ. of ment. science 1897.
Gaupp, Robert, Die Depressionszustände des höheren Lebensalters. München. med. Wochenschr. 1905, No. 32.
Gluszezewski, Die akute halluzinatorische Verwirrtheit als Initialstadium bei Melancholie. Inaug. Diss., Marburg 1902.
Goetzke, Paul, Beitrag zur Lehre von der Melancholie. Inaug. Diss., Kiel 1903.
Gray, Three diagnostic signs of melancholia. The Journ. of nerv. and mental disease 1890.
Griesinger, W., Die Pathologie und Therapie der psychischen Krankheiten. Braunschweig 1876.
Gucci, R., Mania, melancolia e psicosi maniaco depressiva. Riv. di pathol. nerv. e ment. 1899. Ref. Neur. Zentralbl. 1899.
Guislain, Josef, Klinische Vorträge über Geisteskrankheiten. Übersetzt von Lachr. Berlin 1854.

Hallervorden, E., Über Heilungsvorgänge, besonders bei Melancholie. Allg. Zeitschr. für Psych.
Hecker, E., Die Zyklothymie. Zeitschr. f. prakt. Ärzte 1898, Bd. I.
Heller, E., Die Wahnideen der Melancholiker. Inaug. Diss., Zürich 1899.
Hoffer, R., Die klinische Stellung der einfachen Melancholie. Inaug. Diss., Freiburg 1904.
Hollander, Bernard, The cerebral localisation of melancholia. Journ. of. ment. science 1901.

Jolly, Referat über Kraepelin: Lehrb. d. Psych. 1896. Arch. f. Psych., Bd. XXVIII.
Juliusburger, Pseudomelancholie. Monatsschr. f. Psych. u. Neur. 1905, Bd. XVII.
Ders., Melancholie. Monatsschr. f. Psych. u. Neur. 1905, Bd. XVII, Heft 5.

Kahlbaum, K., Die klinisch diagnostischen Gesichtspunkte der Psychopathologie. Volkm. Sammlung klin. Vortr. No. 126.
Ders., Über zyklisches Irresein. Berlin 1874.
Ders., Die Katatonie oder das Spannungsirresein, 1881.
Kellogg, Th. H., A test-book on mental diseases. London 1897.
Kirchhoff, Theodor, Lehrbuch der Psychiatrie. Wien 1892.
Ders., Grundriß der Psychiatrie. Wien 1899.
Ders., Der melancholische Gesichtsausdruck und seine Bahn. Ref. Neur. Zentralbl. 1900.

Koch, J. L. A., Kurzgefaßter Leitfaden der Psychiatrie. Ravensburg 1889.
Kölpin, O., Klinische Beiträge zur Melancholiefrage. Arch. f. Psych. u. Neur., 1905, Bd. XXXIX.
Kraepelin, Emil, Compend. d. Psych. Leipzig 1883.
Ders., Psychiatrie 2. Aufl. Leipzig 1887.
Ders., Psychiatrie 3. Aufl. Leipzig 1889.
Ders., Psychiatrie 4. Aufl. Leipzig 1893.
Ders., Psychiatrie 5. Aufl. Leipzig 1896.
Ders., Psychiatrie 6. Aufl. Leipzig 1899.
Ders., Psychiatrie 7. Aufl. Leipzig 1904.
Ders., Die klinische Stellung der Melancholie. Monatsschr. f. Psych. u. Neur., 1899, Bd. VI.
Ders., Einführung in die psych. Klinik. Leipzig 1905.
Ders., Klinische Fragestellungen der Psychiatrie. Zentralbl. f. Nervenheilk. u. Psych. 1905.
v. Krafft-Ebing, R., Die Melancholie, eine klinische Studie. Erlangen 1874.
Ders., Lehrbuch der Psychiatrie. Stuttgart 1897.
Krakauer, Die Melancholie der Frauen nach dem Klimakterium. Inaug.-Diss. 1887.
Kreuser, H., Spätgenesungen bei Geisteskrankheiten. Allg. Zeitschr. f. Psych. 1900, Bd. XLVII.

Lalanne, Gaston, Les presécutés mélancoliques. Bordeaux 1898.
Lambranzi, R., Contributo allo studio della „frenosi maniaco depressiva" e della melancolia da involuzione. Giorn. di psychiatr. clin. No. 30. Ref. Neur. Zentralbl. 1903.
Langer, Arpad, Die Prognose der im senilen Alter auftretenden melancholischen Depressionen. Orvosi Hetilap. 1905.
Leidesdorf, Max, Lehrbuch der psychischen Krankheiten. Erlangen 1865.
Leeper, Three cases of melancholia with symptoms of unusual clinical interest. Journ. of mental science 1903, Vol. XLVII.
Lemos, Mélancolie anxieuse. Ann. med. psych. 1906, Tome LXIV, No. 1.
Ders., Évolution des idées délirantes dans quelques cas de mélancolie chronique à forme anxieuse. Porto 1903.
Lipschitz, Rudolf, Zur Ätiologie der Melancholie. Monatsschr. f. Psych. u. Neur. 1905, Bd. XVIII.
Loveland, B. C., Blutuntersuchungen bei Melancholie. The New York med. journ. 1898.

Mairet, A., De la démence mélancolique. Paris 1887.
Masselon, R., La mélancolie. Ouvrage couronné par l'académie de médecine. Paris 1906.
Mavrojannis, La toxicité de la sueur chez les épileptiques et mélancoliques. Revue de psych. 1898.
Mendel, E., Klinische Beiträge zur Melancholie. Allg. Zeitschr. f. Psych. Bd. XLVI.
Ders., Melancholie. Eulenburgs Realenzyklopädie, 3. Aufl.
Ders., Leitfaden der Psychiatrie. Stuttgart 1902.

Meyer, Adolf, On some terminal diseases in melancholia. Amer. Journ. of insanity 1902.
Meynert, Theodor, Klinische Vorlesungen über Psychiatrie. Wien 1890.

Nartowsky, M., Die Melancholie. Krakau 1900.
Neisser, Clemens, Kahlbaums Gruppierung der psychischen Krankheiten 1863. Jahrb. f. Psych. 1889, Bd. VIII.
Ders., Referat. Zentralbl. f. Nervenheilk. u. Psych. Juli 1897.
Neumann, Lehrbuch d. Psych. Erlangen 1859.
Norburg, F. P., Melancholia. Journ. of the americ. med. assoc. 1898.

Paoli, Guiseppe, La trinitrine dans la mélancolie anxieuse. Riforma medica 1900.
Parhon, Mélancolie succédant à la menopause. Revue neur. 1906, No. 14.
Parsons, R. L., Melancholia simplex and melancholia transitoria simplex. The med. record, März 1902, Vol. LXI.
Paton, St., Psychiatry. Philadelphia 1905.
Péon, Mélancholie avec delire, 1874.
Pilcz, Alexander, Lehrbuch der speziellen Psychiatrie. Wien 1904.
Pinel, Ph., Traité médico philosophique sur l'aliénation mentale. Paris 1809.
Punton, John, Incipient melancholia. Alien. u. Neurol. 1899.

Richarz, Über Wesen und Behandlung der Melancholie mit Aufregung. (Melancholia agitans.) Allg. Zeitschr. f. Psych. Bd. XV.
Riggs, Eugène. Melancholia clinically considered, especially in its relation to Lithaemia, Bright's disease and glycosuria. Journ. of nerv. and ment. disease 1891.
Robertson, George M., Melancholia from the psychological and evolutionary points. Journ. of ment science 1890.
Roget, Troubles mentaux à forme mélancolique avec anxiété dus à l'existence ignorée des polypes muqueux des fosses nasales et guéris par l'ablation de ces tumeurs. Progrès medical 1903.
Rucker, S. T., Melancholia. South Pract., Vol. XXVII.
Rückle, Erwin, Inaug. Diss. Erlangen 1898.
Roubinowitsch und Toulouse, La mélancolie. Paris 1897.

Sachs, Helena, Statistischer Beitrag zur Kenntnis der einfachen und periodischen Melancholie. Inaug. Diss. Zürich 1899.
Savage, George H., Klinisches Lehrbuch der Geisteskrankheiten. Leipzig 1887.
Schenk, P., Die „periodische" Melancholie. Deutsche Med. Zeitg. 1900.
Schloss, Heinrich, Über melancholische Verrücktheit. Jahrb. f. Psych. 1890, Bd. IX.
Ders., Über die Beziehungen zwischen Melancholie und Verrücktheit. Jahrb. f. Psych. 1896, Bd. XIV.
Schott, Adolf, Beitrag zur Lehre von der Melancholie. Arch. f. Psych. 1903, Bd. XXXVI.
Ders., Über Melancholie. Med. Korresp.-Bl. f. Württemberg, Bd. LXXII.
Schüle, Heinrich, Klinische Psychiatrie. Leipzig 1886.
Sérieux, Le traitement des mélancoliques par le repos du lit. Revue de psych. 1897.

Ders., La nouvelle classification du professeur Kraepelin. Revue de psych. 1900.
Soukhanoff und Gannouchkine, Etudes sur la mélancolie. Ann. médico-psychologiques 1903, Bd. LXI.
Ders., Sur les associations psychyques obsédantes de contraste dans les états mélancoliques. Arch. de neur. Tome LVIII.
Specht, G., Über Hysteromelancholie. Zentralbl. f. Nervenheilk. u. Psych. 1906.
Stelzner, Helene Friederike, Analyse von 200 Selbstmordfällen. Berlin 1906.
Stockton, George, Melancholia and its treatment. Philadelph. med. journ. 1901.
Stoddart, W. H. B., Certain physical signs in melancholia. Journ. of mental science 1898.
Stoner, H. H., The etiology of melancholia. Med. news, Bd. LXXIX.

Telcott, Some physical states in melancholia. New York Hosp. Bullet. 1897.
Thalbitzer, Sophus, Den manio depress. Psykose. Stemmingssindssygdom, Kopenhagen 1902,
Ders., Melancholie und Depression. Allg. Zeitschr. f. Psych. 1905, Bd. LXII.
Toulouse, Délire des négations à apparition précoce chez un mélancolique. Bull. de la soc. de med. ment. de Belg. 1893.
Ders., Mélancholie sénile chez la femme. Thèse de Paris 1891.
Townsend, Arthur, Mental depression and melancholia considered in regard to autointoxication with special reference to the presence of indoxyl in the urine, and its clinical significance. Journ. of. ment. science 1905.
Trout, Elizabeth H., Melancholia. Woman's med. journ. 1900.
Turner, John, The physikal basis of melancholia. Brit. med. journ. 1901.
Ders., A theory concerning the physical conditions of the nervous system, which are necessary for the production of melancholia mania etc. Journ. of ment. science 1900.

Vallon und Wahl, Le phenomène de la corde musculaire dans la mélancolie. Arch. de neur. Mai 1900.
Vallon, Ch. und Marie, H., Le délire mélancolique. Arch. de neur. 1899.
Vedrani, A., La melancolia, psicosi d'involuzione. Bullet. di Manicom. di Ferrara 1899, Vol. XXVII.
Villinger, E., Beitrag zur Ätiologie der Melancholie. Inaug. Diss. Basel 1898.
Vivier, E., De la mélancolie. Paris 1864.
Vogt, Melancholie. Norsk. Mag. for Laegwid 1904.
Voisin, De la mélancolie, 1881.
Vorkastner, Über pseudomelanchol. Zustände. Monatsschr. f. Psych. u. Neur. 1905, Bd. XVII.

Walson, W. S., Melancholia and its treatment. Journ. of the americ. med. assoc. Vol. XXX.
Weatterly, Lionel, The insomnia of melancholia. Bristol medico chirurg. Journ. 1899.
Ders., The evolution of delusions in some cases of melancholia. The journ. of ment. science Vol. XLVIII.
Weir, Mitchell S., An analysis of three thousand cases of melancholia. Journ. of nerv. and ment. disease 1897.

Wernicke, Carl, Grundriß der Psychiatrie. 2. Aufl. 1906.
Weygandt, W., Über die Mischzustände des manisch-depressiven Irreseins. München 1899.
Whitmore Steele, The blood in melancholia and the effect of systematic tonic treatment. Amer. journal of insanity, Vol. LXIX.
Witte, Max E., Melancholia. Brit. med. journ. 1901.
Wollenberg, R., Die Melancholie. Deutsche Klinik 1904.

Zeller, Bericht über die Wirksamkeit der Heilanstalt Winnenthal. Württ. med. Korrespondenzblatt 1840.
Ziehen, Th., Psychiatrie. Leipzig 1904.
Ders., Die Erkennung und Behandlung der Melancholie in der Praxis. Halle 1896.
Ders., Über periodische Melancholie im Klimakterium. 67. Vers. deutscher Naturf. und Ärzte. Lübeck 1895. Ref. Neur. Zentralbl. 1895.
Zingerle, Über Geistesstörungen im Greisenalter. Jahrb. f. Psychiatrie 1899, Bd. XVIII.

# Die Melancholie
## ein Zustandsbild des manisch-depressiven Irreseins.

### Eine klinische Studie
von
## Dr. Georges L. Dreyfus
vorm. Assistenzarzt an der Psychiatrischen Klinik
der Universität Heidelberg.

Mit einem Vorwort
von
Hofrat Professor Dr. **Emil Kraepelin.**

===== Mit 2 Kurven im Text. =====

Verlag von Gustav Fischer in Jena.
1907.

**Verlag von GUSTAV FISCHER in JENA.**

## Die Pupillenstörungen bei Geistes- und Nervenkrankheiten. Von Privatdozent Dr. med. Bumke, Assistent an der psychiatrischen Klinik in Freiburg i. Br. Mit 4 Abbildungen im Text. 1904. Preis: 5 Mark.

## Die Nervosität ihre Ursachen, Erscheinungen und Behandlung. Für Studierende und Ärzte von Dr. A. Cramer, o. ö. Prof. für Psychiatrie und Nervenheilkunde und Direktor der Kgl. Universitätsklinik und Poliklinik für psychische und Nervenkrankheiten in Göttingen. 1906. Preis: 8 Mark, geb. 9 Mark 20 Pf.

**Zeitschrift für Med.-Beamte Nr. 20 vom 20. Oktober 1906:**

Nur wenige Autoren werden in der glücklichen Lage des Verfassers sein, ihre wissenschaftliche Arbeit auf die Erfahrungen einer großen Irrenanstalt, einer Nervenklinik und Poliklinik und eines Volkssanatoriums (Rasemühle) neben einer umfangreichen Privatpraxis aufbauen zu können. Die Vielseitigkeit des Beobachtungsmaterials gibt dem Buche Cramers einen einzigartigen Wert. Das Schlußkapitel der allgemeinen und speziellen Therapie nimmt über ein Drittel des Werkes in Anspruch und wird sich ebenso wie ein Anhang über Krankenuntersuchung Nervöser wegen seiner zahlreichen bewährten Ratschläge aus einer umfangreichen Praxis den besonderen Dank der Ärzte verdienen. Ein eingehendes Sachregister und zahlreiche Literaturangaben aus einer sehr kritisch verwerteten Literatur erhöhen den Wert des ausgezeichneten Werkes.

## Gerichtliche Psychiatrie. Ein Leitfaden für Mediziner und Juristen. Von Prof. Dr. A. Cramer in Göttingen. Dritte vermehrte und umgearbeitete Auflage. 1903. Preis: 7 Mark, geb. 8 Mark.

**Zeitschrift für Med.-Beamte Nr. 21 vom 1. November 1903:**

Die großen Vorzüge des Cramerschen Leitfadens sind bereits bei dem Erscheinen der früheren Auflagen in dieser Zeitschrift hervorgehoben worden; sie haben jedenfalls dazu beigetragen, daß die zweite Auflage ebenso wie die erste in verhältnismäßig kurzer Zeit vergriffen gewesen ist, der beste Beweis für die große Brauchbarkeit und außerordentliche Beliebtheit des Werkes. Wir können demnach das Lehrbuch — denn ein solches ist es in der vollsten Bedeutung des Wortes, wenn der Verf. auch die bescheidene Bezeichnung „Leitfaden" beibehalten hat — nur wiederum aufs wärste empfehlen.

## Handatlas der Entwicklungsgeschichte des Menschen. Von Dr. Julius Kollmann, o. ö. Prof. der Anatomie an der Universität Basel. Erster Teil: Progenie, Blastogenie, Adnexa embryonis, Forma externa embryonum, Embryologia ossium, Embryologia musculorum. Mit 340 zum Teil mehrfarbigen Abbildungen und einem kurzgefaßten erläuternden Texte. Zweiter Teil: Embryologia intestinorum, Embryologia cordis et vasorum, Embryologia cerebri et nervorum, Organa sensuum, Nomina auctorum, Index rerum, Index auctorum. Mit 429 zum Teil mehrfarbigen Abbildungen und einem kurzgefaßten erläuternden Texte. Preis des vollständigen Werkes (2 Teile): brosch. 26 Mark, geb. 30 Mark.

**Medizinische Klinik Nr. 4 vom 27. Januar 1907:**

Prachtvoll ausgeführte Abbildungen, denen fast durchweg Präparate von menschlichen Embryonen zu Grunde liegen, führen uns die Entwicklung des menschlichen Embryos vor Augen. Eine gewaltige Summe Arbeit liegt vor uns! Dieses Werk konnte nur jemand schreiben, der über eine große Fülle von Einzelbeobachtungen verfügt, viel gesehen hat, sich all die technischen Einzelheiten zu eigen gemacht hat, welche von Fall zu Fall wechselnd, den einzelnen an und für sich wenig aussagenden Präparaten — mikroskopischen Schnitten — allmählich plastische Gestalt verleihen. Hier tritt der Künstler in sein Amt und verleiht dem mühsam erworbenen wissenschaftlichen Befunde erst die richtige Gestalt.

Wir haben Tafel für Tafel mit inniger Freude durchgesehen — wahrlich solche Abbildungen sagen uns mehr als seitenlange dürre Worte! — und sehen voll froher Erwartung dem II. Teile entgegen. Wir wünschen dem eigenartigen, groß angelegten Werke weiteste Verbreitung. Kein Student der Medizin und kein Arzt sollte sich diese Gelegenheit, an der Hand der Anschauung sich Einblick in diese grundlegenden Prozesse zu verschaffen, entgehen lassen.

**Verlag von GUSTAV FISCHER in JENA.**

## Über die körperlichen Äußerungen psychischer Zustände.

Weitere experimentelle Beiträge zur Lehre von der Blutzirkulation in der Schädelhöhle des Menschen. Von Dr. Hans Berger, Prof. der Psychiatrie an der Universität Jena. Mit einer Figur im Text und einem Atlas von 18 Tafeln. I. Teil. Preis für Text und Atlas: 20 Mark. II. Teil. Preis für Text und Atlas: 20 Mark.

**Wiener klin. Wochenschr. Nr. 40 vom 6. Oktober 1904:**

Der separat geheftete Atlas enthält auf 18 Tafeln 39 × 30 geradezu glänzende Reproduktionen von Originalkurven in natürlicher Größe, die als objektive Versuchsprotokolle einen bleibenden Wert haben.

## Die Krankheiten des Gehirns

und seiner Adnexa im Gefolge von Naseneiterungen. Von Dr. R. Dreyfuss, Spezialarzt für Hals-, Nasen- und Ohrenleiden in Straßburg i. E. 1896. Preis: 3 Mark.

## Die Physiologie und Pathologie der Coordination.

Eine Analyse der Bewegungsstörungen bei den Erkrankungen des Zentralnervensystems und ihre rationelle Therapie. Von Dr. Otfrid Foerster, Assistent der psychiatrischen Klinik der Universität Breslau. Mit 63 Figuren im Text. 1902. Preis: 7 Mark.

## Die Mitbewegungen bei Gesunden, Nerven- und Geisteskranken.

Von Dr. Otfrid Foerster, Assistent des Laboratoriums der psychatrischen Klinik der Universität Breslau, Privatdozent an der Universität. Mit 2 Abbildungen im Text. 1903. Preis: 1 Mark 50 Pf.

## Die Dipsomanie.

Eine klinische Studie. Von Dr. Robert Gaupp, Privatdozent an der Universität in Heidelberg. Preis: 4 Mark.

## Die Geistesstörungen nach Kopfverletzungen

unter besonderer Berücksichtigung ihrer gerichtsärztlichen Beurteilung. Von Dr. Paul Guder, I. Assistenzarzt der Großh. sächs. Landes-Irren-Heilanstalt zu Jena. Preis: 2 Mark 40 Pf.

## Die periodischen Geistesstörungen.

Eine klinische Studie von Dr. Alexander Pilcz, Assistent der K. K. 1. psychiatrischen Universitätsklinik in Wien. Mit 57 Kurven im Text. 1901. Preis: 5 Mark.

Soeben erschien:

## Leitfaden der Psychiatrischen Klinik.

Von Dr. M. Reichardt, Privatdozent für Psychiatrie in Würzburg. Mit 74 Abbildungen. Preis: 5 Mark, geb. 6 Mark.

## Nervensystem.

Von Dr. Th. Ziehen, Prof. in Utrecht, jetzt in Berlin. Erste bis dritte Abteilung: Centralnervensystem. I. Teil: Makroskopische und mikroskopische Anatomie des Rückenmarks. Makroskopische und mikroskopische Anatomie des Gehirns. I. Abschnitt. (Bildet zugleich **Lieferung 7**, Band IV des Handbuchs der Anatomie des Menschen, herausgegeben von Prof. Dr. Karl von Bardeleben in Jena.) Mit 94 teilweise farbigen Abbildungen im Text. Preis für Abnehmer des ganzen Werkes: 11 Mark, Einzelpreis: 14 Mark.

—— II. Teil: Makroskopische und mikroskopische Anatomie des Gehirns. Mit 123 teilweise farbigen Abbildungen im Text. (Bildet zugleich **Lieferung 10**. Band IV des Handbuchs der Anatomie des Menschen, herausgegeben von Prof. Dr. Karl von Bardeleben in Jena.) Preis für Abnehmer des ganzen Werkes: 4 Mark 50 Pf. Einzelpreis: 6 Mark.

Verlag von GUSTAV FISCHER in JENA.

## Die Pathologie und Therapie der Neurasthenie. Vorlesungen für Studierende und Ärzte.

Von Dr. Otto Binswanger, Prof. der Psychiatrie an der Universität Jena, Direktor der Landes-Irrenanstalt und psychiatrischen Klinik. Preis: brosch. 9 Mark, eleg. geb. 10 Mark 20 Pf.

## Lehrbuch der Psychiatrie.

Bearbeitet von Dr. A. Cramer, o. ö. Prof. der Psychiatrie, Direktor der psychiatrischen Klinik und Poliklinik für psychische und Nervenkranke in Göttingen; Dr. A. Hoche, o. ö. Prof. der Psychiatrie, Direktor der psychiatrischen Klinik in Freiburg i. Br.; Dr. A. Westphal, a. o. Prof. der Psychiatrie, Direktor der psychiatrischen Klinik in Bonn; Dr. R. Wollenberg, o. ö. Prof. der Psychiatrie, Direktor der psychiatrischen Klinik in Straßburg und den Herausgebern Dr. O. Binswanger, o. ö. Prof. der Psychiatrie, Direktor der psychiatrischen Klinik in Jena, Geh. Med.-Rat, und Dr. E. Siemerling, o. ö. Prof. der Psychiatrie, Direktor der psychiatrischen und Nervenklinik in Kiel, Geh. Med.-Rat. Zweite vermehrte Auflage. 1907. Preis: 5 Mark 50 Pf., geb. 6 Mark 50 Pf.

### Stimmen der Presse über die erste Auflage:

**Zeitschrift für Med.-Beamte Nr. 16 vom 15. August 1904:**

Die Verfasser beabsichtigen in dem kurzen Lehrbuche dem Praktikanten der psychiatrischen Klinik ein Werk zu bieten, in dem er alles findet, was unabhängig von dem Streite der Meinungen als gesicherter Besitz der wissenschaftlichen Psychiatrie gelten kann. Von diesem Standpunkte aus wird auch der praktische Arzt das Buch zu schätzen wissen, zumal auch alle fremden Lehrmeinungen möglichst berücksichtigt werden. Dies tritt gleich bei dem von Binswanger verfaßten allgemeinen Teile, der ca. 80 Seiten umfaßt, vorteilhaft hervor.

**Deutsche Militärärztliche Zeitschrift, 33. Jahrg., Heft 11 vom November 1904:**

Das vorliegende Lehrbuch, hervorgegangen aus der vereinten Arbeit bekannter klinischer Lehrer, deren Namen von vornherein für die Gediegenheit des Werkes bürgt, trägt trotz des individuell verschiedenen Gepräges der einzelnen Abschnitte doch einen durchaus einheitlichen Charakter, ein Erfolg des gemeinsamen Bestrebens, namentlich dem klinischen Praktikanten eine kurze und umfassende Darstellung des psychiatrischen Wissens, als Ergänzung des Unterrichts zu geben. Überall tritt die pädagogische Erfahrung des klinischen Lehrers hervor, und so ist in der Tat ein Unterrichtswerk ersten Ranges entstanden. Wenn irgendwo, so gilt das Wort, qui bene distinguit, bene docet, von der differentiellen Diagnose, und in der meisterhaften Darstellung dieses wichtigen Wissenszweiges erblicke ich den Hauptvorzug des Buches vor den zahlreichen ähnlichen vorhandenen Werken. ... Jeder Leser des Werkes wird dem Referenten gewiß zustimmen, wenn er es zur Anschaffung dringend empfiehlt, welche durch den billigen Preis — bei 341 Seiten 5 Mark (geb. 6 Mark) — erleichtert wird.

**Correspondenz-Blatt für Schweizer Ärzte Nr. 18 vom 15. September 1904:**

Eine Anzahl hervorragender deutscher psychiatrischer Kliniker hat sich vereinigt und gemeinsam ein Werk geschaffen, das den Praktikanten in der psychiatrischen Klinik und den praktischen Ärzten kurz und gut alles gibt, was den einen gelehrt wird, den anderen einst gelehrt wurde.

Der Hauptwert des Buches liegt darin, daß eine größere Zahl psychiatrischer Kliniker öffentlich dokumentiert, daß sie neben Kraepelin ihre eigenen Wege gehen. Ich halte im ganzen diese Wege für die richtigen und kann daher das Buch umso mehr angelegentlichst empfehlen, als es auch neben seinen guten inneren Eigenschaften durch seine Billigkeit sich empfiehlt.

## Über die Untersuchung des gesunden und kranken Gehirns mittels der Wage.

Von Dr. Martin Reichardt. Mit 5 Abbildungen im Text. (Arbeiten aus der Königl. psychiatrischen Klinik zu Würzburg. Erstes Heft.) Preis: 2 Mark 50 Pf.